国家出版基金项目
NATIONAL PUBLICATION FOUNDATION

李顿调查团档案文献集

主编 张 生

《申报》报道与评论（上）

编者 宋书强 殷昭鲁 赵飞飞

南京大学出版社

本书由

国家社会科学基金"抗日战争研究"专项工程
"国外有关中国抗日战争史料整理与研究之一：李顿调查团档案翻译与研究"(16KZD017)

教育部人文社会科学重点研究基地"南京大学中华民国史研究中心"
重大项目"战时中国社会"(19JJD770006)

南京大学人文基金

江苏省优势学科基金第三期

资助

编译委员会

主　编　张　生
副主编　郭昭昭　陈海懿　宋书强　屈胜飞　陈志刚

编译者　张　生　南京大学中华民国史研究中心教授
　　　　王希亮　黑龙江省社会科学院历史研究所研究员
　　　　郭昭昭　江苏科技大学马克思主义学院副教授
　　　　陈志刚　西南大学历史文化学院副教授
　　　　宋书强　中国药科大学马克思主义学院讲师
　　　　屈胜飞　浙江工业大学马克思主义学院讲师
　　　　陈海懿　南京大学历史学院助理研究员
　　　　万秋阳　南京晓庄学院外国语学院日语系讲师
　　　　殷昭鲁　鲁东大学马克思主义学院副教授
　　　　孙洪军　江苏科技大学马克思主义学院副教授
　　　　李英姿　江苏科技大学马克思主义学院副教授
　　　　颜桂珍　浙江工业大学马克思主义学院副教授
　　　　黄文凯　广西大学文学院副教授
　　　　翟意安　南京大学历史学院讲师
　　　　杨　骏　南京大学历史学院讲师
　　　　向　明　江苏科技大学马克思主义学院讲师
　　　　王小强　江苏科技大学马克思主义学院讲师
　　　　郭　欣　中国药科大学马克思主义学院讲师
　　　　赵飞飞　鲁东大学马克思主义学院讲师
　　　　孙绪芹　南京体育学院休闲体育系讲师
　　　　刘　齐　南京大学历史学院博士后
　　　　徐一鸣　南京大学历史学院博士研究生

常国栋　南京大学历史学院博士研究生

苏　凯　南京大学历史学院博士研究生

马　瑞　南京大学历史学院博士研究生

菅先锋　南京大学历史学院博士研究生

吴佳佳　南京大学历史学院博士研究生

张圣东　日本明治大学文学研究科博士研究生

张一闻　日本明治大学文学研究科博士研究生

叶　磊　中山大学历史学系博士研究生

史鑫鑫　南京大学历史学院硕士研究生

李剑星　南京大学历史学院硕士研究生

马海天　南京大学历史学院硕士研究生

张雅婷　南京大学历史学院硕士研究生

杨师琪　南京大学历史学院硕士研究生

潘　健　南京大学历史学院硕士研究生

唐　杨　南京师范大学马克思主义学院硕士研究生

郝宝平　江苏科技大学马克思主义学院硕士研究生

陈梦玲　江苏科技大学马克思主义学院硕士研究生

张　任　江南大学马克思主义学院硕士研究生

黎纹丹　西南大学外国语学院硕士研究生

朱心怡　西南大学外国语学院硕士研究生

杨　溢　西南大学外国语学院硕士研究生

孙学良　西南大学外国语学院硕士研究生

孙　莹　西南大学外国语学院硕士研究生

费　凡　浙江师范大学人文学院硕士研究生

竺丽妮　浙江师范大学外国语学院硕士研究生

戴瑶瑶　浙江师范大学外国语学院硕士研究生

杨　越　西安电子科技大学

曹文博　浙江工业大学外国语学院

余松琦　西南大学含宏学院

序　言

中国历史的奥秘,深藏于大兴安岭两侧的广袤原野。

明治维新以来,日本企图步老牌帝国主义后尘,争夺所谓"生存空间";俄国自彼得大帝新政,不断东进,寻找阳光地带和不冻港。日俄竞争于中国东北,流血漂杵;日本逐步占得上风,九一八事变发生,中国面临亡国灭种的新危机。

日本侵华之际,世界已进入全球化的新时代,民族国家成为国际社会的主体,以国际条约体系规范各国的行为,以政治和外交手段解决彼此的分歧,是国际社会付出重大代价以后得出的共识。而法西斯、军国主义国家如德、意、日,昧于世界大势,穷兵黩武,以求一逞。以故意制造的借口,发动侵华战争,霸占中国东北百余万平方公里土地、数千万人民,是日本昭显于世的侵略事实。

国际联盟(League of Nations)应中国方面之吁请,派出国联调查团处理此事。1932 年 1 月 21 日,国联调查团正式成立。调查团团长由英国人李顿爵士(The Rt. Hon. The Earl of Lytton)担任,故亦称李顿调查团(Lytton Commission)。除李顿外,美国代表为麦考益将军(Gen. McCoy),法国代表为亨利·克劳德将军(Gen. Claudel),德国代表为希尼博士(Dr. Schnee),意大利代表为马柯迪伯爵(H. E. Count Aldrovandi)。为显示在中日间不做左右袒,国联理事会还决定顾维钧作为顾问代表中国参加工作,吉田伊三郎代表日方。代表团秘书长为国联秘书处哈斯(Mr. Robert Haas)。代表团另有翻译、辅助人员。1932 年 9 月 4 日,代表团完成报告书,签署于中国北平。报告书确认:第一,九一八事变之责任,完全在于日本,而不在中国;第二,伪满洲国政权非由真正及自然之独立运动所产生;第三,申明东三省为中国领土。日本为此恼羞成怒,退出国联,自绝于国际社会。

《李顿调查团档案文献集》就是反映李顿调查团组建、调查过程、调查结论、各方反应和影响的中、日等国相关资料的汇编，对于研究九一八事变和李顿调查团，具有重要的参考价值。

如何看待李顿调查团来东亚调查的来龙去脉？笔者认为应有三个维度的观照：

其一，在中国发现历史。

美国历史学家柯文提出的这一范式，相比"冲击—反应"模式，即从外部冲击观察中国历史的旧范式，自有其意义。近代以来，由条约体系加持的列强，对中国社会产生了巨大的影响。中国沿海通商口岸是中国最早接触西方世界的部分，在资本主义全球化的过程中得风气之先，所谓"西风东渐"，对中国旧有典章制度的影响无远弗届。近代中国在西方裹挟下步履踉跄，蹒跚竭蹶，自为事实。但如果把中国近代历史仅仅看成西方列强冲击之结果，在理论、方法和事实上，均为重大缺陷。

主要从中国内部，探寻历史演进的机制和规律，是柯文提出的范式的意义所在。

事实上，九一八事变发生、国联调查团来华前后，中国社会内部对此作出了剧烈的反应。在瑞士日内瓦所藏国联巨量档案文献中，中国各界通过电报、快邮代电、信函等形式具名或匿名送达代表团的呈文引人注目，集中表达了国难当头之时中华民族谴责日本侵略、要求国际社会主持公道、收回东北主权、确保永久和平的诉求，对代表团、国联和整个国际社会形成了巨大影响，显示了近代中国社会演进的内在动力。

东北各界身受亡国之痛，电函尤多。基层民众虽文化程度不高，所怀民族国家大义却毫不含糊。东北某兵工厂机器匠张光明致信代表团称："我是中华民国的公民，我不是'满洲国'人，我不拥护这国的伪组织。"高超尘说："不少日子以前，'满洲国家'即已成立了，但那完全是日本人的主使，强迫我辽地居民承认。街上的行人，日人随便问'您是哪国人'，你如说是'满洲人'便罢，如说是中国人，便行暴打以至死。"辽宁城西北大橡村国民小学校致函称："逐出日本军，打到[倒]'满洲国'，宁做战死鬼，不做亡国民。"陈子耕揭露说："自事变以后,日本恶势力已伸张入全东北,如每县的政事皆由日人权势下所掌握,复又收买警察、军人、政客等,以假托民意来欺骗世界人的耳目,硬说建设'满洲国'是中华人民的意思,强迫人民全出去游行,打着欢迎建设'新国家'的旗号……我誓死不忘我的中华祖国,敢说华人莫非至心不跳时、血停时,不然一定于[与]他们周旋。"小学生何子明来信说:"我小学生告诉您们'满洲国'成立我不赞成……有一天我在学校,日本人去了,教我们大家一齐说'大日本万岁',我们要不说他就杀我们,把我迫不得已的就说了。其中有一位七岁的小孩,他说'大中华万岁! 打倒小日本!'日本人听了就立刻把那个小同学杀了,真叫我想起来就愁啊。"

经济地位和文化水平较高者,则向代表团分析日本侵占中国东北的深远危害。哈尔滨商民代表函称:"虽然,满洲吞并,恐不惟中国之不利。即各国之经济,亦将受其影响。世界二次大战,迫于眉睫矣。"中国国民党青年团哈尔滨市支部分析说:"查日本军阀向有一贯之对外积极侵略政策,吾人细玩以前田中义一之满蒙大陆政策,及最近本庄繁等上日本天皇之奏折,可以看出其对外一贯之积极侵略政策,即第一步占领满蒙,第二步并吞中国,第三步征服世界是也。……以今日之日本蕞尔岛国,世界各国尚且畏之如虎,而况并有三省之后版图增大数倍,恐不数年后,即将向世界各国进攻,有孰敢撄其锋镝乎? ……勿徒视为亚洲人之事,无关痛痒,失国联之威信,而贻噬脐之后悔也。"

不惟东北民众,民族危亡激起了全中国人的爱国心。清华大学自治会1932年4月12日用英文致函代表团指出:中国面临巨大的困难,好似1806年的德国和1871年的法国,但就像"青年意大利"党人一样,青年人对国家的重建充满信心。日本的侵略,不仅危害了中国,也对世界和平形成严重威胁,青年人愿意为国家流尽"最后一滴血"。而国联也面临着建立以来最大的危机,对九一八事变的处理,将考验它处理全球问题的能力。公平和正义能否实现,将影响到人类的命运。他们向代表团严正提出"五点要求":1. 日本从中国撤军;2. 上海问题与东北问题一起解决;3. 不承认日本侵略和用武力改变的现状;4. 任何解决不得损害中国的领土和主权完整;5. 日本必须对此事件的后果负责。南京海外华侨协会1932年3月16日致电代表团:日本进兵东三省和淞沪地区,"违反了国联盟约和《凯洛格—白里安公约》,扰乱了远东地区和世界的和平。

同时,日本一直在做虚假的宣传,竭力蒙蔽整个世界。我们诚挚地请求你们到现场来,亲眼看看日军对中国人民的生命财产进行怎样的恣意破坏。希望你们按照国际法及司法原则,对其进行制裁。如果你们不能完成这一使命,那么世界上将无任何公平正义可言。在这种情况下,为了民族的生存,我们将采取一切手段自卫,决不会向武力屈服。"

除了档案,中国当时的杂志、报纸,大量地报道了九一八事变和国联调查团相关情况,其关切的细致程度,说明了各界的高度投入。那些浸透着时人忧虑、带着鲜明时代特色的文字表明:九一八事变的发生,对当时的中国社会是一场精神洗礼,每个人都从东北沦陷中感受到切肤之痛。这种舆论和思想的汇合,极大地改变了此后中国社会各界的主要诉求,抗日图存成为压倒性的任务,每一种政治力量都必须对此作出回应。

其二,在世界发现中国历史。

以中国为本位,探讨中国历史的内生力量,是题中应有之义。但全球化以来,中国历史已经成为世界历史的一部分。仅仅依靠中国方面的资料,不利于我们以更加广阔的视野看待中国历史和"九一八"的历史。

事实上,奔赴世界各地"动手动脚找东西",已经成为中国学者深化中国近现代史,特别是抗战史研究的不二法门。比如,在中日历史问题中占据核心地位的南京大屠杀问题。除中国各地档案馆、图书馆外,中国学者深入美、德、英、日、俄、法、西、意、丹等国相关机构,系统全面地整理了加害者日方、受害者中方和第三方档案文献,发现了大量珍贵文献、图像资料,出版《南京大屠杀史料集》72卷。不仅证明了日军进行大屠杀的残酷性、蓄意性和计划性,也证明南京大屠杀早在发生之时,就引起了各国政府和社会舆论的关注;南京和东京两场审判,进行了繁复的质证,确保了程序和判决的正义;日方细致的粉饰,在中国人民和全世界正义人士的揭露下真相毕露。全球性的资料,不仅深化了历史研究,也为文学、社会学、心理学、新闻传播学、艺术学等跨学科方法进入相关研究提供基础;不仅摧毁了右翼的各种谬论,也迫使日本政府不敢公然否认南京大屠杀的发生和战争犯罪性质。

国际抗战资料,展现了中国抗战史的丰富侧面。如美国驻中国各地使领馆的报告,具体生动地记录了战时中国各区域的社会、政治、军事等各方面情形,对战时国共关系亦有颇有见地的分析;俄、美、日等国档案馆的细菌战资料,揭示了战时日本违反国际法研制细菌武器的规模和使用情况,记录了中国各地民众遭遇的重大伤亡和中国军民在当时条件下的应对,以及暗示了战后美国掩饰"死亡工厂"实情的目的;英美等国档案所反映的重庆大轰炸和日军对中国大中小城市的普遍的无差别轰炸,不仅记录了日本战争犯罪的普遍性,也彰显了战时中国全国军民同仇敌忾、不畏强暴的英勇气概。哈佛大学所藏费吴生档案、得克萨斯州州立大学奥斯汀分校所藏辛德贝格档案、曼彻斯特档案馆所藏田伯烈档案等则从个人角度凸显了中国抗战在"第三方"眼中的图景。

对于李顿调查团的研究,自莫能外。比如,除了前述中国各界给国联的呈文,最近在日内瓦"国联和联合国档案馆"中发现:调查团在日本与日本政要的谈话记录,在中国各地特别是在北平和九一八事变直接相关人士如张学良、王以哲、荣臻等人的谈话记录,调查团在东北实地调查、询问日军高层的记录,中共在"九一八"前后的活动,中国各界的陈情书,日本官方和东北伪组织人员、汉奸的表态,世界各国、各界的反应等。特别是张学良等人反复向代表团说明的九一八事变前夕东北军高层力避冲突的态度,王以哲、荣臻在"九一八"当晚与张学良的联系,北大营遭受日军进攻以后东北军的反应等情况,对于厘清九一八事变真相,有着不可取代的意义。

我们通过初步努力发现,李顿调查团成立前后,中方向国联提交了论证东北主权属于中国的篇幅巨大的系统性说帖,顾维钧、孟治、徐道邻等还用英文、德文进行著述。日方相应地提交了由日本旅美"学者"起草的说帖,其主攻点是中国的抗日运动、东北在张氏父子治下的惨淡、东北的"匪患",避而不谈柳条沟事件的蓄意性。口方资料表明,即使在九一八事变发生数月后,其关于"九一八"当晚情形的说辞仍然漏洞百出、逻辑混乱,在李顿询问时不能自圆其说。而欧美学者则向国联提供了第三方意见,如 *The Verdict of the League: China and Japan in Manchuria*(《国联的裁决:中日在满洲》),哈佛大学法学院教授曼利·哈德森(Manley O. Hudson)著;*Manchuria: Cradle of Conflict*(《满洲:冲突的策源地》),欧文·拉铁摩尔(Owen Lattimore)著;*The Manchuria Arena: An Australian View of the Far Eastern Conflict*(《满洲竞技场:远东冲突的澳洲视

5

角》),卡特拉克(F.M. Cutlack)著;*The Tinder Box of Asia*(《亚洲的火药桶》),乔治·索科尔斯基(George E. Sokolsky,中文名索克斯)著;*The World's Danger Zone*(《世界的危险地带》),舍伍德·艾迪(Sherwood Eddy)著;等等,为国联理解中国东北问题提供了有益的视角。另外,收藏在美国斯坦福大学胡佛研究所的蒋介石日记等也反映了当时国民政府高层的态度和举措。

这次出版的资料中,收集了中国台湾地区的"国史馆"藏档,日本外务省藏档,国联和联合国档案馆S系列藏档等多卷档案。丰沛的资料说明,即使是李顿调查团这样过去在大学教材中只是以一两段话提出的问题,其实仍有海量的各种海外文献可资研究。

可以说,世界各地抗日档案和各种资料,不仅补充了中国方面的抗日资料,也弥补了"在中国发现历史"范式的不足,体现了历史唯物主义对历史研究全面性、客观性的要求,自然地延伸推导出"在世界发现中国历史"的新命题。把"中国的"和"世界的"结合起来,才能更深广、入微地揭示抗日战争史的内涵。

其三,在中国发现世界历史。

中国历史,是世界历史的重要组成部分;中国抗战,构成了第二次世界大战的东亚主战场。离开中国历史谈世界历史注定是不周全的。只有充分发掘中国历史的世界意义,世界史才能获得真正的全球史意义。

过往的抗战史国际化,说明了中国抗战的世界意义。研究发现,东北抗联资料不仅呈现了十四年抗战的艰苦过程,也说明了战时东北亚复杂的国际关系。日方资料中的"华北治安战""清乡作战"资料,从反面反映了八路军、新四军的顽强,其牵制大量日军的事实,从另一面说明中共敌后游击战所发挥的中流砥柱作用。1937年12月12日在南京江面制造"巴纳号事件"的日军航空兵官兵,后来是制造"珍珠港事件"的主力之一,说明了中国抗战与太平洋战争的联系。参与制造九一八事变、华北事变和南京大屠杀的许多日军部队,后来在太平洋战场上被美澳等盟国军队消灭,说明了太平洋战场和中国战场的相互支持。中国军队在滇缅战场的作战和在越南等地的受降,中国对朝鲜、马来亚、越南等地游击战和抗日斗争的介入和帮助,说明了中国抗战对东亚、东南亚解放的意义和价值。对大后方英美军人、"工合"人士、新闻界和其他各界人士的研究,彰显了抗日统一战线的多重维度,等等。这对我们的研究富有启发性意义。

李顿调查团的相关资料表明,九一八事变及其后续发展,具有深刻的世界史含义。

麦金德1902年在英国皇家地理学会发表文章,提出"世界岛"的概念。麦金德认为,地球由两部分构成:由欧洲、亚洲、非洲组成的世界岛,是世界上面积最大、人口最多、最富饶的陆地组合。在"世界岛"的中央,是自伏尔加河到长江,自喜马拉雅山脉到北极的心脏地带,在世界史的发展中具有重要意义。其实,就世界近现代史而言,中国东北具有极其重要的地缘战略意义,堪称"世界之砧"——美国、俄罗斯、日本等这些当今世界的顶级力量,无不在中国东北及其周边地区倾注心力,影响世界大局。

今天看来,李顿调查团的组建,是国际社会运用国际规约积极调解大国冲突、维护当时既存的凡尔赛—华盛顿体系的一次尝试。参与各国均为当时世界强国,即为明证。

英国作为列强中在华条约利益最丰的国家,积极投入国联调查团的建立。张伯伦、麦克米伦等知名政治家均极愿加入代表团,甚至跟外交部官员暗通款曲,询问排名情况。李顿在中日间多地奔波,主导调查和报告书的起草,正是这一背景的反映。

美国作为国联非成员国,积极介入调查团,说明了美国对远东局势的关切,其态度和不承认日本用武力改变当时中国领土主权现状的"史汀生主义"是一致的。日美之间的紧张关系,一直延续到珍珠港事变发生。在日美最终谈判中,中国的领土和主权,仍然是美方的先决条件。可以说,九一八事变,从大历史的角度看,是改变日本和美国国运的大事。

苏联在国联未能采取强力措施制止日本侵略后,默认了伪满洲国的存在,后甚至通过对日条约加以承认,其对日本的忍让和妥协,延续到它对日本宣战。但日本关东军主力在苏联牵制下不敢贸然南下,影响了中国抗日战争的形态。

日本侵占中国东北,却始终得不到中国和国际主流社会的承认,乃不断扩大侵略,不仅影响了对苏备战,也使得其在"重庆政权之所以不投降,是因为有英美支持"的判断下,不断南进,最终自取灭亡。2015 年 8 月 14 日,日本首相安倍晋三在战后 70 年讲话中承认:"日本迷失了世界大局。满洲事变以及退出国际联盟——日本逐渐变成国际社会经过巨大灾难而建立起来的新的国际秩序的挑战者,前进的方向有错误,而走上了战争的道路。其结果,70 年前,日本战败了。"从这个意义上说,九一八事变—李顿调查—退出国联,成为日本近代史的转折点。

亚马孙雨林的蝴蝶振动翅膀,可能在西太平洋引发一场风暴。发生在沈阳一个小地方的九一八事变,成为今天国际秩序的肇因。其故焉在?马克思和恩格斯在《德意志意识形态》中指出:在历史演进的过程中,人的"普遍交往"逐步发展起来,"狭隘地域性的个人为世界历史性的、真正普遍的个人所代替"。近代以来中国人民的历史,与世界历史共构而存续。

回望李顿调查团的历史,我仿佛感受到了太平洋洋底的咆哮呼啸前来,如同雷鸣。

是为序。

张 生

2019 年 10 月

出版凡例

一、本文献集所选资料,原文中的人名、地名、别字、错字及不规范用字等,为尊重历史和文献原貌,均原文照录。因此而影响读者判断、引用之处,除个别需说明情况以脚注"译者按"或"编者按"形式标出外,别字、错字在其后以"[　]"注明正字;增补的字,以"【　】"标明之;因原文献漫漶不清而缺字处,用"□"标识。

二、凡采用民国纪年或日本天皇年号纪年者等,为尊重历史和文献原貌,均原文照录。台湾地区的文献中涉及政治人物头衔和机构名称者,按有关规定处理,在页下一并说明。

三、所选资料均在起始处说明来源,或在文后标注其详细来源信息。

四、外文文献译文中,日本人名从西文文献译出者,保留其西文拼法,以便核对;其余外国人名,均在某专题或文件中第一次出现时标其西文拼法。不同时期形成的中文文献中涉及的外国人名、地名翻译差异较大,为尊重历史和文献原貌,一般不作改动。

五、所选文献经过前人编辑而加脚注注释者,以"原编辑者注"保留在页下。

六、所选资料中原有污蔑中国人民、美化日本侵略之词,或基于立场表达其看法之处,为尊重历史和文献原貌,不改动原文,或在页下特别说明,请读者加以鉴别。

本册说明

本册文献收录编纂的资料主要是《申报》对李顿调查团的报道和评论,起止时间为 1931 年 9 月到 1932 年 4 月。

九一八事变发生后,南京国民政府将中日争端诉诸国联。经过数月的争论,国联决议派遣调查团前往远东,调查"满洲问题"和中国的一般形势。国联调查团由英、美、法、德、意五国代表组成,团长是英国人李顿爵士,故又称李顿调查团。作为民国时期具有影响力的重要报刊之一,《申报》密切关注九一八事变后中日冲突的情势,对李顿调查团进行了大量的追踪报道和评论,披露了许多关于调查团的重要信息。本册文献收录资料的主要内容包括:一、九一八事变发生后,国联讨论并议决派遣调查团到远东实地调查的过程;二、李顿调查团从日本到中国后,经上海、杭州、南京、武汉、天津、北平等地,最终进入东北进行实地调查的情形,特别是与南京国民政府中央和地方军政要员以及各地民众团体和各界代表的往来与晤谈情况;三、南京国民政府对李顿调查团的应对和各地的接待情况;四、《申报》相关的社论和时事评议类文章;等等。

《申报》对李顿调查团的报道内容非常详尽。为免芜杂以及和其他九一八事变主题的文献集重复,本册文献的部分内容以节选的方式收录,节选之处加以长省略号。文献标题原则上采用《申报》原文标题(个别节选文章采用该篇章节标题为题名),其中,评论类文章题名中加以原版块栏目名("时评""谈言"等),以与报道类文章相区别,便于读者查考。原文大多只有简单句读,标点、断句亦有不准确之处,收录时参考现代汉语规范和习惯对其加以重新标点。文中不少异形词(如豫料/预料、部份/部分、答覆/答复、计画/计划、澈底/彻底等)和通假字等使用不合今日规范、前后字词写法不统一者,为尊重史料原貌,按照原文录入;有碍于读者理解和引用之处,加以按语说明。另外,原文中的译名与今译多有不同,甚至同篇中原译也有前后不一者,也照此方式处理。书末索引归并了若干不一致的译名,可供读者查考检索。

目　录

1

3

1. 施肇基将请国联主持公道

〔南京〕 外部息,沈阳事件除严重抗议外,并拟致电出席国联代表施肇基等向国联会报告,请主持公道。(十九日专电)

〔日内瓦〕 豫料驻伦敦中国公使施肇基博士,将于今日午后在国联理事会提出中日间之满洲案。众意,日代表将请理事会延至星期一日考虑此事。(十九日路透电)

(《申报》,1931年9月20日,第十一版)

2. 国联中日代表各有宣言发表,国联要人主从调查入手

〔日内瓦〕 国际联盟现正密切注意满洲事件。就国联理事会言,倘见有迅速行动之必要,当可有极迅速之行动。惟最困难者,迄今尚无完备之正式报告,希望星期一当可获得官报。据国联要人言,倘日军之占据沈阳事出仓卒,日政府事前未有所闻,则希望日本立即撤回军队,然后由国联理事会推选列强远东外交代表组织调查委员会,协合中日政府解决此事。现中代表施肇基与日代表芳泽,俱已在理事会发表宣言。(二十日国民社电)

〔日内瓦〕 日兵占据沈阳等处事,尚未有正式发言,中日代表现皆守缄默态度。日代表已接到满洲事件之详报,虽已送达国联行政会,供私人阅看,但不允对众宣布,据谓为求此事之美满解决故也。双方皆不欲增进时局之严重。中代表尚未接到南京正式训令,日代表似欲待中代表之先动。此后数日内,定有发展。据南京消息,王外长拟即将日军无端起衅事,通告国联与非战公约签字国。虽华盛顿电称,美国务院以为满洲传来消息,尚未可认沈阳事件为破坏公约之行为,但日本军事当道所行之步骤,是否不违背不以战争为国家政策工具之公约,犹属疑问。但若非战公约不能有求必应,则不能不希望国联出而斡旋。顾国联扶助能力,不能使人无疑。德报已有国联将照常使人失望之批评矣。俄、德报纸批评沈阳事最多。据莫斯科路透访电,俄外交委员加拉罕今日

接见日使,谈满洲事颇久。(二十日路透社电)

....

〔日内瓦〕 中国已请国联干涉满洲事件。(二十一日路透社电)

(《申报》,1931 年 9 月 22 日,第八版)

3. 日本侵略行为国联澈底了解,芳泽诿言未接详报,竭力阻挠联盟干涉,施公使暴露真相,英代表仗义执言

....

〔日内瓦〕 今日国联理事会开会讨论满洲事件,辩论甚烈,屡次宣告延会,俾各代表平心静气,互相私谈,以觅取和解之道。惟日代表芳泽竭力反对国联直接干涉,坚称东京尚无训令递到,故理事长勒乐后乃宣布休会,至明日续议。本日并未获有具体结果,惟已略有进步。盖勒乐奉委草拟申请书致中日两国,请遵守国联约章之文字与精神。此议由英代表薛西尔提出,盖目下关于争案之详细消息尚未接到,国联所能为者唯此而已。薛氏又主张以国联之一切行动通知美国,经众一致赞成。勒乐又请中国代表施肇基与日代表芳泽作私人谈话,施氏首肯,惟声明

下转第四版

不得视此为中日已直接谈判,及理事会明日须续议此案。当辩论进行之际,芳泽竭力反对以北平、东京各使署军事参赞赴满实地调查该案原委之建议,谓东京政府决不赞同此议,此案为中日间之事件,如各国出而干预,转足增重事势。但芳泽对申请两国政府停止军事行动及将军队撤回原防之议,已暂时认可。若东京有反对之训令,则仍须作罢云。

今日薛西尔之建议,乃由德代表寇蒂斯外长附议。寇氏谓申请中日两国阻止形势扩大,不过临时办法,此后当续有行动。寇氏又称,国联不能以此问题棘手而畏难不前,果尔,则不仅国联威信扫地,且将无以自存。(二十二日国民电)

〔日内瓦〕 日军占据南满,事态甚为严重。如发展不已,则纠纷愈多,势将影响满洲以外之政策。此种情形,国联现渐了解之。今晚国联对于日政府

之延不详细报告满洲事件,表示讶异,盖知满洲所有交通,现尽在日本军事当道之掌握中也。

今日国联行政会集议时,英代表薛西尔力劝中日双方军队在国联研究此案时,立即各退回原驻地点,并谓无论何国皆须避免如满洲所发生者之事件。渠请中日两国政府赞助国联对于侵略行为之观念,而勿再有增重满洲事态之举动云。日本总代表芳泽起称,渠极赞成薛西尔勋爵所表示之高尚意见,日政府极欲尊重白里安、凯洛格之非战公约云。芳泽继述日本人口之过剩,及日本在满洲所有之巨大利益,末谓日政府极愿解决可扰乱中日两国间和好关系之一百余条悬案①云。中国总代表施肇基继起,将其所接中政府之最近消息报告行政会,并声明满洲中国军民遵守政府训令,甚为慎重,不作可使时局愈臻严重之行动。但满洲事态现更形恶劣,请国联行政会谕令日本将其在满军队撤回原驻地点。今在行政会之前者,系中国土地被侵略之问题,事极紧要,宜即指派调查委员会。总之,日军在满洲现尚侵占不已,故请谕日军立即撤退云。

行政会主席西班牙代表勒乐至是动议国联向中日两政府发出紧要电文,请勿作可增重满洲事态,或妨害此问题和平解决之任何举动。主席又提出一条动议,文曰:会商中日代表,觅取充量方法,俾可使中日立即撤回其军队,而不危及其国人生命之安全或其产业之保护。主席又请行政会准将今日集会之议事纪录及关于满洲事项各文件,抄送美政府。以上议案,行政会一致表示同意。中代表称,解决困难,时间最为要紧,顷所通过之决议乃应采计画之第一步,请由国联对于此案始末实施无偏袒之调查,今调查全案与确立应有赔偿之路尚未堵塞,并请行政会明日再行集议云。日代表芳泽赞成中国施代表所表示之和平意见,继谓渠欲将所有关于满洲事件之详细消息,通知行政会,但渠未能确言明日可接到此项消息,渠现待日政府对于此事意见之训令云。薛西尔请日代表从速催索其政府训令,并称如施代表所陈满洲境内男女与幼孩被杀数百人一节果属确实,则满洲重大事件之发生已可概见,故此事至为重要,日政府致其日内瓦代表之训令,应从速发出云。至此讨论终毕,行政会主席乃宣布办理此事之下次集会,将于可能的最早时间举行之。

今晚出席国联之四国总代表,会同中日总代表举行非公开之会议,以期拟定文稿,分致中日两国政府,请双方制止可使时局愈臻严重之各种行动。参加

---

① 　编者按:原文如此,常称为"中日三百件悬案"。

此会者，为西班牙总代表勒乐（西班牙外交部长）、英国总代表薛西尔子爵、德国总代表寇蒂斯（德外长）、意国总代表格兰第（意外相）、中国总代表施肇基（驻英公使）、日本总代表芳泽（日本驻法大使）。讨论结果，现尚未见公布。（二十二日路透电）

〔日内瓦〕 国际联盟理事会今日午后召集第二次紧急会议，讨论中国申请干涉满洲问题，正式议决授权理事会长勒乐通知中日两国，阻止形势扩大及令军队撤回原防。理事会全体通过之议决案如下：（一）紧急申请中日两国，阻止满洲方面足以扩大形势及妨碍和平解决之一切行动；（二）会同中日两会代表，研究足使两国军队不妨害两国人民生命财产之立即撤兵办法。理事会并议决将全部会议录及关于中日满洲事件之全部公文寄交美国，以供华盛顿政府参考。中国出席代表施肇基公使虽请求星期三日再开会议，理事会于是决定休会，俟会长勒乐再行召集。会长勒乐、德代表寇蒂斯、法代表马西里、意代表根兰第及其他余数国代表一致主张，国联今日之决议不过其第一部[步]，以后仍将续有行动，以待该案完全解决而后已。理事会全体代表佥恐满洲问题已至千钧一发之时期，设法解决实属急不容缓。议决案通过后，施公使表示接受，惟有一谅解，即认此为第一步，此后尚须积极进行，以后进行之种种讨论，只能认为理事会内之讨论，不能即视为中日直接交涉。芳泽谓未接东京训令之前，不能更有情报供给。今日午后之会议，因芳泽不肯正式赞同理事会之开会手续，几经劝解，始行就范，致迟七十分钟开会。理事会今晨于寂静及紧张中，听闻芳泽发言。芳泽缕述日本如何尊重国际条约，日本在满洲投资如何之多，及日本现愿竭力和平解决满洲问题云云。施公使于芳泽述毕即奋[愤]然立起，高举电报一束曰："此为自今晨起所接之电报。诸公读之，当知满洲局势随时恶化，事势急迫不能稍延。中国许多良民已被屠杀，虽妇孺亦不能免。今日之问题，为侵略中国问题，吾人之讨论当认定此旨。该问题紧急万分，刻不容缓。中国人民现力竭声嘶，以求和平解决。"施使又谓按照国联约守之规定，理事会义不容辞，当出而解决中日争端，国联今当尽速派委员团赴满洲调查真相，日兵占据满洲土地日见扩大，日兵必须立即退出华境云云。（二十二日国民社电）

·············

4. 国联干涉声中日本所取态度,坚持中日单独解决;伦敦《纪闻报》之讯评

〔东京〕　兹由某要津探悉,日政府对满态度之宣言业已拟就,现正在外相币原之考虑中,一二日内可望发表,届时将以一份致日内瓦。政府现在考虑国联来文,豫料日内即将答覆,声明日本愿撤兵至铁路区域,惟首须与中国谈判(不受第三方面之干涉)关于治安之担保及日人生命财产之安全。日本各报及民众似均与币原外相同一意见,愿缩小事变范围,尽速解决之,绝无永占现所占各地之意。(二十三日路透电)

〔东京〕　日本对于国联要求其撤退满洲方面中国领土内之军队将取何种态度,为举世所注意。兹悉日政府将于明日发表正式宣言,解释东京政府对于中日事件所处之地位。该项宣言业经内阁阁员一度讨论。币原外相今日访若槻首相讨论国联之行动,外相向首相陈述具条声明日本政策之必要,且谓日本关于履行国际义务及遵守国际信义之名誉,有维持之必要。南陆相、金谷参谋总长及其他军事当局,同时亦召集紧急会议。南陆相于散会后告记者云,日本对撤退满洲军队并不犹豫,但望列强对于星期六以来日军行动表示谅解。南陆相复称,日军在满洲之行动未曾破坏凯洛格非战公约。顷会议时,日本尚未接得日内瓦正式来电,报告国联举动。现据日内瓦传来新闻电讯,国联对于日本在满洲保护其既得权之态度,未甚谅解云云。明日之宣言,大约将重新声明日军自星期六以来在满洲之行动乃出于自卫,并谓日本未曾惹起战争状态及未曾破坏国际公法云。(二十三日国民电)

············

(《申报》,1931 年 9 月 24 日,第七版)

5. 列强制裁暴日，国联重视东省事件，五国代表开秘密会，主张组织委员团实地调查

〔南京〕 外部顷接国联会中国代表团电告，自二十二日国联行政院会议下午闭会后，英、法、意、德、西等国代表即开秘密会，历一小时半。此后即请我国代表在地图上指出日军占领之区域，及日本侨民居住及投资地点，同时询我方代表是否反对各国派驻平使馆陆军随员赴东北视察，及我国能予彼等交通上之便利至何地而止。当由我代表答称，对于派【驻】平使馆随员北上视察极表欢迎，惟交通上之便利，只能达山海关，因过此则中国铁路皆为日军占领也云云。我国代表将继续与该五国代表会谈办法。（二十四日中央社电）

〔南京〕 外部顷接日内瓦中国代表团电称，中国代表施肇基顷与英代表薛西尔接谈。施称："国联行政院主席业已通知中国采取镇静态度，静候解决。但情形愈趋险恶，日本竟在长城以内自由行动，使有日本海军向中国海岸亟进之说。国联行政院应立即指派中立调查委员会，并立即再行召集行政会议，讨论紧急处置。若国联不即指派调查委员会，明日会议中本人将向行政院建议，应请何国担任调查责任。"薛谓："应将中国政府之主张及决定，给该委员会以种种便利情形，通知国联总秘书处。"施答："通知书业已拟就，立即送去。"（二十四日专电）

〔日内瓦〕 国联理事会今晚七时召集秘密会议，讨论解决满洲事件之办法，直至九时一刻无结果而散。中国首席代表施肇基公使于秘密会中，竭力主张列强派遣外交委员团至满洲实行调查。理事会遂正告日代表芳泽云，日本对于此点仍再不从速表示态度，理事会惟有即行动议召集公开会议，讨论此事。德代表彭斯托夫曾主张于理事会休会期内，组织委员会讨论满洲问题。理事会今夜秘密会议时，闻日代表芳泽已接得新训令。理事会休会后，日内瓦方面佥认中日形势更趋险恶，惟切实裁制办法，则须以美国之态度为转移。闻美国将派遣代表与国联协力进行。日内瓦方面仍信列强将指定南京、东京外交团人员，组调查委员团，兼程赶往沈阳等处实地调查。英、法、意、德及西班牙代表于举行秘密会议前，曾先行晤谈一小时半，讨论派遣调查团遄赴沈阳问

题。全体表示赞同，日本则仍反对第三

下转第四版

者干涉，及希望南京、东京间直接交涉。施公使曾出席列强代表预备会数分钟，对于五国之意见表示同意。五国代表正设法征求日本同意，前途甚为乐观。盖如调查委员团以外交人员而不以军事参赞组成，则日本可望就范也。调查团之任务，暂为调查真相报告理事会、中日两国是否违抗理事会之决议而仍使形势扩大，以及监视满洲方面中日两军撤回原防。各代表金认满洲形势无时无刻不向严重方面发展。施公使与五国代表会晤时，即将中国拍去之最近电报诵读一过。美公使威尔逊现在日内瓦视察，未曾参加五国之预备会，只与国联秘书长德鲁孟爵士会议，将谈话结果报告五国代表。威尔逊公使接得华盛顿训令后，始往晤德鲁孟爵士。日代表芳泽今将东京递到之最近官报，送往德鲁孟秘书长转致各理事，并要求理事会休会两日。今夜之秘密会议实出意料之外，秘密会议之唯一结果，为芳泽已允向东京请训，表示日本对于组织调查团之态度。至于日本是否赞成派遣观察团问题，亦曾提及。（二十三日国民电）

· · · · · · · · · · ·

〔日内瓦〕　国联已觉满洲事件之严重，虽有许多欧洲问题亟待办理，然行政会现以全力应付中日冲突事。今晚六时三刻，集于行政会会场者颇众，因公开的行政会会议已临时召集，一般人众甚愿闻满洲问题究有何种进行也。中国总代表施肇基到会最早，甫入座，即有一纸传入。施见之，即离座挟其文件而入另一议室。盖西班牙、英、德、意四国总代表开秘密会议，请施列席，而芳泽亦被邀与会也。旋传出公开的会议展期举行之布告，众乃失望而散。行政会密议两小时，九时散会，未有任何切实决定。闻芳泽曾宣读东京发来关于满洲事件截至九月二十一日止之长文。中日冲突事，充满于此间空气中。今晚传说日代表奉有政府训令，在任何情势下不得依允国联调查满洲事件。又有一种谣言，谓在满洲之日本军事当道已获有俄国扶助之保障。明日国联议会开全体会议，列席者将有五十二国代表。据某方面消息，中国总代表将向全体会议报告满洲事，惟今晚负责方面否认此说。今日中国代表团接到南京政府来电，据谓日军已占据哈尔滨。此电当即送达国联秘书长，分致行政会各理事。昨日国联所采之坚决态度，在远东形势上似已有切实影响。虽东京事态尤其是东京内阁与军事当局间之关系，今犹暧昧不明，但种种现象，似表示国联行政会所抱之态度,助以华盛顿传出之重要消息,已有镇定日本舆情之影响。同时昨日发致南京政府之电文,当可使南京安定,并使中国了解,如中国坚持其目前忍耐态度,则世界舆论结晶于国联者,定可使中日事变有公允和平之解决也。(二十三日路透电)

············

(《申报》,1931 年 9 月 25 日,第三版转第四版)

6. 日本答覆国联,拒绝派遣调查委员

〔东京〕 日政府对国际联盟覆文,经日皇裁可发表如下:对于联盟通告第一项,日方自当初即专以保护侨民及铁道而取军事行动,终始努力于妨[防]止事态扩大,专心于欲由中日两国交涉,和平解决,此后仍不变更此方针。对于第二项,日军已开回铁道用地内,用地之外只于沈阳及吉林留兵若干,以为戒备而已。此并非军事占据,待情势改善拟使再开回原地,□信赖日政府之诚意态度。(二十五日电通电)

〔东京〕 国际联盟理事会议长勒乐非公式向芳泽提议派遣联盟委员,实地调查满洲事件。日政府为此昨夜开紧急临时阁议协议,训令芳泽大使答覆勒乐议长如下:

(一)满洲事件系自卫,事件性质系局部冲突,国际联盟及其他第三国不必容喙;

(一)①满洲之中日关系,系特殊性,由国际联盟派遣调查委员恐反致阻害两国关系,故日政府不能应命。

(二十五日电通电)

〔日内瓦〕 日本来文谓日政府深愿由中日交涉,以得和平之解决。又谓日军大部分已撤回南满铁路区域,现仅留少数军队驻扎沈阳、吉林等处以资戒防,此项军队俟大局进步,亦将撤退云。(二十五日国民社电)

(《申报》,1931 年 9 月 26 日,第四版)

---

① 编者按:原文如此,为旧时的一种分条列项方式。

7. 国联行政会感谢美国援助,派遣调查团事尚未决定,特别委员会考虑日覆文,芳泽作反宣传欲盖弥彰

〔伦敦电〕　日内瓦电称,今日此间空气中仍满布关于满洲时局之忧虑。美国赞助国联行政会之态度,众闻之甚为欣感。今日国联议会集议时,代理行政会议长勒乐向集于一堂之外交家陈说中日风潮,并宣布行政会与议会将继续开会,至满洲事件解决后而后止。勒乐代表行政会电覆美国务卿史汀生,谢其援助国联态度之来电,并表示国联对于美国援助之欣感。勒乐声称,不问某国政府所认为需要之各个努力如何,最可得成功结果者,唯有赖国联所组织的国家社会共同一致努力之继续耳云。(二十四日路透电)

〔日内瓦〕　国联理事会虽在继续开会中,但今日对于辽宁事件尚未能再有进行,因须待日代表芳泽接到东京训令。又中国致国联之诉愿书,引用联盟会章第十一款为根据,亦待其改用第十五款,此外再待国联评议会之决议。国联中人多信芳泽于星期五当可接东京训令,尤其关于国联请其撤退侵占军队与组织调查委员会之答复。今日日代表正式照会国联,大逞狡辩并否认日军占据青岛与烟台之谣。内称,日海军陆战队此次未尝有在中国境内登岸者,日本在华领事已请中国当道适宜保护日侨,且正计划遇必要时,今[令]南京日本妇孺徙至上海。又否认日军占据满洲许多城镇,声称日军未尝进至长春以北,又吉林日军亦以地方既经安定,亦已退回长春。日军在满连朝鲜开往之四千人,共一万五千人,现集中于南满铁路区域。管理沈阳市纯系暂时的,此项集中乃属必要。盖自星期五夜沈阳事起后,中国地方官即散走也,其他南满沿线各镇,系日军司令会同华官管理。日军在满仅取维持交通之步骤,以谋军队之安全,一俟地方回复常状即行撤销。此种办法如不为中国态度所延迟,则此种常状即可恢复。现各处无一设立军政府云云。(二十四日国民电)

〔日内瓦〕　国联日代表芳泽今晚有宣言发表,否认东京军人派之已将文治派驱逐而掌政府大权之谣传。芳泽又谓日本军队已自吉林撤退,今仅占领沿铁道之数地,至日本撤兵之原因,恐系中国军队之反攻云云。芳泽又谓中国有数处条约口岸之日本留民,已奉命退出,而沈阳地方则已建设文治之政府

云。以上芳泽所陈述之种种事实,不久即大半为中国代表施肇基所驳斥。施氏称,彼已直接接到中国之报告,内称,日本军队非但未尝稍退,且已向哈尔滨区域进兵;故处此形势日益紧急状态之下,中国实不得不再请求理事会,组织国际调查委员会前往东省视察。芳泽氏对此动议,则默不一言。中国派遣调查委员会之请求,国联方面固已赞同,今所待者,日本之同意耳。日本对于此点之答案,大约明日可到。倘此举日本不十分反对,国联可立即派遣调查委员会。该委员会应由南京选派非中国籍外人二员,及东京选派之非日本籍委员二人,与中立国之代表三人,由理事会指充之。再则,国联职员现已在远东者,或即将就近派充云。又俄国近来对于东省事件之态度如何,外间颇多揣测之辞,但俱系毫无根据之空谈。惟俄国在满边之驻军显已增加,而外交委员加拉罕又已启程东行,可见俄政府对于远东事件,实至重视。(二十四日国民电)

〔日内瓦〕 昨夜日代表团接东京政府来文,已于今日侵晨将内容通告行政会主席勒乐。预料行政会办理满案之特别委员会,将于本日考虑日政府来文,继将从事讨论解决该问题之方法。惟现闻日政府并不与行政会意见相投,而行政会非常任会员及议会议员,因办理满案之五人委员会所供与彼等之消息甚为简单,似皆有不满意之象。据数方面消息,日政府来文措词和缓,今或可视该问题实际业已解决云。(二十五日路透社电)

〔日内瓦〕 芳泽公使今晨接得日本答复国联理事会之照会,理事会定今日午后召集特别会讨论。日本覆牒于国联主张组织满洲调查团虽表示拒绝,但此争点今日可望解决。国联议会及理事会预定明日休会。(二十五日国民电)

〔东京〕 日本国联协会名誉会长石井,今日与路透访员谈及国联对满案所取之行动,而尤注重外传美国不赞成派特别委员团至满调查事。谓国联此种意见不啻疑及日政府庄重之宣言,信任乃属相互的,如国联不信任日本,则日本对国联之信任亦将大受影响。譬如国联对于会员国所供军备之实情而有所疑,主派委员团查其虚实,则岂自尊国所能欢迎?恐军缩计画全体结构将为所败矣云云。(二十日五路透社电)

············

(《申报》,1931 年 9 月 26 日,第四版)

8. 日政府坚持直接交涉，反对第三者之干涉

〔东京〕　日政府今日重新表示，只愿与南京政府直接交涉，阁议决定反对国联会或第三者之干涉。至于国联理事会主张派遣国际调查团赴满洲实地调查，日本仍表示拒绝。日政府已训令芳泽公使照会国联理事会长勒乐，谓日军在满洲之行动出于自卫，该纠纷纯系地方性质，无须干涉；并谓满洲方面中日关系具有特殊性质，调查团适足引起纠纷及阻碍中日直接谈判。上述决议在日政府宣言公布后始发表，不啻完全拒绝国联理事会之行动。日政府并决定万一中国中部发生抗日事件，则长江一带之日侨准备退至上海或汉口，再由日本海军陆战队保护。日本拒绝国联仲裁之举动，势必引起日内瓦方面之新发展，而国联理事会将如何采取进一步之态度，当为世界所注意。（二十五日国民社电）

（《申报》，1931 年 9 月 26 日，第七版）

9. 国联屈服于日：行政会已宣布休会，不复调处东省事件

〔日内瓦〕　昨夜芳泽接到日政府来文，今晨送达国联行政会代理议长勒乐。办理满洲事件之行政会特别委员会遂于午前开秘密会议，午后行政会公开会议，就日政府正式来文考虑满洲局势。会场中空气紧张，令人想起昔年行政会讨论意国与希腊间柯夫事件之前事。今日玻璃厅中挤满新闻记者，国联人员及执有入场券之旁听人集会时，先尽速匆匆办理与满洲事件无关之寻常会务，如奥匈金融整理之难题及设立国际农业抵借公司之提议等事，继乃提及满洲问题。议长勒乐首先发言，对于日牒语调表示满意，谓日牒所称日政府极欲保障中日间交涉之和平解决，大部份日军已撤回南满铁路区域之内，现驻于沈阳、吉林等以资戒备之少数兵士，待形势许可时即须撤回一节，行政会阅之，为之欣幸云。行政会遂对此问题讨论两小时，中日两总代表互换激昂辩论。芳泽声明日政府尽速从占据土地内撤回所有军队之决心，并辩护日政府决计

行此政策之诚意。施肇基则驳斥其言,再重伸中国之要求,请派中立委员会监视日本撤兵。英总代表薛西尔至此发言,拟和缓空气,谓渠深望行政会已达到国联会章第二条规定"在会国必须将其争点提交国联,并依照国联判决行事"之目的,渠信双方现可自己和平解决此事,但若属不可能,此事可再提出于行政会云。中日代表各读关于时局之文后,施肇基声称,中国绝对的置其本身于国联手中,同时要求国联请日本立即将其军队退出所占中国土地之外,中国全国人民虽对于日人有深切之愤怒,但自九月十九日日军行动以来,在华日人从未有被扰者,中政府在人民上之威权力量,于此可证示。芳泽答称,中国指摘日本各节,日政府已于致国联牒文中答覆之矣云。薛西尔批评日牒,谓依渠意见,为保护国人生命起见,派兵占地,乃极危险办法,渠请行政会谕令一种中立委员会实地研究兹事云。勒乐发言结束此会,谓行政会现算此争论双方以好意解决之,渠信赖日本赶速撤兵,并乐闻中政府所发保护自己退兵区域日人之诺言云。勒乐至此乃宣布休会,以便商诸同事,并使会员重行研究。(二十五日路透电)

〔日内瓦〕 中国代表施肇基公使今在国联理事会愤激宣称,当日军强占中国领土之时,中国政府之直接谈判,乃绝对不可能者。施氏之发此言,系在日代表芳泽照会理事会,声明日本未见国联有干涉东省事件与派遣调查委员会之必要,及日政府仅愿与中国直接交涉之后,以故施氏愤慨万分,语音竟为之震颤。日使芳泽则于致送前项照会后,又送一新照会,一再声明日本并无占据中国领土意。按国联理事会系于今日下午五时召集公开会议,中代表施公使宣称中国不愿于日军强占领土时直接谈判后,并报告理事会中国一俟日军退出所占领土,即负保护该地日侨生命财产责任,中政府保护日侨生命财产之能力,观于未为日军占据各地之日侨安居无恙,可为明证,此辈日侨迄未被人侵扰,因在国民政府保护之下。又谓中国今日将其国家完全听命于国联,毫无保留条件。日代表芳泽亦在理事会演说称,日政府准备与中国立即开始直接谈判,俾得圆满解决。渠意满洲时局及中日间关系,业已进步至可以放弃中国原议,代以直接交涉之程度云云。迨日代表送出新照会,施公使复一再要求国联使日军退至本月十八日以前原驻地点,并提议推派中立国代表组织委员会,调查日军在满撤退之状况与日期,俾将撤兵情形报告国联理事会。按国联自日本拒绝调处后,已大感棘手,今以中日代表之演说,益陷于进退维谷之境,故国联中人大觉失望,怃然承认日本已予国联一大打击云。(二十五日路透电)

　　‥‥‥‥‥‥

10. 国联延期休会,静待日军完全撤退

　　〔日内瓦〕　国联行政会决定会议延长一星期,将俟攻击中国东省之日军完全撤退后,再行休会。(二十六日中央社电)

　　〔日内瓦〕　今日国联对于调解中日间满洲争端之艰难工作,无实在进步。此事并无新发展,其地位适与昨日相同,双方均仍坚持原取之态度。中国主张应派以中立国人组织之调查委员团即赴满洲调查真相,日本反对甚力,谓此议绝对不能接受。日方代表且谓中政府曾向南京日使提议中日开直接谈判,以解决争端,今曷为放弃原议,况日本已宣布愿与中政府直接解决。中国代表则竭力否认中政府曾有直接谈判之提议,中国各方面之意见,以为如国联将调查委员团之请求搁置不提,则国联之信任将大受打击。豫料国联行政会须至星期一二日始能作最后之决议。(二十六日路透社电)

　　〔日内瓦〕　国联各方面对于中日满洲争端,今日无新发展。国联议会已定星期二日闭会,在闭会之前可以解决之希望,似已告绝。众料国联议会闭会后,行政会将继续开会,中日争端仍将为会中焦热之问题。目下之地位,实际与前、昨两日相同。(二十七日路透社电)

　　‥‥‥‥‥‥

11. 日本方面力求直接交涉,主张组织中日委员会

　　‥‥‥‥‥‥

　　〔南京〕　某英人谈,国联之权能,仅通知日兵退回原地。日本倘不遵从此议,列国自有公论。若欲国联出于武装制裁,盟约上无此权限。故中日南满纠纷,将来当事人仍是直接谈判,国联做个鉴定人而已。形势如此!(二十七日

专电)

〔柏林〕 此间晚报大字登载莫斯科来电,谓日本主张组织中日委员会解决满洲事件,该委员会主席则聘请一中立国人员担任。所指之中立国,大约为在远东方面无直接政治利害者,日本似单指德国或意国。如中国表示同意,则可委一德人任之,人选之最有希望者,为德国前任驻日大使沙尔夫博士。(二十七日专电)

(《申报》,1931 年 9 月 28 日,第四版)

12. 国联行政会讨论东省事件,主席希望和平解决,施肇基请国联援助,芳泽赞成即行交涉

〔日内瓦〕 国联议会今晨开会,行政会代理会长勒乐以对于中日满洲争端所取之步骤报告议会会长,谓行政会将继续努力,使两国之争端和平解决。议会会长声称,议会深信行政会之努力必获良好之结果。议会旋即讨论军备问题。(二十九日专电)

〔日内瓦〕 国联议会已于今日闭会,此后苟非国际间发生非常大事,则循例将至明秋重开。今晨末次大会议时,理事会主席勒乐声称,渠曾希望本日可将中日间满洲事变之最后解决预向本会报告,不幸以理事会之最大努力,迄犹未得解决;惟理事会信任日本不贪中国土地及日军在可能上尽速撤回满铁附属地之宣言,深信双方之善意与中日政府间之直接交涉,将为达到最后解决之最妙方法;理事会将继续促进此种方法,直至获得解决而后已。于是议会主席铁士莱斯科答称,议会尚无必须干涉中日间危局或讨论理事会处置之表示,又谓谅议会当可赞成渠与勒乐之言云。(二十九日国民社电)

〔日内瓦〕 行政会今日散会时,代理议长勒乐宣布行政会将再集议办理中日问题,会期将延长数日云。此项决议颇为中

下转第八版

代表施肇基所欢迎,盖中国现极希望国联有效的斡旋,助成满洲事件之和平解决也。行政会会期本定今日终毕,今晚延长会期之决议,当可坚南京政府之努力,以约束激烈主张而成就和平解决。

今日午后行政会开全体会议,讨论满洲危局,留心旁听者仍甚众。勒乐发言,首言及南京学生昨日殴打王正廷事,表示行政会对王之一致同情,继抗议虚伪消息与满洲事件有关者之散布。渠请世界言论界勿作偏袒躁急之言论,并劝新闻记者与国联行政会合作,使中日冲突得获和平解决之工□。

日代表芳泽继起发言,对于南京昨所发生之事表示惋惜,并谓王博士乃其友,渠甚钦重之,渠表示极热切之同情。施肇基向行政会与芳泽致谢其对王之同情表示,并称中政府现竭力镇静舆情。芳泽旋宣读一篇长文,内称:日政府现接北满与间岛日侨派兵保护之请愿,虽日侨处境不宁,但日政府为免使时局更臻严重计,已决定不从其请;今日军之撤退正在进行中,驻于吉林之日军,自星期五日渠奉日政府来文声明日军已由占据区域陆续撤回以来,业已一再减少,在吉林与沈阳区域之外他处驻兵,仅以新民屯与郑家屯留置少数兵士为限,以便保护日侨免为华兵及境内近颇猖獗之盗匪所攻击;北平英使署军事参赞索安希尔上校现正视察日军撤退之详情,日政府定以其所行各种计画志在迅速解决困难者,随时通知行政会云。

芳泽宣读其文后,施肇基起言,渠以其大注意听日代表之言论,尤注意于撤兵一事,渠若知日军已全数撤退,则渠当更欣快。渠不知日代表对于日飞机攻击沈阳与北平间客车事将有何言,渠愿闻之,被射击之火车既未有华兵在内,而附近地方亦未有华兵踪迹。中国□在最好情谊上与世界各国共同生活,不仅对日本如是;尽速恢复原状,乃人人所切盼之事。渠以和解精神抛弃日前所发立即派中立国人调查团前往满洲之请求,拟请行政会从日内瓦继续襄助,俾两国就地和平解决云。芳泽答词否认中国方面所传出日军屠杀中国妇孺之说,又谓渠不能给予占据区域内日军完全退去之确期,渠将以中国所发直接谈判之建议,电告日政府云。

至是中日代表争辩颇久。芳泽赞成施肇基中日代表在满洲立即开会,以期成立和平解决之提议,但不赞成中国所发他国加入委员会之建议,施肇基坚持行政会应参助两国谈判之说。芳泽又对之谓不能将此建议转达日政府,渠所可为者,在以中国所提出直接谈判之议电告政府耳,日本无对华开战之意,日本亦如中国欲迅速美满解决困难云。英代表薛西尔谓直接谈判应即开始,如遇困难,此问题可再提交行政会云。主席声称,明日国联议会集会时,渠将发表关于满洲事件之言论,行政会会期将延长数日云。遂散会。

国联秘书长奉行政会之命令,将今日议事纪录通知南京与东京。国联议

会在听取勒乐报告行政会与满洲之现状后,明日闭会。(二十八日路透电)

············

〔日内瓦〕 国联努力促成满洲事件之解决,但今日复遇一难关。理事会前曾提议组织委员会赴辽调查,并规定日军撤退日期。中国施公使力争委员会内必须有中立国委员,日代表芳泽则称,此项委员会苟非纯由中日两国委员组织,则只能请训本国政府后,再行答复。嗣主席勒乐宣称,理事会将于星期二国联会议末次大会时,将以迄今努力调处经过与中日两方态度,作一公正报告。按国联理事会今日开会后,主席勒乐对于中国外交部长王正廷昨日在部被殴一举,表示遗憾,谓此事由于中国人民误会国联理事会之行动而起,故渠深觉遗憾。日代表芳泽亦对王氏表示私交方面之同情心。旋施公使演说,要求日本立即释放十日来所俘一切华人,交还所占一切中国财产,归还三省境内华兵被解除之武装。日代表芳泽嗣称,施氏提议由理事会协同规定日军完全撤退之日期一节,渠将立即请训东京政府,但一再反对国联派员调查,声称满洲时局已大有进步,纵南满与中韩边境之日侨要求军队保护,日当道仍陆续撤兵,自星期五起驻吉林之军队已陆续撤回,现南满铁路附属地以外,除吉林与沈阳两处外,仅新民与郑家屯尚驻有日军若干,北平外国官吏与报界代表咸可自由前往,证实日本撤兵之确实,故日本认国联无派员调查之必要。最后芳泽又重申日政府无占据领土野心。嗣施公使乃宣称,理事会苟能规定一日兵完全撤尽日期,则中代表亦未尝不可放弃国际调查委员会之要求云。(二十八日国民社电)

〔日内瓦〕 今日午后国联理事会复开会,讨论满洲事件。主席勒乐对于中国外交部长王正廷被殴一举,表示遗憾,谓此由传播理事会会议情形失实所致。中日代表亦声明遗憾,并对于秘书长宣布嗣后拟随时以国联会议情形之节略,通报于南京、东京之国联事务处一节,表示欢迎。次由日代表宣称,满洲日军现正在撤退中,目下南满铁路附属地外,仅吉林、沈阳、郑家屯、新民屯驻有日军,日本拟尽速完成撤兵,而以不危及日侨之生命财产为定云。次中国代表提出折中建议,请理事会辅助中日双方即行商协妥定,俾得规定早日撤尽日军之日期,如是可免有派中立国调查委员团之必要。于是理事会乃开始讨论,双方各发辩词,结果请中国代表提出书面建议以供理事会考虑,理事会日内将定期续开会议。(二十八日国民社电)

13. 国府对日方针不主直接交涉

〔南京〕　国府对日主张，闻早决定。大旨以此次日本强占东北，不仅试验国联之效能，在实力上我国亦不能在暴力压迫之下，与日本直接交涉而自陷于失败。已训令日内瓦施公使遵照办理。（一日专电）

（《申报》，1931 年 10 月 2 日，第四版）

14. 东省事件英德舆论一斑

英报主张积极干涉

〔伦敦〕　《孟却斯德指导报》今日社论，谓国联不派委员赴满洲，铸一大错。日本未有切实履行其撤兵担保之明证。就英国而言，如日人不在半月内切实撤兵，则英外相李定有主张国联积极干涉之责云。日内瓦路透访员电称，日本各代表今明日离日内瓦，而中代表施博士则大约将留居日内瓦，以待十月十四日行政会之复开；满洲受扰区域内匪氛渐炽之消息，颇令人焦虑云。（一日路透电）

…………

（《申报》，1931 年 10 月 2 日，第八版）

15. 外部接到通知：国联行政院明日开会议，各国外交领袖均将列席

〔南京〕　外部接国联行政院主席勒乐氏电称，本月九日中国代表团因东省形势紧急，以书面通知各理事：行政院会议应提早重开。行政院会议原定十月四日星期三重开，现改为十三日星期二。按照九月三十日本院决定第九项，

请将事件扩大情形从速通知国联秘书长，以便转达各理事云。（十日中央社电）

⋯⋯⋯⋯⋯

〔日内瓦〕 中国东省事件益见紧张，因此国联理事会特订星期二日召集特别会议，闻英、法、意、西诸国外交领袖皆能参加，而西班牙外长勒乐则仍为主席云。现国联所处之地位，实至困难。中国代表施肇基既将东省一切情形逐日报告国联，而日本驻法公使芳泽则另有报告、宣言等文，各执显然不同之言词，国联实难为左右袒。此实国联成立以来最繁重之职务。倘毅然判决孰是孰非，国联本身即有破裂之危险。再则此次会议将有三日之久，而美国驻瑞士公使威尔逊将以观察名义参加讨论。说者谓国联本身所处之地位既如此困难，或者将设法解决此事之重任移诸美国，使根据华府九国条约或凯洛格非战公约而判决云云。（十日国民电）

⋯⋯⋯⋯⋯

〔日内瓦〕 中政府已以新请愿文致国联，详述日飞机于十月八日轰击锦州之情形，请国联急速设法保卫和平。中政府又请国联派委员团赴锦州实地调查，并请行政会各会员自向当地人士探询一切。（十一日路透社电）

（《申报》，1931 年 10 月 12 日，第三版）

16. 施肇基向国联要求派员调查，英德报告送达秘书处，各国代表纷抵日内瓦

〔日内瓦〕 中国以国联理事会重开在即，今日已提出正式要求送达秘书处，请理事会派遣国际委员会赴辽吉调查。现中国总代表施肇基，业将九日日飞机轰击锦州及其重大损害情形报告理事会，并请各理事在星期二开会以前向其驻辽领事及外交代表获得详细报告。又德外部报告理事会谓接沈阳德总领事电称，日本在满兵数未见变更，即偶然集中于营房内亦派宪兵相代；日本在中国境内之实力并未减少，现逐日派兵入中国领土，攻击解除武装之华军或土匪；日本军用飞机常赴各处侦谍并掷炸弹，但据日人言，系在被华人攻击时抛掷云。日内瓦对此电极为注意。（十二日专电）

···········

〔日内瓦〕 国联理事会考虑满洲时局之特别会议，或者今夜即将非正式开始。现英外相李定已偕薛西尔于午间抵此，理事会议长西外长勒乐下午可到，法外长白里安与意外相格兰第晚间可到。无论如何，此五人今夜即将会晤一次，非正式交换意见。料美国列席旁听专员驻德大使韦尔逊或将参加。目下此间空气紧张，达于极巅，谣诼繁兴，揣议纷纭。对于中国要求派遣国际调查委员会一节，国联将若何应付，尤为众论焦点，因料日本将竭力反对，纵退出联盟亦所不惜也。闻日方现正计议提出对案，将满洲作为国联委托统治地，委日本代管。但中代表方面以满洲向为中国整个领土之一部份，此计纵毒，势难使日人如愿以偿云。（十二日国民电）

···········

〔日内瓦〕 今夕消息传来，谓中国已有哀的美敦书送达日本，要求日军即日撤回南满铁路区域以内。此处得此消息后，一时颇为震动，意世界将从此陷入第二次之战祸。未几，震恐之状态虽稍杀，然满洲事变日趋险恶，前途实至可虑也。国联理事会虽将于星期二日召集会议，然能否调解此危局，希望实至渺茫，加以日本今日复有照会送致国联秘书长德鲁蒙，内称日本对于东省事件，绝不能容许国联之干涉，其理由为国联对彼尚未可谓为已十分了解云云。（十一日路透电）

（《申报》，1931 年 10 月 13 日，第三版）

17. 日政府答覆我国首次通牒：撤兵须有条件，希望直接交涉

〔东京〕 日本政府于九日回答中国关于满洲撤兵之第一次通牒，其内容于十二日由外务省发表如左：

"十月五日来函已聆悉。察来函前段云，日本代表曾在国际联盟正式声明，现在占据各地之所有日本军队将从速撤退，恢复九月十八日以前之原状。理事会最终决议亦声称，在十月十四日再开会议以前，日本军当撤退。夫日军之撤退至附属地内，须以南满铁路之安全及满洲日侨生命财产确保安定为前

提,乃在联盟中之日本代表所屡次声明者。又九月三十日理事会决议中,并未说及十月十四日再开理事会议以前须将日军撤退。关于来函后段所述之事项,日本政府所见如左,祈鉴察。

现在中国军队集结于日军所占据之各地方,使日本军感受胁威。与事件初发生时一样,标榜不抵抗主义之中国军队到处与日军抵抗,使日军有多数死伤者。目下之急务,在谋缓和国民之感情,因此有先将根本大纲协定之必要。此更为先决问题,故日本甚望与中国代表面谈。"(十二日日联社电)

············

（《申报》,1931 年 10 月 13 日,第三版）

18. 我方要求日本立即撤兵:我国二次对日通牒,日外务省表示拒绝

〔东京〕 日人方面称,南京要求南满铁路区域外日军于一星期内撤回之最近照会,与十月五日第一次照会同一意义。日政府覆第一次照会之文,已于九日送交东京中使署。但因覆文中有若干点稍欠明晰,故中使署未即将日本覆文转致南京。中政府因未接覆文,乃发出第二次照会,重伸前次要求,不过措词稍严耳。闻日本于答覆第二次照会时,将仅仅请中政府查照九日覆文,因第一次覆文已声明,在中国当道未表明于日军撤退后能担保满洲日侨安全时,日本断难撤回南满铁路区域外之日军也。今日午后,外务省发言人一再伸说日本反对第三者干涉并反对国联派员调查满洲情形之理由,并谓中国强令国联干涉之谋,不能便利交涉之解决,反使解决为难,因外来

下转第四版

压力徒使日人愤懑,而破坏日政府不使严重事态扩大之努力耳云。(十二日路透电)

············

（《申报》,1931 年 10 月 13 日,第三版）

19. 日政界要人深恐国际干涉

....

〔东京〕 满洲之事变今已渐呈国际的重大化之形势。日本政府自不待言,余如重臣、枢府、贵族院各方面,皆超越党派,一致忧虑其结局。若槻首相本日与币原外相、安达内相会见后,又历访山本伯爵高桥是清氏、清浦伯爵等,关于满洲之事态,详细说明,请求谅解。(十二日日联社电)

....

〔东京〕 据路透访员得悉,此间最高政界之情感,为日政府对于中国希图强迫国联干涉满洲争端,殊为不安。现信日政府准备与中国任何负责代表开直接谈判,惟反对局外干涉之建议。日政府除恐第三者之干涉将减弱其阻止事势扩大之努力外,且觉日本从未图要求新让与权或特殊权利,仅欲要求尊重按照现约应有之权利与特殊权利耳。盖此番解决如藉第三者之助而成功,则中国将常以为日本乃为外势所迫,不敢提出更苛之条件。换言之,即日本预备提出较宽之条件,特不欲使人视为日本之取温和态度乃出于外界之压逼耳。日本答覆国联之公文,本定昨夜发出,但延至今日午后始发。闻文内仍谓:(一)日本曾竭力阻止满洲局势之增重;(二)日本主张向[由]中日直接谈判,而不受第三者之干涉;(三)现除派兵至铁路区域外保护韩人与剿匪之可能的零星事件外,满洲不致再有新发展;(四)扬子江流域之时局增重,中国须负厥责,日本派舰至扬子江各口岸,纯为保护日侨之生命财产起见;(五)述明日军未能即退至南满铁路区域内各地点之为难情形,盖首须保证中国力能担保治安与秩序之维持也;(六)声明日本确信中日之永远合作,可使双方互受其益,故目下急宜依据根本原则,恢复平时之关系云云。今日首相若槻往见首相山本伯爵、高桥及清浦三人。东京人士对此大为注意,且有种种猜测。其性质未悉,惟众信或关系满洲时局,或因内阁将起风潮之故。(十二日路透社电)

(《申报》,1931 年 10 月 13 日,第四版)

20. 国联行政会昨开秘密会议，决请美国代表列席，日本坚持直接交涉

∙∙∙∙∙∙∙∙∙∙∙

〔日内瓦〕 今晨行政会秘密会议，决定请美代表参加行政会关于中日交涉之讨论。闻此办法须先得中日两国代表之同意。行政会开会后，中日代表皆晤会白里安。闻中国对此已表同意，惟日代表芳泽与白里安晤谈良久之后，声明必须将邀请美国参加行政会讨论一事，请示于日政府。故众料在未接东京训示时，行政会暂不开会，至少今日不能开会。日代表团某要人今日语路透访员：欧洲诸国尚未深悉时局中之实际详情，如日侨获有不遭攻击之保障，日本即准备撤军至铁路区域；日本在满洲军队计一万四千人，而在铁路区域外者不足六千人；日人不赞成此事当众过分讨索，日人确信直接谈判乃最后结果云。（十四日路透社电）

∙∙∙∙∙∙∙∙∙∙∙

〔日内瓦〕 据国联中人消息灵通者称，理事会现将用种种方法使中日间满洲危局得以友谊解决。倘至万不得已时，则将被迫实施联盟会章第十六款。现望在数日内能商得一种协定，俾日军可以撤回满铁附属地，而中日间将可开始直接外交谈判。若美国参加会议，则美代表除投票外，可享其余一切权利。如此会中对于各项提议，便可获知美国态度，免致将来议决后，有为美国所不能接受者。据称九月间理事会本拟派国际调查委员会，因探悉美国不甚赞成而罢。故此次理事会与美政府俱赞成有美代表列席，谅日政府当亦不能独梗众议，径行拒绝也。至今日各理事非正式会议中，除此事外，其讨论点系集中于昨日日代表芳泽宣言之解释。盖此时日本坚持先与中国直接谈判，然后撤兵，而中国则于日军撤退以前，拒绝与日本谈判，因此成为僵局，故咸认形势颇为险恶。（十四日国民社电）

∙∙∙∙∙∙∙∙∙∙∙

（《申报》，1931 年 10 月 15 日，第三版）

21. 白里安告中日两方维持和平态度,芳泽报告日政府意见,施肇基根据事实反驳

············

〔日内瓦〕　国联行政会今日午后续开会议,听取日总代表芳泽报告日政府关于满洲时局之意见。开会时在三点三刻,空气严重,较晨会为甚。以实际言,时局似较前紧张。芳泽应议长白里安之召,向众致词,宣读长文一通,说明满洲之情势、日本在满洲之巨大利益、中国之反日宣传、中国散兵盗匪之种种行动及在不靖区域内保护日侨之必要。末称,俟日侨不复有危险时,日本即将其军队撤入铁路区域之内。芳泽谓日本已两次冒自己生存之险以挽回朝鲜与满洲之迫切危害,日本以为此两区域与日本自己命运有密切之关系。日本在满洲无土地野心,但有存亡所系之政治与经济上利益。各国在此广大区域内有经济活动,而日本乃其活动中平等机会与门户开放之保卫者。自日本到满洲以来,对外贸易增多十倍,中国亦获取此数省发展之大利,华人数十万已移住满洲,二十年来户口增倍。日本于牺牲如许人民、如许金钱,奋斗保障其自己安全后,应贡其大努力以发展满洲,自无足异。发展中之第一要素为秩序之维持,日本以其坚定政策,已阻止中国所有之内乱,使不扰及满洲和平辛勤之事业,盖日本在满洲投资极巨,计逾日金二十万万圆也。日本在满洲之权利近年来迭遭抨击,自国民政府执权以来,虽负责之中国执政者,亦公然主张完全划除日本在满权利。中国当道对于南满路局及对于日韩人民,尤抱挑衅态度,已有多时。华兵之杀害中村,即为华人对日傲慢态度之一证。日本政府虽遇此挑衅行

下转第四版

为,仍抱温和忍耐之态度,但政治空气之紧张与日本人民之愤懑,乃势所不免之事云。芳泽继复提出九月十八日南满铁路为华人所攻击之说,又谓日政府深望中国自觉时局严重而知改变其从前态度,以合理建设的合作趋入新途径,俾销灭两国间将来冲突之各种原因。日政府准备对中国直接谈判,但至目前尚未见此种愿望之实现,行政会固亦有此愿望,渠意中国之所以迟迟不接受此

议者,因中国内部政局甚为混乱也云。芳泽继又言南京政府与广州政府间之和议,旋称日军总司令对于九月十八日南满铁路事所采行之计画,乃以任何代价驱除迫切危险害及日本在满洲地位之存在者之合法防卫步骤。日政府确欲于其国人安全保护获取有效力之保障时,即撤兵至南满铁路区域之内。在发生对此难题谋一解决方法时,不可过于注重主义之考虑及理想之可能性,必须尽量顾及时局中实际的与政治的真相。今中国全境仇日鼓噪甚烈,时局乃愈困难。故渠建议行政会应首先谋取两国间成立协议,及在精神上解除军备之方法。如中政府切实努力以制止中国境内反日运动,并会商日本拟定可恢复两国寻常关系之一种先决的基础办法,则可使时局和缓,如人所欲,而销除日军撤回之最大阻碍。撤兵不系于此种协定之实施,而系于日侨之安全,渠深盼中日间成立良好谅解云。

中国总代表施博士答称,日代表所提出之各点多与本题无关,日代表所称中国前外长近曾发表有敌意的言论一节,尤非事实;至于抵制一层,任何国家之政府不能强迫其人民购其所不欲购者,欲解决此事,唯在销除其原因耳云。施博士继宣读南京来电两通,谓日飞机在过去数日内又以炸弹轰击沈阳以西之不设防城邑。施又举出中国当道保护日韩人民之证,复宣读在场目睹之某重要美人声明日军无端攻击沈阳之报告。末称,观于现有情形,中日间直接谈判乃不可能事,故中国申请于国联云。芳泽因英外相李定之建议,允向东京询问施博士所提出日机又施攻击事之详情。议长白里安称,行政会负有责任,不能不尽此责。渠盼双方各请其政府在未解决时勿增重时局,渠知两大国皆了然于凡进一步酿成大祸者,所须负之可怖责任云。行政会至此休会。

今日中日双方所表示之温和,已发生良好影响。英国某代表语人,今日会议乃今后会议之甚好开端。路透访员晤施博士,询以东京所传中政府如确知国联不欲干涉,则准备与日本直接谈判之消息。施博士称,此说与渠所接之训令适相反云。(十三日路透电)

(《申报》,1931年10月15日,第三版转第四版)

22. 时评：辟直接交涉

当国联行政会议九月三十日以前,讨论处置中日间此次严重事变之初,日政府即一再宣称,"满洲事件为中日间地方问题,可由中日进行直接交涉解决,绝不容第三国置喙",即国联组织委员会调查实况亦所反对。不幸国联当时未洞烛其阴谋,且未能排除万难,本尊严之盟约,执行其权威,而为日人之强横所屈伏,仅以希望并信任日本能于十月十四日以前撤退暴军,作敷衍之结论。乃自九月三十日起,截至最近,日人不仅未履行其在国联会议中接受撤退军队之决议之信诺,抑且暴行有加无已。国联行政会为此特再度召集,而日人要求直接交涉,不容许第三国置喙如故。此种极荒谬无理之行径,不能不严词痛辟。

夫依照立国常轨,两国间发生若何足以障碍国交之事情,自应以双方直接用外交方式共谋解决为正当方法,然而今日之情势则不然。第一,日人于九月十八日之先,不以正当之外交方式向我直接提出诚意之交涉,而突然对我暴力压迫,不宣而战,则其外交早已脱轨,其政治已早失常态。不直接交涉于九月十八日之先,而要求直接交涉于暴力发动之后,此种矛盾横蛮、一意孤行、目无世界之主张,中国断然不能承认。第二,日军暴力发动以后,我国以毫不抵抗之态度节节退让,而日军肆其疯狂之暴行,节节进逼。占我都市,戮我军民,没收我财产,更换易旗帜,置官设吏,所差者仅为尚未递送正式宣战之通牒耳。彼既已实施武力发动,以敌国视我,两国国交已无形断绝。我无端受此衅辱,个人之所不能忍受者,而谓一民族能伈伈伣伣,绝对顺从日人之意志而任其摆布?日人既已自绝国交矣,尚何直接交涉之可言?第三,盘踞于我领土以内之暴军,今犹未撤;奉命开来我长江以及沿海各商埠之炮舰,正衔尾而来;袭炸我锦州之飞机,时时予我以严重之威胁;所谓"满蒙独立"之运动,正甚嚣尘上。在暴行有加无已之情势之下,日人何曾丝毫有早日解决此严重问题之诚意?其欲厉行大陆政策、破坏和平、蹂躏国际协约之决心,日人自己已于九月三十日以后之暴行露骨说明。我国即欲直接交涉,又将从何处着手?第四,此次日军之暴行,不仅为简单之中日两国问题。不仅足以迫害中国,抑且足以迫害世界,予世界全人类以绝大之威胁。制止此种足以危害全人类之暴行,不仅中国应负此责,世界各国都应负此责。中国竭尽其力,忍耐自持,对日军之暴行一再退让,即所以对世界负责,对全人类负责。兹后如何防制此种暴行之继续增加,如何使掀起祸机之罪人承负其应负之责任,应由世界各国共起图之,中国实再无直接交涉之可能与必要。九日日本军部三巨头会议,商洽撤兵问题,其议决事项共有五项,第三项为"俟新政权出现后,即作地方交涉",第四项为"俟至足保证日侨生命财产之新政权树立后,即行撤兵"。证之是项决议,则日人所谓直接交涉,并非以我国之中央政府或东北地方政府为对手,而为欲俟所谓"满蒙独立"成功,建立在其保护下之"新政权"后,再进行其为所欲为之滑稽交涉。我即欲直接交涉,除无条件承认东北为日人之保护领土,更加订若干辱国条约而外,日人岂其我允,岂能接受我国之谈判?

基于上述五项之说明,中国今日绝不能接受直接受涉之主张。中国民族今日所抱持之态度,为举国家与民族全置于国际协约尊严之基础上,静听公理正义之裁判。如国际协约国放弃此责任而诿诸中国,则中国今后之行动,当不外两途:一为订辱国之城下之盟,对日屈服;另一则为举全民族之热血以与强权,作最后之肉搏,争回公理正义以及我民族生存之自由。舍此两途而外,更无他道。但中国人民敢切实声言:具有四千年文明历史之民族,有以国敝,决不能终始屈伏,对人竖立降幡!此而不能,则惟有静候事态之自然发展,以毫不回避之态度,大踏步走上第二条血路。

此为中国人民目前之严整态度,切盼国际协约,切实认清。至于国内少数因循畏缩、安于现状之辈,或不能理解当前之严重与前途之危难,而倡接受所谓直接交涉之主张,其结果将不使我国家于辱国丧权之外,更全部断送立国之民族精神不止。国人其共起而唾其面,严厉制止若辈之谬论。

(《申报》,1931 年 10 月 15 日,第七版)

23. 日本朝野视线集日内瓦,冒天下之大不韪,力避第三者干涉

〔东京〕 日本朝野对于满洲事件之视线,今已移向日内瓦,现正严密留心国联之讨论。日本虽仍坚持与中国直接谈判而不受第三方面之干涉,但现亦渐知必须有一种动作,打破僵并之难关。难关维何?即日本方面坚主至少先

开谈判而后撤兵，如是可保证中国愿意及力能担任维持治安秩序；中国方面则坚主先撤兵而后开谈判是也。日本反对国联干涉之态度虽未见温和，但此间密切观察时事者皆以为，当可筹商一种办法，使国联能引中国与日本直接谈判，而不使任何方面丧失颜面。又据东京消息灵通方面之意见，日政府今所不安者，即恐国联轻信一方面之词，不顾满洲时局之真相，凭理论的与理想的见解横加干涉。《日本时报》今日对于此节曾有评论，可以视为日本观察家之一般意见。该报谓国联如加干涉，则必仅以近数日内日本军人行动为根据，而绝不注意日本在满洲所受中国之种种痛苦云。（十四日路透社电）

••••••••••

（《申报》，1931 年 10 月 15 日，第八版）

24. 英法舆论一斑

〔伦敦〕　今晨伦敦各报多批评满洲时局。一般舆论以为日本对于中国纵有不满之处，然强制行事，致成可使远东陷于战争中之局势，则殊不合理。《每日电闻》今晨社论，略谓日政府纵容军人自行处理，而不先将争端提交国联请予公断，此种行径无可置辩，故日政府实负特殊责任；远东果发生战争，则祸害之范围无人能逆睹云。

法人舆论可于《巴黎时报》今晨社论见之。该报详述时局之严重，但谓国联必须注其全力以谋取中日间之直接谈判，而不干涉根本事件或强加以解决之条件云。今晨在英华人集议于利物浦，发出决议文，吁请英人之扶助并抗议日人之侵略满洲。华人于电商南京政府后，发出一文送呈英政府，指日人侵略目的在兼并满洲，并要求日人撤兵、赔偿、道歉，惩办负责军人。（十四日路透社电）

（《申报》，1931 年 10 月 15 日，第八版）

25. 日本意图延宕,拟请国联派委员团来华作一般的调查,延至明春再行决议,一面准备直接交涉

〔东京〕 日本政府现正考虑要求国联理事会对于辽吉事件延至明春再行决议,并欲请国联派一委员会至中国作一般的调查,惟仍不能同意于第三者之干涉,欲使国联对于中日关系之历史与背景,获得日方所谓之公正报告,然后根据此项报告作成决议,故拟向理事会拟议即行休会,俟明春再行讨论此案。此时日本即准备与中国开直接外交谈判,解决两政府间各项悬案。昨日,日外相币原在贵族院各派代表前论及满案,谓:日本非俟得一解决中日间现在诸争端之根本基础后,不能撤兵;日本所处地位,认国联理事会对于所以酿成中日紧张关系之种种情况,尚未得充分报告;而目下日内瓦各代表未免聆中国种种宣言后发生不正当印象,因此日本欲国联派一委员团至中国调查一般情形云云。中国对于日本抗议抗日运动之复文,已于星期二夜间到东京,但日外务省已决定搁置不理。(十五日电通社电)

〔日内瓦〕 国联秘书处接东京消息,日政府刻正考虑请国联派国际委员团赴华作一般的调查一节,已发生深刻印象,视为在解决中日满洲纠纷上第一次所见具体之可能性,因一方面既与中国请派国际调查委员会之要求有一部份类似,而另一方面又可不致引起日本反对第三者之干涉。(十四日国民电)

············

〔日内瓦〕 今日中国代表团接到政府来电,切实否认东京所传出中政府如确知国联不干涉即准备与日政府直接谈判之说。今日午后,中代表施博士以昨、今两日南京发来电报五通,送交国联秘书长。其中有一电报告日飞机轰击锦州,共炸死十九人,日飞机向悬挂红十字旗之铁路医院亦施攻击;又一电系上次周会蒋主席报告之译文,内有"国际公法大约不能维持时,吾人不惜任何牺牲以尽吾人责任"等,并未扬言开战。(十四日路透社电)

(《申报》,1931年10月16日,第三版)

26. 日本不赞成邀请美国列席，竭力避免外来干涉

〔东京〕　日外务省对于美国代表出席国联行政会，决定加以反对。本晚由币原外相将此旨训电芳泽大使。（十五日电通社电）

〔华盛顿〕　今日国务院中人称，美代表吉伯特如被邀列席国联理事会，仅将受以正式讨论凯洛格非战公约及其应否适用于满案之权。惟在非正式方面，对于一切国联提议固仍可自由发言，第在正式讨论时，只将限于前项范围云。（十四日国民社电）

〔华盛顿〕　美国务卿史汀生今日声称，渠已派日内瓦美总领事吉伯特俟理事会邀请后，充任美代表前往列席。此项委派尚系星期一决定。但据日内瓦报告，恐日本将反对美国参加，因此吉氏犹未列席国联会议。又中国代办容揆今日否认报载中日间已在东京开始直接谈判之说。（十四日国民社电）

〔日内瓦〕　今日国联中人极注意美国之能否列席讨论，以为美国一旦列席后，将见国际间最大合作，可为异日树立极重要之先例。故各代表及国联办事员皆急盼日政府之决议，以便努力进行解除中日危机。至今日各代表间对于满案之私人谈话，闻仍无甚进步。（十四日国民社电）

············
下转第四版
············

〔东京〕　日政府已训令日内瓦日代表芳泽，竭力疏通国联行政会，打销美国参加讨论满洲问题之提议，因恐此举如必实行，则将在日本民众上发生甚不幸之影响也。芳泽关于此次提议之来电，东京仅接到一部分，须视全电收到时，日政府方可有切实之答覆。此间日人之意见，美国务卿史汀生十月十□日致国联秘书长之电，怂恿国联用其所有力量，以调节中日行为。此种措词，日本当局认为非必要的严厉，东京因此业已发生不美满之印象，故若美国在中日争端中破例参加行政会之讨论，则恐美日邦交将愈恶化，盖日人将觉美国对于日本与中国交涉事件横加不公允之压力也。政府之反对美国参加，具有三种理由：(一)原则问题；(二)表明日本无庸第三者参加自行解决争执之政策；(三)恐日本民众疑虑美国干涉日本事件，致起仇美情感。再最足激动日本舆

情者,莫过于外来之干涉,尤以来自美国者为甚。盖民众将以为外来势力于日本自信举动不错之时,压迫日本行其所不愿行者,且陆军得人民同情,日政府深恐激动民众至使陆军愈形倔强耳。(十五日路透电)

…………

（《申报》,1931 年 10 月 16 日,第三版转第四版）

27. 国联理事会电美邀请列席

〔日内瓦〕 理事会主席、法外长白里安于今日全体大会之后,立即电致华盛顿,邀请美国列席理事会,讨论中日满洲危局。内称,"此项邀请书经理事会通过,当理事会讨论中日满洲纠纷时曾表示意见,以为该案牵涉凯洛格公约与国联会章,凯洛格公约第二款既规定国际争执仅能和平解决,故此项意见深为正当。美国为用和平方法解决争端之一份子,亦为最先签字凯洛格公约之一国,故美国可谓对于获得和平解决争执上尤特别注意者也。目下已至所有签字国调和争端之善意与志愿必须表示之时。吾辈决意保持和平,以此为国联之基础。吾辈欢迎德代表墨蒂厄士之名论,倘国联成立于欧战之前,使各方得列席一桌从长讨论,必可免遭巨祸。今既有此机关,吾人必须求其成功于来日,吾辈必须表示真实行动"等语。当理事会通过此邀请书后,遂休会。至日代表仍表示反对。现理事会定于今夜六时重开,国联中人皆希望美代表吉白尔届时能参加会议。(十六日国民社电)

（《申报》,1931 年 10 月 17 日,第三版）

28. 日本放出退出联盟空气,坚持直接谈判,不容外界干涉

〔东京〕 今晚最近发展观之,日本如选择于脱离国联或放弃与中国直接谈判以解决满洲问题二者之中,则日本宁取其前者。日本深信国联之决议请美派员参与行政会之讨论,实背国联会章,且将严重损害国联全部之结构。日

人解释国联邀美参加讨论之决议为国联与美国愿合作以图援用凯洛格非战公
约,藉以强行第三者之干涉,此日本不惜任何代价坚决拒绝者也。日本之取坚
决立场,显求切实声明渠于在满权利与利益之重要,已屡有表白,不能变更,故
渠不能容外界干涉以解决关系其生存之争端云。(十六日路透电)

〔长崎〕 官场发言人今晚述及日本脱离国联之可能性,虽谓政府尚未严
重考虑此事,但承认如国联不顾日本之意见,臻乎不近情理之程度,则已露激
昂征象之全国民情,将增高至要求脱离国联之程度云。该发言人自己则信国
联续事审慎考虑后,自将承认日本所争之正当云。(十六日路透电)

〔东京〕 首相若槻向报界发表关于国联请美国参加讨论之意见,谓国联
努力和平,令人感慰,惟请非会员国参加行政会讨论之提议实无前例,且国联
会章中亦无一条规定此节,故日本政府对于大多数赞成之决议是否合法,至抱
疑意云云。闻日政府今夜将以训令致芳泽,请国联再审慎研究请美参加讨论
之决议,盖视此不特与国联会章相抵触,且大有损于国联全部结构也。外务省
发言人评论国联之决议,谓日本对于此事今有两途:一为就手续点力争应有全
体一致之同意;一为同意于美国之参加,惟须有美国纯以旁听员资格参加之谅
解云。内阁现方开会讨论将驻美大使出渊电请东京可否重行考虑其态度之建
议,列入致芳泽训令之中。(十六日路透电)

…………

(《申报》,1931 年 10 月 17 日,第七版)

29. 日本态度顽强,欲以退出联盟要挟

〔东京〕 据今日之情形观之,日本退出国联之可能性,似较无条件撤退满
洲铁路区域外各地点军队之形象为大。惟政界似仍抱觅得一种方法保全中、
日、国联各方面颜面而免用严峻计画之希望。此间深觉国联之邀请美国参加,
足以鼓励中国避免直接谈判。若国联与美国不助中国张目,则中国不久必与
日本谈判。国联若不能实行其决议,固将危及其本身之存在;而国联若坚决主
张干涉以解决此次争端,则日本亦觉将危及其国家之存在。日本所欲者根本
的与永远的解决,而非暂时敷衍的休战,据此间负责任方面声称,唯中日直接

谈判始可达到此种解决云。(十七日路透电)

⋯⋯⋯⋯⋯

(《申报》,1931 年 10 月 18 日,第四版)

30. 施肇基申述我国基本要求:日军不撤退无谈判余地,撤兵时由国联派员调查,日本应负赔偿损害之责

〔日内瓦〕 中政府对于日军立时撤退及回复中国在满主权之基本要求,不能退让一步。又中代表团某君语美联社记者,理事会目下考虑之策略,行将丧失中国对于国联之善意,因其结果将使中国之内□生严重政治问题,致政府崩倒,即致成为"赤化",亦非不可能者;今日若未能维持国联会章与非战公约,用公断为解决国际争端工具之规定,中国国家显将为之削弱,倘美国未能拥护该约,则中国亦为之削弱云云。中代表施肇基以竟日谈话未有结果,又致一备忘录于白里安,重申中国之基本要求,措辞更见明晰。其内容据可靠方□传出大致如下:(一)解决满洲纠纷之谈判,必以立即撤退日军为基础;(二)当撤兵时及撤兵后,必须有一中立委员团视察;(三)必须承认中国因日本侵犯满洲而受之损害,有要求赔偿之权;(四)必须设立一中日间调和与公断之永久机关。今中国既明白申明其要求,则理事会势不得不再集中力量劝诱日本方面之让步。设日本不让步,唯有休会三星期以便从长商榷。但各小国代表不赞成展期,以为现美国既参加,若再展期,徒自丧失国联之威望而已。(二十一日国民电)

⋯⋯⋯⋯⋯

〔南京〕 日内瓦二十一日电。中国代表施肇基复向白里安声明中国方面之要求:(一)撤退日军为交涉先决问题;(二)日军撤退时及撤退后应组织中立调查团;(三)赔偿及损害之承认;(四)中日事件永久的调解及仲裁部之设立。国联行政院正设法使日军撤退,或至迟于三星期内撤退。国联中各小国俱称,若日军不即撤退,于国联本身极有妨碍,况美国业已参加会议,故关系尤为重大。(二十二日专电)

(《申报》,1931 年 10 月 23 日,第四版)

31. 白里安要求中日双方停止军事行动,主张派遣视察员

〔日内瓦〕　今日白里安又分电中日政府,要求两国严禁东三省再有战事,并力言派遣中立国视察员往嫩江桥实地调查之必要。此电系国联总秘书德鲁蒙代发,首谢中日政府对于六日去电之复文,谓经研究复文及最近各项报告后,深觉必须坚请中日政府尽力避免增加事态之严重,对于该地统兵长官下最严厉命令,禁止再有军事行动;嗣乃郑重声述对于国际所派视察专员予以便利之重要,力主国联必须派遣中立视察员往嫩江桥及昂昂溪附近,搜集有关理事会九月三十日决议案之报告;电尾由白氏署名。今日此间声称,德鲁蒙所派赴日代表华德士,本日可抵东京,将居间接洽,以利国联与日政府间之谈判。又国联派往与中政府接洽之庞奈,亦已在赴宁途中。(十二日国民社电)

(《申报》,1931 年 11 月 13 日,第六版)

32. 日本赞同国联派员视察,白里安接币原私人电

〔日内瓦〕　白里安接日外相币原署名之私人电报,措词甚为友好,谓日本切欲避免满洲继续发生战事,且愿欢迎国联所派之视察委员团查明满洲大局之真相。(十三日路透社电)

(《申报》,1931 年 11 月 14 日,第四版)

33. 外交部发表国联来电

〔南京〕　外部发表国联秘书长特拉蒙自日内瓦来电云:"南京外交部鉴奉行政院主席训令,将下列电文,转达查照:'十一月六日,本主席曾由执事转电中日两国政府,兹接准中日两国政府覆文,本主席爰请执事向两国政府代伸谢意。本主席详加研究各该覆文及最近所接诸牒文之后,以为应再郑重声明,两

国政府前曾允诺竭力避免一切扩大时局之举动,本主席并力持应严令对峙各军队之长官,切勿有任何新行动发生。最后,本主席以为最关重要者,为对于行政院会员国派往当地之视察人员,尤其对于派往嫩江桥及昂昂溪搜集九月三十日决议案所规定诸消息之视察人员,应予以便利。行政院主席白里安。'"
(十三日专电)

(《申报》,1931 年 11 月 14 日,第五版)

34. 外部电覆国联,欢迎中立人员调查

〔南京〕 外部十一日接国联秘书长转到白里安来电,谓不得有任何新行动发生,并请予调查人员以便利。顷外部已电复国联秘书长,欢迎中立人员调查,并请转致白氏。其电文如下:

"中国政府接准昨日阁下转到行政院主席来电,藉悉白里安君对于远东之现有事态仍极关怀,至为感荷。中国政府除对于日本之再行故意攻击,不得不采取必要之防卫办法外,仍当严格避免任何武力的行动。但现在局势因日本继续不断之扩大行动,愈趋严重。如黑龙江省嫩江桥日军正在集中,并已声明夺取省城齐齐哈尔之意思。其司令官竟要求省政府马主席将政权移交于与日军合作之叛徒首领张海鹏。又最近日人在中国各地更有各种秘密扰乱之阴谋,其已经发生于天津之事件,完全出于日人之计划与指导,且以日兵营及日租界为其作乱之根据地,殊令中外人民更觉忧虑。在此情况之下,中国政府竭诚盼望并欢迎中立观察人员前往日军行动各地,以得真实之消息。尤盼其前往黑龙江之嫩江桥与昂昂溪,及天津与其他各重要地点。中国政府对于观察人员当予以一切必要便利,俾可完成其职务。上开文件,请即转致行政院主席为荷。"①

(《申报》,1931 年 11 月 14 日,第五版)

---

① 编者按:原文末尾未给出消息日期及来源。

35. 国联前途黯澹，或能成立不能满意之协定，日本反对正式委员团视察

〔日内瓦〕 今日日内瓦以为协定可望成功，不过范围不大，不能符合中国期望耳，俟白里安与道威斯明日晤商后，当可续见曙光。美国务卿史汀生既有日本态度和缓之说，而副国务卿凯塞尔复言及可为双方接受之折中办法，故众料美政府必有一种较可满意之办法。若白里安派中立国人赴满视察之议竟不见进行，斯真为可异矣。日本答白里安请停止侵略之复文，声称，十一月八日日本覆文中，曾声明嫩江桥附近之日军已奉训令，如华兵不作仇敌行为不得扩大军事行动。但现请严重注意者，齐齐哈尔、昂昂溪及该两处以南之区域内，集有十倍日兵之华兵，此为日兵之严重危害，而此危害之程度无时不愈臻重大，此种情形日代表已屡向行政会言之矣。日政府依照九月三十日议案第七条之规定，将继续以极详细之情报供给行政会。日政府自现有事件之初起时，即愿对于出席行政会各国政府之人员赴满调查真相者，予以其权力内可有之最大便利，日政府此种态度至今未变云。日本今既允以最大便利给予赴满人员，则其从前反对正式调查团之力量业已减少，关于此层，国联与日本当可易于接近。一旦列强代表实地视察，则扩大战事之危机应可免除。此即日内瓦今日稍抱乐观之一原因也。（十三日路透电）

〔东京〕 昨日欧洲传来消息，谓日本已表示愿由国联派委员团调查满洲真相。此间闻之，大为骇异。日人今释明日本所允予以利便者，为个人视察员，而非正式委员团，至正式委员团至满调查之议，日本殊反对之云。至骇异之原因，乃由昨日外相致法外长白里安之私人电报而起。现闻驻东京英、美、苏俄大使署之武随员，俟在九州观操完毕，定于十一月十九日赴满洲查视一切云。（十三日路透电）

〔巴黎〕 今日《小巴黎人报》发表一种解决满案方法之详情，谓此项计画系十月日内瓦行政会所密议者，现已得甚严重之注意。其第一部已为东京当局所赞同，第二部刻正在考虑中。此计画将以驻日外国军事随员所组织视察委员会之管理下发展之，而与此有关之谈判将同时在满洲与欧洲举行。满洲方面之谈判，系处理地方与行政问题者，由日军总司令与中国当局行之，将议

定日本撤兵与中国保障日人安全事;欧洲方面之谈判,将处理日本五项基本要
点。《小巴黎人报》又谓若此计画为人接受,则双方可担任于相当限期内完成
其谈判云。(十四日路透电)

36. 国联连日会议仍无何等进展,施肇基抗议日军侵黑,芳泽述中日条约历史并提议派委员团办法,英外相西门奉召回国,道威斯对前途抱乐观

〔巴黎〕 今日国联两次会议之结果,徒使一般人起满洲问题解决犹遥遥
无期之感想。今日午后,行政会十三会员集会,从午后五时起,至八时止。施
肇基陈说一小时,于七点五十五分出法外部。芳泽在会场中费一时三刻之时
间,答复关于条约之问话。渠用日语发言,须转译英、法语,以致会议进行甚
缓。国联方面所得之印象,为行政会在此次散会时并未觉较开会前更有头绪
也。公开的会议大约明日可举行,届时芳泽将发表其言论。行政会现已定明
晨十一时再举行非公开之会议。

今日开会时,最可注意之点为日代表之提议,主张于接受前所提出五项基
本要点之条件下,遣派调查委员团赴满洲,实则日本仍不放弃其原有要求也。
日代表又建议此委员团应有极广大权力,以调查陈诉事件,且应以超然地位之
人物组成之。据芳泽意思,委员长宜以毫无可疑之要人担任之。闻芳泽且举
法国名将贝丹上将、韦甘德将军等为担任此种要职之最相当人物。行政会会
员加于芳泽许多问话,意在尽量决定何种条约及何种条文与满洲问题有关,俾
可集中注意于此,而将其他非主要的事件暂搁一边。盘问颇久,且令人厌倦,
但有若干点已明白披露:日本不欲有追认有效与否尚含疑义的各旧约之新约;
日本欲得中国方面之谅解,即承认现有各约之有效,并声明中政府忠实履行各
约之决心。芳泽因日政府欲行政会了解中日争端之根本原因,故将缮具一文,
详叙造成今日事态之历史事实,尤详示日本所以坚欲中国切实承认中国条约
义务之理由。此文不日可送交行政会。施博士出会场后,人争以结果询之。

施仅答称,行政会所询关于条约在满洲时局上之特别适用各节,渠已答之矣。施面色沉着,但未呈异常忧色。见者认为施博士对于会议之进行,尚非完全失望。闻行政会现觅取双方态度之充分情报,然后努力作具体计画,同时并拟与国联与之密切合作之美代表道威斯作同样之步骤。闻施博士在行政会发言时,曾说明满洲地位在过去数日内严重愈甚,并对于日飞机之轰击黑垣提出严重抗议。国联秘书处今日所发表之文告,内有中国陈说溥仪被劫事之来文。(十八日路透社电)

....

(《申报》,1931 年 11 月 20 日,第七版)

37. 法报论调种种,自袒日突变为反日

〔巴黎〕 法人方面昨抱乐观,但最近满洲之发展,已使其易乐观而呈不宁静之气象矣,报纸批评甚为焦灼。《巴黎晨报》称,会议场中之发展,已为日本参谋部所顿挫。《巴黎日报》称,可使英美满意之解决法,在日本一面维持原有条约之尊严,一面宣布愿得国联襄助遣派委员团赴满视察之意耳。《小巴黎人报》谓双方皆应负责,但日本态度未见温和,殊可扼腕;施博士之态度虽较为得体,然亦不能促协议之成功云。《巴黎回声报》则别有见解,谓许中国加入国联为根本错误,因中国未有切实勘定之边界,且不能实行其国际义务也。(十九日路透电)

〔巴黎〕 自昨日以来,此间对东三省事件最显著之发表,厥为袒日舆论突变为反日。昨日各报论调犹热心赞助日本,今则一变而抨击日人在东三省与在巴黎之政策。即最袒日之《巴黎晨报》亦加入其中,斥芳泽为强项,为顽梗不化,谓谈判之顿挫,纯由凶横之芳泽得凌驾其同僚驻英大使松平所致,至松平,则欲取妥协态度,主张与国联合作也。至法报之所以若此攻击者,似由于昨夜芳泽初则不愿出席秘密会议,迨几经劝说,又复迟延半小时,始姗姗其来;既至,则仅宣读一混淆不清之声明书,未有以慰藉各理事愤急之情绪。惟今晨则各方情感似已略见和缓。据闻芳泽已有一计划送交白里安,在专门技术方面,业有若干让步。现希望此项计划或能为继续谈判之根据,俾最

后获告同意。据闻此项计划系对国联派委员至东三省。又中国施总代表现已向人示意:渠业奉南京训令,倘国联不能有迅速决议,则将提出会章第十五款与第十六款;倘国联仍拒绝制裁日本,则中国将立即退出国联云。(十九日国民社电)

（《申报》,1931 年 11 月 20 日,第八版）

38. 日政府赞同国联派调查团,声称此为日本重要让步

〔东京〕 官场今日否认日本先须中国承认五项基本要点,然后始允派员赴满调查之消息,谓日本已无条件依允调查团之遣派,此为日本重要让步。日本所拟妥协办法,原为两重性质,即国联须派出调查团,并须令中国根据五点开始直接谈判是。嗣觉中国未能依允,故放弃第二建议。但日本虽可在中国承认日本五点以前赞成派员调查,然日本并无放弃必欲中国最后承认此五点之意。日政府主张调查团须有日代表加入,亦不反对中代表加入,并主张调查范围包括调查反日运动、中国担保生命财产之能力及中国不尊重条约等事。至于在满调查,应集中于日本撤兵意见如何合理之问题。日官场又声称,日本仅欲在满洲成立永远和平与秩序,此层与陈友仁政策相合。陈固主张解除满洲黩武主义,并驱除军阀云。(二十日路透社电)

〔巴黎〕 白里安顷向行政院及日本代表团提出建议,主张遣派中立委员团,对于满洲情状,并对于保护外侨安全,及尊重条约中国所能尽力之程度加以调查。本日夜间芳泽已向东京请示,现正等候训令。此项建议尚未送达中国代表团。(十九日哈瓦斯社电)

〔东京〕 日外务省对于联盟派遣调查员案,业将承认之旨于十九晚训令芳泽大使。关于调查团之构成,传闻除常务理事国英、法、德、意四国外,又加入中、美、日三国。至于调查方法,则将分别担任,拟以军事属法,条约归英,经济关系归美云。(二十日日联社电)

〔巴黎〕 据今晨《每日电闻》消息,国联代表在巴黎最近谈话之结果,为法、美、英、德之完全同意,以为满洲问题上考虑对日经济或军事惩戒,未免离奇。是以国联之考虑,显然不向十月间考虑失当之草议案而进行,但将偏向于

劝令中日从速开始直接谈判之方面。（二十日路透社电）

〔巴黎〕 今日午后此间稍有乐观,因芳泽奉有东京训令,在派员赴满调查问题有转圜也。日政府切实准备依允国联派员调查,而须中国先承认五项基本要点。日本作此让步,但并不放弃五点,不过承认五点之问题现展缓耳。此种意思,将于午后行政会开会以前送达白里安。闻日人现有赞成废除满洲黩武主义之建议,此层已甚为人注意。今晨接到日本文件数起,日人辩护其占据齐齐哈尔之行动,允于进兵目的完全达到后撤回军队,日兵可撤至洮南或郑家屯,如华人不以中东铁路为战略用途,日军可严格尊重中东路线。又有一件,否认日人参加溥仪复辟之运动。据谓溥仪于天津乱时逃出,日当道初无所闻。日人又发表九月十八日至十一月十五日满洲匪案之统计,共九百六十四起。（二十日路透电）

〔巴黎〕 今日此间日大使署声称,日政府已致文法外部,接受国联委员会赴东三省调查提议,并愿俟诸国联委员调查阅毕以后,暂时撤回中国必须承认五项基本原则之要求。但今日观察国联形势者,深虑日本此种撤回要求之宣言,未免已迟一月,恐仍未必能助成东三省事件之解决,虑中国将不能同意在撤兵以前派遣国联调查委员也。至若中国接受此议之后,则委员人数闻理事会拟派六人,美、法、英、德、荷及南美籍各一人。美籍拟请潘兴上将,法籍则在贝当、卫格诸人中任请其一。今晨九时三十分,白里安即邀国联办事大员讨论日本来文。嗣记者询诸国联中人,但对于日本之新贡献不愿有所评论,仅称,现须劝说中国政府接受日军未撤兵前派员调查之计划,至理事会之讨论,亦必仍旧集中于中国要求之撤兵问题,此次日本未尝明定撤兵日期,但愿在事势可能上,绝不迟延从事撤兵云。今午白里安邀芳泽至外部相晤,芳泽未往,旋有电话致白里安,道达迟延之歉忱。（二十日国民电）

（《申报》,1931 年 11 月 21 日,第七版）

39. 各国舆论一斑

〔伦敦〕 《孟却斯德指导报》登载社论,对于日本现行满洲政策加以攻击。其言曰:"国联会在巴黎开会,表面上迄无何项成绩。当此之时,日本军队乃将马将军之部队击溃。所可异者,世界大战方始结束,日本乃努力在满洲树立

'保护国',而为未来战争伏一引线,国联会于此安可加以优容?中国政府曾经提议,一俟日军撤退,即将中日争端提付公断,或与日本直接谈判。乃日本悍然不顾,竟将战略上重要地点予以占据,迨至所谓合法权利受人尊重,堪以自信而后已。彼为日本作左袒者,不知曾加思索否?日本于举行谈判或提付公断之前,必欲占据满洲,其意若曰,非用强制方法,则日本对于条约权利之见解,将不为中国所承认,或不为国际法庭所首肯。此种举动,国联会若予裁可,影响所及,任何小国苟欲维护本身权利,绝不可倚赖国联会,而当袭用旧日方式,以与大国缔结联盟。是乌乎可!"(十九日哈瓦斯社电)

〔巴黎〕 时局仍为报界所注意,各方面多抨击国联。法国《自由报》谓国联劝谕不力,日本显已获胜,行政会未准备采用压迫计划,唯有屈服于已成的事实而已云。《巴黎时报》与《辩论报》仍主张一面遣派国联委员团赴满调查,一面担保日本条约权利,以此为解决难题之办法。法国负责方面之意见,殆亦类此。《时报》指此为尚未关闭之唯一出路,以为国联委员团应监视满洲秩序之恢复,而日军应于形势许可时让出占据区域。德国《阿尔格迈报》论日军攻陷齐齐哈尔事,谓日本已征服东三省,而昭示世界战事尽可进行,不必顾虑国联矣;国联畏怯,佯称中日间无战争,中国之丧失东三省,国联与有责焉云。(十九日路透社电)

(《申报》,1931 年 11 月 21 日,第八版)

40. 国联行政会昨开公开会议,听取中日代表意见,讨论派遣调查团案,日本态度仍未稍变

〔巴黎〕 国联历史上又一重要会议,将于今日下午四时三十分开会。此为十六日重开后第二次公开会议,其前途定将又造成一僵局。目下中国代表团计划,即力主考虑其撤兵要求。而日代表则宣称,将在会中坚持派遣委员为一事,撤兵问题为另一事,各不相关;倘国联决定派遣委员,日本将要求请美国致仕参谋总长孙墨拉尔将军为委员长;至于撤兵,必须在中日直接外交谈判结果之后;并谓派遣调查委员计划,苟非两方面有一方让步,结果必致失败。日代表芳泽又谓,渠"并不如国联秘书厅之乐观,国联欲派调查委员赴东三省,自

可立即派遣，但中国之必须承认日方基本五原则乃中日谈判上另一问题。日本对于停战提议并未有切实答复，若谓日本已决定反对，亦非确语。至撤兵问题犹未解决，仍待继续讨论。当此谈判未停之时，全国须有希望，但不能谓余抱有乐观，但若谈判能于今后数日内结束，余亦并不惊异"云云。按芳泽此言，其意不啻暗示国际联盟将永不能调解东三省事件也。现理事会已决定星期日不开会议。（二十一日国民电）

〔巴黎〕 国联秘书厅昨夜正式宣称，中日接受停战原则之说，未免又蹈过分乐观之弊。日政府既拒绝停战建议，今日中国总代表施肇基博士亦向美联社通讯员切实否认中国已接受停战计划之原则，并否认接受日本提议之调查委员，谓目下中国代表团尚未接到南京训令，若理事会大会内提出日本任何提议，中国代表当然将加以讨论，但对于调查委员即使在原则上之接受与否，亦须全视该委员与撤兵之关系以为断。又今晨十时四十五分，施氏曾与道威斯相晤。（二十一日国民电）

〔巴黎〕 当秘书厅宣告中日两国接受休战以前，中国代表团曾语人，尚未正式接到国联派遣调查委员会提议，且云，此类提议预料恐亦不能为中国接受。曩日本在沈阳附近开始撤兵之时，调查委员会之议可为中国所接受，今则惜已太晚，中国代表团坚持必须先行撤兵，而后有调查之可言，委员会只能随撤兵而产生。今理事会所拟议者，纯为一调查情形之委员会，苟不先之以撤兵，只有宣传作用而已。中国固常〔当〕赞成一调查委员会，但理事会今在特别会议时期，必须处置撤兵问题，中国将坚持此点云云。（二十日国民社电）

〔东京〕 日本政府关于混合国联调查委员团派遣案，主张须依如左之条件，业已致训电于其芳泽代表：（一）调查员不仅视察满洲，须视察全中国；（一）此等调查员对于既往之军事行动，概不批评；（一）在调查员视察期中，若中日两国间丌始直接交涉，亦 概不得干涉；（ ）须令调查委员格外详细调查者，为抵制日货之事实、中国维持治安之能力及中国曾诚实履行国际条约否。（二十一日日联社电）

〔巴黎〕 国联理事会今日秘密会议结果，远东局势顿增和平解决之希望。理事会秘密会议自下午四时开会，至六时方散，中日代表仍未列席。今日两小时讨论之结果，今夜并未正式公布。惟据确讯，昨夜日代表芳泽提陈白里安之日本最近建议，理事会对此颇为嘉许。日本之新提案依允国联遣派特别调查团赴华，惟以兼事调查全中国抗日情形而不限于调查满洲形势为条件。日本新提案并表示愿意暂不坚持五点基本原则,惟亦有附带条件,即须中国承认现行条约在原理上之有效,及并允开始谈判条约之解释事宜,该项谈判可由中立国遣派代表参加,但不必先之以撤兵是。今日理事会秘密集议时,闻白里安对此建议予以赞同。白里安现已病愈,会内会外颇见活跃。理事会已为白里安之利口所说服,赞成日本之新提案,视为解决远东纠纷之方法。至于调查团员地位问题,挪威代表主张国联调查团团员当认为个人之代表,而非国家之代表,今日理事会亦予赞同。议毕,白里安即与中国首席代表施肇基长谈。闻施代表对于国联遣派调查团并不反对,惟悉施博士同时已将中国先撤兵、后交涉之原来要求提醒白里安,并认理事会现正态度大变,远不如前矣。(二十日国民电)

〔巴黎〕 国联秘书厅正式宣称,中日两国已在原则上接受东三省休战提议。理事会定于星期六下午四时在法外部举行公开会议。按公开会议之举行,系今日下午秘密会议时决定。秘密会议系自下午四时二十分开会,至六时散会。各理会缜密研究派遣调查委员会赴东三省计划,并决定请中日代表于星期六下午在公开会议,当众说明期当事国政府对于调查委员会计划所处之地位,再说明对于在调查完毕以前,东三省中日军队不得有何对敌行动,应保持休战状态之提议、两当事国政府所处之地位。闻今日十二理事在秘密会议内咸赞成派遣一中立调查委员会,由公王[正]美人如潘兴将军、道威斯将军(即驻英美大使)及休士(美大理院院长)一流人物提任委员长。据称,中日代表对于休战提议已接受原则,但将提出何种保留,则犹未发表。今日国联中人闻此消息,莫不有显著之乐观。多数理事表示此次理事会特别会议,大约至下星期二可以完毕。若星期六公开会议中,中日代表宣布接受原则的解释,能获一美满结局,则料将延会至下星期二再开。现德代表蒲洛已准备星期六返柏林,英代表西门业于星期四返伦敦,此后倘无新困难发生,料将不复来巴黎。又闻十二理事曾论及中日军队宣告休战一事,应作为涉及原则问题之一条件。现日代表芳泽虽无正式文书致理事会,但已私向白里安表示温和态度。至中国方面,此间以为中国原属赞成派遣调查委员会,惟此时之能否接收[受]斯议,将完全视乎其撤兵要求之若何处置,此点亦属大可注意者。料中日代表在星期六会议中对于撤兵问题,将俱有正式宣言也。当今日秘密会议开会以前,国联空气本甚紧张。据确讯,道威斯语白里安,美政府认东三省时局每小时辄增严重,但道氏仍坚主不参加理事会正式讨论,第愿合作以期调解,并向白里

安表示当理事会有最后决议时，渠准备与白里安讨论之。（二十日国民社电）

〔巴黎〕　今晚国联方面皆抱乐观，因日本已允国联遣派委员团实地研究满洲情形也。日本之依允，附有若干条件，此项条件将为明日或下星期中公开会议之讨论事件。惟日本既概括的授受此计画，时局已失其紧张，昨日所呈露之恐慌情绪，遂销灭于无形。闻行政会于派员调查时，将主张在满洲设立一种中立区域，及双方担任停止仇敌行动，及各种挑衅举动，质言之，即宣布停战是也。白里安在行政会言及中国态度，谓中国方面不至有任何不近情理之反对，渠料定中国在某种保障下，可允派员调查云。华盛顿来电，据称，如被邀请，美国定可加入国际调查团。行政会会员在散走以前，就法外部所供给之餐室进食，紧张空气已变为好意的与宽慰的空气。任何方面皆以为，解决困难之法业已觅得。众意，委员团办法之详则，非明日所能完全解决，故下届会议将于星期一或星期二日举行之，但未有可虑发生严重阻力之理由。一般印象以为，国联行政会之真正严重工作现已完成。日本关于派员赴满调查之提议，予调查团以调查各种要素之极大范围。不独军事，即政治要素，如日人所谓之中国不遵守条约，及国民党在中国政策上所有势力等事，亦在调查之列。但委员团之遣派，未必涉及日本之撤兵。此事仍将由日人酌行之，首先系于日本对于日侨生命财产安全是否满意，亦系于中国是否愿意与日本谈判一种条约，以解决所争各问题。

行政会午后四时开会，中日代表皆未出席。会场中自始即有较为乐观之语调，众皆觉派员调查已成定议。不过以何种形式提交中国，则今犹未定。行政会一致决定派调查团赴满洲之提议，乃解决目前危局之适当方法；并决定明日举行公开会议，以听取中日代表之陈述，并决定最后细则。但闻明日会议决不致有意见上之大冲突。行政会集议两小时，六时休会。众知行政会所采之途径或不免丁丁訾议，然在此环境中，办法莫善于此。闻日人对于调查团事提出条件，载明该团除调查违背条约事，亦应调查反日之杯葛行为及中国各处之反日活动。但此种条件及调查团其他办法，须在公开会议时制定之。今日行政会之讨论略及此数点，尤注重者为选择公正重要人物之必要。今日行政会既有此决定，十月二十四日行政会之议案殆成具文，而惩戒建议亦扫荡净尽。人或将对于国联之效用加以批评，斥其无脊骨；但国联中人自诩国联之劝诫双方，已阻止战争而杜祸事之蔓延。国联秘书处发表日代表来文，其言曰："种种恼人之计画与仇敌之行动，两国所定各条约与协定之有统系的破坏，欲

夺回日人合法所得

下转第八版

的权利之公开自认的意思,对于韩人之故意压迫,中国军队之渐见明显而威迫的仇意,凡此种种,造成引起目前时局之恐慌空气。"以上责言,委员团将调查之,然后始可发表中日冲突原因之详细报告。日本来文甚长,引证驻华日使九月二十四日与十月九日致中国财政部长宋子文之照会中言论,并言及十月十二日与十月二十六日致国联之文,末谓日政府之政策始终一贯,未尝稍变其态度云。(二十日路透社电)

〔巴黎〕 昨日夜间芳泽接获东京答复案,即于本日午后三时亲自送交白里安。白氏当即转告行政院同人,咸以前拟草案不甚称意,然当以息事宁人之旨予以审查。薛西尔发言三次,谓此项草案必须与行政院以前迭次通过之决议案相吻合,日本对撤退在满军队屡有诺言,已成一种义务,此项草案对于此种义务,尤不应有所违反;日本政府于此乃将行政院前此提议办法,作为该国建议案,而赞成遣派调查委员团,并明白指定该委员团应有之任务,但关于任务之范围,似与国联会意旨不相符合。盖日本之意,该委员团之任务不仅在监察安全问题,即中日通常关系甚至中国政府尊重条约之能力,亦须予以监察云云。(二十日哈瓦斯电)

(《申报》,1931 年 11 月 22 日,第四版转第八版)

41. 日本拒绝白里安休战案:芳泽承认本案原则,日政府忽训令反对

〔东京〕 巴黎传来关于国联行政会昨日集议情形之报告,已引起此间顾虑,以为芳泽依允满洲休战,越出训令范围。日本接受遣派国际调查团前往中国与满洲调查中日间纠纷根本原因之提议,但电致芳泽,谕其拒绝休战。官场称,休战建议含有战事状态存在之意,且休战将使中国集中逾二十万人之军队于满洲,以拒一万五千之日兵,故日本不能依允休战,以免对于中国大批兵匪而谋自卫之手腕受其拘束,中国兵匪简直不分云。致芳泽拒绝休战之训令昨夜发出,但芳泽似已向白里安表示其个人对此提议未有反对矣,故外务省深虑

芳泽不待政府训令,遽自负责承认之。但据官场意见,芳泽纵已承认之,日政府不能认自己受束缚也,此为日本对于休战之切实地位。但同时官场谓在某种条件下,亦未尝不可议定休战,而停止中国境内抗日工作,当如停止满洲军事行为,同为停战条件之一;若休战之说仅作不侵略之解,则日本甚愿依允之,因日本早已对于九月三十日之国联议案,声明非侵略矣;日本觉国联于一二星期前,日本请国联注意于北满马占山集兵于齐齐哈尔与昂昂溪,险势日增之时,即应对华发出严厉警告云。(二十一日路透电)

···········

〔巴黎〕 路透社访员从最高方面探悉,行政会昨日集会时,并未用"休战"名词,但仅用"停止仇敌行为""停止挑衅举动"及"中立区域"等语,且仅于因派员赴满调查之提议而言及双方布置时始用之。数日前非公开会议中,曾偶用"休战"名词,旋以其含义纠缠,立即拒用之。(二十一日路透社电)

(《申报》,1931 年 11 月 22 日,第八版)

42. 时评:盟约欤? 废纸欤?

国联行政会自第三次集会以来,多作秘密协议,迄无公开之讨论。当列国外交家秘密筹划之日,亦正日军以飞机重炮残酷轰击夺取我齐齐哈尔之时。巴黎方面所播出之和平歌曲,绝不能掩蔽日军在我东北重炮轰击之巨响;列国外交家所揭举之公理与正义,绝不能制止日军在我东北之疯狂暴行。国联究为何事而集议,诚为举世人民所大惑不解。

据十九日巴黎电讯,谓芳泽递交白里安致国联觉书,阻止国际考察团前赴东北考察,并谓非中国与之直接交涉、承认条约权利后,决不撤兵。二十日电讯,则谓日本已赞成国联派遣调查委员团之议,惟其委员须由彼认可,调查任务之范围,须预为规定除调查治安问题外,即中日通常关系,以及中国政府有无尊重条约之能力等,皆在调查之内。是则此次调查委员团之遣派,非调查日本方面之暴行,亦非调查满案种种事实,而直为日本调查我全中国之状况,并且非特不允撤兵,更直截爽快表示不允休战。此种蛮横无理已达极点之举动,吾人敢断言日本已决心破坏和平,根本予国联以威信上之致命打击,使其不能继续维系。质言之,即不啻向全世界、全人类表示宣战。

自九月十八日以至今日,时逾两月。日本之阴谋野心,早已经深思熟虑,胸有成算。我国家以尊重国联威信之故,一再退让;而国联则一再迁延,迄无具体有效之处置。始则有十月十三日以前,日军尽先撤退之劝告;二次集会,复有十一月十六日十三票对一票之决议。然而国联一次劝告,日军之暴行反愈益扩大。因一次劝告,而有锦州之袭击;因二次决议,而有天津之变乱;兹当国联第三次集议之时,而又有齐齐哈尔之占领。我东北半壁山河,全沦于日人之手,国联威信,亦遭受重大创伤,不能谓非我国太信赖国联与国联敷衍迁延有以致之。据外电谓,十九日各国代表听完日代表决不撤兵之声言,都面面相觑。吾不知今日各代表听得日本拒绝白里安休战劝告之讯,为难又将如何耶?

为维护世界和平而联盟之国联,处此情势之下,将仍敷衍迁就,坐看日人暴行扩大,自甘威信扫地,使盟约归于瓦解耶?或更将扶强抑弱,助长日人凶焰,使全人类立呈恐怖惨毒之悲坟耶?苟非然者,则惟有取当机立断态度,与暴日以正当有效之裁制。会章十六条之援用,实不容斯须稍缓。盖今日之事,可一言而决:国联如有维护世界和平之决心,则请见之于实际之行动;无此决心,则请就此撒手,宣告公理破产和平绝望,俾列国各自准备应付迫在眉睫之屠杀。如再因循迁延,不作公开商讨,秘密愈多,则危机固将愈大。然若为欲求速了之故,抑制强日不得转而压迫中国,强中国以承认先调查而后撤兵之要求,则是国联自身先自背弃信约,非特国联将立即崩溃,国联会章顿成纸老虎,而祸患所至,实有不堪设想者。各代表亦稍有所觉悟否也?

今之形势,已到最后时机。国联盟约究有绝对之尊严欤,抑果为欺骗弱小之废纸欤,即将于此时,显示其最后之答案。

(《申报》,1931 年 11 月 22 日,第十版)

43. 国联行政会讨论调查团案，形成压迫我国局面：芳泽提案理事多同意，一般意向在借此下场，白里安正草拟决议案，芳泽声明不赞同休战，施肇基要求日军即撤

〔巴黎〕今日下午四时三十分理事会公开会议，六时十五分散会。芳泽提出派遣中立调查委员团案，各理事类多同意。中国代表团则对于派遣调查委员而无撤兵特别保证时，拒绝赞同。施博士曾再三抗争，无如各理事意在借此下场，结果第三次特别会议议长白里安卒乃声称，关于调查委员会之议，渠将制成一解决议案，提出下次公开会议，至下次会期大约将在星期一。于是施博士最后宣称，无论派遣调查委员团与否，日军之撤退应立即开始，理事会当今急务在于监督日本之撤兵。施氏嗣乃正式拒绝日兵不撤而派调查委员之任何提议。芳泽答称，日本一俟在满日侨生命财产之安全已得有效保证时，立即撤兵。施氏声称，中国人民深敬白里安君对于和平之努力，但中政府未见派遣调查委员可以作为日本不立即渐次撤兵之藉口云云。

今日理事会四时三十分开会时，日代表芳泽方与薛西尔谈话，面容严重。施博士则与白里安相谈。英代表薛西尔首先发言，次白里安作简短演说，声称理事会自上次公开会议以来，力求和平调处东三省危局，乃就中日两国地位详述局势。谓理事会一切努力，必须根据会章第十一条与九月三十日一致通过之决议案。芳泽大使曾力称日本无在中国占取领土野心，而施博士亦供给对于日侨生命财产上在撤兵时一切可以的安全，理事会在此一星期内，已使数点暧昧不明者得以明晰，不可谓非略有成绩。最后并请中日代表顾全大局，勉遵可以终止争执之提议，弗为足以增重局势之言行。

白氏言毕，芳泽乃继起发言，时为四时四十五分。芳泽声称，日本珍视理事会调解争执之努力，郑重声明日政府决意恪遵九月三十日决议案之文字与精神，仍准备以最少之耽延撤回军队；但不能赞同于休战之议，因东三省之军事行动，并非战争，苟在此时休战，只使中国得以动员二十万大军，而阻碍日军对于匪盗之自卫。嗣乃历数日人所诬中国各节，力言日本在满有重要利益，并提出派遣调查委员团之议，谓委员团应当兼事调查日人之重大利益。又谓该

委员团必不可干涉中日两方之直接谈判,亦不可干涉日本军事行动。最后并称,委员团之派遣,并不影响日政府撤兵之决心,亦与撤兵无关云云。

施博士乃起而重申中国地位,谓日本之武力占据东北,废弃公道,违犯国联会章,实为争执之根源、时局之症结;中国不能对于其人民之安全与自由,有讲价还价之行为,任何决议苟考虑及撤兵问题者,无论为时之久暂,中国均不能忍受,凡未规定立即停止一切军事行动及撤退军队之提议,不能佯充此项问题之解决方法;日本撤兵计画应立即开始,运用在事势所可能之最短时期不断的实行;中国政府除商定担保撤兵区内日侨生命财产安全之细目外,不能作撤兵之论价,亦不能作撤兵同意之论价;当吾辈在此安坐辩论之时,中国境内正在水深火热之中,中国情形亟需国联根据会章第十一款或其他条款,予以种种救济。

德代表墨的厄士(蒲洛已返柏林)开始辩论,谓东三省局势纵以国联之努力调处,现已大见恶劣,良可遗憾与惦念;全世界以国联迄今未有进步,已深为失望;现亟盼其能圆满解决,德政府完全赞同派遣调查委员团提议。英代表薛西尔称,理事会必须决定此项提议之可行与否,渠信理事会必须获知东三省此时所行所遇之真相,故请各理事研究日本提议,并请芳泽对其提议再加说明。芳泽

下转第四版

称,薛西尔子爵适间所言,不啻已说明日本见解,以为研究东三省基本情况,乃急要之务,英代表之所欲调查者,即此项提议之精神云云。施博士乃起驳芳泽,力称,理事会目前主要问题,厥为日本就中国所供给之安全为比例撤退其军队一事;各理事于研究日方提议时,中政府愿相合作,但中国定将供给修正无疑;中国对于任何提议,苟未确知其真意所在,不能接受,请理事会常忆中国之地位。薛西尔继称,渠信目下有中立调查者数人,在东三省能为理事会搜集报告。嗣法、意、波兰、南斯拉夫、挪威、瓜地玛拉、秘鲁、巴拿马诸代表,均有接受调查委员团计划之表示。白里安乃起称,调查委员团计划实际已得理事会赞同,渠今提议向选派委员一层进行,请立即研究其职权范围及员额等。渠承认施博士有提出保留权利,但在目前请中国接受此议,并谓全世界仍信任国联调解中日争执之能力,并引各地勖勉国联努力和平之电报数十通为证。施博士遂又申明中国重视白里安维持和平之努力,但委员团提议,苟无撤兵保证,中政府必须拒绝,力言当今问题在于撤兵。既而白里安声称,日本提议一俟研

究毕,即草拟决议案,提出下次公开会议,希望此项决议案将能为今后谈判之基础。施博士亦最后声明如前所述。盖施氏觉及调查委员会计划,或将为延缓撤兵之藉口,故当散会之时,坚决声明拒绝不附撤兵保证之调查委员团提议。至于理事会迄今所得日本撤兵之保证,则仍无以异于两月前也。

又今日开会前,日大使松平曾于二时二十分与美大使道威斯会晤,中国代表团则已接到日兵准备进犯克山之报。(二十二日国民电)

〔巴黎〕 国联行政会今日举行公开会议,接受日本所提出遣派委员团赴满洲与中国实地调查之提议,认为终止酿成满洲目前危险时局的中日争端之最善与最稳方法。办法详则,尚未决定。日本声称,此委员团不应影响军队行动。中国声称,此委员团之组织,必不可认为延缓日军完全撤退之藉口。但众意双方见解非莫可融和。议长白里安以为有一委员团在场,即可有镇定空气之大影响。此种意见,人皆谓然。现望行政会能拟定双方皆可接受关于调查团之提案,此为国联秘书处会同若干重要法律学家——如西门诸人——现将着手之工作。如草案议妥,即将提交中日两国。一经同意,则今后仇敌行为,当可一概停止矣。今日行政会之会议,未有激昂景象。讨论约两小时,并不激烈。公众对此公认之大困难,似皆有采取合理的态度之准备。此会之结果,定可为趋向满洲难题永远解决之一大进步。行政会之公开会议于午后四时四十分开始,会场门尚未启,而旁听者已群集。迫行政会会员到时,外交家与新闻记者等席已早半时坐满。四时半,议长白里安首先到场,芳泽衔雪茄烟继至,英代表薛西尔最后到。白里安报告大概情形,谓行政会自上次会议后,无时不欲根据国联会章第十一条谋取和平解决此问题之方法;九月三十日行政会之议案力量犹在,行政会必须尽速觅取适当方法,以实现该议案之规定云。白里安旋转向中日代表请其陈说意见,但恳其发言仅以结束现状之建议为限。

芳泽先发言,谓日本在精神上与字义上完全遵守九月三十日之议案,但中国则公然宣布片面的废除条约之政策,并施行排外之公开运动,欲否认日人与韩人在满洲合法取得之权利,而夺其辛苦工作之结果。故渠建议应派委员团在国联主持下实地采集关于现状之不偏袒情报,此委员团不应有干涉中日谈判或监视军队行动之权。日本根据此项条件,准备从速将其军队撤回铁路区域,今日本业已撤回若干兵士矣。渠料派遣委员团之建议,定可为行政会各会员所欢迎而接受之,不过此委员团之组织与遣派,不得干涉或变更日本之意见云。

施博士答称,日本占据中国土地,破坏庄严条约与国联会章,乃时局中之要点;无论何种建议,凡不规定军事动作立即停止及立即开始撤退、日军限甚短时期陆续撤尽者,皆不能为解决时局之方法。中政府对于日军撤退事,不能有磋商余地,换言之,即不能于议定细则以保障退去区域内生命财产之安全外,依允日军撤退附有任何其他条件。中国准备担负南满铁路区域外满洲秩序与日人生命财产安全之全责,如尚须担保,则国联主持下涉及中立国合作之合理的办法,亦可为中国所接受。此问题颇简单,应付时机已至,盖若徒作辩论,则苦楚增重,而将有不可补救之损失,再延时日,适使工作愈为困难而已。为使日军迅速完全撤出中国土地计,中国请求行政会予以中国以会员资格依据会章第十一条所可要求之各项权利与补救法云。

薛西尔至是参加讨论,谓行政会甚欲详细研究日本关于委员团之提议;英政府常觉应有一种方法,以觅取满洲事件真确知识之必要;苟九月间即有此派员调查之步骤,英政府当尤欣然云。芳泽插言,谓日政府以为调查不仅限于满洲,且应在中国境内行之。施博士乃起称,谓九月三十日行政会议案规定,由中立国人就地征集情报,渠不知曾有中立国人被派往嫩江与齐齐哈尔否;行政会现须应付之要点,为战事之停止与军队之撤退;渠言及委员团时,渠非谓在提出整理案以前渠可等候委员团之组织,亦非谓渠可接受毫无所知之计画云。薛西尔答称,昂昂溪有一英代表。施博士谢其明白答覆,并询以可否以满洲中立国人所采集之消息供委员阅看。德代表墨狄厄斯称,必须觅得情报,方可决定适当断语,委员团非赴中国以决定责任或调查已往之事,但须结束危及全世界之严重现状耳;国联命运刻在危险之中,国联不欲请双方抛弃其利害关系,今之问题,在觅取平等解决法,以了结酷似战争之时局耳;中代表未完全拒绝日本提议,渠良用欣然,尚请两国为解决而工作,勿使犹豫阻其进行云。西班牙代表勒乐欢迎日代表之提议,并谓日政府决计实现九月三十日行政会之议案,已开始撤退其军队,并声明未有土地野心,此乃高尚态度云。意代表谢乐嘉称,意政府定愿以其在满洲所有之便利供给行政会,以利调查云。波兰代表柴勒斯基称,凡可恢复和平与良好谅解之各种计画,波兰政府皆愿赞同云。南斯拉夫代表接受派员赴满洲调查之提议,挪威、爪得玛拉①与巴拿马三国代表亦皆赞成此提议。议长白里安综述讨论之词,谓提议中之委员团,定可镇定地

---

① 编者按:应作"瓜得玛拉"(前文译作"瓜地玛拉"),今译"危地马拉"(Guatemala)。

方情势，而造成一种宁静事态，行政会所求者，非临时解决法，但为永久的解决法云。施博士乃致词称赞白里安，并谓中国朝野勉力镇定，不使白里安之工作愈臻困难；中国虽不反对委员团为觅取时局知识之工具，但若以此委员团之成立为日军全撤展缓之藉口，则中政府决不能依允；中国欲停止战争与撤退日本军队，而不能依允除此以外之任何提议云。芳泽答称，日政府准备于时局切实保证日人生命财产安全时撤回军队，日政府现从事于改善地方现状之问题，但危机仍甚多也。又谓渠仅略述日政府关于委员团之提议大纲，稍缓将补其细则云。

　　白里安结束会议，谓行政会将研究日本提议，渠希望能拟就可为全体接受关于此议之议案，俟有充分进步，可召集会议时，当再举行会议云。白里安继向施博士称，渠闻若此种委员团不妨碍中政府重大利益，则中国准备接受此提议。渠以为此委员团之仅仅出现，即可有镇定空气之大效力，但在委员团组织及其职务未行使时，必不可再发生仇敌行为，故渠认有设法勿使任何事件扰乱和平之必要。渠确信施博士于获到其所应得关于此委员团之情报后，定可知合作努力之需要；至于委员团人数任务与范围，及如何报告等问题，行政会尚赖中日代表共同研究云。会议遂于六时二十五分完毕。各代表出场时，稍觉宽慰，然亦不过预料可得一种解决法，同时固深知谈判前途犹有荆棘，而缮拟可为中日接受的议案之工作，实非易易也。预料议案未具体时，幕后必多活动。下届公开的会议大约在星期二或星期三日举行。（二十一日路透社电）

　　〔巴黎〕　英外相西门爵士已于昨夜十一时十五分回抵巴黎，后此一二日内，将协同国联秘书处办理草拟由国联组织与遣派国际委员团赴华决议案之艰苦工作。（二十二日路透电）

　　〔东京〕　关于满案"休战"之误会，业已消除。今朝野之注意，咸集中于调查委员团问题。惟因中国代表现尚反对此议，政界中之气象微形黯澹。日本之主张限制调查委员团活动之范围，据谓盖欲保证该委员团非根据国联章第十五条授权国联所任派者，庶不致依据该条文而规定其职务也。路透访员探悉，今有人建议该委员团应以国际法律家、军事家及商界要人组织之；英国以著名律师一人代表之，法国以军事家一人代表之，美国【以】商界要人一人代表之，中日则可许其派员为助云。（二十二日路透社电）

（《申报》，1931年11月23日，第三版转第四版）

44. 时评:国联竟接受日方调查团之建议耶

　　巴黎方面顷次传达吾人以一种极足令人诧异、忧虑,同时更大惑之消息,即为二十一日国联理事会公开会议,已决定接受日方极其狡猾之组织满洲调查团之建议,派遣委员团赴满调查。理事会各代表均视派员调查为解决东北问题之一方法。施公使虽表示日不撤兵不能接受之意,然终无以挽回其坚决之主张。吾人听取此种消息之后,当可立即断定,十月二十四日理事会日军须先撤退之决议案,已全部推翻,而日来考虑盟约第十六条规定之说,更扫荡净尽。吾人不能不承认,国联维护和平主持公理之精神与态度,已为暴力所屈服,已显呈突然之转变。

　　吾人犹记组织满洲调查团之主张,在国联第二次集会时已曾经提出,中国曾表示同意,而日本则曾严词拒绝者。以日方之拒绝,国联在第二次集会时,此主张即予撤消。今以日方之建议,国联则又欣然乐从,且视为解决东北问题之唯一方法。在日方之强横无理、出尔反尔,吾人固不欲多言,但国联何以一以日方之主张为主张,毫无自维威信之能力? 此为吾人所不解者一。

　　齐齐哈尔之炮声,既不能促起国联之注意;锦州之袭击,亦不能引起国联之关心。自九月十八日以来,日军所加诸我国之一切迫害与暴行,以及强占我国土、破坏我主权、煽动我东北独立,种种铁一般之事实,既都不能为日方破坏和平、背弃盟约之证明,则其他足资证明者,更为何事何物? 调查团所可调查、所欲调查者,又果为何事何物? 此为吾人所大惑不解者二。

　　国联既已决定派员赴满调查,则此种调查之结果及调查以后,国联都应负绝对责任。换言之,即此种调查应为代表国联,非代表某一国,尤非代表个人。今国联既一面通过派遣委员团赴满调查,而同时又赞同挪威代表调查团当认为个人之代表、而非国家之代表之建议。如调查团仅能代表个人,则其权力已轻如鸿毛,其作用亦微如尘芥。调查即能有所得,亦与不调查等。国联又何必多此一举,重累诸调查委员跋涉长途? 此为吾人所大惑不解者三。

　　日代表芳泽既一面提出调查团之建议,而另一方面日政府又提出:(一)调查委员不得评论东三省日军行动;(二)该地如有中日直接谈判,委员不得干涉;(三)委员不仅调查满洲,且须调查与确知中国其余各地之纷乱情形。同时更切实否认其一切暴行为战争行为,而仅为自卫,且声明决不接受休战之提议。夫调查委员既不能评论东三省日军之行动,期所可调查者,仅限于中国,则已完全剥夺调查之公正性,使无实施权力之可能。委员不能干涉中日之直接谈判,则调查亦属绝无必要。至于中国各地之情形,姑无论其混乱与整肃,此为中国之内政问题,与国联或日本毫不相关。如所谓混乱情形,为指排斥日货运动,则此种运动完全为日人暴行之所激起。中国人民排日运动之热烈,即为日人暴行之反证,亦即为中国人民和平自卫之爱国行为,国联殊无调查之权。日人提此三条件,以及更明显的反对休战,其对于调查建议之毫无诚意,已昭然毕露。诚如日方所提三条之限制,调查团将何以行使其权力?诚如日方反对休战之声明,则其暴行不仅决不停止,且随时可以扩大。设使国联之调查团正在满洲进行其调查之工作,而日军藉口自卫或其他口实,忽然扩大其战争行为,吾人诚不能预揣国联之调查团将何以覆命,国联又将何以维持其威信。凡此种种,危机至多。日本外交上之狡猾与阴险,不待智者而后知;而国联对此建议,则反极乐观,认为解决东北问题之唯一方法。此为吾人所大惑不解者四。

更进一步言。目前解决东北问题与和缓严重局势之先决问题,首在撤退日军。日军撤退,其他问题始有考虑之余地,否则即以武力威胁中国订城下之盟,断非中国所能承认。国联在第一次集会时,已有撤退日军之劝告;而在第二次集会时,则更有日军须于十一月二十四前尽先撤退之郑重决议。而今日国联秘密协议多日,不言撤兵,而言调查,不回顾第一、第二两次会议之议案,乃举而全部推翻。日代表屡次承认撤兵之诺言,国联亦绝不回顾。中国代表历次之声明与要求,国联尤若充耳不闻。如国联承认其今日之决议是,则应宣布其前此决议之非;如承认日方之暴行是,则应宣布中国之声请非;如承认日方之背盟食言是,则应宣布中国遵守盟约服从公理非,二者必居其一。换言之,即国联决不应有两种精神、两种互相矛盾之态度。而依据今日所显示之事实,则实已困于自相矛盾之陷阱。此为吾人所大惑不解者五。

此五不解,益滋中国人民无限之忧虑与恐怖。吾人不能不承认国联态度已突呈转变,而国联之假面具,已从此揭破无余矣。呜呼!

(《申报》,1931 年 11 月 23 日,第七版)

45. 派遣调查团事国联拟具草案,昨秘密会经过一度修正

〔巴黎〕　今晨十时五十分国联行政会开会,考虑关于国联遣派调查委员团赴满之决议案草案。该决议案由中日两国赞成,始能发生效力。现两国对于该问题之意见大相歧异,故众认欲拟定双方均可同意之决议案,其事非常艰难。昨日国联秘书长德鲁蒙助以国联专家,终日从事此项工作。闻草案将令委员团不稍含干涉争端之实在权力,且使满洲撤兵问题与委员团之遣派为两事,庶撤兵事不因委员团之任命或委员团之行动,受有影响。今晨行政会同意于决议案已确切根据日本之提议,而契合行政会关于该问题之意见后,即于午后十二时十分散会。提出该决议案之公开会议日期,尚未决定,盖先须保证该案之可行一致通过也。如该案不能一致通过,即该案不能获中日两国之赞同,则行政会必须纪录对于此举不能商得同意。今晨之会议,中日代表均未出席,草决议案将于今日午后交中日政府。明晨十一时,行政会将再举行非公开会议。(二十三日路透社电)

〔巴黎〕　今晨行政会开会考虑德鲁蒙所草拟遣派调查委员团赴满之决议案时,对于该案曾大加修正。现将由白里安分致芳泽与施肇基博士。行政会希望明晨会议可最后通过该案。闻关于撤兵案之通过,多少将根据九月三十日行政会之决议案。至于调查委员团除调查满洲外兼及中国各省问题,闻决议案中将混而言之,不提出"满洲"或"中国"字样。该委员团之权力甚为广大,庶可充分调查关于中日争端之各事。(二十三日路透社电)

…………

(《申报》,1931 年 11 月 24 日,第三版)

46. 施肇基向国联力争合法权利,撤兵问题无满意解决,调查团计划决难接受;日政府致芳泽新训令,提示调查范围与权力

〔巴黎〕　星期六之理事会公开会议,我国代表力拒无关撤兵之调查委员团计划,形成僵局,因此会议时未能有何动作。现中国代表团正向各方面力争国联会员国应有之合法权利,欲使撤兵问题获一解决。国联总秘书德鲁蒙虽已命国联起草委员会在白里安监督之下,草拟关于调查委员团之决议案,但闻白里安之意,此项决议案非经私人接洽获得一致同意后,不能提出公开会议,因此理事会各领袖今日夜以继日,纷纷商议接洽,甚为忙碌。然观于中国之反对与日本之倔强态度,已有人认此事仍恐未必有解决之可能也。今日芳泽、松平曾与西门相晤,施肇基与道威斯、白里安相晤。闻日代表又接本国政府关于调查团计划进行之新训令,其他理事则鉴于理事会内僵局依然,正纷纷向本国政府请训。(二十二日国民社电)

〔巴黎〕　中国总代表施肇基博士今日向往访之美联社记者宣称,渠不容国联理事会闪避中国要求之立即撤兵问题。施氏今午曾与美大使道威斯相晤,惟其谈话是否与此有关,施氏不欲表示。第向美联社记者声称,中国未尝改变其地位,亦未改其代表团在星期六大会中之宣言,凡任何计划欲延缓撤兵之藉口者,决不能接受;中国固将赞成调查委员团提议,但必俟理事会解决撤兵问题之后云。(二十二日国民社电)

〔巴黎〕　此间外交界今日因满洲事颇形活动。施博士见道威斯,而英外相西门于接见松平后,又延见道威斯与国联秘书长德鲁蒙。今晚六时芳泽访白里安,详陈日本提议派中立国人赴满洲调查之细则。芳泽已接到东京关于日本此项提议之训令,故向白里安详告日政府之立场,并声明为注重此提案之弹性起见,渠不欲提出书面备忘录。日本建议委员团以三人组成之:一为法国代表,以示尊重行政会议长白里安之意;一为英国代表,因英国以无偏袒著闻,且在远东有重大关系也;一为美国代表,以美国乃世界最大之国,且亦有大利益关系于满洲也。据芳泽之意,此三国之代表可担保公正,中日代表亦可加

入。而此调查团当然须有秘书与译员,芳泽不限定委员额数三人或五人,但以为人数甚少之委员团较为便利、易于实行,且办事可较迅速。芳泽且主张委员团应在中国本部及满洲举行调查,应研究引起目前危局之一般情势,中国之不履行中日条约下义务,中国之排斥日人利益,及中日两国间其他千百种之困难。日政府建议,委员团应先往中国,大约芳泽且将坚持此点。日政府之提议,重伸芳泽昨日所言之保留条件,即委员团不得干涉中日直接谈判,且不得监视日军行动。第二项之保留,可以使日本有随其意思采行防卫计画或酌量撤兵以应事态需要之完全自由也。芳泽今晚又

下转第四版

称,渠接电报,证实日军已开始撤回云。此间众意,英外相西门为英国法学界之泰斗,殆将担任草拟国联委员团规程之工作。今日国联秘书处公布其所接中代表来文两件:一报告日本飞机在海伦轰灭马占山兵三千事,并谓日军拟深入克山而攻击热河北境;一报告满洲境内其他军事要地为日军占据事,但未言其详。(二十二日路透社电)

〔东京〕 日政府今日又发出训令致芳泽,未宣布其内容,惟谓与调查团范围权力之细则有关。日人谓行政会会员除中代表外,皆承认日本所称不能依允完全停止敌对行为与立即撤兵各种理由之正当;如行政会不能劝令中国放弃其所要求停战与撤兵两点,恐调查团之计画终成画饼,而行政会亦唯有再声明其九月三十日之议案,而再发表宣言请中日勿再有增重时局之行为。日人认此种新宣言为必要,庶可阻止锦州附近有起大冲突之可能。(二十三日路透社电)

〔巴黎〕 各代表团极其努力,中日两国代表团之外,法、美、英三国代表亦甚活动。观其情形,此五国代表宛似组有分委员会者然。道威斯、西门、德鲁蒙各与施肇基谈话,德鲁蒙曾与西门谈话甚久,(关于日本提案之报告书,当由西门担任起草,)德鲁蒙并与白里安晤谈。午后六时三十分白氏接见芳泽,当将讨论中各要点会同加以斟酌。松平亦甚活动,曾与道威斯诸人会晤。谈话结果如何,各方均守缄默。但重大困难,所在有之,而行政院欲与解除,自必大费周章。当局者对于此层并不讳言。(二十二日哈瓦斯社电)

(《申报》,1931 年 11 月 24 日,第三转第四版)

47. 英法舆论一斑

〔伦敦〕《伦敦汇闻报》今晨称,今所拟调查满洲情形之国联委员团,尚有许多可议之处。惟非至日本让出其所征服之土地,而以合法形式静候此争点之适当公断,则此地位徒使国际威权与国际公道受侮弄而已。(二十三日路透社电)

〔巴黎〕 满洲问题本日在各报所占地位较少,各报对于满洲事态未来变化,拟私人谈话获有结果之后,始乃加以判断。左派报纸较与中国亲近,右派报纸仍少同情。《讨论报》对于昨日行政院会议作有结论云:重大困难尚待解除,而军事上发生新事变亦有可能,则时局情形将因之而愈益复杂,此际若云解决,未免言之过早。《晚报》载称,中日两国所处地位,仍与九、十两月相同;日本赞成调查委员团之举实有深谋远虑在焉,日本将在满洲所处地位加以巩固,其对于调查团希望其迁延时日至数月之久,而其任务范围又若漫无边际,日本于此自可从中渔利;观于行政院十月间所采手续,日本既经拒绝于先,而此际又复赞可于后,可以见矣;日本之意端在搜集材料,藉以反对中国,此层关系重要,亟须予以判明,否则行政院此次决议案,不难发生破裂;又自他一方面言之,日本与苏俄及美国不无枝节可虞,李维诺夫提出照会之后,苏俄仍监视时局之发展,而美国对于日军占据齐齐哈尔,又认为危险之举,日本当以行将退出答之;所可惜者,履行成约一事,其迟缓程度在远东与在他处大有不同,种种枝节,即可因之而生云。(二十三日哈瓦斯社电)

(《申报》,1931 年 11 月 24 日,第四版)

48. 国联决议草案昨晨稍有修正,我国或将放弃投票,施肇基提出重要节略,坚持决议案规定撤兵,已得英、西两国之赞助

〔巴黎〕 国联理事会今晨十一时开会,各理事均出席,中日代表亦赴会。日代表芳泽首先宣读两牒文,解释日本对东三省政策:其一,声明占领军队无

论如何不干涉中东铁路;其二,报告日军已撤回一旅之旅部人员、步兵二中队工兵数小队及重炮队若干。我国代表施肇基继起报告日军对新民已开始取攻势,并准备攻击锦州与山海关。(二十四日国民社电)

〔巴黎〕 今晨巴黎外交界盛传中国施总代表昨夜曾向白里安表示,理事会采用之决议案内倘无撤兵规定,毋庸送至南京。施氏面告白里安,苟无撤兵规定之决议案,不能为中政府所接受。现施氏显似已获得帝国与西班牙之赞助。据称,西门与勒乐俱赞成在所拟决议案内添入一句,声明派遣委员团赴远东之举,必不可用作展缓撤兵之藉口。英、西代表之赞同施氏态度,已使闻者为之一惊,因向未料英国将取此态度也。(二十四日国民社电)

〔巴黎〕 施博士今日曾与美大使道威斯相晤,又致函理事会,说明日军正谋攻击锦县情形。施氏于发函之后,并亲访白里安有所商榷。(二十三日国民社电)

〔巴黎〕 秘密会议明日午前继续举行,本日晨私人谈话继续至午后始止。白里安接见道威斯及柴勒斯基,当将午前讨论困难及秘书处起草之决议案未能通过各情形,告知道氏。先此行政院有会员数人,尤其是西班牙、南斯拉夫及波兰代表,咸以为调查委员会工作之际,武力占据之事若仍存在,则行政院所采办法,将成恶劣先例,各皆表示不安之意。又决议草案系以日本建议为蓝本,各会员多谓宜于讨论细目之前,先行征求中国同意,爰乃以一日之力举行谈话,冀获得施肇基之赞可。白里安与施氏会晤为时甚久。据云,关于调查委员团之案文,前经日本认为不利,加以拒绝,中国政府自不必予以反对;南京方面对于国联会业经表示信用,国联会在可能范围以内,务求恢复原状,终当有成,要在中国对于国联会仍旧信任而助其伸张法理云云。决议草案载有事项凡七:(一)九月三十日之决议案仍有权能,则撤退日军一节自应从速举行;(二)行政院赓续处理事端,双方当事国仍当供给消息;(三)双方当事国当令行所属军事长官,制止军事行动;(四)凡足使时局益增严重之行为,当由双方当事国予以防止;(五)各代表团能在远东搜集消息者,当继续报告行政院;(六)三人委员团就地调查之际,双方当事国得以人员一员为助,而撤兵之事必须从速举行,不因遣派委员团而牵延时日;(七)委员团对于直接交涉不加干预,对于军事行动不加监察,双方当事国各将目前有关系之问题向其陈述。凡此七项。明日成何局面,尚不可知。截至现在止,关于调查委员团之协议虽尚未成立,而指派委员之事则正在进行。此项委员团当以美、英、法三国人士组织成之:美国将于军政界以外指定一人,而由白宫认可之;英国则任用法学家一人;至法国方面,则或主指派军人,或主指派大使,尚未决定。要之,被派者年事必不甚高,庶能在满洲严寒之下,匆遽间作长途辛苦之跋涉也云。(二十三日哈瓦斯社电)

〔巴黎〕 今晨十一时后,国联行政会会员密议数分钟,中日代表皆未到场。芳泽至昨日深夜,尚待日政府关于国联遣派委员团调查满洲事件提议日代表应采何种态度之训令。就国联干涉满洲争端而言,各事现皆系于中日两国可否接受国联议案。如被接受,则委员团将立即派出,而其报告将为中日困难永远解决之根据。今晨白里安在集议以前曾接见芳泽,预料日本方面可无阻力。行政会会员现所焦虑者,为中国坚决不挠[饶]之态度。闻昨晚施博士又向白里安声明,如关于日本撤兵事未有更切实之规定,则中国决无依允遣派调查团之余地云。(二十四日路透社电)

〔巴黎〕 国联行政会今晨着手切实工作,以期制成可解决满洲危局之有魔力的方案。秘书处深夜犹忙于草拟关于遣派中立国调查团赴满事之提案条款。提案原文首先规定日军尽速撤回南满铁路区域,其文字几与九月三十日内瓦行政会所通过之议案相同。又建议派委员三人,辅以中日代表,调查关于中日间关系之全部地位。此条文字宽泛,足以蓄含极广大的一般意义。并规定委员团不干涉中日直接谈判,亦不监视或干涉日军行动。今晨行政会集议时无多讨论,盖觉与其讨论,不如先听取中日代表之陈说,并予以时间,商诸其政府之为愈也。现有利用各种可能的力量,在本周杪以前成立解决之显著趋势(商榷刻在进行中)。大约议案原文将视商榷之结果,加以修改,但众望明晚或星期三日行政会将以具体议案提交公开会议。今日施博士以说帖送交行政会,谓渠决不能考虑仅派委员赴满调查,而不规定立即停战与立即撤回日军之提议;虽此种调查团在原则上无可反对,但同时若不规定立即停战、立即开始撤退日军,则仅成纵容侵略国无端占据中国土地并延长占据时期之策略耳;今侵略国于国联从容讨论之际,几已获得其不应有之目的物矣;任何提议漠视及闪避中国所请求于国联之根本要义者,欲望中国接受之,不可得也。施博士此文,系十一月二十二日所缮成,昨日送入国联,为通告行政会会员之私人文件。但秘书处今日公布之,因施博士在电话中请其发表也。施博士词颇强硬,似谓中国在最后时期将对此提案拒绝投票。但中国未必如十月二十四日日本在会议时之所为,投反对票也。中国或将放弃投票。果尔,则行政会之决议可得一致同意,而使此次议案有法律上力量。德国于行政会数次讨论赔款问题时,曾有此行径也。今日幕后颇形活动,至夜始已。施博士于访见道威斯后,偕国联秘书处德鲁蒙于九时半访白里安,嗣又往晤西门。(二十三日路透社电)

∙∙∙∙∙∙∙∙∙∙∙

下转第六版

∙∙∙∙∙∙∙∙∙∙∙

〔巴黎〕 本日晨间传闻,顾维钧业向行政院提出对案。中国代表团对于此项消息未能证实,但云昨日午后白里安与施肇基会晤,并无结果。中国代表要求三事未能满意:(一)调查委员团之目标应明白指定,日本关于此层之主张未便容纳;(二)调查委员团团员应就地选派,俾可立即开始工作,而无欧亚长途旅行之劳;(三)九月三十日决议案虽经全体一致通过,厥后日本所采态度迄未与之相符合,中国政府对于此种条文,不复认为满足,应请行政院将撤兵一事明白规定。日本代表团尚未表示意见,但坚称委员团之任务除照日本主张外,不能予以承认。白里安原定本日晨间接见芳泽,乃因中国提出上项异议而止。本日午前十一时行政院开会,为时仅四十五分。各会员因主席与双方当事国代表所作谈话毫无结果,深为惋惜,并延期明日再开会议。各会员退出会场时答覆质问,印象不佳。一般人恐顾维钧就外长时,因欲满足国内舆论或采取较坚决之态度。顾氏在巴黎饶有声望,此间国际政治团体中友好甚多。一般人知其为稳练政治家,对之表示信用。(二十四日哈瓦斯社电)

〔东京〕 日政府现愿接受国联遣派调查委员团赴满之决议案,惟反对其中之一条,即要求日本允诺不得再依赖敌对行动。是日本之态度,为在中国继续集兵于锦州等处时,日本不能发此诺言。豫料含有此意之训令,将于今夜电达芳泽,同时并令芳泽向国联提议,设法劝喻中国将锦州之兵撤至关内,而留少数警察保卫北宁路线。此间当局声称,中国如允撤退锦州之兵,则日本拟允除剿匪所必要者外不再作战,否则日政府不能束缚其陆军之手云云。(二十四日路透电)

(《申报》,1931 年 11 月 25 日,第四版转第六版)

49. 颜惠庆昨到京，定二十七日放洋

〔南京〕　颜惠庆廿四日上午抵京，先至惠龙饭店访顾维钧，谈中日问题，历半小时，旋赴乃弟颜德庆寓憩息。下午二时，谒蒋辞行，关于此后外交方针及赴美后之任务，有长时间讨论。颜语访者云："中日问题，国联最近徇日方之请，拟组国际调查团。我国在日方未撤兵以前，此种足以延缓撤兵之调查团，当然表示反对。日方对调查团所希望目的，在朦蔽团员，期得认其出兵为正当。我国则以目前东北现状危险已极，祸机随在可以爆发，若不先去其导火线，则调查是调查、强占是强占，于事实何益，想国联当不受绐也。余已购就船票，二十六日赴沪，二十七放洋。预计抵美时，正值美国国会开会之期，中日事件或可闻得公正之评论。过沪时，尚须与伍梯云先生一晤"云。(二十四日专电)

（《申报》，1931 年 11 月 25 日，第八版）

50. 国联秘密会通过决议草案，撤兵与调查分别处理，施肇基提议锦州设中立区，白里安电请中日政府停战，美代表声明愿与国联合作，公开会议定明日午前举行

〔巴黎〕　今晚国联行政会集议，中日代表未出席，旋通过国联派委员团赴满调查之议案。议长白里安后电致中日政府，请完全停战。行政会集会时为五点十分，极为秘密，为满案发生后所未有。除代表外，虽秘书专家亦皆不许入室，盖欲以绝对秘密考虑中国提议也。英外相西

下转第四版

门刻在伦敦，故由薛西尔出席为英代表。开会时，日本训令尚未到巴黎，是以行政会仅有芳泽业已发表之担保。行政会密谈半小时，然后召专家入室，七时二十分散会。闻调查团议案虽由行政会十二会员全体通过，但有若干委员加一但书，声明彼等之接受此案，附有中日亦皆接受此案之条件，如有一不同意，则彼等保留请将此案重行另拟之权。综之，此案不可视为一成不变也。行政

会此案系分别处理日本撤兵与派员调查两事的草计画之性质,其计画大旨如下:(一)行政会追述九月三十日之决议案,而重行确认之。双方既声明为此决议案所拘束,故请两政府采取各种必要方法,以保证此决议案之实行,庶行政会视为最关重要之日本撤兵回至南满路线事,得以实现。双方担任各发最严厉训令,谕其军队不得有可再引起战争丧失生命之任何动作,并施行避免增重时局之各种必要计画。行政会会员接有当地代表之情报者,请以此情报供给行政会。(二)行政会提议遣派委员团实地研究,并向行政会报告可危及国际关系,或扰乱中日间和平,或中日间和平所系的良好谅解之任何情势。中日可各以陪员一人参加此委员团。此委员团之遣派,绝不妨碍日政府所已有及九月三十日决议案所已载将日军撤回铁路区域之担任。

行政会后讨论中代表报告锦州事态严重,请派兵警前往之来文。一再讨论,卒决定各国可各自派员视察,但所派之员并不代表行政会。英代表团关于此层,已函告国联秘书长,谓北平英使蓝溥森十一月二十二日电称,已设法遣英国陆军参赞等即赴锦州及其附近,并可设法派英视察员赴齐齐哈尔与昂昂溪云。行政会定二十六日午后四时续开秘密会议。(二十五日路透社电)

…………

〔巴黎〕 今日国联各理事继续私人接洽。料中日对于理事会所拟决议案,在星期六公开会议中提出。据国联中人表示:(一)理事会之决议案,虽未能使中国完全满意,但苟舍此,中国之所得恐亦未必能更多于此;(二)中日直接交涉问题,已不复在理事会中成为问题;(三)决议案产生一国际调查委员团,已否决日本最初坚持之东三省争执纯为中日间事原议,因此逆料中国或可接受。现中国对于理事会最近所拟决议案之复文,尚未到巴黎。中国代表团消息,至早需至今夜方能到达。施博士一俟接到后,立将转达白里安,大约将于星期五送至理事会。现中国代表团已将星期三送理事会之七点宣布于众,申明中国之地位,对于最近所拟决议案则未提及。中国代表对于美代表道威斯之宣言不甚重视,施博士谓美国未曾接受此决议案,道威斯大使所指之大体计划,空泛而无拘束。(二十六日国民社电)

〔巴黎〕 国联行政会暂定明日举行公开会议,宣布讨论结果。行政会有此尝试,可见其预料在目前所结束关于派员赴满调查事之谈判中,不致有重大阻力也。明日会议如进行顺利,将成行政会之最后会议。须俟接到委员团报告书后,行政会会员始续有考虑也。日本之接受行政会决议后,殆可无疑。虽日政府保留案,但仅于"发最严厉训令,谕其军队不得有可再引起新事变之任何动作"一点,在形式上而非实质上保留耳。至于中国,事态仍稍困难。新任代理外长顾维钧与南京政府究将采何种步骤,现尚未悉。惟美国已赞同行政会议案,并劝中日两国接受之此种举动,或可促中政府承认之也。行政会会员对于此案被双方或任何一方所拒绝后,行政会应采之途径,意见不尽相同。闻波兰、南斯拉夫及挪威三国代表将主张不仅承认行政会办理此事未有能力之举动,但目前众望此种讨论可非必要。(二十六日路透社电)

〔巴黎〕　今日中国总代表施肇基致紧急文书于白里安,告以锦州中日军队即将有严重冲突。于是十二国理事立行召集会议,中日代表俱未出席。开会时非常秘密,即译员亦皆屏退,各理事咸操法语。闻较小诸国皆决意赞助中国,各大国则态度冷淡。当时并派有专员,常以会议讨论情形,报告在旅邸鹄候消息之美大使道威斯。迨秘密会议完毕,道威斯立即宣称,渠将接见报纸代表。既而数十新闻记者纷纷赶至利兹旅馆,则各得道氏一简略通告,内称"美政府赞成国联理事会所拟决议案内调解中日争执之大体计画,现已将美国赞成旨趣通知中日两国,请其勉受此项大体计画"等语,藉以表示美国将与国联有最完密之合作,期作最后努力,解决东三省事件。道氏并宣称,美政府正式赞成理事会所草决议案,该案系劝告日本最迅速撤兵,并派委员团调查中日争执。当道威斯接见新闻记者,宣布美国态度后,理事会亦发一公报,宣称理事会已草成一种计画,对于撤兵与派遣调查团分别处理,业将内容通知中日政府。撮其大要,则所草决议案大致重行确定九月三十日

下转第五版

决议案,请两国采取关于实行撤兵命令之一切必要步骤,双方必须对于统兵长官各发最严厉命令,禁止再有引起丧失生命之意外事件;又请各理事供给一切可能的报告,理事会将派　调查委员团就地调查争执情形,报告理事会,并调查影响国际关系或危及中日和平之环境;中日当各派一旁观员加入委员团,该团职权与工作,将不妨碍日兵应撤回满铁附属地之诺言,此项诺言乃日本政府所发出,而载于九月三十日决议案。现日政府对于理事会□草决议案之复文,虽尚未送达秘书厅,但据日代表团发言人称,日本仍坚持原来地位,关于撤兵,根据九月三十日决议案及日侨之安全办理。按今日下午五时十五分十二理事开会研究中国复文时,显似成一僵局。当时国联某高级职员曾称,理事若再不能有所调解,则恐将有严峻行动。(二十五日国民社电)

〔巴黎〕 今日据中国代表团发言人曾称,中国之复文及施总代表所附之说帖,谓派遣之委员团应为中立的监视,必不可认为延缓撤兵藉口。又声明中国法律地位,诘问日人扩大占据区域之权利,叙述日兵已往之前进,警告目前之危机,劝各国等重其保证。闻白里安宣布中国此次复文后,各较小国家如南斯拉夫、波兰、西班牙、海内瑞拉与秘鲁等联合赞成中国,

下转第六版

认为诸大国行动将开一不良先例,因此理事会中顿分两派。按近十日来理事会之进展情形,常守秘密。此次施博士决定将中国复文公布,可视为变换策略。至各小国之联合为一派,于中国极为有利,其用意在提醒国联对于弱小国家之义务,而与诸大国之霸权挑战。盖乃诸大国近十日来所抱无情态度之结果,使弱小国家人人有自危之心,因此,今日理事会议时,势已使国联不得不有所动作,故会议之际非常秘密,即秘密职员与译员,均退出议场,各理事均允操法语。据白里安言,中国复文约有七要点:(一)要求停止敌对行动;(二)要求日兵撤回;(三)声明中国愿予东三省日侨安全保证;(四)提议由中日与各中立国合作,确定保证日侨福利及其生命、财产安全之办法;(五)要求中日各尊重国联会章、九国公约与凯洛格非战公约;(六)派遣调查委员团监视撤兵,决定中国应得之赔偿;(七)提议日兵撤退后,召集与东三省有关系之中立国国际会议,最后调整中日间关于东三省各问题。本日秘密会议系七时三十分散会,料明日下午四时将续开秘密会议。(二十五日路透社电)

....

(《申报》,1931 年 11 月 27 日,第三版转第四、第五、第六版)

51. 国联起草委员会草成新决议案,英视察员报告到达巴黎,证明日军确有挑衅行为,施肇基昨与白里安会晤

〔巴黎〕 国联起草委员会今晨十时三十四分开会,草成新决议案。起草委员会由白里安、薛西尔、玛达里加及柯尔朋等组织,系昨日秘密会议所推定。闻新决议案将根据星期三决议案,仅修改数点,以期调和中日代表之主张,至撤兵问题,恐仍如九月三十日决议案之规定,而中立调查团亦仍保留最大之权力。

据称,因美国既保证合作,恐撤兵未必规定日期。又日本之所谓防卫手段者,亦将插入决议案内,惟对于盗匪之攻击一层,措辞将不如日人要求之郑重耳。新决议案草成后,将于今日下午四时由十二理事开秘密会议考虑之。如经接受,即将录副送美大使道威斯,并由白里安等三数委员于今夜将决议案分送中日代表。倘获两国同意,则于明日举行公开会议提出通过之。(二十七日国民社电)

……………

〔巴黎〕　国联理事会解决满洲问题之决议草案自经提出后,中国方面尚未有覆文送达。惟中国总代表施肇基曾向白里安表示,中国有数项意见,愿理事会将该数点加入该会最后之决议案中。据云施氏之意,恐中国坚持成见,理事会对于调查工作将无由进行,故中国方面颇愿使决议草案适合乎讨论之根据,庶理事会得有回旋之余地云。日本方面闻已有答复,由日本代表芳泽送达白里安。芳泽于今日下午三时曾与理事会会长白里安晤面。日本之答复,系于接受该决议草案之外加修正文"保留将来日本军队自满洲中国境内退入铁路区域时,得为自卫之行动"。再则日本对于派遣中立调查委员团事件,亦有一小保留案提出。(二十六日国民社电)

〔巴黎〕　国联行政会今日午后四时一刻举行非公开之会议,指定法国白里安、英国薛西尔、西班牙国玛达利加三人为委员,另行草拟行政会议案之第二节,即关于指派英员团赴满调查一事。中日两国皆未列席。路透社探悉,在开会前施博士告白里安,渠在原则上不反对行政会之提案,但渠不能不提出锦州问题及制止日军前进之必要。渠欲得关于日政府必尊重此议案中担任之保证。渠主张扩大国联视察员之权力,尤望将其报告尽速公布。闻施博士与白里安讨论时,殆已接受行政会议案,但尚未发出接受此案之正式通告。行政会今日午后之会议历一小时又五分,五时二十分休会。今晨将再集议,届时或可收到关于中国接受此案之切实复文,大约星期六日当可举行公开会议。闻白里安在午后集会时告行政会会员,日本在原则上不反对设立中立区域,行政会乃决定授权与各使署所派往锦州之军事参赞,向双方司令就地谈判设立中立区域之条款。闻白里安指日本对于行政会议案之态度为默认。(二十六日路透社电)

……………

〔巴黎〕　某要人与行政院相接近,本日午后语本社记者,行政院所拟解决方案尚属良好。缘调查委员团之在远东,无异将国际监察逐日加以肯定。该委员团就地监视,毫不间断,对于撤兵一层自必在精神上连续施以压迫,促其实行。又云,日本接受委员团,似由于美国坚决要求所致。九月间该国对于此事不愿闻问,兹既赞成,则所处地位上,各项主要点之中,业已抛弃其三:(一)满洲事不容第三者出而干涉;(二)五项基本原则;(三)直接交涉。此种见解皆已无形消灭。华盛顿九国会议

下转第六版

即使开成,凡所决定未必较善于此,而委员团系中立国在满洲所设监察机关,九国会议未必能有相类似之组织。言至此,本社记者当向某要人询问委员会组织内容。据答称,委员三人之数,现□尚未变更。法国方面咸或主派一军人或主派一外交家,全权公使拉齐亚(前驻上海总领事)及奈特(前商务参赞)之名,已有人道及。英国方面将以黑斯特(国际永久法庭法官)充任。美国方面尚无所闻,前国务卿休士及凯洛均因年事甚高,未能胜任。中日两国所派助理员,其任务至为繁难,而又极其重要。尤其是中国助理员,其对于足资研究各事,必当唤起各委员之注意。至日本军事当局与地方行政机关现行关系,亦将大受影响,而因以转移。凡此种种,不胜枚举。中国对于草案,自可拒不接受,但中国因此而□本国与其对手国之间,造成一种缓冲,而此缓冲国将用世界舆论名义为之监察争端,亦不无有利云云。(二十六日哈瓦斯社电)

(《申报》,1931 年 11 月 28 日,第四版转第六版)

52. 日军继续逞凶,国联大感不安,解决方案绝少进步,公开会议延期举行

下转第七版

〔巴黎〕 今晚国联行政会开会,到会员十三人,中日代表皆未出席。讨论四十五分钟,旋休会。调查团议案起草委员(英、法、西三国代表)继开会议,明晨起草委员会将再开一度会议,作最后之斟酌。众料此后行政会即可通过修正议案。中国总代表明晨将与起草委员晤谈。闻中代表仍欲规定日军撤尽之

一定时期，但各会员皆觉有此规定，议案将不为日本所接受。津事之倏然复作，又表示时局之甚严重性质，但天津不似锦州之为神经系集中点。众望五中立国视察员在锦州之努力，辅以日政府之好意，当可阻免锦州之被攻击，否则行政会在此力谋最后解决之努力，将尽成泡影矣。日外相币原声称如锦州被攻则渠将辞职之消息，使舆情愈有乐观。日代表今日以昨晚天津日租界被攻之报告送交国联秘书长。据称，天津日兵不得已而还击。又称，驻津日兵力薄，而华军较强。日代表又送出一报告，谓日兵在安山、前山、炭坑子与南台击败中国匪众后，现已返沈阳云。中代表亦接到昨晚津变之报告，谓天津战事，衅由日开。而日人则谓枪弹飞入日租界，故日军开火云。（二十七日路透电）

〔东京〕　官场称，据巴黎最近消息，国联以为日本所拟修正草议案诸点，大都仅为字句问题，实则日本认其所提出之修正案与调查团范团有关者，乃日本可接受此案之主要条件。国联似侧重保全中国之颜面，而不顾日本之请求。日本亟欲使议案字句不稍留可作曲解，致不利于日本之法律上罅隙。国联对于日本保留案与停战等有关者，似可依允，此乃稍可满意者。（二十八日路透电）

…………

〔巴黎〕　提案起草委员与施博士会商两小时后，行政会某会员称，此会结果令人兴奋，可抱乐观。施博士告路透社访员，日兵撤回辽河左岸之消息，已否证实，渠甚愿闻之，渠向起草委员会所表示之意见，大都为撤兵与军事行动问题云。今日午后行政会会员除中日外，将开会考虑起草委员会关于今晨进行之报告。（二十八日路透电）

〔巴黎〕　白里安切实否认曾告施博士，如日本攻击锦州，彼将以美国之助，援用会章第十六条以制日本之说。施博士曾语白里安，言及锦州局势。白里安告以渠已接有日本决不攻击锦州极美满保证，据最近沈阳传来日兵撤回辽河之消息，显已证实日本之保证矣。关于派员赴满调查事之谈判，现已届甚困难之阶级，行政会现不欲于今日午后举行公开会议。施博士向调查团议案起草委员声明，日军在满之活动继续不已，故渠之地位甚觉为难；如无日本履行撤兵诺言之担保，则国联提议无可讨论云。（二十六日路透电）

…………

（《申报》，1931 年 11 月 29 日，第四版转第七版）

53. 国府训令施肇基,信任国联公意

〔南京〕 外息,日已中止攻锦州。日有书面致白里安保证(或即芳泽与白里安之会晤纪录),因之白里安劝中国接受行政会之调查决议,中国代表当以从来信任国联一贯之主张,勉为接受云。又闻锦州以东日军确已后退,国府已有训令致施肇基,令其信任国联之主持公道云。(二十九日专电)

(《申报》,1931 年 11 月 30 日,第四版)

54. 时评:日本撤退攻锦兵

日本此次忽然撤退进攻锦州之军队,原因不外二端。一为日本明知中国方面不有撤兵之举动决不肯承认国联之决议案,故先进一步大张声势,以进攻锦州,加重武力压迫,威胁我国民,使益起极大恐慌;然后退而停止锦州之攻击,以安慰中国人之心,敷衍中国要求撤兵之面目,使中国可藉此下台,接受国联组织调查团之决议案。此为愚弄中国之一策也。一为国联近日急欲成就其决议案,使和平之假面具不破,正尽力劝诱中国接受。若日本在锦州方面再进行攻击,未免益令中国难议,去接受之机会愈远,故美、英、法各国,一致力遏日本攻锦之行动。日本恐持之过坚,激起各强反响,故在此互相谅解之下,容纳国联意见。此又为敷衍国联之一策也。

盖日本今日之用意,着重在争国联决议案之胜利,力求于议决案中先占足活动地步。于撤兵,则坚持不定限期;于调查,则不许干涉其军事行动;于中立区,则坚持保留日侨如遇危险,日军仍得开入之要求。如此种种条件而得偿其愿,则此后非特直接交涉可以事事如意,即在军事行动,亦可随时地自由行动。欲攻锦州,则攻锦州,更有何物可以拘束,更何必急急于今日?故此新决议案,日人必力求速成;欲求速成,不妨即以撤攻锦兵为欲擒姑纵之计。一方则又在天津,极力骚扰,使扩大东北之军事范围为华北军事范围,以加重将来直接交涉之压迫。日人之狡计如此,而我国人尚有以日本撤兵为欣慰者耶?

(《申报》,1931 年 11 月 30 日,第五版)

55. 国联行政会屈从日本意旨,调查团委员定三人,同意日本有警务权,芳泽提出正式牒文,拒绝设立中立区案,白里安向芳泽解释

〔巴黎〕　国联理事会对于满洲事件之和平处置方法,今日显有重要之进展。但日本之态度则复见倔强。理事会特别起草委员会于上午集议,讨论甚久。而理事会今日复于下午四时召集会议,讨论各项问题。兹记其节略如下。

理事会讨论之第一问题,为调查委员团之组织。理事会兹已决定该委员团仅有委员三人,此外复有专家数人。意大利建议委员团应当增加人数,但此提案因日本之反对而取消。第二问题为日本要求日军在东省应有警务权以利剿匪工作之进行,此点闻已经理事会之同意。第三讨论事项为锦州设立中立区问题,日本代表芳泽对于此点,突向理事会提出觉书,坚持中国军队非撤至关内不可,因此理事会方面大为惊异,盖此不啻表示日本对于中立视察员之权力,不予承认也。此点经理事会略为辩论之后,即决定指令白里安向日本说明遣派中立视察员之原提案,前已经日本同意,该视察员虽不能谓为国际联盟直接派遣之代表,但实为真实情报之唯一来源,故该视察员应有自由行动之权,不得受有何种阻碍云。白里安今晚与芳泽晤谈颇久,即系讨论此问题。(二十九日国民社电)

…………

〔巴黎〕　国联理事会对于满洲问题和平解决之进行,今日又受重大之打击。其原因系由日代表芳泽于星期日夜间,突向理事会会长白里安提出日本政府正式牒文,对于理事会在锦州设立中立区域之提案示拒绝。理事会方面因此大感失望。中立区域之设置,前已经中国容纳。今日本态度骤尔中变,则理事会调停中日纷争案件之希望将愈减少,而将来理事会之通过保证日兵完全撤退之决议案更难一致,即原有派遣中立调查委员团之建议,将来能否一致通过,亦成一难题矣!恐此后理事会或中国代表团各将采取坚决行动,以对日本。至芳泽提出之牒文,则为重新宣言日本不愿第三者干涉中日两国间之纠纷。闻理事会会长白里安将向日本政府提出严厉之通告,使日本勿忘该国对

于国联盟约之义务云。再则,日本牒文送达时,适在中国接受中立区域建议之后。当理事会谈判之际,复有国联之中立视察员来电证明,中国军队集中锦州附近威吓日本军队之说,实属无稽,故更令人惊异也。(三十日国民电)

············

〔巴黎〕　赴满调查团扩大之问题,今日由起草委员与日代表讨论之。日代表虽不在原则上反对委员额数之扩大,但不赞成此种办法。日代表以为遇必要时,调查团可延专家相助。(二十九日路透社电)

············

(《申报》,1931 年 12 月 1 日,第三版)

56. 国联新决议案征求中日同意,剿匪条款开国际恶例,南美诸国反对甚烈,调查委员团增至五人,意、德、荷兰要求参加,议长将发宣言说明警务权利,中立区由华警负责维持治安

〔巴黎〕　国联理事会起草委员会今日下午草成决议案后,即晚六时提出十二国代表之秘密会议,中日代表俱未出席。闻决议案规定日兵迅速撤回满铁附属地,并派遣调查委员团调查此事,十二理事业已表示同意。至日本要求剿匪权利一层,未列议案内,但十二理事已赞成由议长白里安另发宣言,说明此项警务权利。现理事会将以决议案要求中日同意后,再行提出全体公开大会表决。闻诸理事反对决议案内列入剿匪条款,原因由于:(一) 此项条款违反国际公约;(二) 列入理事会决议案内后,将开一恶例;(三) 南美诸国反对甚烈,声称决不能赞成容许一国享有藉口剿匪、实行武力侵略特权之原则。日法律顾问伊藤向美联社声称,日政府大约将可接受此项决议案,日代表团刻已报告日政府;渠虽认情形颇利,但必待东京回训后方能确知;苟日政府接受理事会决议,亦将坚持日军之警务权利,必须明白与完善之说明云云。闻理事会派遣调查委员团计划,拟设团员五人,内有南美代表一人。按委员团最初原拟三人,嗣日本要求增至七人。现采折衷办法,拟派五人。至其职权范围,亦将于白里安宣言中加以说明。(一日国民社电)

〔巴黎〕 国联行政会今日工作颇忙,以整理其满洲议案,希望于星期六日提交行政会全体公开大会,觅取一致同意。如美满通过,则满洲调查委员即可指派,而国联解决中日间争端之工作,暂可告一段落。行政会小股委员会现正考虑星期六日开行政会最后会议时议长白里安所须发表之演词,大约将述全案之概略,而表示国联所采之地位。闻演词系哲理性质,而作概括的结论。日代表今日已赞成起草委员会所拟定之草案,但对于议长关于提案之批评,尚有不同意之点,已提出对案,交起草委员会考虑。闻对案与满洲治匪之警政有关。苟此对案通过,则日代表将请其政府接受此提案与批评。今日行政会集议至晚七时三十五分始止,其所讨论之主要点,为满洲调查团之职务。起草委员会定明晨十一时再集会,考虑议长关于调查团之宣言细则。明晚六时行政会将再集议。议案导言之词句现已通过者,已将原有文字加以修正,庶可引起中日间之将来谈判。导言说明议案中某项条款之范围与关系,如满洲警政与盗匪等是。日代表所不同意者,即在某种说明。但众意日代表所已提出之对案,并不妨害导言中之言论。施博士态度对于草案甚为温和,预料南京当不致发生若何困难。闻行政会主张指派国际著闻之头等人物为满洲调查委员。在此案正式提交行政会最后会议以前,白里安将说明其法律上意味。(一日路透社电)

....

〔巴黎〕 起草委员会今晨十一时集议,修正白里安闭会时之演词,并处理满洲调查委员团问题。行政会会员昨有数人要求参加调查委员团,意国且以意国被选为必要条件。闻行政会已决定委员团人数不得过五人,如第四人为意人,则第五人应从小国内选出之。《巴黎日志报》批评此事,谓意国既坚决欲自为调查委员,遂发生严重困难:第一,因意国公然主张修改条约;第二,意国既要求加入,德国或将效法,德国固主张废除不平等条约也。意代表谢乐嘉现已宣布,意国选定驻以巴西大使塞鲁惕博士为参加调查委员团之意代表,因塞博士熟悉中国事也。该报又谓昨日行政会会议时,西班牙与南美代表皆表示调查委员团应有七人或九人之议,故原拟调查委员团五人一节,现尚未切实决定云。法国报纸预料满洲问题本星期总可结束。锦州问题纠纷仍在。日人指锦州华兵多系新近到者。今日兵虽已停止前进,而前锋现已撤回沈阳,但锦州华兵犹未撤退。日政府以为华兵之不撤退,华人将视为胜利。今日芳泽请白里安注意于因中国不依原约将其军队撤至团内而将发生之危险事态。芳泽此

次未发恫吓之言,但一再声明解决之必要。(二日路透社电)

〔巴黎〕 本日午前起草委员会又复开会,其大部份工作业已竣事,现所致力者系调查委员团之细目。委员共有五人,顷已证实,计法、英、美、意四国各一人。意籍委员系该国驻巴西大使塞鲁惕,此人通晓中国情形,异于侪辈。至第五委员,经荷兰国提出候选人,各小国均持异议,谓当以瑞士人、比利时人或瑞典人充任。决议案全文业于昨日午后送达双方【当】事国代表,本日之内或明日当可答复报可。最后会议或须俟至星期六日乃可举行,原因施肇基在巴黎所作谈话,与顾维钧在南京所作谈话,较之此间所见不无出入之处。行政院因恐他日解释错误,欲将调查团暨中立区域两问题明白指陈,不使稍涉含混,庶得良好效果云。(二日哈瓦斯社电)

〔巴黎〕 素以消息灵通见称之《纽约纪事报巴黎刊》今日载称,国联理事会所草决议案,共有六项:(一)重行确定理事会九月三十日决议案之撤兵规定;(二)当事国双方负有庄严义务,禁止易致酿成丧失生命之任何行动;(三)中日应将东三省一应发展,随时报告理事会;(四)中日应将关于争执上之一应重要消息,供给理事会;(五)派遣调查委员五人及专家若干;(六)在理事会明年一月间开会以前,请白里安密切注意事态之发展,遇必要时随即召集特别会议。又,《小巴黎人报》今晨载称,决议案前有小序,将郑重声明此次争执系有特殊情形,为一非常案件,理事会之决议不应视作今后任何争执之先例。(二日国民社电)

〔巴黎〕 起草委员会今日午后一时前散会,未曾决定何国应加入调查委员团问题。行政会会员所请在远东无直接关系之小国代表应加入一人一节,似觉言之成理。此事将由今晚集议之行政会决定之。锦州问题又成要点。行政会切欲在闭会以前将中立区域问题切实办妥,盖知两者之间苟无缓冲,则终有发生纠纷之危险也。(二日路透社电)

…………

(《申报》,1931 年 12 月 3 日,第三版)

57. 美国务院注意我国舆论，对祖日有所声明

〔华盛顿〕 美国务院中人因见报载中国舆论有指美国政策为祖日者，今日宣称，美政府政策未尝有中日直接谈判之主张，其所发宣言中，只谓中日应互相决定俱可同意之方法，解决远东纠纷。又谓美国对于调查委员团或两当事国认为满意之其他办法，均不反对。现信美国不致正式□邀加入调查团，大约将非正式邀一美人担保委员会。（一日国民电）

（《申报》，1931 年 12 月 3 日，第四版）

58. 国联集中讨论中立区域问题，日本多方刁难尚有枝节，调查委员人选迄未确定

〔巴黎〕 行政会今日午后四时集议，六时休会，所讨论者，几全为锦州设立中立区域之问题。初仅会员十二人与会，后召施代表出席。行政会承认日人已履行撤回北宁路日兵之诺言，现拟使中日间有一种协定，庶华兵可退入关内，双方约定不得派兵越境。施博士现与南京通电，大约即有办法。行政会并未接到日政府拟要求锦州政府撤退之官场通告，故此问题未提出考虑。闻中立区域问题主要困难之一，为辽河日人方面之划定界线事。有人谓长城为华人方面之天然界线，惟日人方面划界问题，势须实地讨论。施博士提出中立国视察员□有职权之问题，并声明中政府对于此事甚为焦虑云。日代表反对以视察员有监督或调解之权，但仅认为简单无他之视察员。中日代表皆已将各种悬案通告本国政府，明日定可接到复电。如电到稍早，则午后行政会将再开一度会议，但目前尚未切实决定也。（二日路透社电）

············

〔巴黎〕 满洲调查团委员人选问题，现渐发生烦恼。《巴黎日志报》今日称，英国代表有以赫斯特勋爵担任之说，惟赫服务于海牙国际法庭，难以离职。法国代表亦难觅适当人物，凡已经接洽之人，皆表示不愿担任云。该报又谓为解决意、德争选之困难计，薛西尔等曾建议中日两国应直接选出英、法、美以外

的两委员云。惟巴黎《爱克塞尔沙报》则谓意国驻巴西大使塞鲁惕,已被选为调查团之第四委员。又谓荷兰亦欲应选,但较小诸国则以为荷兰有殖民地甚多,非真正次等国,不应与选。比国亦未必能得一致同意,因比国在中国铁路上有甚大关系也云。行政会现仍待中日两国对于草议案之复文,故今晨殊少进行。众望两国复文今日可到,但复文或须有继续谈判之处,故星期六日举行行政会公开大会之气象,渐形销灭。大约本届行政会之会期,将展至第四星期。(三日路透社电)

〔巴黎〕 今晨此间数家报纸载称,昨夜理事会秘密会议中。德代表墨的厄士要求调查委员团内德国亦占一席,声称各中立大国与一小国既将加入委员团,德国自无屏除在外之理。又据《巴黎晨报》载称,理事会为求解除困难计,决定将调查团之组织,听任中日直接商定。(三日国民社电)

⋯⋯⋯⋯⋯

(《申报》,1931 年 12 月 4 日,第三版)

59. 国联行政会决议草案内容:规定中日须避免战斗行为,调查团不得干预直接交涉,并附白里安导言为日张目,承认东省日军有剿匪之权

〔巴黎〕 今晨起草委员会又办理议案及其导言事。此两件须得一致同意,庶调查团方可有完全权力,以行使其职务。议案现几已完成,惟导言有若干字句犹在谈判中。议案原文大致如下。虽原文不全,但以下所述者,固议案范围之真相也。

议案第一段述九月三十日日内瓦行政会所通过之议案各条,及中日两国之担任。第二段纪录双方不作可引起冲突与生命丧失的任何新动作之允诺。第三段规定双方继续以各种发展通知行政会。第四段声明行政会会员将以其所接当地代表之情报,通知行政会。第五段规定调查团之组织,该委员团将研究可妨及国际关系及损及中日间良好谅解与和平之各种情势。如双方在九月三十日议案下之担任,在调查团抵满洲时尚未履行,则调查团须立即报告行政会。调查团不得干涉双方之直接谈判,或支配军队行动。第六段声明行政会

议长得行其认为确保本议案实施所必要之计画,如于必要时,不待至□月十八日下届会期,提早召集行政会等是。

议案之导言,说明行政会亟欲见满洲撤兵事尽速完成(此点原列入议案正文,但因日代表之请求,故删去)。导言又言及日本剿匪,以保护日人与日兵生命财产之权(此节文字尚未拟妥)。导言又言及锦州中立区域(此节文字亦尚未切定拟妥,现仍在谈判中)。导言末详细说明调查委员团之任务、权限、责任与组织(此节亦尚未切实决定)。(二日路透社电)

〔巴黎〕国联理事会所草决议案,内容大致如下:

(一)理事会对于九月三十日全体一致通过而又经双方当事国正式承认之决议案,重加确认,并请中日两国政府采取一切关于执行之必要手段,俾日本军队依照该决议案所规定之条件,得以从速撤退至铁路附属地以内。

(二)十月二十四日开会以还,事态益增严重。理事会应向双方当事国重提其所发出之诺言,请其采取一切必要手段,俾时局不致愈增严重;而足以引起新冲突与丧失生命之一切举动,并请避免之。

(三)请双方当事国继续向行政院报告时局情形。

(四)请各会员国将各该国代表实地调查所得结果,报告理事会。

(五)理事会鉴于中日等争端具有特别情形,宜由双方当事国将悬而未结各问题,根本予以解决。决议遣派五人调查委员团,令其实地调查,并将足以影响国际关系,而有扰乱中日两国和平所系之良好谅解之危险一切情事,向理

下转第四版

事会提出报告。中日两国均得遣派助理员一人,俾其加入该调查团,其对于该调查团当予以一切便利,俾得觅取凡所希望之一切消息。中日两国设若举行交涉,该调查团无权加以干涉,而中日两方在军事上所取处置,该调查团亦无过问之权。至调查团之组织及其工作,对于日本政府按照九月三十日议决案而承认撤兵至铁路附属地以内一层,并无何□妨碍。又以上第一至第四项所定办法,不因本项而有所变更。抑有进者,调查团到达之际,若中日双方所发诺言仍未履行,该调查团应将时局情形尽速向理事会提出报告,并就时势所宜,附以各项劝告。

(六)理事会下届会议,定于来年一月二十五日举行。本案即委托主席继续注意,但主席□为必要时,得提前召集会议。(二日哈瓦斯社电)

············

(《申报》,1931 年 12 月 4 日,第三版转第四版)

60. 抗日会之严重表示：通电全国一致抗争，电施肇基贯澈主张，警告顾维钧请注意

本市抗日救国会，昨为坚决反对对日直接交涉事，遵照第十六次执行委员会议决案，发表要电三件，兹录如下：

致京省通电①

"南京中央党部、国民政府、外交部、各省市党部、省市政府、各团体、各报馆均[钧]鉴：

自顾维钧就任署理外交部长以来，对日交涉，急转直下。据本月二日报载京电，外部虽否认沪方所传日使重光葵向顾外长提出某项条件之说，为完全不确，但同日中央社消息则称：'驻华日使重光三十日晚已将在京与顾外长接洽情形电报外务省，一日未与顾晤面。闻日方对中立区问题甚注意，并希中日直接交涉，能得相当途径。闻重光在京候政府覆训后，再定期与顾接洽'等语。查中央社为中央党部直接设置之宣传机关，其消息当属确息。果重光与顾外长并无提出条件、直接交涉之事，则重光何必在京候日本政府覆训？以外部消息与中央社消息两相参阅，已足令人发生重大疑虑。自三十日重光与顾外长接洽以后，二日顾赴日领馆答拜，据外部消息，纯为普通酬应性质，并未谈及任何问题。但南京冬日各报又多著论，一致反对为暴日屈服、与日直接交涉，并我外交当局不应遽与重光葵直接商谈锦州中立区，以维中央迭次不直接交涉宣言。是外交部所数数声明，非特顾外长与重光葵并无直接交涉之事实，且未谈及任何问题者，乃在近水楼台之南京各报，所得之直觉与印象，适得其反？

以上所述，系就南京方面之消息而研究之。更证之以北方消息，则本月三日《申报》所载天津二日电报，日副领后藤对人谈称：中日间事件，日本不愿英美各国干涉；此次撤退攻锦州之部队，非因国联之警告，乃因芳泽与施肇基、重光与顾维钧均各晤谈，极为接近，已有直接谈判之倾向，故撤攻锦之军云云。此所

---

① 编者按：《致京省通电》全文又载于同日(1931年12月4日)《申报》第三版，题为《上海市抗日救国执行委员会通电曰：望坚决反对对日直接交涉》。

以冯庸于本月一日电顾外长,有'请吾公慎重考虑,智愚贤不肖,决在此间也'等语,而朱庆澜、褚辅成、穆湘玥、黄炎培四先生,亦有询顾三问题之东电发表。

总合各方传闻,证以外交行动,是顾外长就任新猷,即为放弃吾国自东省事变以来中央迭次宣言不与暴日直接交涉之一贯政策,而甘作城下之盟,以求苟全,使施公使所辛苦奋斗折冲于国际联盟者,付之流水。言念及此,能不痛哭?夫数月以来,全国民众之泣血奔走者何事?黑省将士之舍身鏖战者又何事?曰:不屈辱耳。果直接交涉而可开,则威迫之下,何条件不可提出,何条件不可允诺?暴日得偿所欲而去,他国亦必援例以来,均益分肥,不亡何待?

敝会对于本月二日,经十六次执行委员会郑重讨论,一致决议,以坚持之态度,为下列之表示:(一)日本不撤兵恢复原状,不开谈判;(二)贯澈不与暴日直接【交涉】之主张,应于友邦协赞之下,求公平与合理之解决;(三)违反上项原则者,全国民众誓死反对。

用特专电奉陈,敬祈中央党部、国民政府予以采纳,切实秉承总理遗教,实施革命外交,贯澈主张,毋稍迁就。全国各民众团体,共起表示,严重监视,宁为玉碎,毋为瓦全。民族与国家之存亡,胥在于此。涕泣以道,急不择言,敬祈鉴察,毋任屏营。

上海市抗日救国会叩。江。"

致施肇基电

"巴黎中国代表施肇基公使钧鉴:折冲坛坫,劳苦足念。闻政府倾向对日直接交涉,全国民众一致誓死反对。请公贯澈以前主张,非日本撤兵,不谈交涉,并应于友邦协赞之下,求公平合理解决。否则巴黎拒签和约,前征可循。为国自爱,涕泣以陈。上海市抗日救国会叩。江。"

警告顾维钧电

"南京外交部顾部长赐鉴:冬电谅已先达。消息传来,形势日恶。中央迭次宣言不对日直接交涉之主张,已见动摇。公就任伊始,应请努力奋斗。以今日全国民众愤激状况,视'五四'者何如?是非贤不肖,决此一瞬。誓死直陈,即作警告,切祈注意。上海市抗日救国会叩。江。"

....

61. 各大学教授抗日会昨日警告顾维钧：勿为曹、章、陆第二

江电

上海各大学教授抗日救国会警告顾维钧电云：

"南京外交部顾少川先生：公长外交，即直接交涉，划锦州为中立区，卖国求荣，不惜为曹、章、陆之续。若不翻然变计，国人将以对曹、章、陆者对公。特此警告。上海各大学教授抗日救国会。江。"

宣言

上海各大学教授抗日救国会，昨发表宣言云：

"暴日乘我天灾人祸，突然占据东北。河山破碎，人心沸腾，凡我同胞，莫不奔走呼号，以救危亡。国人分属国民，忝任教职，督促政府，指导青年，责任所在，岂敢后人？或撰言论，或任演讲，或从事于国际宣传，或专注于学术研究，各本爱国热忱，竭力以图补救。唯人自为谋，事倍功半，爰有十一月二十九日上海各大学教授抗日救国会之结合。同人相聚，剀切陈词，既愤强邻之横暴，复痛守土者之失职，又恨政府外交之懦弱无能，更又慨乎国际联盟之不足恃，故特举其急迫而且重要者数端，谨告国人，切望一致奋起，督促政府，补救万一。

东北三省，广袤亘数千里。横被侵占，两月有余。我数千万同胞，备受压迫，流离失所，不死于枪林弹雨之下，即待毙于暴日铁蹄之前。守土失职者，既未加以诛戮，以谢国人；而马占山孤军御敌，苦战兼旬，迄不予以援助。坐视黑垣失陷，龙江变色。天下痛心之事，孰有甚于此者？同人以为，政府应即立功赎罪，调遣军队，克日出师，收复失地。须知中国存亡，在此一举，人民翘企，异口同声。若政府徒发最后决心之空言，而实惟国联之是赖，则将来东北沦亡，试问谁任其咎？近者国联重开会议，慑于日本强权，不维持原案，先令日本出兵，而推翻前议，欲我接受调查。甚至拟扩大调查之范围，超出东北之事变，进

而调查我国之内政。正义云亡,公理何在?凡我国民,当严拒绝。至于划锦州为中立区域及将东北军队撤入关内之举,不但助长日本占领之野心,并且引起国际共管之大祸。丧权辱国,竟至此极!以无量之民膏,养数百万之军队,即万一不能驱敌,亦当保守锦州防地。此为东北仅存硕果,亦为临时省政府所在,若再退让,何谋恢复?更有进者,风闻政府已经开始与日本直接交涉,无形断送东北。若此而确,则是政府背信弃义,自食前言,陷我国于万劫不复之地位。凡我国民,皆当急起直追,严为监督。

夫日本阴谋,积蓄已久,鲸吞大陆,早思蠢动,我国当局,岂竟无闻?军事既无准备,外交又不知应付。事变未发,则信任日本,以为必不犯我;及其既发,则以为国联必为我助。以昏瞆为国防,以依赖为外交,责其懦弱,犹为恕词。亡羊补牢,应知警惕。呜呼!寇深矣!国危矣!今日之事,千钧一发。同人以为□人外交,互为表里。内

下转第十版

以毅力规复失地,外以决心纠正国联,实为目前亟要之图。同人心所谓危,难安缄默。至于其他庶事,万绪千端。将本所学,各尽所能,详加研究,草拟方案,贡献政府,以备参考。政府固不当自绝于国人,国人亦应有助于政府。艰危共济,愿我全国同胞共勉之。"

(《申报》,1931 年 12 月 4 日,第九版转第十版)

62. 美国表示愿参加调查团,凯塞尔谓有例可援

〔华盛顿〕 美国副国务卿凯塞尔今日语华盛顿新闻访员,谓国联理事会办理中日争端事件,进行颇形顺利;现因中日代表各候本国政府之训令,故决议案之成立不无延缓,但不足为虑云。继又谈及美国参加中立国调查委员团事,凯塞尔称事有前例,并非创举,往者遇国联与美国同有关系之事件,美国亦尝参加国联之委员团云。(国民社四日电)

(《申报》,1931 年 12 月 5 日,第四版)

63. 国联调查团德国要求一席，袒日色彩之索尔富呼声最高

〔柏林〕 前自巴黎传来消息，谓德国竭力要求在满洲事件调查委员会中得一代表席。现德外部亦宣称，倘国联调查团由五人所组成者，则德国实不得不有该项要求。惟德国之原意，以为五人不如三人之易于合作，证诸已往之事实，莫不如是。若国联将来限制代表团于三人之数，则德国极愿放弃该项要求。因派遣代表之事，本属任劳任怨，将来不得罪于此方，即见忌于彼方也。再则从政界中探悉，将来调查团中倘有德国一席之地者，德国将任前驻日大使索尔富氏充任云。按索氏曾于十一月廿四日在柏林向新闻记者发表显著袒日之谈话。据索氏之意，日本并非帝国主义之国家，日本自得高丽□后，未经开垦之土地极广，富藏与原料亦极夥，无需乎汲汲从事于侵略，故日本非扰乱世界和平之国家，而为保持世界和平之国家。索氏并谓满州为世界极富之区，而该区之开发，日本实与有大功云云。于此即可知索氏个人观念之一斑矣。（三日国民电）

（《申报》，1931 年 12 月 5 日，第四版）

64. 时评：告顾维钧

日来本埠各团体、各界人士，为外交问题纷纷电话顾外长，词甚愤慨；各大学亦为此事议决罢课；即江苏向不与闻政事之老成耆宿，今亦不忍坐视亡国之祸之迫于眉睫，出而大声疾呼，与青年学子共表同情之奋斗。此岂我国人无病之呻，实以今日之外交当局，对我国家民族生死关头之大问题，竟已步步退让，而不克自振。撤兵问题之不坚持，调查团之一任日本指使组织，锦州中立区之含糊设置，今且提出共管天津之议。在我国既如此退缩迁就，在国联方面则以急欲成就其决议案，以敷衍和平之面目。或且别有用心，事事容纳日人之要求，甚至剿匪权利亦承认之，而规定于宣言之内。外交局势如此急转直下，以趋入于万丈深渊之绝境。使于此时再隐忍坐视，不急起以谋挽救，一旦大错铸成，国联议案通过，日本得此一重保障，此后随事可藉国联之决议为口实，以压

迫我中国,其且合各国之力以压迫加我。我国民将从此准备做亡国奴,陷于十八层黑暗地狱,而永永不能自拔。外交上危机如是之大,我国民所以急不暇择,而群起以争。我外交当局见我民情之惶急如是,当亦必猛然醒觉,急于此千钧一发之时,谋所以挽救之也。

观今日顾外长招待报界之谈话,谓中国并未要求设立中立区;覆朱子桥等电亦表示未尝有所让步。果如是,诚为我国人所深幸。惟所不解者,施肇基代表向来在国联坚持正义,坚持不丧权辱国。其不屈不挠之态度,早为世人所共见,乃何以今日忽然如此软化,几与以前判若两人?非有所受命,又何为而然耶?如谓让步之说,由于外国电讯之误传,然巴黎电讯社非仅一家,何以各电讯社均有此种纪载,且所传又非一次?此实不能不信其说之非无因也。总之,我国外交之懦弱,已万难讳饰。我外交当局处此生死关头,万不宜再用以前敷衍粉饰之手段,以冀欺瞒于一时,而当竭诚公开,与我民众共商挽救之法。否则时机一过,大事去矣!此时虽觉悟前非,而欲与我民众共图补救,恐已非时势之所许矣,顾外长其三思之。

今日挽救之道,第一步,惟有将我国人万不能承认之点,及我民众愤激坚决情形,急电施代表,坚持日不撤兵不与开议之原议,阻止其他谈判之进行,然后再议其他。

(《申报》,1931 年 12 月 5 日,第六版)

65. 国联形势益僵:日本要求修改两要点,施肇基说明锦州地位,起草会与日代表会商,日本规避第三者干涉,行政会觉事件更棘手

〔巴黎〕 伊藤于接到东京训令后,今晨十时半晤起草委员会。闻东京训令不满意于与调查团有关之国联决议案第五段,及关于剿匪文字。行政会定今日午后四时开会讨论此事。(五日路透电)

〔巴黎〕 起草委员会与伊藤之会议,于午后十二时三十分散会,未商得同意。伊藤现往请示于日代表团,起草委员会午后将与行政会讨论一切。今主要之困难,乃□议长关于剿匪计画等解释的批评,即所谓导言者是。闻委员会

现抱定调查委员团之方案,并较前料更为坚决。此节或须与东京再通电文。果尔,则进步当然又将延缓矣。再,中国代表团亦未表示有由锦州撤兵之意,此亦足使讨论事件更形棘手者也。惟今晨并未讨论该问题,仅由施博士提出一备忘录。窥其语气,中国欲将中立区域自锦州东面为始,而不自长城为始,俾锦州仍在中国掌握。此为国联行政会开会第二十日第八十三次会议之局势,故前途似无多大□观也。(五日路透电)

〔巴黎〕 今日午后行政会大为活动。各事初议向满洲问题之解决方面而进,继于数次晤商与讨论。及行政会一度会议之后,得悉现尚未有中日双方观察点已较前接近之实证。芳泽与施肇基先后访白里安。芳泽尚未接到东京所发训令全文,但向白里安陈说日本对于国联决议案第五段关于调查团组织者之立场,及对于决议案导言之意见,声明调查团必不可与满洲日军撤退之一般问题,或与撤兵期限相联接。芳泽谓日本在此种事件上遵守九月三十日行政会决议案。芳泽言及导言,建议将"有权采行警政计画以治匪患"一节之文字稍加修改,俾日本得接受之。施博士接到南京长电两通,故能将中国见解详为白里安言之。但施博士并未交出任何文件。闻施博士关于锦州地位,亦加以说明。行政会今晚六时集议,历两小时始散。白里安以渠与芳泽之谈话告知各会员,国联秘书长德鲁蒙亦将其所得于施博士之情报,通知各会员。此项情报,大都为中国顾外长与南京政府其他要人间,关于锦州地位之谈判。日本关于行政会议案之复文,现既未到齐,故行政会□讨论者,仅为锦州时局。闻军队复有行动之说,尚未证实。日本答覆国联决议案之原文,可望于五日上午行政会开会前送到讨论。惟无论如何,行政会已决定五日午前十一时开会会员十二人之会议。闻日代表准备接受现有之决议案,但附以依照东京复文,加以任何修正之保留。今晚行政会集议后,起草委员集于秘书长之办公室,而拟定条问。今夜将拍往东京,请将与剿匪警政计画有关及与日本建议划定中立区域界线有关之若干点,逐条解释。众望答此条问之文,可在五日开会以前到巴黎。(四日路透社电)

············

〔巴黎〕 关于决议草案,日本代表已接到训令。除第五节关于调查团之权能少有异同外,日本愿接受之。至关于白里安之宣言,日本代表尚未接获训令,而接有宣言一篇,拟在接受议决案之前发表,而将日本在满洲之普通政策,及对于国联会处置满洲事件之看法,加以说明。(四日哈瓦斯电)

〔巴黎〕 本日晨间,伊藤侯爵将日本答覆决议草案及主席宣言之文,送达白里安。按照决议草案,他日调查团到达之际,若撤兵尚未开始,则该团对于撤兵问题应立即提出报告,日本政府对于此项条文提出异议。至关于剿匪一层,伊藤要求勿在决议案内提及,而将其列入宣言之中。综观日本政府所引起之困难,其中有关系重要者,但最后妥协尚有可能,不致

下转第四版

失望。日本关于中立区域之覆文尚未送到,而中国答案,行政院亦所切望。据本社所知,中国之意,锦州、沈阳之间已有中立区域,中国军队自无撤出锦州之必要。此种主张,日本未必赞同。据消息灵通者言,中国军队日本必欲其完全退出,设若要求不遂,必以强制出之。似此,中国军队如果撤退,自有裨于行政院讨论事件之结局。此种办法虽不甚佳,但可避免未来事变,亦属不获已之举。而在外交工作徐徐进行,俾使争端完全解决之际,举凡一切事变,亦不宜任其发生也。(五日哈瓦斯社电)

〔东京〕 外务省对于芳泽请训之国联决议草案及议长宣言草案,慎重审议之结果,决定日本要求之修正条项,四日下午四时向芳泽发最后的训电。其内容如次:(一)决议案第五项中"调查委员抵东省时,中日两当事国根据九月三十日理事会决议之誓约犹未实行,则该委员会务须从速报告理事会"一节全部削除;(二)决议草案第二项A全部修改,采用日本保留要求之如次原文,"日本为保护日侨生命财产起见,对于匪贼及不逞份子活动实行之军事行动,不在此例"。以上两项之要求为日本最后的意见,而绝无让步之余地。理事会如能承认此点,则芳泽再无请训政府之必要。(五日日联电)

(《申报》,1931 年 12 月 6 日,第三版转第四版)

66. 时评:吾人对于国联最后之认识

国际联盟究为何物乎? 为公理与和平之保障乎? 抑为强权之伥鬼乎? 自九一八我东北祸变爆发以来,国联之原形乃日益显露,迄至目前,更捉襟见肘。虽力求弥缝,掩饰其虚伪之本来面目,国联发言人虽力为狡辞辩护,然而欲盖弥彰,事实上恰益以显示其无能与无聊。国际联盟究为何物,吾人深信世界人

士在今日应已获得正确之批判。

中国对于九一八以来，日本极其横蛮无理之暴行，以极诚信之态度，听从国联之判断。今日既已退无可退，让无可让矣。而日本之暴戾，仍有增无已。国联仍为黑暗所笼罩，毫无一线光明之呈现。据前日巴黎方面传来之关于国联理事会决议草案六项，仍是敷衍迁延，不痛不痒。既不肯决然予日本以严厉之裁制，复不肯明白宣告中国遭受暴力之迫害为应分，惟以狡猾欺骗之手段，处处顺从日人之意志，而右抑我国。国联明知此次对中日纠纷之处置，为违反会章，而犹强辩谓东三省事件系属非常性质，冀以掩饰其祖强抑弱、蹂躏公理与会章之行为。心劳日拙，天下人耳目可以一手掩尽乎？

所谓调查团之派遣，据目前事实上所表现，其内幕似亦大有文章在。据巴黎方面传来消息，谓委员之人数，有三人与五人之争论，而各小国与德国且各争在调查团中占一席。法国则力拒德之参加。国联方面空气且谓如德国参加，将引起某种之误会。即一向态度模棱之美国，亦表示愿派员参加。夫调查团不过一调查事实真相之公正人耳，而各国竟演出争夺之丑剧。谓此中而无不可公开之秘密内幕，谓此中而无不利于我国家之阴谋，谁能信之？

再就另一方面言，调查团之工作应以绝对公正之立场，调查日军之暴行及我东北之实在情况，断无调查我国内情形之理。然而今日国联中之空气，显已有接受日方蛮横要求，调查及我国内情形之表示。对于日军暴行之调查，反有种种之限制。日方要求中立区域有剿匪权，国联则认为合理。国联主张日军剿匪行动必须常有中立视察员监视，日方则又坚决反对，甚且反对调查团抵远东时，如日军犹未撤退，调查团可以报告理事会之办法，并要求有通过中立区域进兵之权。就此种事实而观，则日方对于我国与国联曲意屈从，尚不满足。呜呼！世间果有公理其物耶！日本今日之一意孤行，吾人固已不欲置言。独足号称维护公理与和平之国际联盟，今后其将何以取信于世界耶？"强权即公理"之一言，吾人今日于国联之不公平之处理，已获得事实上之确证矣！

我国对于国联，今复何望？今日之事，仅有二途：非奋起自救，即为甘受宰割。据当局近日宣示，谓日不撤军，决不开始交涉，并谓无论如何，决不使国家领土轻易丧失尺寸。全国人民都已听取此种坚决之昭示矣。政府不负国家、不负人民，我全国民众亦断不负政府。当以坚决之行动为政府之后盾，贯澈撤退日军收回失地之主张，恢复九月十八以前之我东北半壁大好山河。

（《申报》，1931 年 12 月 6 日，第七版）

67. 国联起草会听取中日意见，施肇基准备接受决议案，日本同意另附声明办法

〔巴黎〕 一般人士以为，满案争端今已有早日解决希望。今晨施博士语起草委员会，谓渠所接南京政府之训令，已使其可以接受照目下方式之行政会决议案；惟如有任何修正而为其所接训令中所未包括者，则渠当请示于南京。渠所接关于锦州现状之最近解释，为锦州华兵并未增援，亦无进攻之意志云。起草委员会认中立区域为紧急问题，但今晨集议时，并未考虑关于此事之切实建议。白里安今日将晤芳泽。闻芳泽今日可接到东京政府关于国联决议案所未解决各点之切实训令。闻剿匪问题现已议定，可不列入议案或导言中。芳泽对于此事，将作特别之保留。现又有人建议，议案第五条与调查委员团职权有关而为日本所反对者，将移列于导言中，但其文字仍未完全商妥。又闻芳泽将于今日提出关于锦州中立区域及其地位之切实建议。日本代表团今午宴待行政会十二会员及其主要顾问，施博士亦被请，但未赴宴。（七日路透社电）

〔巴黎〕 关于满洲问题解决之方案，今日因日本方面意见纷歧，故国联理事会于起草决议案之工作上，毫无进展。中国总代表施肇基辞职消息所造成之恐怖，今似已成过去。今日理事会起草委员会与日代表团法律顾问伊藤，对于决议案第五款继续讨论。据云，日本代表团仍不允国联调查委员团与日本撤兵问题并作一谈。惟伊藤已将国联之态度报告本国政府，并希望能于二十四小时内接得东京之新训令。国联方面深恐日本将决议草案完全推翻，但望东京方面能相机而动，对于中立调查团及日军剿匪自由等项，作相当之让步，此亦非绝对不可能之事也。理事会起草委员会兹复定于星期一晨与中国总代表施肇基晤谈，因施氏已新自南京接得训令也。（六日国民社电）

〔巴黎〕 起草委员会今日与伊藤晤商，从午后三时半起，至四时三刻止。所商之主要点，为议案第五段与调查团职权有关者之文字。日本所提出调查团如由下届行政会会议嘱其报告日本撤兵事，得缮具此种报告之建议，起草委员会认为不能接受，因其限制调查团职权也。经再讨论后，另建议一种方案，但未有决定。至于芳泽在公开会议时得宣布日本自由剿匪权一事，未曾议及。

(六日路透社电)

〔巴黎〕 伊藤昨提出形式含混之建议,谓行政院对于调查团之使命与其在目前作决议,毋宁俟下次常会时加以考虑;盖在中间时期以内,调查团当已达到满洲,一切情由自可完全明了,而该团有益处之任务,自易妥为决定云云。(六日哈瓦斯社电)

〔巴黎〕 今晨十一时起草委员会重行开会,以听取施肇基之意见。中立区域问题似未谈到,施氏与委员会仅谈及议决草案及行政院主席宣言。据本社所知,施氏虽受爱国分子重大压迫,仍可承认议决案,惟将提出若干保留。此项保留,与其谓为注重实际,毋宁谓为偏重法理。然则关于决议案之协定,终必成立。午后三时半白里安将接见芳泽,十二委员会当于五时开会。(七日哈瓦斯社电)

〔东京〕 据此间负责方面消息,日政府准备接受国联行政会所发日本应另行声明,以保留其在满洲剿匪权之建议,惟须附以中国不得提出对案,以取消日本此项权利之条件。日政府又决定依允伊藤所提议关于调查团职权之方案。上述两事,乃国联议案中须征求日本同意之点。日政府训令今夜可发往巴黎。(七日路透社电)

(《申报》,1931 年 12 月 8 日,第三版)

68. 国联行政会讨论锦州问题:主张维持锦州现状,日本提出划界意见,英薛西尔坚决反对,调查团人数定三名,公开会议日内举行

〔巴黎〕 国联行政会已决定抛弃中立区域计谋。行政会对此问题熟商多日,今晚会议时,乃有此重要决定。行政会复决定建议维持锦州方面之现状。议长白里安将函致日政府提出此议,同时对于日军之撤出锦州区域,表示欣幸。中立区域问题之候有此新转机,系在下午芳泽访问白里安之后。芳泽向白里安声称,日本撤回向锦州进行之日军,是已履行中国提议中之日人方面义务矣;乃华兵今犹在锦州,请以压力加诸中国,以免发生冲突;至于中立区域划

界事宜,宜由中日当道就地直接谈判云。芳泽与白里安谈话历半小时。旁晚①,除中日代表外,行政会会员集议,五时开始,六时三刻散会。此一点四十五分钟之会议,乃过去三星期中之最重要的行政会会议。芳泽提议经透澈讨论后,断为不能接受,故行政会决定承认现状,并请中日政府避免冲突之各种可能性。至于日代表应作片面的宣言,保留日本剿匪权之提议,行政会认为可行。惟日代表之宣言,他人不得驳辟或批评一层,则行政会不能依允,故此事或将稍有顿挫。外间所传日代表宣言仅言日军行动自由,而不言及“匪”字之说,实属毫无根据。行政会又允将议案第五段文字,即规定“双方在九月三十日议案下之担任,如在调查团抵满时犹未履行,则调查团须立即报告行政会”者删去之,而由议长在其宣言中对于此点作一般的陈述。闻今晚国联方面称,日本关于锦州之提议,如接受之,将置锦州及锦州与山海关间中立区域于日人掌握中云。但行政会已决定不公布会议详情,故此说未必有证实报告也。当行政会六时三刻休会时,起草委员会依然在集会中,邀日代表团伊藤出席。伊藤七时始到,起草委员与之商酌一小时半。今晚有一可注意之消息,据谓调查团原定五人,今改为六人,以英、法、意、德、美及北方一小国之代表组成之。此说传布颇广,但未几官场否认之,声明未有变更五人原议之问题。但除英、法、美三国外,其他两国为何国,则官场迄未说明之也。国联姑定星期三日举行行政会公开会议,此殆可为最后一次之会议。(七日路透社电)

············

〔巴黎〕 国联理事会对于锦州中立区域之议,闻因界限问题发生纠葛与误会。现拟避去规定正式中立区域,听任中日军队照目前状况,直至调查团抵辽以后再作处置。十二国理事将于下午五时开秘密会议,讨论锦州地位。至调查团人数,闻十二国理事最近决定共六名,英、美、法、德、意各一员,余一员或将由秘书厅选自南美。(八日国民电)

············

(《申报》,1931 年 12 月 9 日,第三版)

---

① 编者按:即“傍晚”。

69. 白里安宣读决议案及宣言，承认日军有护侨权利，至日军撤尽即行停止，但剿匪权字样已删除，日本要求修改第五段，定今日续开公开会议

〔巴黎〕 国联理事会公开会议，今日下午五时零五分开会。主席白里安宣读决议案草案，嗣即逐条加以说明，即所谓主席宣言者是。白氏说明时，未曾提及剿匪权利。旋理事会决定星期四下午续开公开会议。（十日晨二时到国民电）

〔巴黎〕 国联理事会公开会议内所提决议案，包含六款：第一款，重行确定本月三十日决议案；第二款，规定两政府取一应必要手段，免使时局益增严重；第三款，双方各将发展情形随时报告理事会；第四款，规定各会员国中立视察员继续将发展情形随时报告理事会；第五款，派调查委员五人前往满洲，将足以影响国际关系、危及中日和平之一切环境，报告理事会，该委员会不预问中日直接交涉与军事行动；第六款，下次理事会议定一月二十五日召集，在此期间请主席注意辽案，倘遇必要时，得临时召集特别会议。至主席宣言，则对于决议案逐款加以说明。关于第一款，则声明理事会认九月三十日议案有最大之重要；第二款则说明日政府自认有保护日侨之权利，不仅在满铁沿线附近，且在日侨目下侨居地方之附近一带，但一俟日兵撤回南满附属地，此项保护权利当然终止；第四款则说明中立视察员将与双方接触；第五款则说明调查团职权无地界限制，但不从事于军事行动或中日直接交涉。（九日国民电）

....

〔巴黎〕 十二理事今午秘密会议时，暂定公开会议于下午四时召集。倘公开会议能按时举行通过决议案，则理事会第三次之特别会议即行休会。惟公开会议之能否举行，全系于中日政府之最后训令。中日代表已于今晨接到本国政府训令，此时仍在译电之中。倘此项训令未能使理事会认为满意，则公开会议势将展至星期五。然国联中人表示，认理事会对于所争各点，既在实际上悉已勉从日本，而中国似宜急欲有一种协定，阻止日人之前进，逆料两国当可接受该决议案也。至中立区域提议，今已确定放弃，理事会仅须双方能保证

维持原状，俾保存目下已有之非正式中立区域，认为于愿已足。故目下唯一问题，只有调查团一层。至调查委员人数，顷闻将有五人，今晨西班牙代表曾提议六人或七人，当为秘密会议所否决。（九日国民社电）

〔东京〕　路透社从可恃方面探悉，日本准备接受国联议案，只须议案第五段删去关于调查团职权范围之文字耳。此节在日人视之，认为限定日本撤兵之时期，故不为东京所可接受。议长宣言中插入日本剿匪权保留之议，亦可为日本所容纳，不过词句须稍修改耳。闻日政府现训令芳泽，请稍展缓国联行政会最后会议之举行。（九日路透社电）

…………

（《申报》，1931 年 12 月 10 日，第三版）

70. 国联行政会昨开末次大会：施肇基卒接受决议案，芳泽对第二节有声明，美代表道威斯未列席

〔巴黎〕　国联理事会今日下午四时四十五分召集最后公开大会。我国施总代表接受决议案。日总代表芳泽亦接受决议案，但仍声明决议案内第二节不能阻止日军之剿匪行动。最后此决议案遂由全体理事一致通过。（十日国民电）

〔巴黎〕　我国总代表施肇基博士今日在理事会公开大会宣称："中国政府对于同意此决议案，及照主席解释后所生之义务，欲践行勿爽，但必须有完全可行之办法，以应付紧急情势。为求完全谅解计，请将余若干见解与保留登入记事录：一、中国必须完全保留按照国联会章各款及所签各公约，与国际公约在法律地位上种种救济之一应权利。二、决议案及主席宣言所表现之目前办法，中国认为一种可行方法，内有四要点：（甲）立即停止敌对行动；（乙）在可能的最短时期完全撤销日本之占领满洲状态；（丙）中立视察员监视并将此后一切发展，报告理事会；（丁）理事会派委员赴当地大规模调查东三省全部情形，倘有一点未能照行，则此办法将失效。"又谓："关于第三节，中国在一种谅解下接受，即期望调查团抵辽时，倘日军犹未撤尽，则该团将视调查报告及建议日军之撤退为第一任务。关于第四节，不影响中国及其人民要求损害赔偿

之权。关于第五节,不得藉口现有之不靖状况,而违犯该节□规定,因此种不靖为日军侵犯所致。"(十日国民社电)

············

〔巴黎〕 今日下午理事会举行公开大会时,中国代表团久经郁积之情感,将可略为发泄。但各方刻正用非常之压力,加诸我施总代表,使勿发若辈所认为苦痛之宣言;而同时亦压迫日代表芳泽,勿再当众声明剿匪权利。现施氏业在今晨十一时四十五分访美大使道威斯时,将宣言稿录副送交道氏。施、道谈话之际,国联总秘书德鲁蒙亦在场。据其事后形容此次谈话,称为最为复杂。施氏于晤道氏后,十二时三十分即与中代表团法律顾问奥尔慈,详细准酌宣言字句及其法律立场。嗣德鲁蒙即将施氏谈话情形报告理事会。据称,道氏曾询施总代表,中国对于撤退锦州附近军队一层,愿撤至何种程度,施氏坚决拒绝。现料道氏将邀日代表芳泽加以劝说,冀得一折衷办法。又理事会于闻悉日代表团所接最后训令后,十二国代表即于今晨十一时四十五分举行秘密会议,研究日本地位,考虑应付理事会最新危机之方法。其时日代表芳泽所拟宣言稿,亦已由伊藤送交德鲁蒙转致白里安,当由白氏当场宣读。闻日方宣言内着重于剿匪权利,未言及设立锦州中立区。但经十二理事缜密讨论,至十二时五十五分散会时,仍未有乐观景象。现中日双方之宣言既绝相反对,而中代表亦将继芳泽宣言后,一吐因白里安恳求而久经抑遏之情感。故料今日下午之公开大会,将见非常活跃。惟十二理事此时正尽力压迫芳泽,劝其取消剿匪声明,谓若日本要求在中国领土内有警权,各小国理事定将【不】加以批准,而中国施总代表亦将声明日本之在满洲剿匪,违犯国际公法,于日本未必有利。惟日人之能否善纳忠言,尚待事实之征实也。又照理事会目下计划,下午四时三十分举行公开大会之后,将再开秘密会议一次,届时或即可以商定调查委员之人选。现料各理事将请白里安向委员团内有代表之各该政府荐举相当人物。又闻美籍委员藉此间现正商榷拟以菲岛总督台维斯充任,惟此间虽称台氏为卸任总督,而美官场则郑重声明,台氏仅在假中,仍系菲岛行政长官云。(十日国民电)

············

(《申报》,1931 年 12 月 11 日,第三版)

71. 性质空泛之决议草案全文，主席逐条加以说明，具体各点悉已删去，所谓剿匪权未提及

〔巴黎〕 公开的行政会会议今日午后五时举行，阅五十五分钟，延会至明日午后四时，因芳泽自称尚未接到东京训令，故请求延会也。行政会熟思慎虑，性质延宕，民众对于行政会进行之注意，乃大减淡。今日午后集于外部门外注视各代表之莅会者，竟无多人，较诸最初数次开大会时群众拥挤情形，大相差异。施博士入钟室之外室时，与芳泽握手，状似友好，后与德代表穆狄斯谈话，至开会时而后止。此次未见芳泽吸其著名雪茄。钟鸣五下，白里安就席。意代表谢乐嘉坐其右，国联秘书长德鲁蒙坐其左。逾三分钟，主席宣布开会。因欧战发作时意相萨伦德拉今晨在罗马逝世，主席致词悼之。谢乐嘉代表意政府答词致谢，并谓渠亦年老，不久将继萨伦德拉而去，苟为先渠而去之良友所欢迎，当亦欣然，届时若白里安能临穴而发追悼词，尤所望也。白里安闻言摇首，两目下垂，露兔倦态，向邻座耳语，言及其新近逝世之挚友洛歇尔，旋起立，以其清晰声音宣读行政会草议案之原文如下：

（一）重行确定一九三一年九月三十日行政会一致通过之决议案。依此议案，双方声明受其庄严拘束。故现请中日两政府实行为确使此议案见诸采施所必要之各种方法，庶日兵之撤入铁路区域，于该议案所规定之条款下尽速实现。

（二）行政会念及十月二十四日行政会集议以来，时事有更严重之景象，乃纪录双方采行各种必要计画，以避免使时局愈臻严重，及不作可引起此后战争及生命丧失的任何发动之担任。

（三）行政会请双方继续将时局之发展情形，告知行政会。

（四）行政会请行政会其他会员，将所接其当地代表之任何情报供给行政会。

（五）行政会鉴于此案之特殊情形，欲促成两国对于其所争问题作最后与根本上之解决，而无碍于上述计画之采行，乃决定指派五人委员团就地考察，而向行政会报告妨及国际关系及危害中日间和平，或两国间和平所赖的良好

谅解之任何情形。中日政府各有权指定一陪员襄助此委员团,两政府对此委员团将予以各种便利,俾就地获取其所需要之任何情报。现所了解者,如双方发动任何谈判,则此谈判不归入此委员团职权范围之内,而委员团亦无干涉任何一方军事布置之资格。此委员会之指派与考量,毫不碍及日政府在九月三十日议案中所给关于日军撤回铁路区域之谅解。

(六)行政会始终注意此事,在目前与明年一月二十五日下届寻常会期间之时期中,请议长留意此问题,而于必要时再召集之。

议长白里安在其说明文中,谓本议案规定两个行动方针:第一为终止目前危及和平之举动,第二为便利争点中现有原因之最后解决。行政会在目前集会中,欣悉何方皆赞同调查可扰乱中日关系之情形,故欢迎十一月二十一日在行政会提出设立委员团之建议。本议案之最后一段,规定此委员团之成立与职务云。

白里安旋批评议案各段,谓第一段一再确定十月三十日之议案,尤注重日军于该议案条款下尽速撤回铁路区域事,行政会极重视此案,甚望两政府设法完成其九月三十日担任之履行。白里安言及第二段,谓不幸自行政会上次会期后,事件发生增大,时局严重而引起应有之惶虑,双方亟宜勿采行可酿成以后战事之任何发动,及可使事态扩大之各种其他行为。除中日外,行政会会员在第四段下将与双方接触,庶双方于愿意时,可向会员指示其愿会员派往其代表之地点。白里安继言及议案第五段,谓委员团职务颇广,限于顾问性质。委员团可研究凡可扰乱中日间和平或良好谅解者之各种问题,中日各有权将其愿得委员团研究之任何问题,请委员团考虑云。委员团有完全自行斟酌权,以决定其向行政会报告之问题,并有权于需要时缮发临时报告。如双方在九月三十日议案下所发之担任,在委员团到时尚未履行,委员会应即将此时局报告行政会。此段特别规定者,如双方发动谈判,此事不归入委员团职权范围,而干涉任何一方之军事布置,亦不在委员团资格之内。但后项规定,并不限制委员团调查职权。再,委员团享有完全自由行动权,庶可获其所欲得之任何情报云。(九日路透社电)

〔巴黎〕 决议草案及主席说明文,其与本日在行政会提出朗读者,不无异同之点:(一)决议案第五节,因日本表示希望结果,已移入说明文内。此节原文"调查团到达满洲之际,若撤兵一事尚未完成,该团应即提出报告"云云,当被删去。而说明第一节原文"外国军队驻在中国领土,实造成一种反常局势"

云云,亦已删去。(二)宣言第二节原文,关于剿匪问题"但有一点必须辨明者"云云一段,全被删去。即关于警察职权全文,亦已删去。行政会因此与芳泽磋商颇费唇舌。芳泽之意,欲以日本片面宣言代之,致引起行政院之异议。迄至最后时间尚未决定,但各方面均可接受之方式,或可觅得。(九日哈瓦斯电)

(《申报》,1931 年 12 月 11 日,第三版)

72. 调查团范围仅以东省为限,英外相答议员问

〔伦敦〕 外相西门爵士今日在下院答覆某议员问天津、北平英侨安全事,谓除目下驻有之英兵及其他防兵外,紧急之时尚可由海军派援保护,故英侨生命财产可保安全云。外相又答覆问话,谓此次国联行政会在巴黎举行,乃为白里安等便利计,但行政会在日内瓦开会之习惯并不欲废弃之。西门又称,现有英、法、德、意、美五国视察员代表各本国政府在东三省视察一切。某议员又问及国联调查委员团之权限,西门答称,此事正在行政会之讨论中,渠除知调查范围以东三省为限外,不能有所奉告。(九日路透电)

〔东京〕 此间接伦敦消息,谓英外相西门昨在下院宣布,国联调查委员团调查范围以东三省为限云云,众多讶异。盖决议草案第五段固明白规定在中国调查,此为日本所恒主张之点也(查路透社所接决议案原文之第五段,仅言就地考察,并无"中国"字样)。(十日路透电)

(《申报》,1931 年 12 月 11 日,第三版)

73. 国联调查团人选尚未确定,起草会昨开会讨论

〔巴黎〕 国联理事会起草委员会今日下午开会讨论调查团之组织及人选,但料各委员之选定,恐尚须在数星期之后。照目下计划,则五委员之资格,拟一为法律专家,一为远东事务专家,一为实业界要人,一为工程师,一为经济专家。现中国代表团对于美籍委员,颇赞成纽约银行家台佛氏。按台氏为民

主党员,曾任欧洲诸国财政委员、欧战休战委员会美委员,并受国联之聘,决定米美尔之地位云。(国民社十一日电)

　　‥‥‥‥‥‥

74. 国联草草结束,施肇基陈述见解与保留,各小国以侵犯主权为虑

　　〔巴黎〕　国联行政会集会几四星期,今后[日]午后始在公开大会中结束其关于满洲问题之讨论,而一致通过其议案。驻英美使道威斯未曾列席于闭幕会议。午后四时四十二分,议长致开会词后,请日代表芳泽发言。芳泽因行政会会员容纳其请,将昨日公开大会展至今日,故首向会员致谢,次表示日政府对于行政会努力处理满洲问题之感谢。继谓有特殊情势使此问题为难,即距离甚远与利益冲突;行政会处理此问题,特以调和好意与忍耐之精神,因应付之适宜,草案乃得告成,而为解决之最好方法;渠已奉政府训令接受此案,附以日军当道在满保侨剿匪的行动,不因此案第二节而受阻止之了解云。

　　中代表施博士继起发言颇长,内有八点,谓中政府愿以诚意实行因依允白里安所解释的议案而有之各种义务,此案办法乃实际的,旨在应付眉急,中国为完全谅解计,故须纪录原则上若干视察与保留如下:

　　(一)中国保留在法律条文中之各种权利与补救方法,此为中国依据国联会章现有条约与国际公约所应有者。

　　(二)此议案与白里安宣言所有之目前办法,可视为一种实际计画,包括互相维系的四种要质:(甲)立即停止敌对行为;(乙)在可能的最短时期结束日军在满之占据;(丙)中立视察员报告今后之各种发展;(丁)由行政会遣派之委员团,对于满洲全部局势,就地作详密之调查。

　　(三)中国主张并期望议案所规定之委员会如他日抵满洲时,日军犹未撤尽,将以调查日本撤军事及向行政会报告并条陈撤兵办法,为其第一职务。

　　(四)中国以为现拟之办法,不直接的或牵涉的碍及中国与其人民因满洲近事而受损失之赔偿问题。

（五）中国□接受此议案时,感激行政会劝告中国避免可再引起战争的任何发动,或避免可增时局严重的任何行为,以期阻止此后战事与流血之努力。现有必须说明者,此种劝告,不应藉口扰乱而破坏之。今之扰乱,乃此议案本旨所欲清除之事态所造成。满洲之多扰乱,乃日军侵入所致,故恢复寻常生活之唯一方法,在催促日军之撤退。中国不能容忍任何外国之军队侵占其土地,亦不能容许客军强夺中国当道之警权。

（六）中国记取继续改善中立国视察员现有制度,及他国代表报告事之旨趣,表示满意。

（七）中国依允规定日军撤入铁路区域之议案,并非放弃其素所采取对于铁路区域内兵额维持事之地位。

（八）中国将视日本造成政治纠纷,损及中国土地与行政完整之任何举动（如唆使独立运动,及利用捣乱分子以达此目的等是）,为公然破坏其担任之行为。

英代表薛西尔于施博士言毕,起称中国代表接受此议案,渠愿谢之;行政会已闻得日代表关于议案第二段之说明,依渠意见,满洲地位困难,非常情势或可发生,而危及日人生命财产如果有之,日人或须剿匪,但此局势乃非常的,一俟常状恢复,即可消灭云。西班牙代表玛台利迦谓芳泽所言,未有与议案抵触之处,其言与议案之精神与字句相应云。议长白里安至是乃提出议案付表决,结果一致通过。白里安旋述满洲局势,谓行政会虽未决定日军撤回时期,但深望日军尽早撤尽;行政会避免战争,三月于兹,而其谈判已使战机展缓;渠不能想象出席于行政会之两国,如何可在世界公论之前作开战之大不韪事。白里安继言及锦州,谓中立国视察员已报告日军退去,而华军亦未备战,故行政会可豫料即无废除军备之正式区域,亦不致再发生敌对行为,至于此种区域之谈判,无从获有协议云。白里安末称,美国之参加,已表示其与行政会合作之一致意味云。薛西尔起而发言,赞成白里安之言论,谓行政会依据会章第十一条,用劝解以代仲裁之规定,已获一种解决;此解决之成功,当唯双方是赖,如任何一方破坏和解工作,则将在世界前负重大责任;调查团委员挟重大工作前往满洲,凡怀好意者,连双方在内,皆予以同情云。拉丁美利坚诸国之代表,力言此议案处理非常复杂情势,不可视为前例,不可碍及弱国主权与不干涉之原则。施博士于诸人发言完毕后起称,如条约之行使止于满洲边界,则非中国所可依允云。

此次会议，历一小时四十三分之久，六时二十五分散会。各代表有于今晚离巴黎者，薛西尔明日返英。起草委员会尚须集议二三日，以讨论关于调查团之细则。驻法英大使戴莱尔将代表薛西尔出席于起草委员会，其他两委员为白里安与玛台利迦。（十日路透电）

....

（《申报》，1931 年 12 月 12 日，第三版）

75. 史汀生仍望中日直接交涉

〔华盛顿〕 国务卿史汀生今日评论满洲争端，谓国联行政会之决议案，实为一种切实进步的步骤，惟渠仍觉最后之解决，必须由中日自己以一种协议方法成之，但切不可藉武力之压迫以求解决云。（十日路透社电）

（《申报》，1931 年 12 月 12 日，第四版）

76. 日本劫持国联，表示志得意满

〔东京〕 今日午后外务省发表长文载诸各报，述国联行政会□决议案，对于中政府慨然默认似属于己不利而实足增进中国人民之利益与幸福之一种协定，表示欣慰。继乃举出该决议案之特点，解释调查委员团工作之益处。但同时声明日本之意见，谓力戒□始足以引起战争及丧失生命之诺言，并非放弃自卫之权。该文继言调查委员团首先考察在华待其注意之各事，应使国联更明了远东之事情，故其工作应于和平之维持有所贡献。文中又建议调查委员团必须调查如排外运动、抵制中国保护外人生命财产，及中国对条约义务所持态度之各问题云云。（十一日路透电）

（《申报》，1931 年 12 月 12 日，第四版）

77. 国联起草委员仍留巴黎工作,调查员人选尚在考虑中

〔巴黎〕 自今日起,德鲁蒙之同僚大半遄返日内瓦,但国联会秘书处高级职员尚有数人留在巴黎,襄助起草委员会继续开会。起草委员会现已成为行政院之委员会,满洲调查团既由其组织,而满洲事态亦由其监视,即一切未来事变,亦由其设法防止。该会委员有薛西尔(英)、玛达利嘉(西班牙)、哥本(挪威)等,均系行政院得力份子。该会并逐日与白里安相接洽。国联副秘书长爱文诺曾游历远东,现代德鲁蒙在起草委员会任事。调查团之组织殊非易事,在难于妥洽之下,委员人选宜以个人成绩为标准,但行政院常任会员各大国,实有取获该团各委员位置之机会。倘小国亦开示代表姓名,其中有足予该国以光彩者,则该团人数或可改为六人。惟日本主张以少为宜,则增加人数又鲜有可能。至起草委员会所推举之人选,因须取获中日两国同意,亦未便以意为之。例如德国推举索鲁夫,中国反对之,即其明证。法国方面人选尚未定,有主张军人充任者。各国代表团均提出人选多名,提请起草委员会自由选定。(十一日哈瓦斯电)

(《申报》,1931 年 12 月 13 日,第三版)

78. 伦敦人士举行示威,对国联处置辽案不满

【路透十二日伦敦电】 昨夜伦敦因满洲时局举行示威行动,前外相葛雷与昨由巴黎返国之薛西尔暂对众演说。葛雷谓渠以为人有抱极端观念者,指满洲事件表示国联无用者,未免大错。渠回溯大战前之情势,辄思及满洲事件所可引起之纠纷,故不能不深幸有此国联也。日本在满容有理由,惜其在采行军事行动以前,未曾诉诸国联,渠认此举与国联会章或巴黎九国公约①不合云。薛西尔言及行政会所决定派往满洲之国联调查团,谓此调查团有一极大之机

---

① 编者按:原文如此,应为华盛顿九国公约。

会,若能一帆风顺,当可永远廓清远东战云云。

(《申报》,1931 年 12 月 14 日,第九版)

79. 德鲁蒙返瑞京,国联调查团迄未派定

〔日内瓦〕 国联秘书厅职员赴巴黎办理理事会开会事务后,现已由总秘书德鲁蒙率领,于今日返抵此间。仅留二人在巴黎,承办起草委员会未了事务。但料起草委员会亦可于一星期内派定调查委员,即行结束。闻白里安现正与德大使何枢接洽委员团内列入一德籍委员问题。(十三日国民社电)

〔巴黎〕 闻国联行政会关于中日争端之起草委员会,将不复开正式会议。今后仅将彼此及与白里安密切接商,至满洲调查委员会出发而后已。此项非正式之讨论,自无庸公开也。(十四日路透社电)

…………

(《申报》,1931 年 12 月 15 日,第三版)

80. 国联调查团组织进行迟缓,新年始可成行

〔巴黎〕 理事会起草委员会在白里安领导之下,今日继续从事于选派调查委员。闻法籍委员将从日人之请,派一军人,现拟以欧战时协约军东方阵线总司令圭劳迈将军充任,但此事尚须得法陆军部商得同意。闻起草委员会于选组委员团方面,现有满意之进步,惟人选一层,因须得中日及各调查委员本国政府之同意,故进行不能迅速。料各委员之抵辽期,当在明年开岁以后。惟其第一任务,即在将届时日军之曾否撤退,报告理事会。至理事会将来对于辽案之行动,则将以此调查团之总报告与建议为根据。(十四日国民社电)

(《申报》,1931 年 12 月 16 日,第八版)

81. 国联调查团人选不日公布

〔巴黎〕 国联理事会起草委员会今日全日会商选派辽案调查委员事，并征询中代表团胡君与日代表伊藤两人意见。料至星期四，当可决定一部份委员。（十五日国民社电）

〔巴黎〕 《巴黎晨报》称，满洲调查团之组织，明日或星期五日或可公布。陆军部长曾请巨拉芒将军（即大战后占领军司令）为法代表，但巨拉芒以体衰为词谢绝之，大约法代表一席将属诸刻在中国海上之赫尔海军上将云。（十六日路透社电）

（《申报》，1931 年 12 月 17 日，第三版）

82. 国联调查团人选极感困难

〔巴黎〕 今日闻满洲调查委员团之组织，至早须至本星期杪始能发表。今对于人选颇感困难，盖须有三项必要条件始能合选也：（一）须年富力强，俾能服当地之水土；（二）须有余暇远适；（三）须有相当之声望。现提出之人名，法国为台勖德将军、塞里尼将军、克劳台将军、凯尔海军大将（现任法国驻华海军指挥），德国为席克特将军、前驻日大使索尔夫，意国为商齐尔，美国为台维斯。（十七日路透社电）

（《申报》，1931 年 12 月 18 日，第四版）

83. 国联方面调查委员难产，法籍委员尚未选定

〔日内瓦〕 今日深夜国联方面接巴黎消息，关于辽案调查委员团之组织，起草委员会实际上已商得同意，仅法籍委员尚未选定。至其委员，意籍为前相桑助，德籍为东斐总督希尼，英籍为奥斯登·张伯伦，美籍为铁路专家兴德。惟兴德之地位似尚未切实决定，闻美国政府不愿兴德充任委员，只可以专家顾

问或旁观员之资格加入。果尔,则第五委员或将选自小国,荷兰于此颇有希望。(十七日国民电)

〔巴黎〕 理事会起草委员会今日声称,关于委员团组织之报告书第一次草稿,可望于星期六拟竣。但此项报告须送至日内瓦国联秘书厅,故料非至开岁以后,未必能发表也。(十七日国民电)

〔东京〕 今日日本外务省接到泽田日本国联事务局长之报告,谓调查委员之名单,已由特拉蒙事务总长拟定。调查委员出发时期,大约在人员决定后之一个月或明年二月中旬。其路程拟由美国到东京,由东京至上海、南京,然后视察满洲。此后再赴日本或中国内地与否,悉听各人自由。事务局决定派局员五名,与各委员同行。(十八日日联电)

(《申报》,1931 年 12 月 19 日,第四版)

84. 国联调查团法国委员决定

〔巴黎〕 日报载称,国联会满洲调查委员团法国代表,将为克劳特台将军。克氏为国防高等委员会会员、殖民地军队视察员,对于远东及殖民地各问题,经验甚富,尤擅外交长才。(十九日哈瓦斯电)

〔伦敦〕 国联满案调查委员团之英员迄今尚未选定。原议三大国分派法学家、军事家、商业代表各一,今已作罢。豫料英国将派法学家或商业代表一人。(十九日路透电)

(《申报》,1931 年 12 月 20 日,第三版)

85. 克劳台允任辽案调查委员,英、意委员尚未选定,起草委会延未结束

〔巴黎〕 理事会起草委员会因辽案调查委员团英、意委员尚未选定,今日仍延未结束。现法籍委员业由主席白里安发表,以克劳台担任。克氏已接受聘请。克氏为法国防高等委员会委员,现充殖民地军队检阅长。此外英籍委

员拟聘麦密克兰①勋爵，而麦氏辞谢。意籍委员拟聘桑瑞博士，而桑氏亦辞谢。现意委员拟改聘意国驻德大使史考悌。至英籍人选，尚在接洽中。（十九日国民社电）

〔日内瓦〕　前充高等军事会会员、现为殖民地兵检阅长克劳台，被请为国联满洲调查团之法代表。克劳台现尚未答覆，但预料必可接受此请。美国务院已照会国联，告以美国不反对前铁路督办海恩士之参加中立国满洲调查团。（十九日路透电）

〔巴黎〕　法政府派克劳特尔将军为满洲调查团委员，克氏已允担任。一俟各国人选齐全后，即将名单征求中日双方同电，然后再由行政院主席白里安会同国联会秘书厅正式发表。（十九日哈瓦斯电）

〔华盛顿〕　国务院通知国联会，赞成以汉斯为满洲调查团委员。汉氏曾在欧战时任铁路督办。（十九日哈瓦斯电）

（《申报》，1931 年 12 月 21 日，第三版）

86. 国联调查团日本陪员派定

〔东京〕　驻土日大使吉田已奉政府训令，即将返国担任国联行政会所派满洲调查团日本陪员职。调查团员尚未由国联派出，但中日两国得各派陪员一人，会同调查团办理。吉田前曾任日本驻英大使署之参赞。（二十一日路透社电）

（《申报》，1931 年 12 月 22 日，第四版）

87. 国联调查团五国代表人选大约一月底出发

〔巴黎〕　今晚接日内瓦电，预测满洲调查团之组织。据谓英代表为曾任印度总督李顿勋爵，法代表为克劳台将军，德代表为前任德属东斐总督施尼博

---

① 编者按：原文误，应为"麦克密兰"（Macmillan），今译"麦克米伦"。

士,意代表为前驻德大使白兰狄尼侯爵,美代表为战时法国美军铁路督办海恩士,大约调查团将于一月底赴远东云。路透社探悉,以上预测尚属过早。因上述数人虽被请参加调查团,然尚未允诺,故其名迄未提交中日两国,请其同意也。必中日同意后,方可正式成立调查团。无论如何,一月底以前调查团未必能出发。美代表海恩士在上述五人中最有就职之象。海曾为根据和约判决欧洲诸河航业问题之国联公断员,并曾代表国联调查莱因河①与多瑙河航行事件。华盛顿国务院近曾照会国联,声明不反对以海恩士为中立国调查团之委员。闻参加调查团之日本陪员吉田,将离其驻土大使之职,大约先到巴黎接洽调查团问题,然后始起程返东京。(二十一日路透电)

〔日内瓦〕 巴黎所发表关于国联调查团组织之预测,今日已由此间官场征实。(二十二日路透电)

(《申报》,1931 年 12 月 23 日,第八版)

88. 国联调查团人选尚有困难

〔伦敦〕 满洲调查团委员人选发生困难,缘英国委员李顿爵士及美国委员海恩士尚未应允,其他人物可膺此任者亦多拒绝。据《每日电闻报》意见,满洲气候严寒与调查无结果,实为各委员拒不应命之理由。(三十日哈瓦斯电)

(《申报》,1931 年 12 月 31 日,第四版)

89. 国联威信扫地:日军向锦州西进,决议案显已失效

〔日内瓦〕 国联中人以日军向锦州西进,今夜已坦然承认,理事会十二月十日决议案,显已证明失效。该案宗旨在防免再有敌对行为,致引起战事危险。但仍坚称,据国联已[以]往经验,常见一般人视为不适宜之决议案,卒能证明为最有效力。此间现信张学良正撤回其锦州军队,以免引致中日公开宣

---

① 编者按:今译"莱茵河"。

战。国联中人现希望日军此次行动,能为国联调查委员团抵辽以前之最后一次。因信将来调查团抵辽后,日人在其监视之下,当不致再有新军事行动也。(三十日国民社电)

(《申报》,1931 年 12 月 31 日,第四版)

90. 国联漠视辽案:特别理事会无意召集,调查团迄未组织就绪

〔巴黎〕　国联满洲调查团之组织,因英国前任印督李顿勋爵不愿担任调查委员职,复发生顿挫,因一时不易得相当英代表以代之也。调查委员之已定者,为法国克劳台将军、德国希尼博士及意国白甫第尼①伯爵。现悉欧战时曾任法国美军铁路监督之海恩士,将不为美代表。大约美代表将以军官任之,惟其名尚未宣布,仅闻其人并非驻英美大使道威斯将军耳。国联中代表吴君现催促从速派出调查团。吴君近曾向国联行政会主席白里安交涉此事,白里安声称,渠与吴君意见相同,惟英政府被请推举委员一人后,迄未答覆。吴君后又至外部访问外部国联股主任马锡格里,告以满洲日军现又活动,国联宜即设法。吴君又致书白里安陈述此意,白里安当将来书分送行政会各会员。但现无召集行政会特别会议之气象。(三十一日路透电)

(《申报》,1932 年 1 月 1 日,第十二版)

91. 国联调查团组织已告完成

〔日内瓦〕　满洲调查团美国委员人选,业经美国政府指定麦考益将军。该团现已组织就绪,一俟获有中日两国政府之同意,即可就道前往远东。(五日哈瓦斯电)

---

①　编者按:原文如此,应为"白兰第尼"(他处译为"白兰狄尼"),皆为马柯迪(H. E. Count Aldrovandi)的译名。

〔伦敦〕 前印督李顿勋爵已接受满洲调查团英代表职,同时美国麦考益将军亦允为调查团之美代表,故该团之组织现已完成。团员名单如下:法国克劳台将军,英国李顿勋爵,美国麦考益将军,德国希尼博士,意国白兰狄尼伯爵。(六日路透电)

〔巴黎〕 满洲调查团之组织,现发生预料所不及之困难。当国联行政会在巴黎休会时,预料调查委员团今日此时可出发在途,然至今日,委员团之主席迄未决定。英委员原定李顿勋爵,但李顿不就,迄今犹未有人。美委员或将以军官任之,但其名迄未宣布。今已定者仅法、德、意三国委员耳。(四日路透电)

(《申报》,1932 年 1 月 7 日,第四版)

92. 国联调查团将由英人主持,定本月杪由日内瓦启程

〔伦敦〕 满洲调查团各委员在起程赴华以前,将集议于日内瓦,以期制定其工作程序,并成立该团与国联行政会之便利交通。(六日路透社电)

〔伦敦〕 日内瓦消息。李顿勋爵将为赴华调查团之主席。调查团现已组织完毕,一月底前后可起程赴远东。(七日路透社电)

(《申报》,1932 年 1 月 8 日,第三版)

93. 国际调查团预定下周启程,主席人选尚未确定

〔日内瓦〕 今日国际秘书厅发表,辽案调查委员团将次组织竣事,如能得中日政府最后同意,则大约下星期即可首途,取道西伯利亚前赴东三省。该团除五委员外,将辅以国际联盟职员数人,如政治股德人柯慈氏即其中之一。又卫生股主任哈士,目下正在远东,俟调查团抵辽后,亦将加入。(七日国民电)

〔日内瓦〕 李顿勋爵虽有为满洲调查团主席之望,但此问题尚未解决。国联行政会议长白里安刻仍与行政会各会员及中日代表商榷调查团程序,须俟各细则问题获有最后协议后,主席人选方可正式公布也。(七日路透电)

(《申报》,1932 年 1 月 9 日,第四版)

94. 英代表李顿任调查团主席

〔日内瓦〕 英国李顿勋爵,已暂时被推为辽案调查委员长。惟该团抵辽恐尚须时日,因据今日发表,该团不日将在日内瓦由李顿勋爵主席之下,开一预备会议,然后取道美国前往中国。美委员马考益即将在美加入,故料该团当至三四月间方可开始工作。至团中办事人员,现国联运输交通股主任哈斯方在中国,已被任为调查团秘书。此外如国联情报股之贝尔德与查雷尔两氏,国联政治股之巴尔道曲夫等,均派往该团办事。今日罗马消息,意政府日内即将正式发表,任史考悌伯爵为调查辽案意委员。(九日国民电)

（《申报》,1932 年 1 月 11 日,第三版）

95. 国联调查团正式通告成立

〔日内瓦〕 赴满调查之国联委员人选,已得中日两国同意,国联已据以通告各会员国。众料各会员国当无异议。果尔,则调查委员团即告正式成立,而可起程赴远东矣。大约欧籍各委员将于数日内在日内瓦开一预备会议,然后将取道美国,而与美委员麦考益同赴远东。(十一日路透社电)

（《申报》,1932 年 1 月 13 日,第三版）

96. 国联调查团委任书已发出,五国委员略历一斑

〔日内瓦〕 国联行政会议长白里安与国联秘书长德鲁蒙于谈判一月之后,今日始正式签发满洲调查团委任书。(十四日路透社电)
〔日内瓦〕 满洲调查团各委员履历如下:
德委员希尼博士,一八七一年生于普鲁士。曾在沙摩群岛殖民地任法官,并于一九零五年任伦敦大使馆参赞,一九一二年任德属东非洲总督,自一九二四年以来,即被选为众议员。

　　意委员白兰狄尼伯爵，一八七六年生于巴洛岸，系法学博士。历任驻美国及拉丁美洲各国领事、外交部秘书长、凡尔赛媾和会议意代表团秘书长，驻荷兰、保加利亚、埃及、阿真廷各国公使，并于一九二五至一九二九年任驻柏林大使。

　　法委员克劳台将军，一八七一年生于服区。曾在圣西军官学校毕业，并在西斐洲殖民地服务，一九零五年至一九零七年任驻华军之参谋长，后奉派摩洛哥，又于一九二二年任西非洲①殖民地军队司令，一九二四年改任殖民地军队军长，一九二七年任法国高等军事委员会委员。曾被派往越南及中国两处。

　　英国委员李顿爵士，生于新拉。在一九一六至一九一九年之间任海军部副大臣，一九二零年至一九二二年之间任印度事务副大臣，一九二二年任孟加尔省长，一九二五年代理印度总督，并于国联会第十二次大会时任英国代表。

　　美国委员麦考益中将，系潘雪而凡尼洲人，生于一八七四年。曾任罗斯福及塔孚脱两总统之侍从武官；一九一六年参加墨西哥及法国战事，旋任为斐列宾总督；一九二三年日本地震，经任为美国救灾团主席；一九二九年南美洲玻璃维亚②及乌拉圭两国发生争端，设有调解委员会，曾任为委员长。（十四日哈瓦斯社电）

　　　　　　　　　　　　　　　（《申报》，1932 年 1 月 16 日，第三版）

97. 国联调查团未必有何成就，其报告影响甚少，各国态度已明了

　　〔东京〕　此间外国赴辽视察员今日表示意见，以为国联调查委员团抵辽调查之日，将见一已成之事实，而其报告在对于日本最近的将来之满蒙政策，亦将绝少影响。当调查团抵辽之时，日本藉其势力所造成之傀儡政府，当已可以完成其满蒙之控制。故就目前所可希望之结果言，国联代表仅有旅行各地，目视耳听，记录其视察之所得而已，日本之巩固其控制东北工作，将依然进行

---

　　①　编者按："西非洲"上文作"西斐洲"，为原文译名不统一。
　　②　编者按：今译"玻利维亚"。

不辍也,且即对于欧美诸大国之政策,亦将不能有大影响。美国政策,已于史汀生分致中日照会内切实表示。英国虽未有若美国之具体方式,但其政策亦几已同样明了:英政府于简短之声明中,已表示大半同于美国之方针矣。葡萄牙为英国的同盟,故已宣布与英国采同一政策。荷兰态度较晦,但料在大体上亦将表同情于美国。故料各国今后仅将继续表示其极不赞成日本举动,并不承认日本所狡辩之不侵犯中国行政完整而已。(十八日国民电)

(《申报》,1932 年 1 月 19 日,第四版)

98. 汪、蒋到京后先决对日方针,中央将从长讨论,顾维钧痛陈利害

〔南京〕　要息,蒋、汪到京后,闻将先决定对日方针。惟中央以兹事体大,非集合全国人士意见不可,除国难会议已决定下月一日召集外,并拟俟中央决定初步对日方针后,即召集全国各军事长官及地方大吏来京,详细讨论,以期周密。(二十一日专电)

〔南京〕　顾维钧衔张学良命来京,接洽对日交涉及国际调查团事。二十一日午抵京,旋以私事赴沪,日内再回京接洽。(二十一日专电)

〔南京〕　顾维钧过京赴沪,谈:"观察最近国内各方态度,似颇趋向对日绝交途径。斯固办法之一种,不过予意如果对日绝交,事先当充分准备,为先决问题。所谓准备者,对内如关于军事上之如何配备,财政上之如何筹划,一切实力之补充,莫不应加以郑重之考虑;对外如国际方面之联络与接洽,尤为急要之图。若斯二者而有办法,固无不可宣告绝交,否则徒凭一时愤懑,存万一之希望,则绝交后之利害得失,有非所敢涉想者。盖隐忍屈辱,固不可;以国族为孤注一掷,尤不可。国家体面固应顾到,而国家生命尤应保留也。或谓我国对日宣告绝交后,国际情势势必一变,是亦固有相当理由。殊不知当今欧美列强,自身难题方兴未艾,未必有余心余力,甘愿挺身而出,作仗义抑弱①之举,充其量不过口头上表示同情而已。譬如邻舍突遭盗劫,而本宅正肇焚如,斯其

---

①　编者按:原文误,应作"扶弱"或"抑强扶弱"。

舍自身危险而不救以援助他人,事理上乌乎可得?国联对九一八案过去表示之力量,已为我人认识,固不应再存幸望。但国联为本身威信计,势不能以自身缺乏实力,遂置正义公道于不顾。盖国联而果能议决公平之处置办法,则无论日本是否服从可不必顾虑。因国联对自身之责任已尽,日本如仍悍不服从,是日本对国联不尽义务,甘愿违反正义、破坏和平,世界舆论力量亦将有以抑伏之。国联调查团,予加入否尚未决定。"顾到沪后即赴嘉定葬兄,事毕再来京。(二十一日专电)

(《申报》,1932 年 1 月 22 日,第三版)

99. 国联调查团出发尚无确期,正式推举李顿为主席

〔日内瓦〕 李顿勋爵今晨正式被举为国联满案调查委员团主席。团员除美国之麦考益将军外,曾会集讨论调查之程序与出发之日期,惟出发确期尚未公布。委员团拟取道美国,约同麦考益将军共赴远东。其团员为李顿勋爵(英)、史考蒂伯爵(意)、克劳台将军(法)、麦考益将军(美)、施尼博士(德)。国联行政会会长白里安今日通告同僚任定委员团时,谓委员团开始其工作所处之状态,已与行政会上次会议闭幕时所期望者不同;惟行政会两项一致的决议案所载庄重之诺言,今仍为遏制不满土地的野心之正式保障,此使行政会有理可信一种反常之局势,纯为临时的,必须尽速回复常状,以符合行政会九月三十日之决议案云云。波兰格避免行政会此次选派调查委员团成一先例起见,已提出正式公文,对于委员团未列入行政会非常任会员国之代表,表示遗憾。(二十一日路透社电)

(《申报》,1932 年 1 月 22 日,第四版)

100. 外部设委员会编译东北事件

〔南京〕 外部近因国联调查团瞬将来华,关于东北事件须充分供给材料,予以便利,特于部内设一东北事件编译委员会,搜集日本侵略东三省确实情

形,随时编译,以供该团参考。内分翻译、编纂两股,由谭绍华、甘介侯分任主任。(二十二日专电)

101. 国联拨发调查团经费,美委员改派吉尔白

〔日内瓦〕 国联已拨八十万金佛郎,充满案调查委员团经费。国联为中日争端用去之经费,连此次所拨者在内,共达二百五十万金佛郎,将由下星期第六十六届理事会会议批准之。此次理事会会议由法总代表彭古主席,且将草拟予调查委员团之最后训令。该团定二月中旬首途,拟取道华盛顿、东京、南京、北平而达东三省。(二十一日国民社电)

〔日内瓦〕 国联辽案调查委员团之美委员,原定麦考益将军,兹据宣布美国已改派驻日内瓦总领事吉尔白代表。按吉氏去年十月间曾参与国联理事会辽案会议。(二十一日国民社电)

102. 沪日侨暴动案外部电告国联,颜惠庆已抵日内瓦,外部昨将提案电达

〔南京〕 颜惠庆已到日内瓦。外部将我国据案,今日以长电拍去,命颜先将提案送交国联秘书处,同时与各国代表分头接洽,俾东北最近被害情形,使国联各代表深切明了。某社记者昨晤甘介侯,谓:"此次会议结果之良否,其利害不仅关系中日两国之本身,实为世界安危之关键,换言之,可谓人类公道能否存在之最后试验机会。过去我国不欲国际间发生纠纷,故处处隐忍,满望日方觉悟。讵意事实与吾人愿望适得其反,故此次不得不根据盟约第十五、十六两条,请国联共同的制裁。倘不幸国联方面对我国之提议不能通过,国联自身威信破产固不必论,在我国当然有采取更进一步抗制强权的自卫准备。国联

调查团二月初由欧转美来华,吾国代表已派顾维钧;外部准备事件最重要者,为九一八以来日本暴行各种材料之搜集,但日占东北后,重要证据都被掩没,进行上颇感棘手。"闻东北外交委员会稍有搜集,惜非全豹。外部二十三特电该东北当局选派外交人员数人,赶速来京协同进行。(二十三日专电)

(《申报》,1932 年 1 月 24 日,第三版)

103. 国联讨论中日事件,颜惠庆提示采用会章其他条文之必要,国联请中日两政府消弭上海重大事变

国联行政会全场空气严重

〔日内瓦〕 国联行政会今日开会讨论满洲时局时,全场满布极严重之空气,与会者及旁听者咸了解目前此问题之严重。会议自午后五时三刻起,至八时止,共历两小时有奇。全场人士费此全部时间,静聆中代表颜惠庆博士之陈诉与日代表佐藤之答覆。颜博士系中国驻美公使,现充中国总代表。佐藤系日本驻比大使,现代有芳泽之地位。颜博士称,关于满案之事实最初即明白无疑,中国唯有在备战及信任条约与国联两者之间择一行之,中国非军事强国,故请诉于国联。渠现请行政会对于中国之权利,予以考量之承认。中国谅解在会章第一条下谋取解决之相宜,但进而采用会章其他条文下所可有的各种权利与救济法之必要,现已日臻迫切云。

行政会会议将毕时,法代表彭古代白里安为议长,声称国联现请中日两政府尽力阻止上海发生新重大事变,上海有公共租界与法租界,形势极复杂也云。国联方面以为时局已甚纠纷,上海近事愈使之严重,惟在此事详情未提交行政会正式注意时,未必能有惊人发展也。

颜惠庆作沈痛①演说

开会之初,行政会决定暂不考虑莱比利亚奴制报告书,庶各会员可专处理

---

① 编者按:"沈痛",今作"沉痛"。

满洲问题，旋即请颜博士发言。颜词甚流利，谓寻常观察者或视为地方事件、发生于距欧美大中心点甚远之区域者之一事，今已在四个月内变为对于世界和平极有危险之一问题，令人人皆知九月十八日满洲事件仅为一国悍然实施其所预定的侵犯他国土地完整程序之初步。日本以兵力占据有二千万人民之中国土地二十万方哩，此种事实自始即无疑义。行政会以忍耐诚恳之形式，费去六星期，经二十次会议，专作依良心而行之努力，以整理此争端。全体一致通过两次议案，皆以日人所发尽速撤退军队之庄严诺言为根据。但此诺言已破坏无遗，不独不陆续撤兵，且逐渐增兵。自六星期前行政会开会以来，侵略继续悍然进行。诚如美国务卿所言，中政府在南满所剩最后政权，卒被摧毁，锦州及其以南土地如山海关等，现皆步沈阳、长春、安东、吉林、齐齐哈尔等之后尘。日本现尚侵犯热河省，而危及中国北部、中部与南部之要区。其最近威吓，为福州与上海之占据。近来连接不断的发展及日本之公然陈说其侵略政策，欲强迫中国听其吞并满洲，并欲威胁中国中央与地方当道取缔中国人民因受日本不堪忍耐的横暴攻击而激起情感之一切表示者，已摧毁世人所抱时局不致愈臻严重之种种期望。自十二月一日起，事态日形恶劣，而行政会之议案且被日本有意反抗。中政府对于国联调查团至少非至四月间不能抵满洲一层，不能不表示最深刻之失望，以其出发既迟，而调查团又宣布不欲由最快之路前往被侵与被蹂躏之土地也。日本占据满洲，其所持之理由，时常更变，初谓铁路被攻，继谓自卫，再谓日侨生命财产之安全，终谓盗匪，其实此皆日人遁词而已。日本欲制止抵货，但世界未有能强使其人民购其所不欲购之政府。中国人民愤怒已极，非可以言语形容，然国内绝无暴动，此乃应视为可异者也。日本固主张满洲之门户开放，但此门户为争先恐后之日人所充塞，非他人所能通过也云。

....

行政会不变更立场

散会后，有以行政会将采何种行动询诸某会员者。某会员答称，国联态度当然为中代表所采地位所左右，但国联调查团现将出发就地调查，故行政会或不必在调查团报告未到以前变更其立场云。（二十五日路透社电）

昨晨举行秘密会议

〔日内瓦〕　今晨国联行政会公开会议未讨论满洲问题。但下午议程事务办毕后,各会员即举行私人会议(中日代表未出席),历两小时之久。散会后,未发表公报。据称明晨十时三十分拟再开会,大约将讨论满洲事态。惟未几又据宣称,行政会会员今日午后举行私人会议,议决对中日两国代表作温和之劝告,故邀两国代表于今晚会晤。行政会主席法总代表彭古,现望将满洲全问题暂行搁起,以待将赴远东之国联调查委员团查明一切,报告国联,再行讨论,以求解决方法。(二十六日路透电)

....

调查团或提早出发

〔日内瓦〕 国联理事会开幕之前,曾照例先开秘密会议,正式通过本届会议之议程。中日争端因上海之发展益趋严重,故众意调查委员团或将提早取道西比利亚前赴远东。(二十五日国民社电)

....

(《申报》,1932 年 1 月 27 日,第三版)

104. 国联决定组沪案调查团,由七国驻沪代表组成,辽案调查团改道出发

....

〔伦敦〕 国联满洲调查团主席李顿今日午后声称,渠已向满案调查转其他委员提议,现应附西比利亚铁路前往远东。因调查团由此出发,较诸经过美国与太平洋,可早十天至十四天行抵目的地也。(三十一日路透电)

〔日内瓦〕 本日国联会不致有何举动。行政院各会员及国联会秘书处正等待上海消息,若无意外事件发生,则在星期二日或在星期三日以前,行政院未必重行召集。缘行政院非有确实消息以为根据,则开会讨论甚为棘手,观于昨日会议情形即可知之。秘书处及行改院对于上海真实情形,现正努力觅取确切而无可辩驳之报告书。此外日内瓦与华盛顿之间继续商谈,藉觇美国政府是否与行政院合作,较之上年十月间尤为密切,其第一步即与上海调查团密切合作。至满洲调查团定于本日午后在巴黎集会,并决定所

当经由之路程。据传闻西伯利亚铁路业已中断,但未证实。(三十一日哈瓦斯电)

....

105. 辽案调查团取道美国来华,因中东路交通有阻

〔日内瓦〕 国联秘书厅声称,调查沪案之上海领事委员团,即将赶速组成,着手调查,预料数日内当可送出报告书。至辽案调查委员团将于明日在巴黎集合,星期三由法国哈佛埠放洋赴纽约,取道华盛顿而往远东。至改道西伯利亚之议,因中东路交通阻断,而俄政府方面亦指若干委员平日持排俄论调,于其过境不无异议,以此作罢。(一日国民社电)

〔日内瓦〕 满洲调查委员团抵纽约时,将与美代表麦考益会合,即须赴太平洋海岸登船往远东。调查团今日有乘飞机首途说,但主席李顿决定不如乘船为佳。秘书长德鲁蒙曾由日内瓦发电话致海牙,嘱荷兰皇家航空公司准备飞机,但现已取消此议矣。(二日路透社电)

〔柏林〕 辽案调查德委员希尼,今日自柏林起程往巴黎,将于明日在哈佛会同在欧各委员,乘法轮巴黎号赴美。中国公使与日大使俱往车站送行。(二日国民社电)

106. 辽案调查团离法转美来华

〔巴黎〕 满案调查委员团法、德、意三国委员,今日由巴黎赴哈佛西发,偕行者有国联秘书处人员三。英委员李顿勋爵在泊莱茅加入,美委员麦考益将在纽约与诸员会合齐发。(三日路透社电)

....

107. 国联调查团将在东京开会,委员长李顿起程

〔伦敦〕 国联满洲调查团委员长李顿今日在濮莱茅资乘法轮巴黎号起程以前语人,调查团现将办理中日间历时已久、现为祸根之问题。调查团将在东京开会,渠欲视察中国、日本及满洲。此项工作或需九个月,但渠希望调查团之报告书,可于九月间国联议会开会时缮发。(三日路透社电)

(《申报》,1932 年 2 月 5 日,第三版)

108. 国联调查团李顿等抵纽约

〔纽约〕 国联满洲调查团李顿爵士诸人,将于今日抵此。大来公司轮船柯立芝总统号,本定本星期五日由旧金山开往远东,兹因国务院商请,特展缓二十四小时开行,俾调查团得乘此船出发。(九日路透电)

(《申报》,1932 年 2 月 10 日,第五版)

109. 国联调查团计画略有变更,工作暂以满案为限

〔纽约〕 国联辽案调查团团员今日行抵纽约。该团主席英代表李顿氏宣称,该团之工作暂时只限于满洲问题。李氏此种声明,实表示该团之计划已略有变更,因据国联理事会通过之决议,该团之职务实包括中国本部之考虑也,复按日本原有之主张,调查团应将中国事项之全局,加以审查,然后始能明了辽案之真相云。今上海事变发生,调查团团员深觉有从速遄赴辽宁之必要,故已决定即日乘车西发,预备趁柯立芝总统号船赴远东。美国代表麦科益氏,日前在华盛顿已与胡佛总统及国务卿史汀生等磋商甚久,并已决定附乘柯立芝总统号西行矣。(九日国民社电)

〔纽约〕 国联满洲调查团今日离此,赴旧金山,将在该处乘大来船公司柯立芝总统号前往远东。委员长李顿语路透访员,谓调查范围虽未限定满洲,但

渠对于此委员团调查上海时局之可能性,表示疑念云。（九日路透社电）

（《申报》,1932 年 2 月 11 日,第八版）

110. 辽案调查团自美赶程来华,拟先在日本小作勾留

〔旧金山〕 国联调查辽案委员团今日在此间乘柯立芝总统轮渡洋赴远东,美籍委员麦考益少将加入同行。委员团领袖李顿勋爵声称,该团将首在横滨登陆,在日本至少勾留数日。倘届时上海战事不猛烈,或将先赴沪观察时局情形,然后再赴东三省。惟该团已奉训令,其调查范围暂以东三省为限。按该团因欲赶及柯立芝总统轮,横渡美国时取最速途径。原定进谒美总统胡佛及政府要人,亦临时作罢。盖以沪事发生后该团奉理事会命,赶速往远东也。（十三日国民电）

（《申报》,1932 年 2 月 15 日,第三版）

111. 辽案调查团讯:已过太平洋将来沪,途中听取沪战消息,团员先到日本东京

九一八暴日以武力侵占我东北,我国失地二十万方里,业已提交国联会制裁,以期收回失地。数月以来,国联会尚未采取有效之方法,仅由会组织一调查辽案委员团,派来辽东实地视察,为将来处理辽案之根据。调查团已经离美,行将到华。兹将所得行程消息,分记如后。

团员已过太平洋

国联会所派之辽案调查团,计有英代表李顿爵士、美委员麦考一氏,与法、德、意三国委员,并国联会附加之秘书处人员三名等,统于本月八日抵美国之旧金山,乘大来之柯立芝总统轮来华。因候委员到全,致该轮亦迟开一天。昨日沪上大来洋行接得电告,委员团已于本月十八日抵檀香山,各委员在火奴鲁鲁留十四小时,便即出发。至昨日,该委员团已过太平洋,在九十六小时内便

能到达日本。

星期日可到东洋

据闻委员团在柯立芝总统轮中,虽在重洋航行,亦极关心远东事件。对于上海之中日两军战事,逐日由柯立芝轮之无线电传递,由沪上某行之自用电台,发告战事及各种消息,以供各委员所听参考。昨得确讯,委员团准于二十八日下午,可到日本横滨。将由该处上陆,先到东京。

委员团来沪消息

当委员团出发之初,拟到日本后直接往东三省。嗣闻上海发生战事,甚为关心。确闻各委员之来沪与否,将于到东京后,视局势而定。苟届时沪上战事不甚激烈,则委员团决计于三月三日之下午,乘柯立芝总统轮来上海,然后再赴沈阳调查。

(《申报》,1932 年 2 月 24 日,第五版)

112. 辽案调查团到日发表宣言,定十一日由神户来沪

〔东京〕 国际调查团二十九日抵日京后,发一宣言。其大要有三:首陈谢日政府殷勤招待之盛意;次声明此行重要任务,系根据国联去年十二月十日议决案,派遣会员国五人赴远东调查中日纠纷;最后表示彼等以第三者立场,当持极公平之态度,据实报告,使国联依法解决中日两国间争端,及维持永久和平云云。该团定本月十一日自神户乘轮起程来沪。(一日专电)

(《申报》,1932 年 3 月 2 日,第六版)

113. 行将来沪之国联调查团,各机关团体将分别招待

国联调查辽案团一行十余人,将于本月十四日乘大来公司之雅达士总统号抵沪。本埠各团体及市政府等各机关,于该团抵沪时,决分别招待。闻该团

在沪约有一星期之勾留。届时并对沪案将附带实地调查,供给国联云。

(《申报》,1932 年 3 月 7 日,第一版)

114. 平市筹备招待国联调查人员

〔北平〕 张学良因国联调查团下月初将到平,特派王荫泰及平外交界闻人筹备招待。已择定前外交大楼为招待处。该团平住所已定北京饭店。(七日专电)

(《申报》,1932 年 3 月 8 日,第三版)

115. 国联调查满案委员团忙于宴会

〔东京〕 国联调查满案委员团抵此一星期中,逐日忙于宴会与会议,并与日当局及非政界名人作私人谈话,交换意见。兹已于今日离此,乘火车赴西京。然后于三月十一日在神户乘阿丹姆斯总统号赴沪。(八日路透电)

(《申报》,1932 年 3 月 9 日,第四版)

116. 日人招待国联调查团

天津通信。国联调查团现已莅日,即将入手调查中日两国之纠纷。调查团初名"满洲事变调查团",缘国联决议派遣调查团时,日军尚未进犯上海,故用"满洲事变"之名称。今日本在淞沪之事件日形扩大,世界各国与中国共同经营之远东第一大商埠日见危险,上海各国侨商,自一月二十八日起目见耳闻之事,与日俱增,已感受切肤痛苦,调查团所调查者,当然不限于满洲事变。至调查团委员共五人,英国莱顿博士、法国甘脱尔将军、美国麦克劳意将军、德国希尼博士、意国马列司可忒氏,均为世界知名之伟人。各关系国政府推选时,极为慎重，盖兹事重大，全世界人民，咸举首以待调查之公正报告也。据某商人得东京讯，调查团之莅日本也，日政府接待礼节极隆重。特组织招待委员会，委员长为吉田大使，委员有田［吉］公使以及其他在职与退休之外交界各重要人物，又延揽精通英、法、德、意语言各界人士为招待员。调查团于二月二十九日清晨六时，乘美轮顾理治总统号抵横滨，招待委员会全体在埠恭候，日本各地报馆均派访员二三人同行，本地警察事先并组织极有秩序之各界欢迎团体。调查团当即转乘专车，径赴东京，于上午九时一刻抵东京驿。所有东京与横滨两车站及专车上职员，均极整齐，系临时调动者。至专车上招待员，亦临时调用，均为高中以上之青年学生，擅长各国方言者，可见其布置周矣。又云，政府招待员全体在横滨欢迎后，即陪往东京，终日追随，寸步不离；在专车上将预先印就关于东三省及上海事件之文件，分送调查团，该文件用日、英、法、德、意五国文字；当日东京各报，均在第一页大字登载欢迎调查团词；东京各热闹区域，均有人民演讲，以表示民气者；至人民团体，印有各种英、法文小册子及传单甚多。所有一切布置，均由招待委员会分组办理，于两周前早已办妥。又云，调查团于二十九日下午三时进谒犬养首相，日本公私机关团体预备欢宴，其日程如下：三月一日，犬养首相午宴；二日，新闻记者公会午宴，芳泽外相晚宴；三日，日皇午宴，下午五时芳泽外相夫人茶会，国际联盟协会晚宴；四日，德、法大使午宴，下午实业团体观剧及晚宴；五日，海相午宴，下午太平洋问题调查会茶会，大仓男爵及义大使①晚宴；六日，游箱根日光本馆晚餐；七日，陆相午宴，外务次官晚宴；八日，离东京；九日，游京都；十日，游大冶；十一日，由神户乘亚当总统号赴大连，等语。日人之对外宣传与交际，可谓周密矣。

（《申报》，1932年3月9日，第六版）

117. 离日来沪之国联调查团留日时日皇之盛宴

国联会所派辽案调查团，由英国委员长李顿勋爵率领各团员秘书等，自上月二十九日到日本后，连日与各方接洽，至为忙碌。直至今日，始离东京而到

---

① 编者按：即义大利（"意大利"旧译）大使。原文译名不统一。

神户,转乘大来洋行亚丹士总统号邮船来沪。该轮定明日离神户,直放上海。昨得确悉,准定十四日晨八时到吴淞。大来洋行已特派小火轮一艘,至吴淞外迎接,约九时三十分,在新关码头上陆。委员团来沪后之行程,将先赴南京,再往辽宁。兹将团员名单,调查录下:英国调查团领袖李顿爵士 Rt. Han. the Earl of Lytton①,美国代表麦考一氏 Mojor General Frank R • McCay②,意国调查团委员麦里施谷德 Count Luigi Aldrovandi Marescotti,德国调查团委员希纳 Dr. Hanrich H • Schnee③,法国调查团委员李奇亚氏 Mr. Ernest Liegeois④,国联会所派之秘书柏斯德河 Vladimir Pastuhov、比德 Adrien Pelt 及柯士 Mr. Hons Van Kotze⑤。

日文《长崎日日新闻》云,天皇于三日午后在宫中丰明殿,恳请国际调查团李顿氏等午餐。由吉田驻土耳其大使之引导,赴帝国饭店,迎接进宫,先与秩父宫浅香宫同妃会见,继由林式部长官、铃木侍从长、河井宫大夫等之导引,参见天皇与皇后,皇后由高木女官通翻译应答。旋入丰明殿午餐。时宫中音乐齐奏,同时秩父宫、朝香宫偕妃入席。芳泽外相夫妇、吉田土耳其大使、牧野内府、一木宫相、铃木侍从长、林式部长官,以及河井竹屋等宫大夫、女官各侍奉者,亦相继陪座。欢谈至三时始行散席。

远东社云,据确息,日外相芳泽昨日电令派遣来沪之松冈洋右留沪,担任外交事宜,并与将由日本来沪之国际调查团周旋,勿急于归国。

(《申报》,1932 年 3 月 10 日,第一版)

118. 国联调查团宴会程序

国联所派辽案调查委员团已由日乘阿丹姆总统号轮来沪,约十四日可以抵埠。本埠公私机关团体,纷纷筹备招待。远东社记者昨经探悉宴会程

---

① 　编者按:原文英文名拼写误,应作"The Rt. Hon. The Earl of Lytton"。
② 　编者按:"Mojor"应作"Major","McCay"应作"McCoy"。
③ 　编者按:"Hanrich"应作"Heinrich"。
④ 　编者按:原文误,李奇亚为调查团随行打字员(法国人)。法国调查团委员为克劳德将军。
⑤ 　编者按:"Hons"应作"Hans"。

序,业已排定如下:十五日午郭泰祺,晚顾维钧;十六日午各大学校长,晚吴铁城;十七日午新闻界,晚宋子文;十八日夜市政府;十九日夜银行公会;二十日夜经济学会;二十一日午律师公会,晚孔祥熙;二十二日午西教士,晚太平洋学会。

(《申报》,1932 年 3 月 12 日,第一版)

119. 平市筹备招待国联调查团员

〔北平〕 市府怀仁堂、居仁堂、外交大楼等处,为招待国联调查团处所。并派员赴沪,接洽该团在平停留时日。(十一日专电)

(《申报》,1932 年 3 月 12 日,第六版)

120. 今夜抵淞、明晨到沪之国联调查团员:亚丹士轮停泊莲泾,各团员新关码头上陆

国联会辽案调查团自十一日由委员长李顿勋爵,率领意、法、德委员,美国代表麦考一氏,并国联秘书等一行,离日本神户乘大来公司亚丹士邮船来沪,闻日政府亦有委员同来。昨日,本埠大来洋行接得该轮电告,准定今日夜中可到吴淞三夹水。近一月来,外洋轮船多因战事关系停在吴淞口外,兹以战事停止,大来洋行因国联委员在船,决计将亚丹士号轮开进黄浦江,至浦东白莲泾码头停抛,预计明晨八时可以至沪。大来并已派定接客小火轮至浦东,转接调查团到海关码头上陆。我国外交当局顾维钧、郭泰祺等,届时均到新关码头迎接。调查团之办事处设在何东爵士寓所,顾并假沧洲[州]饭店二零五号房间备各界咨询云。

(《申报》,1932 年 3 月 13 日,第二版)

121. 汪、罗、顾、宋等昨在陵园会议，讨论招待国联调查团

〔南京〕 昨夜，顾维钧、罗文干、汪精卫、宋子文在陵园会议，并讨论招待国联视察团等问题。视察团之行馆，拟北极阁宋宅及外部官舍二处择一。（十二日专电）

〔南京〕 外部电，顾维钧、郭泰祺、吴铁城等，在沪会同招待国联调查团。关于京中招待事宜，亦由外部筹备。届时中央各委及国府主席、行政院长等，均集京接待。（十一日专电）

〔南京〕 京市欢迎国际调查团筹委会，十一开筹备会议。除关于欢迎时应行筹备各事项有详细决定外，并决议：一、电沪欢迎；二、建议中央通知沪当局，该团到沪时，尽量引导至战区视察；三、该团抵京后，举行抗日阵亡将士追悼大会。（十二日专电）

〔南京〕 外部发言人今日在此语人，谓政府已训令前敌司令，如列强视察员有欲视察华军阵线者，可予以种种便利；中国愿遵守国联所通过之各议案，及在英旗舰坎特号上所议定之原则，但其他条件则不能接受；今日使重光已表示准备谈判之意，故渠希望谈判可早日开始云。发言人又谓，上海会议将讨论日军撤退事宜，但不能讨论其他问题；上海时局虽有解决之可能性，但中政府仍注意东三省问题，已迭次训令颜代表向国联提出此事，要求公允之解决云。（十二日路透电）

（《申报》，1932 年 3 月 13 日，第七版）

122. 时评：敬告国联调查团

国联调查团将于今日抵沪矣。团中人跋涉重洋，长途仆仆，盖负国联所付托之重要使命而来也。

自九一八祸变以来，日本侵略之范围愈益扩大，形势亦愈严重。忆一月二十一日，白里安曾通告行政院诸委员，谓"调查团开始工作时之状态，已与决议

案日所期望者迥异"。讵料迁延至今，形势更非昔比，日本侵占东北未已，更继以东南祸变。今日调查团抵沪，目睹吴淞一带，片片皆瓦烁［砾］场，疮痍满目，试与欧战中比利时之悲哀相映照，不知调查团之感想何如。

国联调查团之组织，依据去年十二月十日行政院之决议第五款及第六款。就决议案条文略加研究，益以白里安之宣言，可知调查团之任务至为广泛。当九一八事变之初，我施代表早有撤兵与调查两提议，薛西尔爵士亦尝极力斡旋，催促芳泽容纳，而芳泽于撤兵则佯为允诺，于调查则严词拒绝。洎乎第三次会议开会于巴黎，日本军队非但一兵未撤，抑且变本加厉，占锦州，逼热河，东北全部均落日本之手。斯时日本反提出调查团之建议，其用心所在固不难预测也。

惟调查团之任务，为国联所付托，既非代表某一国家，更非代表某一方面。其立场完全以国联盟约为基础，其行动惟国联训令是听。盟约之根本精神，为会员国间之平等待遇。昔一九二五年布希纠纷①，白里安曾坚决宣言："国际联盟之组织份子，为强弱不一、大小不等之国家。但其待遇一律平等，各享共同之正义而无分轩轾。"白氏斯言，对盟约之根本精神，解释最为透切。依据斯旨，则日本屡谓我中国无组织不配受国联待遇等之宣传，已不攻自破。

去年十二月二十五日，团员希德［尼］博士宣言："当悉心倾听双方陈述，以坦白态度报告真相，以平等公平之基础为工作应当遵守之原则。"调查团在东京宣言，亦欲以"第三者之立场，持公平之态度"。我人希望调查团，始终保持此公正之立场。

其次，国联以会员国相互尊重"领土完整、政治独立"为最高原则。最近西班牙代表苏鲁太在大会宣称："盟约第十条，为国联之最高宪章。"历次行政院决议，亦曾再三致意。二月十七日行政院致日申请书，对斯原则，尤明白表示。"凡不顾本条文而侵犯任何会员国之土地完整与变更其政治独立者，其余会员国皆不得认为有效。"盖会员国若不能履行第十条之国际义务，则国际和平即无从维持。日本始终扬言对我无土地与政治野心，而其破坏盟约之种种行为，则早为列国所公认。诚如瑞士代表摩太之言："敌对行为之发作，已越过第十五条所载偶然事故之外。"惜乎盟约国对于解决国际纠纷之手段，非常缓慢，致成今日僵局。则今日调查团，宜如何于尊重最高宪章之精神下，迅行其调查工

---

①　编者按：即保加利亚（旧译"布加里亚"）、希腊两国纠纷。

作，以完成此法律的原则也？

调查团之立场与其工作之原则，既皆有法理之根据，其所调查之事实，自当与法理相符合。苟事实与法律不相符合，则调查之记录，将等于寻常之游记。行政院决议明白规定，"就地研究任何情形影响国际关系而有扰乱中日两国和平者"，则调查团所应搜集之事实，为影响国际关系与扰乱中日和平之事实，亦即违反国联盟约、破坏国际和平之事实。惟此项事实，乃为法律的事实。调查团若欲以第三者之立场，持公平之态度，着手调查，则其所应注意者，亦惟斯法律的事实而已。除此以外，调查团更有何求？

今调查团将往东北开始其工作矣。吾民族含苦忍痛以迄于今，自始即遵照盟约，信任国联。以爱好和平之切，希望国联之殷，故责备国联亦愈严。揆诸已往，不得不深责国联之缺乏果断，坐视事态之日益扩大。调查团其将起而图亡羊之补牢乎？我人姑拭目以视之。

（《申报》，1932 年 3 月 14 日，第一版）

123. 国联调查团今日到沪：一希望调查团注意沪案开衅以来事实真相，勿为片面所朦蔽；二希望调查团本国联决议案精神，以公正态度调查东北事件

国联调查团员于本月十一日，由日本乘大来公司轮船亚丹士总统号来沪，准于今日下午四时可抵外滩新关码头。国府除派代表顾维钧博士偕秘书王广圻等招待外，本埠十余团体，均将于今日下午三时许，前往码头欢迎。兹将昨日所得关于该团消息，分志于后。

国联调查团委员略历

一、调查委员

（一）英国李顿伯爵，现年五十六岁，系前印度总督第一伯爵李顿之嗣子，久寓印度。曾任海军部政务次长，一九一八年任驻美英国宣传委员，一九二〇年任印度省事务次长，一九二二年至一九二七年任印度孟加拉省省长，一九二

五年曾代理印度总督数月。了解东方事情,对于东北、上海事变,颇为关心。

(二)法国克劳特将军,现年六十一岁,法国华尔求县人。陆军殖民步兵科出身。一九一四年欧洲大战时,历在法境与东欧及巴尔干地方大战,熟悉殖民地情形。当日俄大战后,曾任中国派遣军参谋长,在华约三年,洞悉中日两国状况。一九一九年世界大战终息,复任印度支那军司令。一九二二年调任西非洲法军总司令。现任法国殖民地防御咨询委员会会长、军事参议官、殖民部队兵监等要职。此次参加准备军缩会议,计画周详。前年曾来华视察东北一次。

(三)美国麦考益将军,系美国骑兵科出身。曾任菲律滨胡德将军之参谋长,以智机果断闻于世。当尼加拉瓜发生骚动时,麦将军任为选举监督官。南美智利、比鲁纷争时,彼以公正无私手段出任调停,大博时人赞许。前年晋级少将,其后任菲律滨总督府幕僚长。赴任时曾途次上海,至民国十二年又来华考察,对于我国情形,尤为熟悉,实为军事家而兼政治家者。

(四)德国希尼博士,系著名殖民政策专家。一九零七年任德殖民部司长,一九一二年曾任德领东部阿非利加总督,现任国民党议员、德侨同盟委员会委员长。性甚温和,著作宏富,反对军国侵略主义。一九一四年大战勃发后,日人乘机侵夺青岛时,博士尚在总督任内,颇为不平。

(五)意国史高蒂伯爵。史氏为纯正外交系统之人才。世界大战时,在梭尼诺外交部长下任文书主任。巴黎和平会议时,任意代表团总秘书。一九二三年以后,迭任驻札①阿根廷、德意志等国大使。擅长外交,为意大利杰出外交家之一,素为墨索里尼信任。生平痛恶武力侵略为国家之工具,在欧洲外交界声望隆崇。

二、随员

(一)秘书长哈斯(法人),系国际联盟秘书厅交通股长,年四十二岁。法国土木部出身。去年被我国聘为改良交通事业调查之职。

(二)谢雷尔(意人),系国际联盟秘书厅情报股员。

(三)彼尔特(荷兰人),国际联盟秘书厅情报股员。

(四)恪溪爱(德人),国际联盟秘书厅情报股员。

(五)巴士邱好(捷克斯拉夫人),国际联盟秘书厅政治股员。

---

① 编者按:"驻劄(札)"今作"驻扎"。

三、专家

（一）法律专家　华尔太·杨格博士（美人），米内沙泰大学教授，以"极东通"闻名。著有东三省专书，脍炙人口，颇悉日人之心理与日本之政策。一九二九年出席第三次太平洋会议，一九三一年又出席第四次太平洋会议。现寓北平。

（二）铁路专家　巴阿姆（加拿大人），本为联盟秘书厅交通股员，现任加拿大铁会社社员。对于国际情形与中日关系，亦甚明晰。

招待职员名单

国联调查团来华，政府派顾维钧博士负全责招待。兹将重要职员录下：代表顾维钧，秘书长王广圻（前驻义公使），总务兼宣传组主任张祥麟（前驻纽约领事及外交部情报司司长），议案组主任钱泰（前外交部参事，现司法院参事），招待组主任严恩槱（前留美学生监督及外交部驻沪办事处长）。其他尚有秘鲁参议及专门委员多人，均富有外交上经验及于东北问题有研究者任之。

陪同乘车专员

调查团登岸后，即直赴南京路外滩华懋饭店。我方已支配专员，陪同各该团员乘车，计：（一）英代表由俞鸿钧陪；（二）美代表由魏文彬陪；（三）法代表由萧继荣陪；（四）意代表由王广圻陪；（五）德代表由严恩槱陪。其余秘书、随员等，由赵铁章、屈苏宜等招待，陪同乘车，均送至华懋饭店门首为止。

各界准备欢迎

顾代表、吴市长、日报公会代表等，决定于今日午后，先时乘渡轮至浦东白莲泾，一俟亚丹士总统号抵埠，即登轮迎迓。其余各团体代表，在香港路银行公会齐集，于下午三时至海关码头迎迓。

各界招待程序

明（十五）日星期一：郭次长泰祺午宴；下午四时至七时，顾代表维钧茶会；晚间吴市长铁城晓宴。十六日星期三：各大学联合会午宴；下午四时至七时，宋子文夫人及孔祥熙夫人茶会；入晚，英、美、法三公使及义代办晚宴。十七日星期四:新闻界团体午宴,顾维钧代表晚宴。十八日星期五:经济学会及其他学术团体午宴,市商会晚宴。二十日星期:英海军提督台乐尔(Tailor)晚宴。二十一日星期一:律师公会午宴,孔庸之晚宴。二十二日:国联赈灾委员会委员长辛博森午宴,太平洋学会晚宴。

各界表示欢迎

京市执委会

中国国民党南京特市执行委员会文电云:"上海吴市长转上海市各团体公鉴:国联调查团即将抵沪,请届时尽量引导,参观沪战区域及文化机关损失焚毁惨状,俾尽暴日惨无人道之行为为盼。中国国民党南京特市执行委员会叩。文。印。"

民众外交后援会

《民众外交后援会为国际联盟调查团来华电告全国民众书》云:"自辽、沪事件相继发生后,我政府以维护世界和平与尊重国际间各种公约之责任,完全信赖国联,冀有以裁制暴日,伸张公理。乃事实上适得其反,此吾人引为遗憾者也。今国际联盟调查团已由日来华,吾人固无须如日本之铺张华丽,曲意承欢,有所作为,而检举暴日侵我之真凭实据,以供调查团之参考,要为正当而不可少。同时务必揭破日本对【外】宣言停战、对我节节进逼之阴谋,俾调查团得以公平之态度,批判事实之真伪与曲直。更愿我全国民众,在此和战未定之际,严厉督促政府,厉行革命外交,以免丧权辱国,致玷中华民族之荣誉也。临电迫切,无任盼祷。中华民国民众外交后援会叩。元。"

两路党部等

两路特别党部执委会等通电云:"各报馆均[钧]鉴:顷致外交部驻沪办事处,欢迎国联调查团莅沪调查。"原文云:"外交部驻沪办事处转国联调查团钧鉴:日本凭其暴力,逞其凶悍,初则强占我东北二十万方里;继则骚乱我天津、青岛、福州沿海各市场;近更力袭我淞沪,侵入我腹地,摧残文化,破坏交通。日军所经之处,血流成渠,庐舍为墟。我徒手人民死于日军锋刃者,盈千累万;我公私财产毁于日军炮火者,何啻亿兆。似此暴行,罔顾人道,破坏我领土行政之完整,举凡国际间一切公约公法之尊严,悉被蹂躏毁灭无余。我中国忍无可忍,为民族争生存,为国家争人格,自卫抵抗,世所同情。今幸公正严明之国际调查团,受国联之重托,作实地之观察。消息所播,举国欢腾。我中华民族酷爱和平,愿以血诚拥护公理公法,制裁强暴。兹当贵调查团莅沪之时,致热烈之敬意。特电欢迎,诸希鉴察。中国国民党京沪沪杭甬铁路特别党部执行委员会、铁道部直辖京沪杭甬铁路工会、中国运输学会、京沪沪杭甬铁路交大同学会、京沪杭甬两路同人会。元。印。"

两联合会拟送节略

市民联合会暨各路商界联合会昨日下午三时,举行联席会议,张一尘主席。议决国联调查团到沪时,应一致行动案如下:(一)通知整肃全市罢市,表示民意;(二)张贴中、英文标语,词云"欢迎国联调查团,拥护国联公约、非战公约、九国公约,制止日本破坏国际条约的暴行";(三)通知各分会,具节略,签名盖章,限十六日结束;(四)请童子军协同住户签名盖章;(五)沪南由保卫团协同办理盖章;(六)派代表见国联调查团,递送节略;(七)个人签名处设各分会内。

附录节略全文大纲及签名盖章办法如下:

节略全文提纲

第一章　引言

第二章　国联会过去工作之感想

第三章　报告事实

第一节　上海事变以前之报告

(一)中国灾祲情形

(二)韩民暴动事件

(三)辽宁事件

(四)嫩江事件

(五)朝鲜之亡国史

(六)锦州事件

(七)日本所称之悬案

(八)日军占据辽吉后之日本言论

第二节　上海事件之报告

（一）三友厂事件

（二）日本武力行动经过

（三）日本进攻上海时之非战运动

（四）日军护侨之结果

（五）破坏租界警权事件

（六）伤害租界公务人员事件

（七）侵害中外纳税人权益事件

（八）外人受辱事件

（九）华人失踪事件

（十一）①日军破坏万国红会公约事件

（十二）文化机关被毁事件

（十三）最近日军进攻情形

（十四）罢市之解释

（十五）抵制日货之解释

第四章　日军武力暴行与国际关系

（一）商务上之关系

（二）经济方面之关系

（三）世界人类安全之关系

第五章　日本行动之推断

（一）日本军阀及政治家野心

（二）日本出兵辽宁前之非战运动

（三）日本武力与苏俄政治

第六章　贡献之意见

（一）解除人类之厄运

（二）实行国联盟约第十六条第〇②项

（三）实行国联盟约第十六条第〇项

第七章　结论

————————

① 编者按：原文如此，无（十）这一节。

② 编者按：原文以此表示缺略，非汉字数字"〇"。

(一)调查团之责任

(二)对于调查团之希望

(三)调查团对于世界人类历史所负之任务

签名盖印办法

一、团体加入者,须携带代表委托书及图章。二、学校商号工厂加入者,须携带图章。三、个人加入者,须先填题名表(不限资格,不限性别,凡能写字者皆可加入)。四、签名盖印地点:(一)西藏路宁波同乡会;(二)法租界吕班路商界总联合会;(三)新闸路泥城桥鸿祥里二一号市民联合会各路商界总联合会;(四)南京路民永里南京路商界联合会;(五)静安别墅上海各团体救国联合会。

(《申报》,1932 年 3 月 14 日,第一版)

124. 顾维钧招待中外记者,对于国联希望,说明中国愿望

顾少川博士于前、昨两日,在沧洲[州]饭店招待中国各报馆及通信社记者,征求对于东北及沪案之意见。昨日下午,又在华懋饭店招待外国各报馆及通信社记者。其致词之大略如下:

"国联调查团行将抵华,使中日关系由黑暗中发现一线曙光,足见世界各国对于远东问题,极其关切,且深知该项问题之正当解决,世界和平之能否维持,将随之而转移也。更将国联大会中之主要言论观之,更使我人发生无限希望。彼等将中日纠纷对于国际合作之关系及影响若何,详加考察,曾再三声明,愿意维持恺悌慈祥之机器于不坠,而国际联盟,即为此机器之化身,故不愿舍此光明辉煌之路而误入歧途也。夫维持和平及保障条约之尊严,而反对以武力解决国际争案,事诚艰巨。惟现可证明美国诚意与国联协力办理,此层亦属可喜。中国酷爱和平,始终不渝,故极愿与美国及国联其他会员国开诚合作。溯自中日纷争之东北事件发生以来,日本虽多方运动,设立伪政府,而中国乃始终严守国联行政院之议决案。至以上海事件而言,日本亦曾与在东北同样进兵侵略,造成目下情势;而中国政府,因体重国联大会之议决案,再行声明,愿与日本开议,将此种情势,急图解决。总之,中国之唯一要求,系确定停

战以防破坏之惨象,并将日军迅速撤退,以使和平之最大危机因而免除,并声明不再侵犯,以示诚意谋和。简言之,中国所要求者,唯主权国所应有之必要权利,且除国际公法及国际条约所保证其应享者外,绝无他求也。中国所愿望者为和平,今惟候日本使其实现耳。"

(《申报》,1932 年 3 月 14 日,第一版)

125. 京各团体筹备欢迎国联代表

〔南京〕 此间以国联调查团将到京,除由政府机关筹备招待欢迎外,市党部亦于十三召集各团体代表会议欢迎办法,并拟向委员团表示民众对外交上意见。现招待地点已确定励志社。市卫生局及警厅十三起从事于道路清洁之布置。委员团到京时,由中央指定外部及党部人员作负责谈话。(十三日专电)

(《申报》,1932 年 3 月 14 日,第二版)

126. 鲍文樾过济北上

〔济南〕 今日鲍文樾由京过济赴平。据谈,收复东北事大须中央有具体计画,不能冒昧。临行曾谒蒋,蒋表示俟国联调查团来调查后,再定办法。外委会决定对日方针,一方抵抗,一方交涉,敌再压迫,我决抵抗。东北伪国系日人手造,须日人负责。(十三日专电)

(《申报》,1932 年 3 月 14 日,第三版)

127. 时评:吾人所贡献于国联调查团者(一)

国联调查团已于日昨到沪。我们对于此一行远涉重洋、负有为人类维护和平与正义之重责的来宾,谨特表示欢迎与钦敬的诚意,同时更敬致其诚挚的贡献。

国联调查团此来中国，其目的为调查东北。但今日船入吴淞，方踏入中国的土地，即可望见吴淞要塞上，迎风飘扬着表示侵略与强横的太阳旗，惨淡而又严肃的阳光下，纵横狼藉着碎瓦与颓垣，战垒宛在，弹痕犹新。由今日战后的惨状，即可推知一·二八以后一月又二天炮火的荼毒。此种最先入目之印象，应为调查团诸君始料所不及。

去年九一八日军突占东北，此次又再犯上海。他们举以宣告世界的理由，为制止中国抗日运动。但抗日运动为果，日本对我积极侵略激起我国民之愤恨为因，此应为世界人士所灼知。最近美国发生排斥日货运动，又不是一·二八日军再犯上海后所激起的果吗？日种恶因，乃收恶果，正如种瓜得瓜，种豆得豆，事所必然，此点在国联所委托上海领事团调查真相的报告书中，也曾指出。此种极显明之因果关系，日人竟不能体认明白，恰如西哲耶稣所谓："只看见他人眼里的刺，忘却了自己眼里横着大梁木。"如日人能拔去自己眼中的大梁木，吾人拔去眼中的刺，自然丝毫不成问题。所以日人所谓制止抗日运动，不过为其一种饰辞。此为我们诚挚贡献于调查团诸君的第一点。

国联盟约第十条，明白规定有"联合会盟员有尊重并保持所有联合会各盟员领土之完全及现有政治上之独立，以防御外来侵略之义务"的条文。九国公约的原则，亦为尊重中国领土完整、主权独立。最近美史汀生致波拉函，也郑重重申此义及门户开放的原则。日本今日竟悍然无所顾惜，撕碎了国联盟约与九国公约，破坏了门户开放的原则，背弃国际信义，非特直接迫害中国，亦且是直接迫害世界。

日本对世界宣称，谓"满蒙成立'新政权'后，仍欢迎各国投资，仍保持门户开放的原则"。我们试思，日本对于国际盟约既绝不顾惜，对世界舆论亦毫无顾忌，决然破坏中国领土行政主权之完整，以求满足其侵略的野心，以实现其所谓"国防计划"。事实上东北已为日本所独占，而谓其仍将保持门户开放的原则，即三尺孩提，当亦知其不可能。所以日本一面破坏中国领土行政主权之完整，一面口头欺骗各国，高唱门户开放，仍是违背国联盟约与九国公约的精神。我们认为必保障中国领土行政主权之完整，而后可以言门户开放。此为我们诚挚贡献于调查团诸君的第二点。

（《申报》，1932 年 3 月 15 日，第一版）

128. 国联调查团昨晚抵沪：上海事件亦在调查范围之内，在沪勾留约一星期或可延长，今日下午六时招待报界谈话

国联调查团包括英、美、法、意、德五委员及随员专家等一行，于本月十一日，由日本乘大来公司亚丹士总统轮来沪。原定昨日下午四时可到，以途遇风雾，延至昨晚七时三十分，始驶抵浦东白莲泾。国府招待代表顾维钧、外交部次长郭泰祺、市长吴铁城、市秘书长俞鸿钧等，均登轮欢迎。即偕同该团委员等，乘自备渡轮，于九时许抵新关码头，登陆后径往外滩华懋饭店休息。详情分志如下。

欢迎代表拥挤

昨日中外代表前往新关码头欢迎者，异常拥挤。下午二时许，即陆续而至。欢迎标语，到处可见。码头铁门外，有数百群众，伫立遥望，金欲一瞻此负有和平使命之国联调查委员之丰采。招待处方面，备有渡轮二艘供欢迎人员乘坐，一部份则在新关码头迎候中外欢迎代表。计政府方面，有代表顾维钧、秘书长王广圻、外交部次长郭泰祺、上海市长吴铁城、秘书长俞鸿钧、张学良代表周天放、军政部代表张汶、海军部代表郑礼庆、国联华秘书吴秀峰，及团体代表商界袁履登、贝淞荪、银行界陈蔗青、徐新六、报界董显光，学界黎照寰、王景岐，太平洋学会陈立庭[廷]等。外人方面，计该调查团秘书洽立尔、顾问杨格博士、美使馆秘书恩基特、美行政领事穆晓、张学良顾问端讷、万国商团总司令强生。日人方面，有芳泽代表松冈洋右、日使馆秘书堀内。

抵埠盛况一班[斑]

调查团员所乘之亚丹士总统号轮船，于昨日傍晚六时进吴淞口，七时半抵浦东白莲泾大来码头。前往欢迎之顾代表、郭次长、吴市长及招待人员等，于七时二十分，由海关码头同乘特备小轮渡江，赴浦东欢迎。至八时许，到白莲泾码头。有市公安局、警察大队及军乐队，在码头列队奏乐欢迎，防范甚为周密。旋各欢迎人员登亚丹士轮，在客厅中与各调查委员相见，一一握手，互道

寒暄,并由顾少川博士介绍欢迎人员与各委员相见。约一刻钟后,由顾氏导引欢迎人员导各团员及随员专家等,相继登岸。当时码头上军乐齐鸣,镁光四射,竞为各团员摄影。旋登小轮渡江。各团员与顾少川、郭泰祺、吴铁城诸氏,同坐中舱。九时,抵海关码头。各公团机关代表等,已鹄候多时,待调查团员上陆时,均上前握手迎迓。外滩草地上,集有民众团体代表数百人,均手持欢迎旗帜,于团员行近时,鼓掌欢迎,高呼口号。各团员多停步小立,一瞻旗帜上之语句,由招待员为之解释,然后登汽车赴南京路华懋饭店休息。又昨日各马路商店门口,均贴有标语"欢迎调查团员"及"尊重公法公约"。

日本代表同来

此次国联调查团道经日本,曾小住数日。彼邦朝野人士,招待惟恐不周,临行,日政府特派代表吉田驻德大使等十三人,随同调查团乘轮来沪。其著名者除吉田外,计为日外务省前条约局长盐崎观三、陆军省渡大佐、海军省澄田中佐、国际协会东京支局长青木节一,及外务省干员吉富正臣、贵船、森氏等数人。

李顿爵士表示

国联调查团主席委员英国李顿爵士,服青色大衣,虽年事已高,而精神饱满,和蔼可亲。本报记者由顾维钧博士之介绍,在轮中与爵士握手,兼作简单之谈话。记者问:"此次贵团道出日本,曾作小住,未识君对于日本之印象如何?"答:"在日备蒙盛大招待,弥觉快乐。惟匆促就道,无暇详加考察,为可憾耳。"问:"在沪将作几日勾留?"答:"现尚未定,俟与各方商议后,留沪期间,可稍有伸缩也"云云。时欢迎者纷至,李氏周旋频繁,即顾语记者,谓:"轮中匆促,不及有何谈述。本人预备于明日(即今日)下午六时,在旅邸与报界诸君会见,届时再作详谈"云云。

德国委员谈话

德国代表希尼博士,系著名之殖民政策专家,曾在远东居住多年。记者昨晚在华懋饭店与希氏相晤。据云,调查团在沪约有一星期之勾留,但如必要或须多留几日,此行对于沪案,亦在调查之范围内云。希氏精神甚佳,胸前悬有双目望远镜,一如本报昨日所刊之照片。曾叩记者以华懋饭店建筑之年月及其命名之由来,颇饶风趣。

商会筹备招待

国联调查团抵沪后,市商会已订于十八日晚,设宴款待。预备于席间陈述一切,并公推袁履登、贝淞荪两君,办理接待该团事宜以专责任云。又市商会昨接国联调查团主席李顿爵士自阿丹穆斯船中云:"上海市市商会主席鉴:承阁下暨贵会诸公驰电欢迎,敝团同人莫名感纫。李顿。"

（《申报》,1932 年 3 月 15 日,第一版）

129. 英报评论国联:可免解散劫运

〔伦敦〕《孟却斯德指导报》今日社评,谓日本在满洲与上海之侵略,其托词脆弱易折,敢谓无出其右。国联如不能终止日本之敌对行动,或阻止被攻者之续受蹂躏,则愈早解散,为益愈大。惟自中国申请召集国联议会以制行政会后,国联得免遭此劫运,盖诸小国均获拥护国联会章原则之机会。此种原则,已为行政会纡曲多文陷于迷离恍惚中矣。该报结语云,吾人当可深信新委员会之办事,其奋励心远胜行政会也。（路透社十四日电）

（《申报》,1932 年 3 月 15 日,第一版）

130. 国联团员来沪声中,日军掩饰耳目

国联辽案调查团,昨已由日抵沪。上海日军近虽宣称和平,而援兵仍继续开来。惟为涂饰耳目,不使扩大战区痕迹为委员团所知,赶将已到吴淞口外陆军,乘委员团未到之先,运到上海。一面又将浦江大队日舰,暂时开往他处。兹将日军最近行动,查报如下。

援军赶装来沪

十二日以前,日军续到大批陆军,足有八千名以上。而自十三日起,吴淞

口外日本军舰中，尚有继续运来日本援兵四千至五千名左右，赶派运输船江南丸、交趾丸、筑前丸等三轮，并日本军舰一艘，护送到沪。此项兵士统在杨树浦方面登陆，前、昨两日该项日军到沪时，在军工路列队行走，随带军火颇多。有多数调至前方，与下元旅团调防。

淞沪日舰避开

在吴淞口外日本军舰卸去军队后，已有多艘离开该处。而在黄浦江内日本军舰，昨日亦已奉到野村之命，暂时开离上海。计有第二队鱼雷两艘、十五队驱逐舰一艘、二十二队驱逐舰三艘及炮舰一艘，统皆驶往扬子江各口岸，使国联委员团不能目睹。其用心至为狡猾。

擅开淞沪火车

淞沪路全入日军势力范围内，并将损坏路轨修竣。为其便利军运计，昨已将该路蒸汽客车两辆，自下午起开始行驶，专供日军往来淞沪江湾之用，不许华人乘搭。

英使视察阵地

闸北、江湾、大场、吴淞、浏河各地日军占领区域，英国公使蓝溥森偕同上海英、法、美各领事，特往视察。闻由野村等陪同观看，以备国联委员团咨询时，有所根据答复。

· · · · · · · · · · ·

日船开行商班

上海日轮在战后全部充供军用。兹国联调查团到沪，日军为粉饰和平起见，将征用商船，先放回一部。授意日清日邮社，将长江班内岳阳丸、襄阳丸，从昨晨起开始开航，每星期开一班。其他如宜阳、云阳、长阳、大贞、大福等轮，仍代日军运输。又日邮社之中日班轮，昨亦令上海丸开行商班，但仅有少数日侨乘搭，并无货物装载。此外沿海日轮，又无复业希望。惟沪地日货之私运往天津者甚多，东洋棉纱已装去五千件矣。

（《申报》，1932 年 3 月 15 日，第一版）

131. 日人竭力掩藏闸北惨状,希图朦蔽国联团员耳目

国联调查团昨已抵沪,在此间约有一星期之勾留,并将往闸北、吴淞、江湾等战区视察。闻日本军事当局希图掩饰团员耳目起见,已于最近两日中,命闸北等处之驻军暂为隐藏撤退,并利用汉奸,在各处要隘屋顶悬挂中华国旗,以示无占领我土地之野心。又将北区及虹口一带与华界接壤处小弄路口之铁丝网、颓垣瓦砾等,一并清除,闸北、江湾一带日人所留之一切惨象及死尸残骸等,亦均竭力泯灭埋葬。俾调查团团员前往视察时,可减少日人凶暴之遗迹云。

(《申报》,1932 年 3 月 15 日,第一版)

132. 蒋介石表示决不诿卸责任,否认戴传贤东渡说

〔南京〕 今晚路透记者访蒋介石于中山公园。时蒋正与其夫人晚餐,承召入餐室。蒋着蓝袍,精神甚健,含笑而答客问,谓渠已决定接受军事委员长职,而负军事全责;渠从未诿卸责任,上海华军已有相当援助,外间传言不足信也;中国愿意和平解决争点,但若日本不停止侵略行为,则中国准备奋斗到底云。记者询其对于国联议会所通过议案之意,蒋答称:日本既表示遵守此议案之愿意,则解决似较有希望云。记者又询其对于东京传来陆军省拟撤退上海第九师团及一混成旅,并解除第三舰队动员一说之印象,蒋含笑答称:东京消息未可深信,虽有撤兵之说,实则援军方接踵而来,所有撤兵之说,不过因国联调查团之莅沪耳;日方撤兵说殊无诚意,以实际言,日方正在筹备军事行动;如日军实行攻击,华军决计力抗,其责任当在日方;此事极为明了,盖华军纯取守势,而日军则攻势也,责任何在,世人定易知之;前敌现无战事,日方所称星期五华军攻击日军之说,殊为可笑云。蒋旋切实否认戴季陶将往日本之说。蒋以戴来电示记者,内称赴日之说不确。蒋复语记者曰:"君归时,请告众人,此说绝无根据。今尚非派员赴日之时"云。记者询政府对东三省之政策,蒋称,

此事尚在政府慎重考虑中,政府已决计派兵讨伐之说,并非事实,因东三省问题必须于国联调查团调查后,由国联解决之也。记者询以何时就军事委员长职,蒋答称,尚未决定,但期不在远云。记者与蒋在餐室接谈时,客厅内高朋满座,陈部长铭枢亦在其内。闻蒋除就军委长职外,同时将兼任参谋长云。(十三日路透电)

(《申报》,1932 年 3 月 15 日,第二版)

133. 外部设委员会招待国联代表

〔南京〕 外部以国联调查团抵沪,瞬将来京,特设招待该团委员会,派总务司长应尚德为委员长,刘洒蕃、王光、许念曾、葛祖爌、王祖年为委员,与地方当局筹备招待事宜。又旅外侨胞对调查团来华非常注意,连日纷电外部,请转该团,维护盟约,主持正义,秉公澈查暴日侵略破坏我国领土行政之真象,报告国联,以期切实制裁强暴,伸张国际公理云。(十四日专电)

(《申报》,1932 年 3 月 15 日,第三版)

134. 时评:吾人所贡献于国联调查团者(二)

日本为欲掩饰其侵略的暴行,并挑起国际对华的恶感,辄对国际宣传"华人排外"。实则从去年九一八东北祸变迄今,我国人民除各自动的以极和平的手段,厉行对日经济绝交,以促起日本军阀觉悟、改变对华政策而外,绝无任何激烈的行为。而且这种极其平和的经济绝交运动,恰为日人的侵略行为所激起,已如昨评所言。我们认为这种爱国运动,其动机为自卫、为抗御,其态度极为平和,在理论上尤为正大。

而且退一步言,就如日人所宣传的"华人排外",但此种排外意识亦不为中国所独有,我们敢断言任何民族,莫不同具有此种意识。历史篇幅中,民族间互相残杀的史迹,举不胜举。世界文明进化,依于"互助互依以共存"的定律,民族间互相嫉视的心理,乃日益减除,而成立种种国际盟约,以共维世界各民族间的和平与福利。即如日本在明治开国之初,也曾杀外人,焚烧各国使馆,杀基督徒,最近如去年,在朝鲜地方,指使韩人屠杀华侨,这种行为,日本能否认为非"排外"吗? 我们认为今日中国人民智识程度,已远非海禁初开时可比,绝不至有盲目的排外行为。我们认为各民族应基于共存共荣的原则,互相友善,互相依助。若如日人所言,我们的行为为"排外",那么日人的行为不更是给予他民族以严重的迫害吗? 为什么日人可以破坏我们领土行政主权之完整,而我们不能采取和平而有效的自御手段呢?

我们敢声言,中国人民今已认清敌友:对于敌人的侵略,我们只有终始抗御,决不屈服;对于友邦,我们当诚意携手互助,决不歧视。今日我国各地中外人士相处之得,即可征日人的宣传,恰为一种挑拨政策、有意的造谣。这是我们谨以诚意贡献于调查团诸君的第三点。

次之,日人又尝对国际宣传"中国为无组织的国家,为非近代的国家"。这种宣传,与日代表在国联会议中公然宣传我十九路军为非中国政府所属的军队同样的无聊。我们认为我国家迩年以来,以年遭荒乱,致政治骤难步上轨道,固为事实,但我们绝不解日本究据何种理由,而能以暴力加诸同一盟约签字国家,占据其土地,残戮其人民。盟约犹存,誓言在耳,而竟背弃信义,悍然不顾一切,这能算是现代文明国家吗? 在沪日军对于我国平民的惨毒杀戮,为国际人士所目击,又能算是现代文明的国家吗? 日军阀不待奏准天皇,不经阁议,竟悍然对他国不宣而战,此种现象,又能认为是有组织的国家吗? 我们认为和平为人类文明最高的表现,破坏和平即为文明的罪人,即为人类的公敌,世界人士应共起而作有效的裁制。这是我们所谨以诚意贡献于调查团诸君的第四点。

(《申报》,1932 年 3 月 16 日,第一版)

135. 当局招待国联调查团,顾、郭、吴昨日盛大宴会,李顿爵士有重要表示,调查团即将视察战区

国际联盟会调查团于前晚抵沪后,昨日为我国当局正式招待之第一日。正午,外交次长郭泰祺在西摩路何东住宅欢宴;下午五时,国府招待代表顾维

钧在静安寺路程霖生住宅茶会;晚八时,市长吴铁城在华懋饭店欢宴,酬应异常忙碌。兹将各情分志如后。

答访我国当局

国联调查团主席委员李顿爵士,昨日上午九时偕同委员克劳特将军、麦考益将军、希尼博士、史高蒂爵士及秘书长哈斯等,分赴祁齐路、劳利育路、海格路等处,拜访财政部长宋子文、外交次长郭泰祺、市长吴铁城等。下午二时,复赴霞飞路,拜访国府招待代表顾维钧。纯系答拜性质,均仅略事寒暄,即行辞去。

郭泰祺之午宴

外交次长郭泰祺,昨午假西摩路何东爵士私邸,欢宴国联调查团。到调查团主席李顿、美代表麦考益、法代表克劳特、意代表史高蒂、德代表希尼,调查团秘书长哈斯、副秘书长贝尔德,秘书万高慈、巴士邱好、谢雷尔、吴秀峰,国民政府顾问密勒、张学良顾问端纳、国府招待代表顾维钧、财政部长宋子文、上海市长吴铁城,中央委员孔祥熙,市政府秘书长俞鸿钧、特区第一地方法院长周先觉,十九路军参谋长黄强,沪江大学校长刘湛恩、东吴大学校长杨永清,外交部情报司长张似旭,财政部秘书郭德华、钱泰、金问泗,及徐新六、虞洽卿、杜月笙、张竹平,及中西各报记者。由郭次长致欢迎辞,李顿主席致答辞。

郭次长欢迎辞

外交部郭次长致欢迎辞云:"最近数星期,上海区域发生空前之非常状况,鄙人因此驻沪时较多。而国联调查委员团诸君今日莅临,鄙人因得代表国民政府首致正式之欢迎,曷胜荣幸!今日欢迎诸君,并邀本市商学及各界领袖参与,鄙人敢信在座诸君勾留沪上期间,如有所咨询,吾人视能力所及,无不尽量赞助。自一千九百二十七年国民政府在南京成立以来,吾人视线移注于日内瓦,以观国际联合会机体之发展,盖世界道德及物质幸福,相依相系,日甚一日,实有赖于此大战后之伟大机关以增进之也。自一千九百二十八年以来,吾人对于国家之建设计划,亦曾时常征询国联之意见及其合作。最初国际劳工局局长汤麦斯君来华;不数月又继以国联副秘书长亚符诺君;嗣后年又一年,国联与吾人无不诚挚合作。吾人每年得国联所派有关于卫生、教育、劳工、工程及财政专家等之协助各种计画，或则已经实行，或则已经着手。此项专家，不下三十余人，如沙尔脱及辛博森两爵士，及拉希孟、邦内、哈斯诸君是也。去年春间，政府决定设立最高经济委员会，志在与国联密切合作，由国联派遣专家，协助实施广大及所行之国家建设计画，俾我国可获迅速进步之效。去夏大水为灾，亘古罕见，富庶之区多被淹没，国联专家亦苙止协助，应付巨灾。对于国家之善后工作，我人已将寻觅国联之具体密切工作，为一主要之政府政策矣。此项政府之政策，向受民众之竭诚赞助。今日在会之各界领袖，可资证明吾人始终期望在谋和平之术上，我国与国联间有切实之合作。现虽因去年九月东三省可惊之事变以来，相继而起之各种事变所阻碍，但亦仅暂时之不幸耳。吾人恳切之希冀与愿望，即系诸君之克己工作，其结果可恢及远东之和平，并在国联及白里安—凯洛【格】条约保障之下，所以获得一永久之了解。俾四万万人民所组之中华民国，能与各邻邦在相互尊重平等之地位，敦睦相处，自由发展其国家生命；俾得尽其力之所能，于各种和平事业，足以促进人类进化者，有所贡献焉。"

李顿主席答辞

国联调查团李顿致答辞云："承郭次长盛宴款待，鄙人敬代表敝调查团全体同人，共致谢忱。同人等奉命苙临贵邦，此次宴会适逢其首，故咸感觉特殊之兴趣。日前在东京，同人等已承贵国代使设宴相招。惟今则躬临贵邦，即已开始奉行使命，且承顾少川博士从旁襄赞，咨询有人，对于工作前途，可无缺憾，尤以为幸。郭次长叙述贵国对于国联信仰之殷情，及其忠实拥护国联盟约之诚意，同人等亦深悉。贵国往昔曾得国联之种种指导，获益良多，今仍热诚拥护，欣慰无极。吾人今以专使资格奉命而来，凡国联之能为贵国助者，当竭诚以为之。但国联非一太上政府，可以其意志约束各会员国之求助于彼者。若两国皆愿接受国联之助力，而利用其机体，则两国皆可获其益。同人对于所负之责任重大使命之艰巨，有深切之了解。惟深信无论若何之困难，必皆切实克制之。而困难之能否克制，全视两方诚意何如耳。同人甚乐观，而此乐观非空泛的，乃基于诚信的。国联本体即以诚信为基础，国联之能为和平工具者，亦惟赖此'诚信'二字耳。国联成立已届十年，所遇困难不一而足，然皆竭其力一一克制之，遭遇危机亦非一次，亦莫不消弭之，从未失败。念已往之成绩，深信今兹之事件，必得圆满之解决。"

顾维钧之茶会

我国政府特派招待调查团代表顾维钧博士，于昨日下午五时，假静安寺路一五五〇号程霖生住宅，招待国联调查团，举行茶会，并请在沪各国公使，及各国领事、海军司令，中外各界领袖作陪。五时许，来宾陆续莅临。五时二十分，国联调查团美国委员麦考益将军首先到会，未几，李顿爵士及法、意、德各委员均到。由金问泗、张祥麟、赵铁章、严恩樾等在门首招待，引导诸委员至休息室，而顾氏则在室内殷勤招待。计外宾方面到者，除调查团外，有法使韦礼德、意代办齐亚诺、美总领事克宁瀚、英国总领事碧约翰、比总领事斯奥墨、法总领事梅礼霭，及各国海军司令、陆海军武官等。中国方面，有市长吴铁城、外交次长郭泰祺、孔祥熙、宋子良、赵晋卿，商界虞洽卿、王一亭、闻兰亭、袁履登、邬志豪、陈光甫、徐新六、贝淞荪，报界汪伯奇、董显光、张竹平等，共四百余人，颇极一时之盛。来宾由顾博士介绍，一一与李顿爵士握手。当时大厅上并有联华影片公司摄置影片。至七时许，始行散会。

吴铁城之晚宴

吴市长昨晚八时，假座华懋饭店招待国联调查团，到六十余人。席半，吴市长举杯表示欢迎之意并致欢迎词。

吴市长之欢迎辞

"诸位：国际联盟会所派调查满洲案件之调查委员会各委员道经上海，本市长今夕□藉此机会，设宴招待，并表示欢迎之诚挚，感觉非常荣幸。调查团诸君皆为世界伟大之领袖，故国联委派诸君来此调查，本市民众皆共庆得人。中国现所希望者，只求本案之事实，得有坦白确实之表示，虚伪之宣言及捏造之事实，得有澈底之暴露而已。现在诸君以一秉大公之态度进行调查，中国自极端信赖。在过去一月余，上海所经历之惨状，即君等在旅途中，亦必洞悉。全上海民众，皆早已渴望君等之光临。尤其本市内闸北、江湾百余万之人民，亟盼君等能及时莅临，满望君等之努力及工作，可以阻止日本海陆空军之惨暴行为。鄙人等本希望诸君来华之日，能见到兴盛之市区，及日即发展之村镇，但此刻不幸，只可请诸君观察为日本摧残之灾区。当君等他日行至闸北、江湾时，自可洞观日本武器肆意摧残成绩。日本并未向华宣战，然君等将来所视察之地,必能使君等不期而然,回念以前欧战之余怖也。千万间之屋厦,被摧为平地;文化机关如商务印书馆、东方图书馆及多数之大学校,皆被日本军队悉意视为飞机野炮及纵火之目标。无论妇孺强弱,皆不获免。夫日本军队之以飞机炸毁人烟稠密、绝无防卫之城市,毁炸水灾难民收容所及无辜平民,已将世人所认为文化基础之原则,破坏无余,而日本自己所签定之条约,亦撕毁已尽。抑尤有进者,当鄙人等在此欢迎和平之使者之际,亦正日本继续占据远离上海二十公里以外之城市之时。日本在上海及其附近于七星期中所造成种种恐怖,犹以为未足。虽中国军队已奉令在前方各线停止军事行为,日本尚且每日增加援军,深入内地也。中国和平之希望,既因日本所提完全无理之要求,变为幻影;而中立国人士之友谊之努力,亦不能稍减日人之野心。上海外国代表,设法使上海暂时和平,亦因日本不时变迁之要求,而终归无效。盖日本自去年九一八事件发生以来,其侵占中国之野心,未曾丝毫稍变也。诸位,自中日事件发生以来,中国政府与人民,完全信仰国联,深信公理与和平,必得最后胜利。以前国联在技术方面对中国屡加襄助,中国殊深感激。此次感受惨痛之时,仍希望由国联中能获得其盟约所赋予之公理。吾人绝不信武力终能战胜公理。日本之占据满洲及侵占上海,可谓为日本向条约之神圣挑战。吾人对于此种挑战,果能不闻不问乎?诸位今夕宠临,又聆听鄙人之陈述,至深感谢!鄙人敢为诸君告者,即中国必尽力与列强合作,以谋世界之公理与和平之实现也!"

李顿伯爵答辞

主席致词毕,国联调查团总代表李顿伯爵起立,代表调查团答词,略谓:"余现代表调查团同人,对上海问题,略表意见。同人等自昨日到沪,立即感觉上海地位之重要,交通与商业之繁盛,本日又见上海人口之众多,各国人民均相处甚洽,默察社会上各种活动,深觉上海市长所负责任之重大,同时又感觉有许多问题,乃为上海所独有,因此可见治理上海,殊非易事。适闻市长之演词,同人等对于上海最近所发生之种种惨状,虽不敢立刻下一断语,随便断定责任之谁属,但对于上海无辜市民,受此遭遇,同人等深觉痛惜。又市长所说期望敝团同人此次来沪,对此事件定能一秉至公,同人等敢自信必能做到。在国联方面,关于此项事件,亦已有各种报告。将来历史上对于以往之经过,当有种种之纪载。至于历史上如何纪载,固然不能预知,但无论如何,此项事件,乃系极不幸之事件无疑。因此同人等深切希望此种不幸事件，能得早日告终，此后不再发生。同时甚盼上海市民尤其是商界，早日开市，早日恢复旧观。同人等本日蒙市长宠宴，非常感谢。"遂举杯祝市长康健，并祝上海前途无量云云。

演说毕，摄影，并由联华电影公司当场摄取有声电影。摄时市长举杯表示，期望调查团诸公以至公之态度，成其使命。李顿伯爵亦举杯对市长表示，祝上海前途无量。最后并放映上海战事影片。各代表观至关于闸北被日军焚杀情形，至为感动。十一时半始散。

李顿招待记者

国联调查团主席李顿勋爵，昨晚在华懋饭店招待中外新闻记者，发表谈话如下："吾人抵沪后，今日接到伦敦寄来之第一封书函。该函迄今仍留在书桌，尚未启封，其忙可知。吾人重赖报纸造成舆论，使人民一致信赖国联，扶助国联处理难题，解决中日纠纷。吾人此行任务，在调查事实，消弭战祸。吾人目前所急切关心者，为上海之停战。今幸一切危险，业已除去，和议亦已开始，前途颇有希望。如列强同意，吾人固准备参加和议也。如有机会，吾人当与日军当局晤谈。东三省虽有'新国'成立，吾人调查计划，并不因此有何变更。今晨吾人拜访财政部宋部长、外交部郭次长、吴市长及顾代表，以便与中国官员联络，不日入京拜访政府当局，再取道北平，赴东三省调查。离沪之前，当赴闸北、吴淞、江湾等战区视察。"

战区实地视察

今次国联调查团来沪，正值日军铁蹄蹂躏上海之后，吴淞、江湾、闸北等战区，断垣败壁，触目惊心，炮灰浩劫，空前惨剧。各方于希望调查团能早日往战区实地视察，以为日本施暴之实证。闻调查团方面已决定前往战区视察，而日本方面对此曾电东京请示，经覆电允可，故实现当不在远。本报记者昨晤及调查团主席委员李顿爵士，询以此事。据谈，调查团极愿早日前往战区视察，但近日抵沪伊始，酬应频繁，时间上殊无法支配，但在离沪之前一二日必当前往视察也云云。

（《申报》，1932 年 3 月 16 日，第一版）

136. 顾维钧呈辞中日和议代表:担任招待调查团职务,须全神贯注无法兼顾

沪案中日会议,国府曾特任顾维钧为我方首席代表,惟顾氏并未承诺。行政院长汪精卫、外长罗文干昨又电顾恳切劝驾,请顾勉力担任。本报记者昨日晤及顾维钧博士,据顾表示,谓:"本人担任招待国际联盟调查团职务,关系重要,须以全神贯注,不克分身,对沪案中日会议首席代表一职,实无法兼顾。今日(即昨日)已电政府,坚决辞谢,仍请另委贤能"云云。

(《申报》,1932 年 3 月 16 日,第一版)

137. 亚丹士轮所接之冒名电,其用意殊难索解

《大陆报》云,昨日亚丹士总统轮船抵沪后,悉一奇突消息:当该轮在日甫开出神户港,忽接上海无线电,称上海发生纷扰,嘱该轮展缓十二小时来沪。该电系冒署上海大来公司某君姓氏发出,其用意安在,诚令人难于索解。现有许多人料其必与星期六夜企图推倒公安局之阴谋相关,盖欲于国联调查团居沪时,使地方发生纷扰,俾调查团可视中国为无组织云。

(《申报》,1932 年 3 月 16 日,第一版)

138. 国联调查团来沪后各方筹备欢迎,京招待委会设处办公

〔南京〕 京中各大学,地方、教育、职业、经济、新闻等团体,筹备欢迎国联调查团,至为忙碌。选举行联席会议,决于调查团抵京时,发表重要宣言暨呈递节略,历述日本侵华暴行、人民不能忍受各点,渴望调查团对于日本之违背

国际各种公约、破坏世界和平、造成远东极危险事态,迅以公正态度与手续,查明暴日对华侵害实况,报告国联,俾根据盟约精神予以适合公理与正义之解决。又撰就欢迎标语,准备遍处张贴,表示一般意志。(十五日专电)

〔南京〕 京市党部定十六日召集各机关代表谈话,讨论欢迎调查团时指挥纠察事宜。铁部令各路局督饬各站负责人员,对沿线轨道严加防范,以杜宵小乘隙破坏。欢迎国联调查团办法,决定由市党部组织科任总指挥,训练科副,警备部任总纠察,警厅副,并由警备部警厅派武装军警,沿途维持秩序。其行列秩序:一、学界;二、妇女;三、商;四、工;五、农;六、明会团体;七、各级党部;八、各行政机关。欢迎人员各手执党国旗,前用机关旗或团体旗引导。(十五日专电)

〔南京〕 招待国联调查团委员会已在外部设处办公,并于十五晨会议分配招待及筹备诸事,下午又召集有关系各部,讨论警卫布置等事宜。(十五日专电)

〔天津〕 招待国联调查团,决令由省市府主办,各团体派代表参加。津变材料已送由北平绥靖公署发表。(十五日专电)

(《申报》,1932 年 3 月 16 日,第六版)

139. 时评:"满蒙"是日本的生命线吗——谨贡献于国联调查团(一)①

日本自从去年九一八以武力袭取我东北后,即时【向】世界发放反宣传,说"满蒙为日本的生命线","大和民族的要求为最少限度的生存权","我大和民族如由满蒙退却,即大和民族生存权被否认的时候"(见松冈洋右近著《东亚全局之动摇》)。军阀政客这样的叫着,所谓学者们也是这样的附和着。此一宣传很是以激起其国民的感情,复足以朦蔽国际人士的耳目,以掩饰其侵略的野心,所以我们有予以严正批驳的必要。

"满蒙"是日本的生命线吗? 还是"满蒙"自有其伟大的生命? 我们要指出

---

① 编者按:该篇时评"满蒙"一词是否加以引号,原文处理并不统一。今从原貌。

此一问题的正确性，第一先从"日本移民地之满蒙"一点上去体认分析。

现在政友会内阁总理犬养毅氏说："人口过剩的日本国民，或作为平和的商人，或作为平和的工业者，或作为勤劳的农民，不得不向四邻谋融合而移殖。此一事在我民族，无宁视其为最小限度的生存要求为得当。"所以人口问题在日本人看来，当然为将来生活的一大问题。于是日本军阀政客们狂呼着"日本人口问题应于'满蒙'求解决"。这种宣传是何等的动听，何等的含有诱惑性呵！大多数日本的国民，都被此一宣传所麻醉了。

现在我们得到一正确的答复了，可是并非欧美学者研究的结果，又不是中国人的偏见，乃是出之于日本人之口，还是日本言论界最有权威的学者室伏高信氏研究所得的正确理解。室伏高信氏在去年九一八以后，写了一本《满蒙论》，关于"日本人口问题应于'满蒙'求解决"一点，驳得最有价值。他说："日本的所谓满蒙积极政策，果以解决人口问题为出发点吗？这点当另作别论。现在先就满蒙一地是否能解决日本人口问题一点，加以研究。我们先检查过去的成绩。从小村外相即提倡满蒙移民政策，此为一般人所深知。日本经营满蒙对于此点的注力，当更明白。换一句话说，日本经营满蒙的主眼，在增加满蒙居留的日本人没有妨碍，如东洋拓殖会社的设立。田中内阁时，满蒙大移民的设计都本着这意义，其结果怎样呢？一九○六年日俄和约以来，曾得到什么成绩？大连为日本人口增加最多的都市，大正元年日本人三万四千零四十五人，中国人七万九千九百七十七人；昭和四年日本人增到九万零三人，中国人增到二十五万零九十一人。所谓日本经营在满洲的唯一都市大连，十八年间只增加了五万，而中国人则增加了十七万，可知人口增加完全为自然的增加一点，是值得注意的。大连以外的日本人如何分布呢？关东州（大连除外）一万五千余人，满铁附属地九万三千余人，领事馆区域四千余人，侨居满洲内地七千余人，总计二十万二千五百四十七人（《满蒙年鉴》昭和四年统计）。再就在满日本人口加以解剖，我们又可获得别种重大的教训：官吏和其家族三万三千余人，满铁社员和其家族三万四千余人，满铁雇员和其家族四万六千余人，共计十一万四千八百四十七人（昭和三年《大连经济年史》）。据此，在满日本人半数以上为官吏与满铁公司有关系的。虽日本大声疾呼，以国家力量提倡移民满蒙，但其结果，日本人移住满蒙和其自然的增加，在二十五年间还不过未满九万人。日本人口每年增加八九十万人，从日俄和约以来已有一千八百万的增殖。这九万的移民成绩，于日本人口问题能有多大的解决功用呢？"

室伏高信氏把数目字来再估价"日本人口问题应于满蒙求解决"的不正确,足以给日本军阀政客们反宣传以当头棒喝。可是现在不仅如犬养毅氏所说日本人"向四邻谋融合而移殖",竟想进而据为己有、称霸东亚了。这是值得世界人士加以注意的。

(《申报》,1932 年 3 月 17 日,第一版)

140. 国联调查团将参加和议,留沪日期或须延长数天,各大学联合会昨午盛宴,李顿爵士发表庄重答辞

昨日为国联调查团抵沪后,受我国正式招待之第二日。正午,各大学代表在华安八楼欢宴。下午五时,孔祥熙夫人宋蔼龄女士、宋子文夫人张乐怡女士在孔宅茶会欢迎。晚八时,英、美、法三公使及意国代办在华懋饭店欢宴。各情分志于后。

分访各国当局

昨日上午八时,国联调查团英、美、法、意、德五国委员分途答访五国在沪公使、代办及海军司令等,并咨询沪案之事实。十时,先后返寓,即接见各国领事及有关系各方,搜集调查材料,异常忙碌。

各大学会午宴

上海各大学联合会昨午假华安饭店,欢宴国联调查团。到国联调查团主席李顿、美代表麦考益、法代表克劳特、意代表史高蒂、德代表希尼、秘书长哈斯,交通大学校长黎照寰、沪江大学校长刘湛恩、复旦大学校长李登辉、同济大学校长胡庶华、持志大学校长何世桢、大同大学校长曹惠群、大夏大学校长欧元怀、劳动大学校长王景岐、中央医学院长颜福庆、东吴法学院长吴经熊。由黎照寰主席致欢迎辞,李顿爵士致答辞。

黎照寰欢迎辞

主席黎照寰致欢迎辞云:"鄙人等代表上海二十大学,兹得于此宴我嘉

宾,殊深荣幸。中国为国联一会员国,与其他会员国今日同在和平时代之中,顾不幸乃独遭近代战争之惨。吾人年来迭遭天灾人祸,弭患救灾,正苦工作繁重,讵意邻邦用心叵测,乃乘人患难,遽来图我。吾人志在求存,而国家生存与经济完整今乃处于重大危险之中。若有人向吾乞怜者,吾人愿周恤之,惟主权则为吾人所不能牺牲。在威胁侵略攻击之下,吾人惟有抵抗而已。吾人于信赖国联,所以信赖之者,固非尽因迫我侵我之恶毒,与夫吾人自卫兵力之薄弱,盖以侵略与阴谋行为,实有关系世界之严重问题也。吾人之声诉,迄今收效极微,殊令吾人疚心。然以吾人信仰,公道自在人心,故吾人之精神依然愉爽。在此空前未有之试验期间,吾人仍坚守我祖宗倡造文化所基之理性的立场,更不能舍弃全世界和平秩序所系之真理。吾人深信诸位固为人道与真义而来,故吾人生命虽受种种创楚,然吾人固感觉前途似已有一线光明在也。兹竭吾人欢迎之诚,谨进一杯,祝诸君留沪时之愉快康宁及工作之成功"云。

王景岐演说辞

劳动大学校长王景岐博士演说云:"全世界热心和平人士,数月以来曾已闻及危险呼声,并曾屡试其停止流血之计划,此为我辈所明白者。所以侵略军队压迫南北,多数飞机络绎攻击都市,使无辜妇孺亦归于尽,文化机关摧残尤甚,诸公试历其境,即明了其惨状,然学界中尚有不少国联朋友,日日悲痛西望,而坚信国联也。欧战以来,人类备受苦痛,政治、经济思想益趋不同,日在奋斗。我辈学界中人,代表今日之中国,对于无数青年代表明日之中国者,自负有严重责任,而竭力引导,使向公正和平道路。惟是我辈殊觉有最大困难处,则在我辈将如何对我国青年说法。将使其相信武力万能,应加崇拜乎?抑当告我青年,以世界自有公道存在,于违反人类大不韪之举动,全世界将起而反对之乎?及其尚有国联存在,视作战者行为违背信义者乎?诸公此次来华及日后公道调查之结果,必能使学界所负重大使命得以易举。国际道义思想应使其实现,成为真确明显事实之时间已到矣。"

李顿爵士答辞

国联调查团主席李顿致答辞云:"鄙人兹代表敝团全体答谢诸君欢迎盛意。诸君许吾以大学代表资格,向大学诸君进一言乎?贵大学中,近有两校与无辜良民同遭浩劫。君今慷慨言之，惟君仍谓前途已有一线光明。敝国有谚'否极则泰来'，今日或即否极泰来之时乎？鄙人今愿为君言者，即此光明。君所谓一线光明，来自日内瓦方面，故鄙人今愿以国联所能助君之途径，及国联所要求之条件告君。鄙人认为，国联之使命在于保障会员国之【不】被人侵略，及主持正义，以驱除会员国心理上之危惧。惟国联期望会员国维持和平，心口一致。任何国家仇视别国、蓄意挑衅而希望国联出而拯救，实不可能。国联期望全体会员国，感觉任何国家无权损害他国。国联同时要求其会员国，避免一切损害他国之行为。任何国家有权请求而不牺牲别国者，国联必为其成就之；其无理要求而谋以武力攫取者，国联亦必阻止之。上述种种似属空谈，但国联之任务，即本此主义进行。诸君多博学之士，望将此义宣告人民。今日之教师，即明日之战士。谨举一觞，祝诸君康健！"

两夫人之茶会

昨日下午五时，中委孔祥熙夫人宋蔼龄女士、财长宋子文夫人张乐怡女士，在西爱咸斯路孔公馆招请国联调查团。茶会到中西来宾二百余人，外宾有丹使高福曼、意代办齐亚诺、捷克公使费哲尔、各国海军武官及各国领事等，我方计到顾维钧、郭泰祺、吴铁城、郭承恩、虞洽卿、吴经熊、赵晋卿、汪伯奇、张竹平、许世英、贝淞荪、徐新六等，女宾方面有郑毓秀博士、王正廷夫人及名媛闺秀等数十人。五时三十分，调查团五委员先后莅临，由孔、宋两夫人及孔祥熙、宋子文亲自招待。茶会所备者为粤式点心，并有国立音乐专科学校教授朱英及窈窕乐团奏演丝竹助兴。计奏三曲：（一）合奏《汉宫秋月》；（二）合奏《浔阳夜月》；（三）琵琶独奏。李顿爵士以次，各外宾均静心聆奏，异常愉快，对我国音乐颇加赞美。至七时许，宾主始尽欢而散。

各国公使晚宴

英公使蓝溥森、美公使詹森、法公使韦理德，昨晚八时半假华懋饭店欢宴国联调查团。到调查团主席李顿、美代表麦考益、法代表克劳特、意代表史高蒂、德代表希尼、华代表顾维钧、日代表广田①，调查团秘书长哈斯，外交次长郭泰祺，及各国总领事、海陆军武官。席间随意谈话，并无何种重要演讲，至十时许即散。

---

① 编者按：原文误，应为"吉田"。

在沪延留数日

国际联盟调查团此来目的,纯为增进东亚和平。倘去沪以后,而中日两军仍取敌对行动,岂非违反本旨。故颇决多留数日,希望能于两国和平会议,尽力设法从中斡旋,俾得早观厥成,市面恢复,然后转京北上云。

本报记者昨晤及调查团德国委员希尼博士。据谓,本团现应环境之需要,决在沪多留二三日,刻正在商议中。又国府招待代表顾维钧谈,调查团决在沪多留数日,将来由沪赴京时,拟租用商轮一艘云云。

婉谢各界宴会

国联调查团以在沪时间至促,调查工作至繁,近日宴会特多,时间无法支配,故昨特婉商顾维钧代表,请为谢绝一切宴会,俾得专心调查。经招待处商议后,决定自明日起,将所有午宴一律删除。招待日程,因亦略有变更。今日仍为新闻界团体午宴,顾维钧代表晚宴。十八日以次之招待日程如下:十八日(星期五)市商会晚宴,十九日(星期六)宋副院长晚宴(八时半),二十日(星期日)美国远东海军司令晚宴,二十一日(星期一)孔部长晚宴,二十二日(星期二)太平洋学会晚宴,二十三日(星期三)律师公会夜宴。

(《申报》,1932年3月17日,第一版)

141. 停战会议昨讯:国联调查团参加问题,中国总代表派顾维钧

上海停战问题,英、美、法三公使及意代办,每日均在英总领馆交换意见。外交次长郭泰祺,昨晨十一时曾访美公使詹森,至于英公使蓝溥森方面,只以电话接洽。闻英总领事馆消息,中日双方及关系国各代表原拟昨日午后,在英领事馆举行第二次谈话会,嗣即作罢,原因未悉。国联调查团现已被邀参加会议,该团因决定留沪,促成停战及布置日军撤退事宜,入京期遂展至本月二十六日。惟李顿爵士左右昨晚宣称,调查团前已表示,苟列强同意,调查团固准备襄助和议,但此事尚未确定。盖调查团参加和议,不能在沪决定,此事手续

上须先向国联邀请，国联更须征求列强同意，始能训令决定也。惟调查团认为上海即可恢复原状云。

路透社十六日南京电云，国府决委顾维钧为上海和平会议华方总代表。

中央社十六【日】南京电云，外次郭泰祺十五日将沪会接洽结果，电呈外部请示，该部已电覆。闻会议前途，设日方能诚意接受各友邦好意，或不致再生波折。

路透社十六日上海消息。路透代表问顾维钧博士，是否将任上海和平谈判之中国总代表。顾答，渠须奉陪国联调查委员团，不能担荷此任。

路透社十六日南京电云，中央社消息，外交部已以上海和议训令致郭次长。此间华人各界之意，如日本果有诚意，则和平谈判可顺利进行。闻中日代表如允举行和平会议，则国联委员团尚可于来京前参与会议。

（《申报》，1932 年 3 月 17 日，第一版）

142. 救济会欢迎国联调查团参观难民

上海战区难民临时救济会自成立以来，努力工作。先后被救难民数逾十万，设所收容凡二十八处，而近日营救出险者，尤络绎不绝。闻该会以和平使者国联调查团到沪调查沪战灾况，而锋镝余生之难民，大都仍在该会所属之寄宿所，将定期引导调查团前往各所参观，如亚尔培路通惠学校、成都路、巨泼籁斯路等处，藉供该团①调查团调查灾实灾况及难民受灾遭难之情形。

（《申报》，1932 年 3 月 17 日，第二版）

143. 各方筹备欢迎国联代表

〔南京〕　外交界讯。国联调查团将来京，京中各公私学术团体纷筹欢迎，惟咸拟尽量减少宴会次数，俾各委员得以充分时间，从事各项重要工作。现经排定，宴会为林主席、汪院长、谷市长，茶会为蒋委长、中党部、首都新闻界、各

---

①　编者按：原文多一"团"字。

民众团体。先后尚未定。（十六日专电）

〔南京〕 京市各团体决于国联调查团到京时，分日招待公宴或举行茶会，正在排定日期及次序。并于调查团未离京前，举行追悼抗日阵亡将士大会，以示悲恸。林森日内由洛莅京，接待调查团，希冀为保持国联盟约，努力使远东时局得正义之解决。（十五日专电）

〔北平〕 平各界筹备招待国联调查团，成立办事处，并聘军政各当局及外交界各名流为委员。（十六日专电）

〔北平〕 洛阳电：林森十七晨赴京。（十六日专电）

〔南京〕 此间积极筹备款待国联调查团。闻该团将乘兵舰来京，顾少川同行，预定于下关三北码头登岸。各党政及民众团体代表将齐集下关码头，并拟游行，藉表欢迎。国府林主席经汪院长电请，决于十七日来京，俟调查团离京时返洛。报界联合会本日下午集会，讨论发表宣言，敦促调查团主持人道正义。（十六日路透电）

〔杭州〕 十六下午，省党部召集各团体及机关代表九十余人，讨论欢迎国联调查团来杭。当推省党部、记者公会等二十五机关，组织欢迎办事处。（十六日专电）

（《申报》，1932 年 3 月 17 日，第二版）

144. 时评："满蒙"是日本的生命线吗——谨贡献于国联调查团（二）

为了自身的利益，日本的军阀、财阀与政客，一致主张对满蒙积极政策，而以"日本人口问题应于满蒙求解决"之狂呼，欺骗国际人士，麻醉彼国人民，以掩饰其侵略的野心。此一反宣传，在日本学者室伏高信氏无情的揭露之下，其真相当已为世界人士所灼见。室伏氏所谓"此种积极论不过仅为满铁总裁、政党政治家、满洲浪人及一部分企业家之要求"，诚可谓为"一针见血"。

再从另一方面观察。近二十五年来日本移居"满蒙"的人口，除官吏与满铁从业人员而外，为数仅九万余人。这不仅已指出了"满蒙"决不是日本的生命线，反之，另一方面的事实，却明白地证明满蒙确为中国的生命线。室伏氏在同书中曾说:"山东移民最近七年间(一九二二年至一九二九年),共有五百万,定住者近二百五十万。我们试考量此正确的事实,则满蒙非日本人口问题的解决地,实山东人口问题的解决地。"二十五年间,日本移殖"满蒙"的人口,不过九万人;而七年间山东移殖"满蒙"的人口,已达二百五十万。"满蒙"究是谁的生命线呢? 这不已经是无须辩论的问题了吗?

其实室伏氏所指陈的事实,还只是极小的一部分。依据我国方面统计(见《东北年鉴》),十七年关内各省移殖"满蒙"的人口,总数达一百零八万九千人,十六年与十八年,年都在一百万以上。从此种巨大的数字而观,即可想见我关内各省人口之稠密与生活之艰难。那末满蒙之确为我生命线,不尤其成为铁一般的事实,绝对的不可否认吗?

"满蒙"为我国的领土,我国握有不可侵犯的主权。就令退一步说,满蒙为日本的生命线,但究依据于何种理由,得以强力掠取呢? 英属澳大利亚,美国西部各州尤其是加州,不是都较中国为地旷人稀吗? 但对于日本的移民,都加以严厉的限制。然则日本除以强权解释公理而外,所谓"满蒙为日本生命线"的呼喊还有存立的余地吗? 再退一步言,就令满蒙诚为日本的生命线,但如上述事实,亦足证明其确为我国的生命线。日本又究依据于何种理由,可以夺取我国人民的生存权,专以维持日本人的生存呢? 这又是人道与正义所允许的吗?

最近满蒙在日人一手包办之下,已经成立了所谓满洲伪国。在伪国还未成立之前,对于主人地位的关内移民,即很迅速的加以禁止,抱有独占的野心。这即是日本的军阀与财阀们实际剥夺中国人民的生存权,破坏中国领土的完整。全世界爱护公理与人道的人们,其注意此种阴谋的手段呵!

(《申报》,1932 年 3 月 18 日,第一版)

145. 报界招待国联调查团,史量才致辞欢迎,李顿有恳切答词,顾维钧昨晚盛宴

国联调查团抵沪后,连日备受各界欢迎。昨午本埠报界代表在万国体育会设宴欢迎,晚八时,我国代表顾维钧在荣宗敬宅欢宴。调查团定二十一日视察战区,并允定期接见上海各公团代表。兹将各项消息,分志如下。

上海报界午宴

上海日报公会昨午假万国体育会公宴国联调查团。到调查团主席李顿、美代表麦考益、法代表克劳特、德代表希尼(意代表史高蒂因病未到),国府招待代表顾维钧、外交次长郭泰祺、上海市长吴铁城、前驻意公使王广圻、同济大学校长阮介藩、《申报》总理史量才、《新闻报》经理汪伯奇、《时事新报》总理张竹平、《大陆报》主笔董显光、《密勒氏评论报》主笔鲍惠尔,及《申报》钱伯涵、马荫良,《新闻报》汪仲韦,《时事新报》朱应鹏,《时报》蒋宗道等。由史量才为主席,致欢迎辞,调查团主席李顿爵士致答辞。

史量才欢迎辞

"国联调查团诸位先生,诸位来宾:我们于遭遇强权劫持的严重情势中,于遭遇炮火荼毒的惨淡环境中,能得与携来公理与和平之曙光的使者——国联调查团诸位先生——见面,实在感到非常的荣幸与愉快。在这里,我们谨以挚诚恭敬,致欢迎之忱。调查团诸位先生此次应受国联郑重的付托,远涉重洋,来实地调查中日间不幸的争执,很显然的是负有庄严而伟大的使命。此次的工作,是为中日,为国联。诸位此行,是为全世界爱护公理与和平的人士所共同热望属目,在人类文明史上,将保有永久不磨的光荣。由去年万宝山惨案韩人屠杀华侨案,以至九一八日军突然袭取我沈阳,及此次上海祸变,所造成的中日间不幸的局势显示,世界和平已遇到了巨大的暗礁。此事责任谁属,待诸位先生实地调查之后,必能获得公允而显明之答案。调查团诸位先生是正直的,全世界还有无数正直的人们,在以正直眼光,致无限的热望于诸位此行。在诸位实地调查之下,我想予全世界热望着的人们以正直的答复。事实与理论,都显呈诸位的眼前,我们不必详加陈述。然而我们还有不能不加以说明的,即日本不仅是亲手做下了不正直的行为,并且极力压抑一切正直的呼声。我们是新闻界同人,我们深知我【们】的责任,是共谋人类的和平与福祉,同时对于迫害人类和平与福祉的行为,应当以严正的揭露。然而青岛的《民国日报》竟被日人焚烧,上海的《民国日报》竟在日人威胁之下停刊了。此外在福州,在长沙,在北平,都有同样的事情发生。本月十五日天津专电,《大公报》又因为刊载一张插画,遭日本领事的威胁。诸位,日本既多行不义,复欲一手抑止我们正直的呼声,掩尽世界人士的耳目。可是世界舆论,不早已同样发出正直的呼声吗？最近不是更形一致了吗？可见世界人士的耳目，决不能一手掩尽；而这种行为，更决不能为世界正直的人士所原恕。对于国联调查团诸位先生，我们不愿有何要求。但是国联的责任，是维护公理、维护和平，我们唯一的要求，亦即公理与和平。但我们认为应当持公理争和平，绝不能以和平牺牲公理。合乎公理的和平是光荣的，是永远的；背乎公理的和平，事实上既绝不能维持其永久，抑且决不为全世界正直的人们所希望。十年来国际联盟调查国际间的纠纷，曾积下了不磨的光荣。我们热望国联常保此荣光，因为国联的荣光，即是全世界的荣光，即是全人类的福祉。调查【团】诸位先生，我们谨为世界人类和平，祝诸位康健！"

李顿爵士答辞

国联调查团主席李顿爵士致答辞云："敝团承蒙诸君盛意款待，予今起立答谢，感愧交并。敝同人感谢如何，予不知也。敝同人幸得保守缄默，济济一堂，尽是最有权威之士，予今冒昧发言，实不胜其惶恐。日本有军阀，中国有军阀，吾人已闻之矣。然而举世军阀所操权威，无足敌今兹宴会之主席。昨日，吾人承大学教授欢宴，予冒昧言及'今日之教师，即明日之战士'，诸君许吾呼君等为成年士女之教师乎？若然，则君等可为吾人之友，可为吾人之敌。世人常以种种名辞譬拟敝团，吾人发言亦每用譬喻，故予今日再用另一譬喻，而视敝同人为种植者。今以种植者之资格，向报界诸君恳求，使吾人散布种子之土地肥沃。君顷告敝团同人：君所要求，公道而已。君意良然！盖和平之树，惟有植于公道之地，始能欣欣向荣。惟英文中'公道'与'判断'二字，实音同而意不同。判断固法庭所有事，然而一国判断他国，实不能造成公道之环境。予以为国与国间之公道，是一种相互的关系。须彼此谅解，彼此调和，关系各国之利益需要，始可求得公道。诸君，予冒昧呼君等为教师，然予决不敢以校长自居。予所如此冒昧陈辞者，实由于敝同人须君之助甚殷，以及予不得君助吾人不能助君也。予常留意，吾人每谈和平，常不期而用战争之字语（此或为过去之不幸的遗迹），故予今以军事譬喻，结束吾言。予敢言举世报纸，一致拥护和平之军之时，公道之胜利，始得确定。故君实吾人和平工作之友。谨举一觥，祝中国报界健康！"

顾维钧之晚宴

国府招待国联调查团代表顾维钧氏,昨晚八时假西摩路一二零号荣宗敬宅宴请该团。到全体团员及秘书长哈斯、华秘书吴秀峰,及中委孔祥熙、宋子文,市长吴铁城,外交次长郭泰祺,顾问鲍道氏、路斯博士,及工部局华董以及各团体代表等。由顾代表向该团致词,李顿爵士答词,直至十时许始散。

顾维钧欢迎词

"鄙人奉命为参与国际联合会调查团代表,今日有机会欢迎诸君,不胜欣幸。诸君或系政治家,或系军事家,或系外交家,著名于世界。国联指派诸君来华,调查中日纠纷,可谓人选确当。鄙人欢迎诸君,因诸君系正义及和平之信徒。国难期间,虽不能作盛大欢迎,然欢迎却是恳诚的、热烈的。诸君来自国联,国联的基本原则与中国的历代理想,最多符合。自孔子到宋儒,鼓吹'民吾同胞,物吾同与'的理想,不遗余力。国联的精神,即是中国文化的精神。所以创议设立国联时,鄙人为首先赞成设立是项联合会之一员。当时盟约起草委员会主席为美国前大总统,鄙人亦曾参末议。国联成立之初,鄙人亦曾为行政院理事,参加大会。此皆鄙人生平之幸事也。诸君初入中国国门,想已察及中国国家之新运动及新生命。诸君行踪所至,当益能明了中国版图之广大,户口之繁庶,及问题之复杂。生长于中国之邻近者,不无忽略,但诸君来自远方,胸无成见,定能用公平眼光观察中国。中国现在处于过渡期间,国家正在改造,新陈代谢,进行极速。近来外兵侵入,事情逐渐扩大。中国所受的损害,暂且从缓全盘托出,但中国改造的前途,因此受极大打击,政府的行动,亦因此受有严重的阻挠,盖无庸赘述。诸君调查期间,当能发现中国人民于中日关系的问题,民气极为激昂。但是诸君作更进一步的研究,便知中国人民的愤慨,实在是武力政策对付中国的反响。表示愤慨之方式,虽各有不同,或用语言,或用文字,或在购买外货上表示区别,但无论用何种方式表示,原因却都在中国以外,且均非中国所控制者。换言之,九月十八日以后各种事变,影响尤为重大,贵调查委员会的使命,不但中国重视,世界各国亦深为关切。具有远大眼光之政治家,苦心孤诣,用国联盟约及非战公约导世界于和平。然而此项约章,是否能为国际关系之健全原则,是否有保障和平之效力,现在已成绝大疑问;和平公约能否实行,世界前途如何,现均成为问题。然而国联对于现在远东问题异常关切,不断努力于维持和平,力图一种永久之解决,加之美国对于维持和平诚挚之合作、贵团诸君就地调查真相,鄙人深信对于尊重中国领土行政之完整,必有相当办法,和平公约尊严,必能重行恢复也。"

希尼博士谈话

昨午报界欢宴调查团时,德委员希尼博士适与本报记者对座。状颇诚挚,有学者风度,与记者寒暄以后,上下古今,畅谈甚乐。博士以火药、纸张皆为中国首先发明,极赞中国文化之悠远。旋谈及此次沪变,博士谓当亚丹士号进吴淞口时,虽已黄昏,吴淞一带,炮灰弹痕,犹隐约可辨。记者告以与德国科学文化有密切关系之同济大学,亦在此碎瓦颓垣中矣。博士闻之,不胜感喟。记者乃问:"此次调查团离沪期,是否为本月二十六日?"答:"现调查团鉴于上海恢复原状之急需,决计延长留沪期间,希望在上海和平问题有相当把握后,始动身赴宁。"问:"闻调查团拟参加上海停战会议,设法从中斡旋,不知确否?"答:"此层第一须双方肯诚意邀请,则调查团亦未始不愿尽厥绵力;第二即使得双方邀请,本团亦不能自动参加,必须拍电日内瓦,候国联之训令,始可决定"云。

时侍者以汤进,汤名"世界和平奶油汤"。记者以汤名新颖告博士,博士以奶油和顺可口,"和平"一词名副其实,言竟,相对莞然。

吴市长之答拜

吴铁城市长于昨日下午三时,偕秘书长俞鸿钧赴外滩华懋饭店,答拜国联调查团。晤谈甚欢,至四时许,始兴辞而出。

定期接见公团

市商会、银行、律师、两公会及学术团体,派定代表要求谒见调查团,陈述意见。该团允定期接见。

定期视察战区

国联调查团秘书长哈斯,昨日下午请中日双方代表顾维钧及吉田晤谈,商议关于调查团视察上海战区问题,当经拟定下礼拜一(即二十一日)实行。顾代表主张视察战区须包括闸北、江湾、吴淞等处,至调查团安全保护,亦须由日方负责。日代表对此两项,均表同意。至于视察详细办法,中国方面由代表团总务主任张祥麟,日本方面由旭译秘书会同接洽。

各界函电汇志

六团体之报告书

自国联调查团到沪后,对于沪市商业开市问题非常关怀。市民联合会及各路商界联合会总会、宁波旅沪同乡会、上海法租界商界总联合会、上海各团体救国联合会、中华救国十人联合会等六团体发起,拟具报告书,将呈送该代表团阅览,藉以表示民众意见。此书现已脱稿,兹将该报告书内第四章《关于罢市事实之说明》,录原文如下:

"自从一九三二年一月二十八夜,日本军阀进攻闸北行为发生后,于日本军队防守范围(苏州河以北之公共租界区域),因日军用为作战根据地之故,立时陷于恐怖状态中。不独无数纳税华人惨遭不幸(有如第三章所述者),即工部局行使警权之机关及中外警务人员,亦受解除武装、被杀被伤之遭遇。甚至目击巡捕房被其占据,及无职务便衣队拘捕良民,而无法抵抗。故此等恐怖区域以外之纳税华商,鉴于工部局之毫无能力,各国合组防守委员会之迫于武力不敢发言,纳税华商不得不罢市,以避同样不幸之遭遇。此外下列签字之上海特别市市民联合会、上海各路商界联合会与中华救国十人团联合会三团体,曾以纳税华人集团之立场,向工部局表示意见,愿领导全体会员,尽一切力量,协助工部局以收回被劫之警权,恢复行政完整之原状;并建议工部局,立即召集中外纳税人大会,共同合作。虽未蒙工部局之采纳,然工部局已复函表示,已由各重要关系国增调军队,从事于警权收回之努力。但此种承诺,至今尚未完全实现。故上海市商会虽曾劝告各纳税华商开市,然大多数纳税华商,以工部局保障安全营业力量并未增加,及对于恐怖区域现仍受害之中外纳税商人毫无办法,不敢开市。仅有少数商店,因协助公众需要之便利,为有戒备之营业。故上海今日罢市状态,乃日军破坏工部局警权、扰乱工部局行政秩序非法行为所造成。不[下]列各签字者,甚望贵代表团能劝勉参加防守委员会之各国在沪军事领袖,根据防守之原则,起而用其力量,斥责违背防守责任之会员,以维公共租界整个安全及秩序。否则上海各国发展商业之进程,将因之留一可以破坏之恶例也。"

图书馆职员公函

《字林报》云,上海各图书馆职员五十余人,昨日(十六)联名致函国联调查团,声斥日人之侵略。略谓:"同人等皆为上海各图书馆职员,请向贵团诸君致其最热忱之欢迎,祝调查之成功。兹欣值诸公莅沪之便,敢将同人等对于日本侵略之愤慨,一为陈述。日本大炮飞机之轰炸,敝国生命财产所受损失,匪可计数;而东三省及上海附近各大学图书馆之焚毁,损失尤重。其中东方图书馆与复旦、同济两大学图书馆之损失,更可痛惜,珍贵之图书、海内稀有之手抄本,并已付诸灰烬。不仅图书馆及敝国遭受损失,全世界同蒙其祸。敢藉贵团以昭告世界:凡此生命财产之损害,与我国文化上之重大损失,皆唯日人独负其责。并望贵团报告国联,速取有效手段,制止日人之暴行,而维持世界之和平"云云。

京市各界之欢迎

各京市商会、各工会等昨电吴市长,转达国联调查团,表示欢迎,原电如次。

(一)市商会电:"上海吴市长转国联调查团诸公钧鉴:此次日军侵凌,世界同愤。公等联翩来华,行见中日纠纷,得诸公仗义直[执]言,不难圆满解决。海天在望,伫候行旌。南京市商会叩。咸。"

(一)①各工会电:"上海吴市长转国联调查团台鉴:欣悉贵团奉命至东亚调查,谨致诚恳之欢迎。首都各工会叩。"②

福建各界之铣电

福建商联会等各团体来电云:"上海吴市长译转国联调查团勋鉴:国际联合会为欲明了日本侵略中国起见,特派贵团来华调查,敝会等谨以最诚恳态度,遥致欢迎之忱。敝国不幸,去年遭空前未有之水灾。而日本竟幸灾乐祸,乘各国经济恐慌不暇顾及之际,违背国际一切非战条约,于九月十八日起,袭据我东北二十万方哩之地。我国为顾全世界和平,不欲以兵戎相见,诉请国

---

① 　编者按:原文如此,为当时的一种分条列项方式。
② 　编者按:《申报》所录"各工会电"原文无该电韵目。

联,根据会章公平处理。虽有九月三十日、十月念二日、十月十日所通过之决议,而日本始终不顾,横暴更甚,且出动全国军力,大批舰队,于本年一月廿八日,在远东商业荟萃之上海,以飞机炸弹重炮恣意轰炸,极尽残酷,致损失生命财产,不可数计。敝国十九路军守土有责,自卫抵抗,并已遵照英旗舰坎特号会议所得之了解。而日本则一面宣传停战,蒙聋国联;一面积极乘我军撤退时,进扰嘉定、太仓各地,并炸我苏杭,威胁首都。敝会等以贵团间接直接负有维持世界和平之使命,敬代表全省三千万民众之意志,郑重声明下列诸点:(一)日本蔑视国际条约与信义,应负破坏东亚及世界和平之责;(二)我国过去之一切处置,系为维持世界正义与公理,拥护国际盟约与国联决议之表示;(三)国际联合会应站在正义、公理与本身职责之立场上,切实制裁日本之暴行,以维持国际神圣之盟约;(四)如国联对日之暴行,不能依据盟约迅为有效之制裁,则我民族为求生存计,惟有正当自卫,继续抵抗,宁为玉碎,不为瓦全。甚盼贵团一秉至公,切实调查,俾强暴贪横,得以惩戒,公理正义,赖以伸张,则东亚和平之佳兆,即为世界和平之福音。临电延企,并颂勋祺。福建省商联会教育会、农会、工会、学会及各职业团体等同叩。铣。印。"

(《申报》,1932 年 3 月 18 日,第一版)

146. 抗日救国运动

....

〔北平〕 东北各法团今自平致电在沪国联调查团,声述暴日侵略蹂躏真相,表示爱护乡土决心,请主持公道,使东北问题早得公平合理解决。(十七日专电)

....

〔香港〕 西南对外协会十七日通电,请全国一致欢迎国联调查团,并请电该团主张公道,以维世界和平。(十七日专电)

(《申报》,1932 年 3 月 18 日,第七版)

147. 时评：国联调查团成功之先例

日前李顿爵士应外次郭泰祺之宴，席次赠言，谓："国联成立已届十年，遭遇危机已非一次，莫不设法消弭，从未失败。念已往之成绩，深信今兹之事件，必得圆满之解决。"聊聊〔寥寥〕数语，其自信力与责任心溢于言表。我人除希望其克尽责任完成自信以外，更有何说？爵士所谓已往之成绩，以我人思之，其最著者殆惟一九二五年之布希纠纷一事乎？

考一九二五年十月二十二日，希腊军大举犯布加里亚，占布国之边境。布政府驰电日内瓦，要求召集行政会，引用盟约第十条及第十一条。行政院开会后第一步工作，即在设法停止敌对行为；第二步工作，勒令希腊撤兵。结果皆如国联所愿。是时主席白里安居间斡旋，尤为努力，痛斥一般不守盟约之国家，借自卫之名，行侵略之实。行政会且决议组织一调查团，任务约分三点：第一，调查事实，判明责任；第二，规定赔偿；第三，建议解决纠纷方法。白里安以此一事件，得循国联正当之径，进行顺手，至以为幸。而英外长张伯伦更认此一事件，足为任何会员国之楷模。当时首先赞成张伯伦之发言者，日本代表安达是也。

调查团工作之结果，确定希腊侵占布国之土地，实系违反盟约，任何托辞，皆不足掩饰此侵略之事实，而赔偿之责，亦即由希腊任之。统观全案，自始至终，依据盟约，迅速解决。而调查团之工作，实与有力。当时调查团工作完竣，行政会特组织一审查委员会，委员长适为日本代表安达。其审查报告，尤义正词严，曰："侵犯邻国之土地，虽为种种环境所逼迫，亦决不能掩饰违约之事实，而图卸赔偿责任。我人认此为最高之原则，必得行政院全休之赞同。"

此诚国联解决纠纷案中最光荣之一页也。是时，非特白里安辈坚持正义不可挠屈，即日代表亦知国联约章之尊严，有俨然不可侵犯之色。然返观今日中日之纠纷，则何如耶？自去年东北起事以来，迁延已经半载。日本既唾弃盟约于不顾，而其侵略中国土地之面积，虽西欧任何大国所不及，其影响直足牵动世界之和平。乃国联之所以处断此事，能如昔日之主张公道，绝不为强权所威胁耶？此事以前之成绩且勿论，以后进行，能挽救以前之需〔濡〕滞，而追踪解决布希纠纷之光荣耶？

调查团诸公果欲期"今兹之事件必得圆满之解决"乎？追踪解决布希纠纷之光荣乎？则请一读最近薛西尔爵士之僾言。爵士之言曰："将来之解决，若不惩治不正当之侵略，若不驳斥黩武政策，若不保证国联忠贞之会员获所被加害之赔偿，则将使国际道德受一危害之打击。"薛西尔爵士之言，揆诸大战后国际之新道德，亦绝非陈义过高之论。布希纠纷已成先例，我人惟希望调查团勉力为之，以自全其信义而已。李顿爵士昨在酬答大学代表词中，希望"会员国维持和平，心口一致"。今观安达代表之言如彼，而日本自身之行为则如此，然则如日本者，非心口最不一致之国家乎？常〔长〕此心口不一致，则调查团工作之前途荆棘多矣！我人又不能不为国联前途忧。

（《申报》，1932 年 3 月 19 日，第一版）

148. 国联调查团开始调查：昨晨十时接见日方要员，决定二十一日参观战地，昨晚八时赴市商会欢宴

国联调查团昨日为抵沪之第四日。因调查沪案征集材料，日无暇晷，不得已将昨午预定学术团体等宴会辞谢。上午十时许，接见日外相芳泽代表松冈洋右及日海军司令野村，至下午八时许，应市商会之宴。闻该团拟于二十一日赴吴淞、江湾、闸北一带战地视察，二十六日离沪。现京方已拟定招待该团日程，兹分志于后。

昨晨接见野村等

据国联调查团秘书处发表，日外相芳泽谦吉之代表松冈洋右于昨日上午十时许，偕日海军第三舰队司令野村拜访该调查团，由主席李顿爵士接见，晤谈约三四十分钟始去。

决定将参观战地

国联调查团秘书长哈斯与中日代表商定二十一日参观战地，决该日上午九时出发，费全日功夫，视察吴淞、江湾、闸北三处，车辆由我方预备，膳食由日方供给。该团预定二十六日离沪。闻日方五大报记者要求随行北上，我方正

考虑中。

市商会昨晚欢宴

上海市市商会昨晚八时许,假外滩华懋饭店宴请国联调查团。陪座者有国府招待代表顾维钧、秘书金问泗、国联秘书吴秀峰、外交次长郭泰祺、市长吴铁城、工部局华会办何德奎、华董虞洽卿、市政府秘书长俞鸿钧,及市府各局局长麦朝枢、蔡增基、黄伯樵、温应星、沈君毅,银行界林康侯、徐新六、张公权、陈光甫、李复荪,新闻界史量才、汪伯奇、张竹平、董显光、潘公弼,学界马相伯、胡庶华、黎照寰、刘湛恩,慈善家朱子桥及工部局总裁费信惇、美商会会长布立腾、英商会会长马赛尔、德商会会长威波尔等百余人。由王晓籁主席,袁履登、贝淞荪、王延松、陈淞源、叶惠钧、郑澄清等招待。席间由主席致欢迎词,李顿爵士代表该团答词,至十时半始散。

王晓籁致辞

"此次国联调查团诸君,因敝国发生空前之非常状态,惠然莅止,鄙人等得尽竭诚欢迎之忱,不胜荣幸。国联自成立以来,甫逾十稔,为日尚浅。就其所处理国际纷争之事而论,虽未能谓为充分发挥其权威,然亦皆有相当之效果,使一般国家咸知除武力外,别有解决争端之涂径①。是以吾人历来之感想,不能不认为国联已有相当之成功,国际已开一新时代。不幸而于去年九月十八日,突有日本军队占据沈阳之事发生;未几而于十一月十八日又占据黑龙江;本年一月三日又占锦州;一月二十八日又以其海军陆战队袭攻闸北,于各地肆行破坏焚烧;三月一日攻占离上海七十里之浏河,同日其一手制造之满洲伪政府,在长春宣告成立。所有国际联盟约章、华盛顿九国公约、凯洛格非战公约,均为之破坏无余。国际联盟开会一次,则日军在华之暴行进展一次。此种举动,直接予全世界以威胁,间接即予国联以威胁。于是国际联盟竟遭遇自成立以来所未有之困难,办理异常棘手,不得已乃有国联调查团之派遣。诸公承国联之推举,连翩来华。质言之,远东事变之能否消弭,世界和平之能否保全,系于国联双肩;而国联之能否措置尽善,则系于诸公之调查报告。故诸公此来,不啻以国联将来之生命,托付于诸公双肩。其任务之重大,实非寻常言词所可

---

①　编者按:"涂径"今作"途径"。

形容。

按国联当时议决，派遣调查团之时，本以满洲事变为主。虽于诸公起程在途之日，即有沪战发生，事变愈形扩大，然日人之肆扰东南，本为欲巩固其在东北窃据之势力而起，故沪事仍当归纳于东北事件之中。当诸公来华之后，东三省无一中国能自由行使政权之机关，既无中国官吏可以访问，又无公家档案可以参考。敝会敢断言，诸公在东三省调查所得之资料，必均为已经过日人修改，或出于日人制造之资料。故敝会以为欲求明了事实之真相起见，对于东三省以外我国公私各团体之叙述，诸公实有竭诚倾听之必要。不揣冒昧，敢总括为三大端，以贡左右。

按日人此次在东三省突然用兵占据之理由，无非藉口中国不尊重条约，对于悬案延不解决，以致彼武人不能静待，不得已遂取自由行动。此层证诸日兵占据沈阳以后，日内阁开始阁议追认其行为，可为确证。日人动诋中国为不合近代组织之国家，试问军人在外自由行动，不受其政府指挥，此种国家，可谓合于近代之国家乎？此层认为无关宏旨，姑不深论。

其指摘中国最大之理由，第一为不尊重条约。以敝会观察，则不尊重条约者，常在日本，不在中国，此可以下列各事证明之。盖日本今日在东三省酿中外外交史上稀有之恶化，皆由于：（一）设置所谓南满铁路守备队；（二）设置所谓南满铁道附属地；（三）于辽吉两省设置日本警察。兹逐一详为分析，则南满铁道设置守备队之权利，本系据照俄人在中东铁路之先例。自日俄议和以后，日本曾与中国订约，一俟俄国人将东清铁道守备队撤退以后，日本即当同时撤退。然俄国东清铁道守备队自民国七年即已撤退，而日军则踞守南满铁道如故。由此言之，究系日本不尊重条约乎，抑系中国不尊重条约乎？其次，所谓南满铁道附属地，按照中俄所订东省铁路合同，只有铁道用地免付地租之权利，他无规定。而宣统元年中俄所订《哈尔滨公议会办事大纲》，明认铁道用地治理之权，属于中国。至中日两国所订《东三省善后条款》，对于所谓南满铁道附属地者，更属毫无规定。而日本则以南满铁道视为关东租借地之延长，对于行政、司法三权①，无不攘夺净尽。由此言之，究系日本不尊重条约乎，抑系中国不尊重条约乎？日人在辽吉两省，遍地设有日警。民国五年，曾经我国外交部调查，谓辽宁一省未有日军者，只有七县。曾于郑家屯案件结束

---

① 编者按：原文如此。

时,令其照约撤退。日人虽毫无可以藉口之根据,而设警区域,迄今依然如故。由此言之,究系日本不尊重条约乎,抑系中国不尊重条约乎?

其指摘中国最大之理由,第二谓悬案延不解决。此层可分下列三点说明:(一)悬案延不解决,系国际间常有之事。即以中国论,与其他各国亦有历时许久未能解决之案。惟不诉之外交方式,而突用兵占踞,则显系蔑视国际盟约之暴行。(二)中国提出向日本交涉之案,日本延不解决者,据我国外交部所宣布,亦有数十起之多。假使中国亦效日本之举动,日本是否容认?(三)日本于东三省自由行动,如安奉铁道改筑宽轨,鲜农之强占华人田产,皆以军警为护符,为事实上之进展。故悬案之延不解决,系日本之利益、中国之苦痛。中国自始并无延不解决悬案之意思,其所以延不解决者,实由于日人之播弄手段,欲以地方政府为对手,而不愿中央与闻,以致迄今成为僵局。

其指摘中国最大之理由,第三节所谓铁道平行线①问题,此层吾人亦可以下列四点说明之:(一)中日所订《东省善后条款》,只承认日本继承俄国所划让之南满铁道权利,关于平行线之问题,该约并未提及。嗣后只有两国使臣交换商谈之照会,未经政府批准不能作为根据。此层即日本学者亦予承认。(二)即照两国使臣互换之照会而论,关于平行线之距离,亦以俄国借款所办之正太铁道为标准。而我国所办之打通沈海各路,距离南满线已在三百华里以外,绝无发生平行线争议之可能。(三)东三省当局以洮昂路向日本借款之时,日人以该段属于北满范围,既得此借款利益,自愿将打通沈海、吉海之争议置诸不论,日后何能再行藉口?(四)中国在东省新筑各路,实际上并未足以威胁南满铁道之生存,有该铁道总裁之自述,可以参考。日本初派内田康哉为总裁,原其本意亦欲以外交手腕徐图解决,不过该国武人借此为发难地耳。

故吾人根据以上事实,可得下列之结论:(一)日本所谓东三省权利被中国侵害至不能容忍之地位,多系张大其词,按诸事实绝对相反。(二)争端不诉之于外交手段,而任令武人穷兵黩武,自由攘夺其邻国领土,按照国联盟约,实为绝不可恕之罪恶。更有一层吾人应当注意者,日人于初占辽吉后,犹谓一俟该国侨民生命财产能确保其安全当撤兵,犹未敢公然认东三省为彼国领土,提倡永不撤兵也。其后见占据黑龙江国联不能制裁,占据锦州而国联不能制裁,于是其一手制造之傀儡国家,公然出现。大开其所谓伪国会议,列席者有

---

①　编者按:即铁道并行线。

日本之领事、关东州之属员,而海陆军人亦靡不连翩庋止,发表主张。从前犹谓此项僭窃政府之树立,日本官吏并不与闻,今尚有何辞以自解?从前虽不愿撤兵,而不敢公然谓不撤兵,今则日本竟主张移植内地三师团或五师团于满洲,以充伪国之'国防'矣。诸公尚以日本历次对世界之宣言为可信乎?吾人敢谓日本侵略中国本无一定之限度,惟默观形势之推移。环境能容许彼侵略至何地步,则彼侵略之足迹即追踪至何地步,决不以从前宣示者为满足。惟环境非日本所能单独造成,其责任实在于国联自身。国联之应付方法,目前又须视诸公报告为转移。是以我人于万分沉痛、万分失望之余,不能不集中视线于诸公。诸公应知,现在国际间含有无数危险之种子。辽东事变,纵可以徇从一强国之意旨,敷衍了结,而世界大战之动机,或且由此加增速率。国联威信如因辽东一役而完全被破坏无余,势必举全世界十五万万生命以殉之。凡在人类,当不忍见此惨祸。故敝会所望于诸公者,惟求此行能得一详确之报告、公平之纪述,使国联为最后之措置而已。前途珍重,行矣勉之。"

李顿爵士答词

"今日承贵会诸公热忱招宴,敝团同人深用感谢。此遭贵国政府以此种重大问题属诸国联,对国联表示有深切之信赖,国联方面,非常感激。鄙人敢断言,最后之结果决不致使中国失望。同人此行任务,系秉公正之态度,调查一切事实,报告国联,并以观察所得,建议国联。诸君乎!诸君不必怀疑国联有不公道之处。至于同人进行方法,第一步愿助中日双方可以接近有谈判之余地,因目下双方实距离太远也。如第一步工作难以奏效,则最后之解决当仍待诸国联。惟有一语须郑重声明者,即在国联公断以前,必尽量容纳双方意见,务使中国不致因信赖国联而反受国联之累也。今夕在座诸君,俱为商界巨子。同人前在东京承该地商会之招宴,鄙人曾言,假使中日此次纠纷由两国商人全权代表解决一切,其结果或可迅比较敏①而美满也。"

南京招待日程

顾维钧代表昨接外交部长罗文干来电,关于京中招待国联调查团,已拟定日程秩序如下:第一日调查团到宁,早晚无从悬揣,暂不规定;第二日上午拜

---

① 编者按:"迅比较敏"应为"比较迅敏"之误。

访,下午外交部长晚宴(西菜);第三日上午晋谒,主席午宴(中菜西吃),下午中央党部茶会,南京市长晚宴(西菜);第四日行政院长午宴(中菜),下午众团体茶会;第五日军事委员会蒋委员长晚宴(中菜);第六日上午参观名胜,在中山陵园午宴(西菜),下午外侨团体茶会。

宴调查团秘书

中委孔祥熙定二十日晚八时,在西爱咸斯路本宅宴请国联调查团全体秘书,以示联欢,并邀参与国联调查团中国代表处各组主任作陪。

各公团电调查团

江苏省商会电

"上海市政府吴市长译转国联调查团勋鉴:自暴日侵凌以来,东北及淞沪一带同遭惨劫。我国为酷爱和平之民族,对主张正义、维持和平之国联,素行拥护;对和平使者贵团来华,已表极诚挚与欢欣之意。尚希本公正严明之态度与精神,调查一切。俾国联对中日事件得一正确之策案,而对肆行侵略之日本迅即采取有效之制裁,以慰我前方为拥护和平而死者之英魂,而戢破坏盟约、肆行侵略者之凶焰。世界和平,庶其有豸。江苏全省商会。篠。印。"

苏省教育会电

"上海市政府吴市长译转国联调查团勋鉴:东亚和平与世界和平,为强暴日本侵略主义破坏无余。日人心目中已不复有国联盟约、非战公约及九国公约之存在,故敢于去年九一八袭占我国领土之东三省,复于本年一月二十八日调其炮舰政策于世界市场之上海。我中华民族因忍无可忍,而为自卫之抵抗。吾人深信国际联盟必能站在正义公理与本身职务之立场上,切实裁制日本之暴行,以维国际之神圣盟约。否则我中国民族惟有取自卫手段,继续抵抗,决不屈服于暴力压迫之下。一切破坏世界和平、毁弃国际盟约之责任,均应由日本负之。尚望贵团公正处理,以戢暴日之凶焰,而维世界之和平。江苏全省教育会。篠。印。"

苏省记者会电

"上海市政府吴市长译转国联调查团均[钧]鉴:顷闻贵团抵沪,曷胜欣幸。

东三省事件自去年九一八发生以来,迄今已逾半年。日人漠视国际盟约及国联迭次之决议案,强占东北,延不撤兵;近复调遣大批海陆空军攻击我经济中心之上海,为大规模有计画之战争行为。我驻军不得已为自卫之抵抗。此自卫之抵抗,不仅为中华民族求生存之必要手段,抑亦为维护世界正义公理之尽责任。深望贵团一本和平之精神、公正之态度,将日本暴行,据实报告国联,为有效之裁判。此不特我国之幸,实世界和平前途之幸。江苏全省新闻记者公会。篠。印。"

杭市欢迎处电

"上海吴市长转国联调查团诸委员勋鉴:兹当沪滨战云弥漫、日军逐渐进迫之时,欣闻贵团诸君不辞劳瘁,远涉重洋,翩然莅止,诚不啻和平福星之降临。夫以贵团受国联之委托,负重大之使命。对于此次日本以侵略行为所引起之中日纠纷事件,深信必能赖诸君之努力,以公正无偏之态度,迅采有效之方法,得一澈底之解决,以维护世界和平,确立人类正义。杭市各界,诚不胜致其无限之热望与欢忱。杭州西湖,名胜冠绝全球,沪杭相距咫尺,用望屈驾贲临,俯赐鉴赏,以舒旅途之疲劳。除另派员诣前欢迎,并面陈杭市各界所望于诸君之意见外,谨电布臆,诸希亮鉴。杭州市各界欢迎国联调查团来华办事处叩。篠。印。"

察哈尔各界电

察哈尔各公团电沪请转国际联盟调查团云:"贵团辱临鄙国,调查中日纠纷,远道跋踄不辞劳瘁,拥护公理企图和平,伟大精神至堪钦佩。鄙察哈尔省民众以中华民国人民身分,愿为贵团进公平之陈述。查国联行政院根据中国之请求,于去年九月三十日、十月二十四日两次决议,限令日本撤兵。世界人士,共见共闻,昭昭在人耳目。乃日本自去年九月十八日于中国军队奉令避免抵抗之下,以暴力占领沈阳,逐渐而吉林通辽、牛庄、锦州,黑龙江哈尔滨,均遭非法攫取,视神圣之国联如无物。尤复不知悔祸,冥行独迈,海陆交侵,东南并进,炮轰吴淞,火烧闸北,举我商业文化中心、世界著名之要埠上海,肆意摧毁。数月以来,自东北牵及东南,鄙国物质上与精神上之损失,何止数千万万。我守沪国军不得已而奉令自卫抵抗,以身为障,以肉为弹,人怀必死,每战皆捷。盖过去沈阳事件之容忍,与此次上海事件之抵抗,均系为我大中华民族争生存、为世界伸公理、为拥护国际盟约与国联决议案之现实的表示也。兹所以为贵团告者，中日两国皆为国联会员，又同为开洛克非战公约签字国，日本更受华府九国远东公约之约束，自应尊重和平，及不得以战争为解决纠纷之手段，并不应以武力破坏中国之独立与领土主权之完整，奚待多论。惟国联每一决议，敝国无不诚恳接受，忠实履行；反观日本，不特蔑视议案，并且侵略行动变本加励〔厉〕焉。敝国人民，殊不胜其遗憾。近今日本复扩大作战区域，飞机所炸，延及毫无戒备之苏杭，而东省汉奸叛逆更于日本操纵之下，积极成立伪国。倘国联再无有效之制裁，则实逼处此。敝国人民，惟有继续自卫抵抗之最后一条路，宁玉碎，不瓦全。虽因此引起世界之扰攘，当有负责之人。贵团须知，国联于此最严重时，本无论站在正义公理或本身责任立场上，均有惩创日本暴行、维持神圣盟约之必要。因破坏东亚和平者，胥为破坏世界和平。征服中国，即以征服世界。倘日本目的得达，则今日以东三省为生命线者，他日以太平洋、印度洋为生命线矣。贵团多世界闻人，用特披沥衷曲，愿即察纳而采择之，幸甚！中华民国察哈尔省全省商会、农会、教育会、妇女协进会、各工会、各工商同业公会、各学校、各学生自治会同叩。文。"

（《申报》，1932 年 3 月 19 日，第一版）

149. 国联讨论上海时局

....

委员会非公开会议：决请双方报告履行议案之步骤，多数委员认上海问题应先解决

〔日内瓦〕 国联议会委员会于非公开会议时，所讨论者多涉及中国代表团送来之觉书。该觉书指明关于履行议会三月四日之决议案，以及行政会去年九月三十日及十二月十日之两决议案，议会委员会应负种种之责任，且谓日本似藉口议会三月四日之议案，胁迫中国接受一哀的美敦书，故中国建议委员会应向两方政府声明，三月四日决议案所包括者究竟为何。关于行政会所通过之议案，华代表拟请议会委员会请求两当事国报告，各已采取何种步骤履行是项议案,并限定此项报告应于复活节后委员会首次开会前送到。此外华代表之觉书,尚请国联调查团从速报告日方履行其依照行政会议案之各义务,究达若何程度。该觉书最后声明,国联之严密监视,为制止日方于上海及东省侵略行为之最良方法。委员会讨论时间历一时三刻,旋决请中日两政府各具声明书,报告各方关于履行行政会九月三十日及十二月十日两议案所采取之步骤;并决请国联调查团于可能范围内,从速缮具关于满洲情形之报告。非公开会议时,委员数人发表意见,谓满洲撤兵问题较诸上海撤兵问题更为重要。西班牙代表称,委员会应请国联调查团报告"满洲新政府"问题,说明其如何创立,以及民众对之有何表示。但此提案未获通过,因多数委员认为上海问题应先行解决,且此项调查报告将使上海问题更趋复杂。关于华代表觉书内所提出之其他各点,则认为委员会前所采取之行动已包括无遗矣。(十七日路透电)

〔日内瓦〕 今日十九国委员会举行非公开会议,对于满洲问题,虽有详尽之讨论①。主席希孟氏于会议完毕后,宣称该委员会决定对于中日问题之现状,应先与各国代表各具一报告书,详述各国对于九月三十日及十二月十日各议案通过后所发生之事态意见如何,以便委员会统筹大局后,再作一总报告,呈诸国联大会。再,十九国委员会复通过议决案,请求国联理事会会长转达国联满洲调查团主席李顿勋爵,使作一报告书,规画依照三月十日决议案使日本在满洲撤兵之方案。今日之会议尤有一重要件可以陈述者,即十九国委员会已一致赞同承认满洲问题与上海事件为连属不可判分之事项,故其解决必须俟中日问题之全部得能整理后,始有希望。十九国委员会今日开会之时,为下午三点三十八分,举行公开会议。主席希孟氏首先报告上海战事告一结束,日本代表佐藤称日军正在陆续撤退之中。中国代表颜惠庆氏继续发言。

下转第二版

对于本星期初蓝浦森、郭泰祺、重光葵茶话会所讨论之和平草案,及日本所主张之修改案,均有所论列。颜氏称草案第三节原文"关于双方军队互相撤退证明"一节,经日本修改之后,不肯将中立区域之主张重新加入,故中国方面难与承认,因此将等于对于日本之撤兵加以政治条件也。佐藤系谓此种休战协议系秘密性质。颜氏答辩,"此系何种秘密,吾实毫无所闻"。颜氏继谓日本既尚

---

① 编者按:原文如此。

要求中国排日风潮之停止，此问题中国无承认之可能，因休战系军事问题，不得牵涉及政治问题也。藤佐氏继称，倘委员会欲监督或管理交涉之进行，此实超乎委员会法权能力之外。于是主席希孟氏即称，委员会之工作不在命令休战条件，但委员会必须监视双方尊重大会之决议案，故应请中日代表对于此点，应通知其政府而请注意。颜惠庆继对希孟氏之言表示感谢，因委员会之真正事权益以明显也，再则日本所提出之修改案不得委员会之赞助，尤可欣慰云。颜氏谓排货之事系一种民众运动，既已普遍于中国之全部，并非如日人所宣传，可以政府管理者也；他日日军退出中国领域之时，排货风潮可以自然消灭云。希孟氏称委员会之职务与排斥日货事无关。日本代表佐藤氏则谓事虽无关，然欲上海和议能使该项风潮早归正寝云。委员会遂于下午五时五十九分散会。（十七日国民社电）

（《申报》，1932 年 3 月 19 日，第一版转第二版）

150. 日无诚意停战，又有主张设立中立区说，调查团参加和议亦打销

上海停战会议自星期一成立基本原则后，中日双方预定星期三在英总领事馆举行正式会议，嗣日方以东京训令未到，遂临时作罢。日人方面消息，东京训令现已到沪，闻又主设立中立区。惟我外交当局尚未接得正式通加，中日代表昨日因未会见。昨晚日使重光葵访英使蓝溥森，大约已将东京新训令之内容，通知英蓝使转达我方。至于国联调查团参加和议问题，昨晚据李顿左右宣称，日内瓦方面对此仍无训令，大约已无形打销矣。

（《申报》，1932 年 3 月 19 日，第二版）

151. 林主席昨抵京，何应钦等在洛主持

〔南京〕　林主席以国联调查团瞬将来京，特由行都回京，以便招待。十七日由洛专车南下，十八日晨十时抵京，当即过江入城。各要人纷往晋谒，畅叙

一切。(十八日专电)

〔南京〕 林主席十八午应某要人约,赴陵园午餐。下午接晤汪兆铭、陈铭枢等,谈甚久。(十八日专电)

〔徐州〕 林森专车十七晨离洛东来,午后过汴时,曾接见汴学生请愿团。十八晨一时三十分抵徐,停二十分,即南下赴京。车只三节,随行仅秘书一、科员二、卫士二,行装极为简单。到京俟接见国联调查团后,即行返洛。(十八日专电)

〔徐州〕 路讯。林森赴京后,何应钦、李烈钧、谷正纲、陈果夫、叶楚伧等五中委员在洛主持行都事务。何前奉命视察华阴兵工厂及西安陪都,现已事竣回洛。洛都安静。(十八日专电)

············

(《申报》,1932 年 3 月 19 日,第七版)

152. 北平组委员会招待国联代表

〔北平〕 北平招待国联调查团委员会业经成立,名单如左:主任委员刘哲,委员胡惟德、陈箓、夏诒霆、于学忠、周大文、汪荣宝、唐在复、邵文凯、朱光沐、汤国桢、沈能毅、沈祖同、王家瑞、王承传、高纪毅、鲍毓麟、王卓然、丁文江、蒋梦麟、沈尹默、袁同礼、沈觐扆、张元恺、王继曾、沈成鹄、蔡元、周学昌、娄学熙、汪申。委员会置秘书处,秘书长郑世芬,秘书关庚泽、李正阳、沈晞、王维新、赵干臣。又设招待办事处,为执行机关,直辖于委员会,周大文兼处长,分接待、文书、庶务、会计四股办事。(十八日专电)

〔天津〕 北宁路备妥招待国联调查团专车二十辆,定下星期开往浦口备用。(十八日专电)

〔济南〕 韩电沪欢迎国联调查团过济,派济市长闻承烈等筹备招待。(十八日)

〔杭州〕 杭市各界十七议决中等以上学校教联会、浙大、之大负责推选人员赴沪欢迎国联调查团。推之大代表李培恩、浙大代表陈伯君,起草杭市各界敬告国联调查团书。(十七日专电)

〔南京〕　京市各界欢迎国联调查团情绪极热烈。十八止报名参加者,已三百余团体。外部招待国联调查团筹备委会十八组织成立。(十八日专电)

〔南京〕　外交部发言人今晨宣称,国联委员团原定本月二十一二可抵京,今因事须延至二十五六。该团拟在京小驻数日,然后北上。(十八日路透社电)

(《申报》,1932年3月19日,第七版)

153. 国联调查团将视察战区,中日双方规定办法,调查团对沪案表示,宋子文于昨晚欢宴

国联调查团昨日为抵沪之第五日。该团全体委员昨日忙于征集沪案材料,接见各国人员,终日并未外出,晚八时应财政部长宋子文氏之宴会。各情分志如后。

视察战区办法:日方拒绝我报界参加,华人陪往者五人为限

国联调查团定二十一日视察战区,至详细办法,由中国代表团总务主任张祥麟与日本代表团秘书长盐崎观三商洽办理。前日经双方商定,华方陪往视察者额定九人,同济大学校长胡庶华、劳动大学校长王景岐亦在九人名额之内。此外我国报界方面,得公推代表一人参加前往。不料昨日张祥麟与盐崎晤商时,日方忽推翻前议,谓华方陪往视察人员须改为至多五人,且须以代表团中人为限,其他概不招待,至新闻界方面,日本记者亦无一人随往,故中国报界亦当然拒绝云云。张氏曾函日报公会,请推派代表一人参加,至是乃临时通知取消。我方陪往视察之五人,已确定者为顾维钧代表及张祥麟二人。

吴淞去否未定

至视察程序,二十一日晨九时由外滩华懋饭店出发,先往闸北,然后再往江湾、真茹一带视察。至吴淞方面,日方诿为时间上恐来不及,最后决定当在调查团本身也。又调查团所乘汽车均由华方预备,日方则每车派军官一人陪座引导。此外详细办法,仍由张祥麟与日方继续磋商。

调查团之表示

《大陆报》云,国联调查团昨日表示,将于下星期二三左右首途入京。又谓该团决不参加中日间之任何谈判,因此种参加,不在其职务范围以内也。如谈判发生顿挫,则可商请该团指示办法,但亦须由双方申请而后可。如该团离沪后战事复作,日内瓦请其回沪,则亦可再至沪埠;如无此请,则不复重来。至该团调查之报告,须俟此行完毕,提交国联大会后,始能发表云。

李顿爵士谈话

昨据国联调查团总代表李顿爵士语记者云:"渠(李氏自称)自到沪后,除电日内瓦,报告抵埠情形外,尚无关于沪案事宜之报告。现拟自视察战地后,将详电日内瓦,藉作在沪调查之一结束。至中日停战会议,现正开始召开,余信不久当有好消息报告于诸位"云云。

宋子文之晚宴

昨晚八时三十分,财政部长宋子文在祁齐路私邸内欢宴国联调查团全体委员。陪座者有各国公使、领事及海陆军武官等,此外则为顾维钧、吴铁城、郭泰祺、孔祥熙、虞洽卿、钱新之等百余人。席间由宋氏致欢迎词,李顿爵士致答词。至十一时许,始尽欢而散。

(《申报》,1932 年 3 月 20 日,第一版)

154. 林电国联调查团,希望主持正义

〔南京〕 国府主席林森电沪国联调查团全体团员,表示希冀主持正义,将中日争端谋一公正解决。(十九日专电)

(《申报》,1932 年 3 月 20 日,第六版)

155. 张治中表示尊重联盟条约

〔南京〕 第五军长张治中十九晨专车返防,记者送于车站。谈次,张谓:"日自国联调查团抵沪后,一方宣传撤兵,一方暗中从事各项军事准备,其未肯迅行放弃武力侵略政策,已久在我政府当局意计中。吾国既为国联盟约、非战公约及九国公约签字国之一,对上各公约,原应尽维护责任。如日军敢再蔑视上各公约及国联迭次决议,向我军进攻,本军决遵蒋总指挥命令及本军随同十九路军各将领迭次宣言,起与周旋,虽至一兵一卒,亦必抵抗到底,以尽军人应尽责任。政府现对长期抵抗,自信确有把握,不令日野心获逞。"谈毕,即开车。(十九日专电)

....

(《申报》,1932 年 3 月 20 日,第七版)

156. 国联调查团晋京程序,调查团今晨察视战区,英海军提督昨晚欢宴

国联调查团抵沪后,数日前即开始调查沪案。但李顿爵士等为完成调查报告,今日特赴战地参观。而各地之招待欢迎,亦已电沪转达。兹分志于后。

今晨参观战区

调查团参观战地,定今晨八时四十五分由外滩华懋饭店,乘我方预备车辆出发,先至闸北,次到真茹、江湾、吴淞。惟全日时间是否足敷历遍各地,行止须临时决定。一切旅途安全由日方负责,饮食亦由日方供给。

各方同行人员

调查团方面为英李顿爵士、美麦考益少将、法克劳德将军、德希尼博士。至意柯迭伯爵,因在病中,如今晨病愈,始能同行。此外为秘书长哈斯等六人。

我方为代表顾维钧、总务主任张祥麟、参事王领荪，其他二人临时决定。日方为代表吉田、渡大佐、盐田崎①书记官、佐藤大佐、澄田炮兵中佐。至我方在江湾、吴淞灾区各大学代表，本拟随往参观，以日方限制除调查团职员以外不能同往，只可作罢。我方新闻记者要求参加，亦遭拒绝。

英国提督晚宴

英国海军提督史高蒂氏，昨晚八时半在华懋饭店宴调查团。被邀者共二十七人，我方为顾维钧、郭泰祺、吴铁城诸氏。席间演说等烦文概行免去，完全谋一宵欢娱云。

商定留京四天

国联调查团现已商定留京四天，俾与各方面有充分之接洽。招待程序大约改定如下：(第一日)上午晋谒当局，正午行政院汪院长宴会，下午新闻界茶会，晚间外交部罗部长宴会；(第二日)正午国府林主席宴会，下午中央党部茶会，晚间南京市马市长宴会；(第三日)上午旅京外侨谈话会，下午民众团体茶会，晚间军事委员会蒋委员长宴会；(第四日)上午参观名胜，正午在中山陵园午餐，下午渡江北上。

东省来电欢迎

辽宁、吉林、黑龙江三省政府委员彭济群、李锡恩、臧启芳等代表该省政府电沪，欢迎国联调查团前往。该电已由中国代表团转致。

外部备顾行馆

外交部来电，已预备铁道部六号官舍为顾维钧代表行馆。其余中国代表处人员，则住华侨招待所。

（《申报》，1932 年 3 月 21 日，第一版）

---

① 编者按：原文误，应为"盐崎"。

157. 各地筹备欢迎调查团

〔北平〕 北宁路因调查团即北来,奉部令备专车开浦口欢迎。计车头一、卧车一、客厅车一、饭车二。各车布置富丽堂皇,车辆外部亦新加油饰。现已停津站,将派招待专员英人陶森及胡光廲等随车招待。陶定今晚先行赴京接洽,则二十三日押票车南下。路局并印就东北问题专书,痛陈日人在东北之暴行,并有照相多帧,备调查团参考。(二十日专电)

〔济南〕 报界公会筹备欢迎国联调查团。(二十日专电)

〔济南〕 报业公会今开会,对国联调查团过济时,决全体赴车站欢迎。准备中英文字旗帜、标语、宣言、传单,并推代表致词。(二十日专电)

(《申报》,1932 年 3 月 21 日,第三版)

158. 国联调查团昨参观战地,上午历遍闸北、真茹、江湾,下午我代表力主赴吴淞,各地凄凉有如大地震后

国联调查团于昨日下午九时,在华懋饭店齐集,趁车出发。由日军司令部派员引导,团长李顿爵士与德国希尼博士坐第一车,顾维钧代表与法国克劳德将军坐第二车,美国麦考益少将与日本吉田代表坐第三车,中国代表处总务主任张祥麟与日本代表处秘书长盐崎共坐一车。华方陪往者尚有参议王景岐、专门委员戈公振、张廷荣,日方陪往者为吉田代表秘书长等,国际联盟中国秘书吴秀峰亦偕行。义大利团员马柯迪伯爵因病未往,秘书长哈斯因事中止同去,由副秘书长代表。先后视察真茹、闸北、江湾、吴淞等处。又美国派拉蒙等电影公司特派专员为调查团摄取有声电影,在真如[茹]、暨大、闸北商务印书馆、江湾车站及劳动大学前以及吴淞等处,均经摄入。兹将详情分志于后。

第一线

由华懋饭店出发后,经北四川路、宝兴路、宝山路、宝通路、中兴路而至真

茹。宝山路一带,满目瓦砾,了无人烟;凡交通要口,均有日兵驻守。真茹则防御工事,处处可见。调查团入暨南大学下车后,即由日军官每人授以英文日军作战地图,并说明华军退却后,日军即来此驻扎。乃入致远堂及洪年图书馆略观。馆外侧门适贴有反对调查团来华标语,日人特举以示调查团中人,以为宣传资料。

第二线

由暨南大学出发,经大统路、新民路而至北火车站。日军预在站内月台栏布作小室,桌上陈一大地图,由一日军官说明当时作战情形。李顿爵士询问颇详,并以为向无抵抗能力之平民抛掷炸弹,似无必要。历一小时之久,始退出。乃经界路、宝山路而至商务印书馆,凡钢骨水泥之屋,墙垣犹存。调查团乃登东方图书馆各楼略观,多为叹惜不置。

第三线

由东方图书馆出,经北四川路底、天通庵车站、青云路、同济路、横浜路、三阳路、西宝兴路、柳营路、水电路、体育会西路而至江湾跑马厅。日人引调查团至屋顶,说明附近作战情形。又往劳动大学及江湾车站一观。跑马场内现有美国商团四人驻守。时已下午一时有半,乃往黄兴路、翔殷路、宁国路、平凉路而至公大纱厂,日军司令部在焉。调查团盥洗后,先入客室小憩,旋由白川大将招待至楼下进冷食。白川问李顿爵士尚须往吴淞否,爵士不置可否。顾维钧、张祥麟均谓吴淞地位甚重要,必须往观,爵士乃意决。至三时辞出。

第四线

出公大纱厂,即沿军工路而至吴淞。军工路上,日军往来甚频。沿江一带,纯为防御遗迹。而镇上房屋,已全被轰毁,有如大地震以后,较闸北为尤惨。三时五十分抵炮台。炮基多炸毁,炮管多击断,旧炮且有移去者。经一小时退出。乃经军工路、平凉路、百老汇路,而回华懋饭店,时已五时半矣。是日因便于观览,除麦考益少将有微恙乘轿车外,余皆无蓬[篷]。适沿途风沙大作,故回沪后诸人对镜,均彷彿黑人矣。

159. 孔祥熙欢宴国联调查团，总工会之欢迎

中委孔祥熙于昨日下午八时，在西爱咸斯路本宅欢宴国联调查团及秘书长等。除意代表因病缺席外，余均莅席。陪席者有顾维钧及夫人、吴铁城及夫人、郭泰祺及夫人及郑毓秀女士等二十人，调查团秘书长夫人亦莅席。由孔夫人宋蔼龄女士招陪，菜用中式而西吃，席间极为畅谈，至十一时许始尽欢而散。

上海总工会致国联调查团书云：

"敬启者：兹欣逢贵调查团奉命莅此，调查中日事变真相，敝总工会敬以至诚代表上海全市八十万工友，致其热烈之欢迎与恳切之钦敬。溯自日本于去年九月十八日，以不法手段占取辽宁，实行破坏中国领土完整以来，悠[倏]忽至今，已逾半载。我国民忍辱负痛，倾心信任国际，冀以和平方法，求获解决。今贵团翩然莅此，不特使吾人深喻信任国联之有效，尤见国际正义依然彪炳于霄壤之间，而丝毫未有摧残也。同人等深维贵团任务厥在调查事实，爰即就事实经过渎陈清听，俾贵团加以考虑，报告国际联盟会。用期世界和平及国际正义，得于国联倡导之下，克保金瓯之无缺。

（一）占据辽宁。日本占夺辽宁，托词南满铁路于九月十八日忽被华人切割。讵知南满铁路区域向由日本军队保护，我国平民且不得于路轨近旁越雷池一步，事实彰著，谅在贵团员洞悉之中。矫作推辞，不值一辩。日本惯用欺诈言论淆惑世人耳目，贵团员明镜高悬，当不至受其朦蔽也。

（二）占据锦州。日人于累次声明，接受国联十一月二十日及十二月十日决议之后，仍复以暴力夺取锦州。如斯行为，尚得谓无领土野心乎？尚得谓为文明国家所发接受国联团体决议之表示为有丝毫取信之价值乎？

（三）上海军事行动。一月二十八日午夜，日海军陆战队在盐泽司令官指挥之下，竟于日本总领事表示满意接受上海市长答复后之八小时，进攻闸北。经我军自卫抵抗，战事延长一月有余。日军屡以飞机、大炮、水陆军士，进攻我军。我军遵从长官命令，除竭力维持地方治安及不分国籍保护人民生命外，绝未有其他越轨举动。而日兵则对一切文化机关、慈善处所以及商店居民，则尽力焚炸，鲜获幸存。统计损失，已在四百兆以上，人民伤亡，数逾八千。目下中国军队已退至日本所提停战条件内要求之二十基罗距离以外，而日兵犹前进

不已。此种行动,惟有'战'之一字,可以代表,实有立予制止之必要。

今者贵团莅止,世界和平重见曙光。贵团于此,应须认识我军始终止于自卫。其应撤退者,厥为用暴力占夺各区域之日军。

下转第二版

设无撤兵诚意,空谈和平,奚能有效? 我人祝望和平已久,仰止国联以求伸正义者亦已久。深信和平正义,终必来止。更信必由贵团斡旋,必能历久弗渝也。"

(《申报》,1932年3月22日,第一版转第二版)

160. 国联调查团拟定留京程序,京警厅妥筹保护

〔南京〕 关于国联调查团游京之暂定程序,现已拟定:第一日因不能确定调查团何时抵此,故未有一定办法;第二日午前调查团晤会政府各要人,晚赴外长罗文干宴会;第三日午前调查团进谒林主席,由林主席款以午宴,午后调查团赴中央党部茶会,晚间应南京谷市长宴会;第四日午前汪精卫茶会,午后民众团体茶会;第五日蒋介石宴会;第六日午前游览各处名胜,并赴中山陵墓,午后旅京外人茶会。(二十一日路透电)

〔天津〕 津浦路委员龚柏龄二十一晨来津,布置招待国联调查团事宜。(二十一日专电)

〔南京〕 顷从励志社探悉,国联调查团留沪时期,较预料为久,故在京盘桓日期,或将减为四日。如属必要,且将减至三日。原定在京六日,今恐未能如愿。(二十一日路透电)

〔南京〕 警厅以国联调查团行将来京,已派定武装警士随行保护。并组便衣纠察队数十人,以期周密。市府令工务局准备汉西、武定、挹江诸城门,暂行堵塞,并将各城门及城墙倒塌处重行修葺,以固城防。(二十一日专电)

(《申报》,1932年3月22日,第三版)

161. 国联调查团展期晋京，决定二十八日离沪，或将游杭转京北上，连日正在办理沪案

昨为国联调查团抵沪之第八日。各代表连日搜集沪案调查材料，并征询各界意见。晚间应太平洋学会之宴。又以前日参观战地，颇觉劳顿，闻将延期至二十八日离沪晋京。兹将各情分志如下。

展期离沪晋京

国联调查团因尚须搜集材料及与各界接洽，且因前日参观战区微觉劳顿，将延期至二十八日离沪。

由京直赴北平

调查团在京滞留四天，业由京方电知上海中国代表处。至调查团方面，已决定于京方应酬完毕渡江，直赴北平（寓北京饭店）。过津时则不停留，以省时间。

或须赴杭游览

昨据中国代表处息，该处原拟租船一艘，为调查团入京乘坐之需。但调查团又有先赴杭州游览，并有改换由京杭国道乘汽车入京之说。

办理在沪工作

《大美晚报》云，国联调查团已假定于下星期一日（二十八日）赴京，故拟在此数日内办竣其在沪之工作，即调查中日失和之原因是。今日（二十二日）特开始访问中外官员与领袖，作私人谈话。本星期内且将与当局会商沪案多次。其访问之人名，未经宣露。按照现定之程序，最后一次会商将在本星期六日举行，然后略事休息，准备束装入京。至是否取道杭州赴京，抑直接乘船前往，今尚未定。杭州公共团体已请该团顺道至该处一游，俾查视飞机场为日空军炸毁之遗迹，及日飞机损害地方之情形。如果赴杭，则将备专车载以前往，然后

由国府备汽车由京杭国道迎之入京。

参观战区印象

《字林报》云,国联调查团昨(二十一)参观闸北、江湾、吴淞之战场归来,所得之印象,觉该数处之中日战事,可与欧战时法国西阵线相比拟。该团参阅兵燹残址,历七小时之久,专为欲得一大概之印象。昨夜据该团声称,所得之印象甚深,而地方所遭之破坏尤为团员所注意,足证当日战事之惨烈云。又据该团发言人声称,此行足迹并未广及,仅参观闸北、真茹、江湾、吴淞旧战场一部。惟团员沿途多所讯问,均由偕行之日外交官与军官一一作答。至此行有何发见,昨夜未经声明。《字林报》代表曾问以所得之印象,以何者与调查团之工作有关,某发言人答曰:"甚难言之。"该团所经过之一路,均经日兵大加清除。近数日内,日兵数百名从事此项工作,甚为忙碌。团员入闸北时,特别注意北车站。日代表解释日军轰毁该站理由之言,曾由该团秘书记录。最初两夜之闸北军事,亦经团员详细研究。据团员之印象,吴淞炮台毁坏已尽,所剩之炮无一完整。惟日空军所加之损害,无从估计云。

(《申报》,1932 年 3 月 23 日,第一版)

162. 各团体函请国联调查团主持公道

各省区同乡会函

各省区旅沪同乡会,推举代表王鳌溪、邱和、钟行素、李振亚、王毓荪、张仲平、谭雅谷、史达门、褚辅成、周柏莹、萧德宣、成燮春、宋士骧等,于前晨九时晋谒国际联盟调查团,代替全国民众陈述意见,并面致国文公函一通、译稿一份。兹录其公函如下:

"国际联盟调查团公鉴:诸君为调查中日争端,主持公道而来。我各省区旅沪民众,自无任欢迎。特以处此悲惨形势之下,送生扶死之不暇,未能集合数十万难民,以作热烈之欢迎,且恐诸君见之,亦生不快之感。倘诸君不惮求详,于视察战区之外,并能一临百余难民收容所,以觇吾人生活之惨状,则尤所欢迎不已也。溯自去年九一八事变发生,我国当局以深信国联盟约、九国公约与非战公约之有效,遂对日暴行力持退让,以待国联之公平制裁。乃日军乘我不备而侵略愈烈,由辽吉而黑龙江,而锦州,而哈尔滨。更进而扰及我腹地,由天津、青岛、福州以至于上海,悉被其蹂躏殆遍。我旅沪各省区民众之横被屠杀者,计达二万余人;惨遭灾害者,计达十六万户;而所损害之资产,则更达十四万万以上。弥天浩劫,洵为有史以来所未睹。是日本心目中早无所谓国联,更无所谓公约。而为之国联者虽迭开会议,亦未能实施其应有之权力,以作公道之裁判,驯至每作决议一次,而日本更大施侵略一次,是吾人今日之备受日蹂躏,全系尊重国联、过于退让所致。苟无维持和平之国联,日以武力犯我,我即以武力自卫,不顾及世界之和平,则我决不致受如斯之烈。今我以拥护国联威信,维持世界和平,而领土行政之完整,被人破坏,国联未能取断然处置,以保持盟约之尊重,维持会员国之权利,此吾人所深引为遗憾,不胜悲愤者也。兹者诸君负国联之付托,挟公理人道之使命而来,作中日争端之缜密考虑,是今后世界人类和平之曙光,全系于诸君之此行。吾人甚望诸君于客观立场,以公正眼光,详究事实之因果,勿为面片〔片面〕所朦蔽。俾得详确事实,作国联秉公裁判之根据,和平不为日本所破坏,则我各省区旅沪民众,曷胜感幸。倘诸君不加详查,竟以不实不尽之事实报告国联,使国联裁判之结果,仍无以戢日本侵略之野心,则是国联自失其威信。吾人为维持世界和平、保护民族生存与伸张人类正义起见,惟有联合全国民众,督促政府,誓死与日本相周旋,务求得中华民族之自由为止。即或因此而引起世界第二次大战,以至于人类之大不幸,其责任谁属,举世自有公论。盖人类正义一日不灭,我中华民族断无横受日本侵略之理也。兹当诸君来华之始,以国联付托之重、人类期望之殷,和平祸乱,端在诸君之能否详实报告,与国联能否主持公道为断。用特掬诚奉告,敬希三致意焉。四川旅沪同乡会、广东旅沪同乡会、安徽旅沪同乡会、全浙公会、江西旅沪同乡会、福建旅沪同乡会、旅沪粤民大会筹备会(包两广)、江淮旅沪同乡会、扬州八邑旅沪同乡会、潮州旅沪同乡会。"

四川省国难救济会电

"国联调查团公鉴:日本强占东三省,于今半年。国联委托贵团到满调查,贵团不辞海陆跋涉之劳,亲临敝国,热情高谊,举世同钦,敝国人民,尤深感谢。诸公但观上海华界之横被蹂躏,生命财产、文化经济受巨大之损失,即知现在世界和平有一公敌，此时以其蛮横之举施之我国，将来亦可施之他国。诸公到满洲后，观其现状，是否与九国公约尊重中国之主权独立及领土与行政之完整相符？又是否与日本并无领土野心之迭次声明相符？诸公此行，为世界和平之天使，又关系国联生命之存废，务请主持正义，澈查满洲、上海事变之表面与里面，将其真相昭告世界，共谋裁制强暴，维系世界和平。敝国虽受无量牺牲，然世界之公理与文明断不能摧毁。世界之安危，均惟诸公之慧与公道是赖。谨代国人慰劳诸公，并祝诸公长途康健。四川省国难救济会叩。篠。"

（《申报》，1932 年 3 月 23 日，第一版）

163. 首都对调查团筹备招待事宜

〔南京〕 国联调查团秘书长哈斯养电，谓京中招待秩序，该团甚满意，惟希望与新闻界时常接近，多交换意见，不必为一次之谈话拘束。外部亦赞成此种办法，惟须待哈斯来京时作一度商议，始能决定。闻该团已改定二十八离沪，二十九可抵京。（二十二日专电）

〔南京〕 外部派组之招待国联调查团委员会，于二十二日下午四时会同地方机关代表在该部开会，讨论筹备招待事宜。一切办法，大致均已决定。又闻国联调查团在沪调查战区稽延时日，有改定二十八日来京消息。（二十二日专电）

〔南京〕 政讯。国府主席林森、行政院长汪兆铭以国联调查团将于本月二十八日来京，为表示欢迎该团起见，拟于第一日由林主席在国府欢宴，第二日由汪院长在铁道部欢宴，以敦友谊。（二十二日专电）

〔南京〕 京市各级学校校长二十二下午四时开会，讨论欢迎国联调查团办法。当议定各校学生行列总路线，并指定各校长为纠察，训育主任为指挥。又推定陈裕光、吴贻芳为大学部代表，张钫、周寄高、刘芬贤为中学部代表，李清悚、刘渤、张履芬为小学部代表。（二十二日专电）

〔北平〕 顾维钧电平，谓国联调查团定月底来平。北宁路特备车，定二十六前开浦迎接。（二十一日专电）

〔天津〕 北宁路预备欢迎国联调查团专车，二十二开往北平。经高纪毅

检查后，定二十四开往浦口。（二十二日专电）

（《申报》，1932 年 3 月 23 日，第六版）

164. 国联调查团晋京确期：本月二十六日分乘车船离沪，四月五日转北平，中旬到东省

国联调查团原定二十八日离沪，兹又决定二十六日晨分道离沪晋京。昨晨接见我银行界代表，对经济财政问题有所咨询。下午五时，应旅沪粤人之茶会。晚，日使重光葵设宴欢迎。各情分志如次。

接见张公权等

昨晨十一时，金融界代表张公权、徐新六、李馥荪、陈光甫等，至华懋饭店访晤该团。当由李顿爵士接见，对经济财政问题多所咨询，谈约一小时半，始行辞出。十二时，李顿爵士接见温世珍氏，谈东北财政状况。定今日接见教会人士。

分道离沪晋京

调查团决于二十六日晨，分道离沪晋京。主席李顿爵士、意委员马柯迪伯爵及秘书长哈斯等九人，于二十六日晨乘轮直接赴京。闻已包定太古公司之德和轮船，于晨九时离沪。至其余美委员麦考益少将、法委员克劳特将军及德委员希尼博士，则将于同日乘车赴杭游览，并视察日飞机轰炸残迹，然后再循京杭国道晋京。至我国代表顾维钧及专员等，亦将随同李顿爵士乘轮晋京。

广肇公所茶会

旅沪粤人以广肇公所名义，于昨日下午五时在西摩路六号举行茶会，招待调查团。来宾到百余人，至七时许始散。

重光葵之晚宴

日使重光葵，昨晚八时在华懋饭店欢宴调查团。到各国使领及海陆军武官等

百余人,至十时始散。顾维钧代表亦在被邀之列,惟顾氏适有他约,覆函辞谢。

五日可抵北平

国联调查团约四月五日可抵北平。我方已预定北京饭店为彼等息宿。至吾国代表处人员,在北平有寓中央饭店说。

聘定法律顾问

调查团昨正式聘请美人杨格为法律顾问。杨氏对东北极有研究,现正在沪,昨已接受聘书,届时将随同北行。

(《申报》,1932 年 3 月 24 日,第一版)

165. 中国注意国联调查团态度,如有变更我国万难赞同

二十二日日内瓦哈瓦斯电云,上海租界中有特别利益之列强代表所送之第十二次及第十三次报告,顷已由国联秘书长转交大会。中国代表于三月十九致函国联秘书长,内开:顷接国民政府行政院宋副院长电称"国联调查团之留沪,不便延长。该团如变更态度,实非中国政府所能赞成。该团之任务,原系调查满洲,故中国政府盼其从速前往满洲"等语,中国代表请将此电通知希孟主席及十九代表委员会之各委员。国联秘书长答称,来函接悉,渠意中国政府意见,可由中政府自行设法,或交由中国之助理员(指参加满洲调查团者而言),或以其他方法直接通知调查团,并请中国注意于三月十八日送达大会之文件,该文件内载明已经采取之办法。秘书长复文又谓,调查团之任务与十二月十日之决议案中所规定者,毫无变更。秘书长当将中国来函及其复文,一并通知大会之特别委员会及日本代表。

(《申报》,1932 年 3 月 24 日,第一版)

166. 东北救国会电：致电国际联盟，揭破日人阴谋

东北旅京同乡救国会通电云："急。上海各报馆、各机关、各团体暨全国同胞钧鉴：顷致日内瓦国际联合会电文曰，'沈变以还，吾东北人民，呻吟于日本暴力下者，逾半载矣。近且肆其并吞朝鲜之故智，唆使叛徒，组织满洲伪国，妄言自出[出自]民意，冀淆世界听闻。贵会兹已派调查团东来，于日本狡诈欺饰之阴谋，必能据实报告大会，以暴露真相于世界。尚望诸公力持正义，以还我领土之完整，以解我人民之倒悬，以完贵会爱护和平之使命。至满洲伪政府，既为受日本之胁诱所组织，不仅东北人民誓死反对已也。谨电陈恳，无任迫切'等语。又致国联调查团电，词意略同，不复再录。暴日傀儡伪国，叛迹昭著，尚望一致反对，无任企盼。东北旅京同乡救国会叩。箇。印。"

（《申报》，1932 年 3 月 24 日，第一版）

167. 各省区同乡代表昨呈调查团面报告书，日内将组救国联合会

旅沪各省区同乡会推派代表钟行素、王鳌溪、谭雅谷、邱和等，于昨日上午九时许，赴南京路华懋饭店晋谒国联调查团，持中英文之书面报告，将日军侵沪以来沪上所受之损害报告该团，希望秉正义解决中日之纠纷。该代表抵调查团寓次，李顿爵士因事外出，由团员倩[请]中国代表处参议萧继荣君接见，由萧君允将报告书代达。又各省区同乡会发起之救国联合会刻在组织中，日内召开代表会议。对于我国进行和会之外交当局，应本民意交涉，勿为暴日所屈伏，签订辱国丧权之条约，增民众之愤慨。

（《申报》，1932 年 3 月 24 日，第一版）

168. 市教育局统计文化机关损失

此次日军侵沪,利用飞机大炮破坏沪境公私机关、文化团体,损失之重,为欧战以来所未有,就中尤以文化机关及大、中学校受日军炸毁之损失影响最巨。上海市教育局鉴于沪上文化团体遭日军破坏之重大,特着手调查,备作对日外交上交涉之参考。现该局正积极就各文化机关调查分类统计,将造表呈报教育部与外交当局。并将此项统计在国联调查团去沪期前送致一份,藉使国联调查团了然于暴日违反国际公法侵沪之不当,及我文化重心地所受损失之巨。

(《申报》,1932 年 3 月 24 日,第一版)

169. 招待调查团,铁部调拨车辆

〔南京〕 铁部以国联调查团行将北上,津浦路车辆不敷支配,特饬北宁路局酌拨车辆,以备专车之用,事毕即行拨还。又该部为筹备国联调查团乘车事项,派业务司帮办杨先芬,会同各路遴派之高级职员,负责办理。(二十三日专电)

〔南京〕 外部招待国联调查团委员会连日筹备甚忙。该会现分总务、接待、宴会三组,如须有与地方机关接洽事宜,临时派员分头接洽。又闻国联调查团拟在京勾留四日,关于政府及各团体招待日程,已经招待委员会暂时配定。惟俟该调查团抵京后,或须修改。(二十三日专电)

〔北平〕 北宁路所备欢迎调查团专车,今晚南开,共挂车十二辆。此次布置、油饰等费,共去五万余元。(二十三日专电)

〔杭州〕 省府接顾维钧来电,国联调查团代表拟二十六晨赴杭,参观名胜省府,遂于二十三日下午三时,邀集省党部各厅处、市政府及各团体会商招待办法。决定以西冷[泠]饭店为寓所,宴会程序:午市长茶会,晚主席邀请西餐。游览地点:指定平湖秋月、六和塔、岳坟、灵隐、三潭印月、西冷[泠]印社、中山

公园。又议决:函请各国侨民参加调查被日机炸毁区及伤亡人员情形,搜集证据,作有系统之报告;招待事务由市府担任,派胡新甫于廿四晨赴沪欢迎。各界欢迎办事处议决:通告各机关团体学校,各推代表十人到站欢迎;商店悬国旗欢迎;市商会发起公宴。(二十三日专电)

〔济南〕　今日市府召集省县两党部、公安局、省府、新闻界、津浦路,开济南市各界欢迎国联调查团筹备会。议决各界合并扩大欢迎,推市长闻承烈为筹备主任,内分庶务、会计、文书、交通、纠察、编辑六股,二十四日再开会讨论欢迎办法,决定非佩欢迎证不得到站台。(二十三日专电)

(《申报》,1932 年 3 月 24 日,第六版)

170. 英下院辩论远东事件,自由党议员惑于宣传为日本辩护,对东省问题静候国联调查团报告

············

不变对华根本政策

外部次官艾登旋为政府结束辩论,谓抨击政府办事不更严厉者固有其人,但赞助政府政策者尤多。彼主张严厉政策者,殆不知英国如果出此,或将自处于孤立地位耳。至于东三省问题,英政府正在注意该处英人之利益。东省之争执几历三十年,英政府愈加研究,愈生畏惧之心,未敢遽尔参预是项争端,故目前决候国联调查团之报告,较为得计。最近五年间中英关系有确实之进步,殊足引为欣慰云。艾登认此进步为实行前外相张伯伦对华政策之结果,四即坚决保持英国及他国应有之利益,及同情于华人合理之愿望。艾登谓此项政策,自应继续实行云。下议院此次辩论,各议员对于蓝斯堡、张伯伦及西门之演说,均注意听之,与前次辩论蓝斯堡发言时,保守党议员怒号促其停止者不同。(路透社二十二日伦敦电)

············

(《申报》,1932 年 3 月 24 日,第七版)

171. 国联调查团行动记:杭州欢迎代表昨日晋谒,昨见朱子桥有恳切谈话,今晨接见百余团体代表

关于国际联盟调查团昨日行动,及离沪前一切消息,汇志如下。

杭州代表来沪欢迎

杭州各团体前曾推出代表林叠、沈乃正、章颐年三君来沪,欢迎国联调查团。林君等于昨晚七时左右前赴华懋饭店晋谒,当由李顿爵士接见,询问日飞机扰杭情形甚详。畅谈约半小时许,始兴辞而出。林君等除将杭州各团体盖有正式印信之意见书面交李顿爵士外,并携有日机飞杭一览表及损害照片,及其他证据等多件,以备调查团之参考。

朱庆澜氏昨晨晋谒

慈善团体代表朱庆澜于昨日上午十时半赴华懋饭店,谒见调查团。朱氏用国语,由陈立庭[廷]翻译,向李顿爵士有所陈述。略谓:"鄙人服官东省三十年。本吾从政之经验,觉日人处心积虑谋我东省,约可分为三要点:(一)日本在东省之侵略行为。彼之所欲者,攫取而经营之。待我方与之一再交涉,则被攫者已非我有。例如抚顺煤矿,迄犹为中日悬案之一种。(二)日本在东三省之经济势力,完全取控制行为。外人不得投资,华人亦不得投资,投资权限,几为日方所独有。例如锦爱[瑷]铁路,美人投资之被屏是也。日人动指华人排外,实则无如日人在我东省排外势力之巨且甚也。(三)日本有坚绝肯定之主张,破坏我国政治之完整。如北伐军进抵济南而被阻,演成五三惨剧,继复炸张作霖,恐吓张学良,不许悬青天白日旗等,其例不胜枚举"云云。嗣由调查团提出质问,谓:"日人方面力言中国极端阻扰日本在东省发展交通事业,先生(指朱子桥)亦有所闻乎?"朱君当谓:"事诚有之。例如吉会铁路,日方名为发展东省之经济,实则别具心肝。试一展日本文部省昭和四年印行之教科书中,有日本在东三省澎胀势力之一课,自可了然一切矣。总之,日人蓄意破坏东亚和平,以谋单独占有东三省,实为无可讳言之事实。至请调查团诸公能秉公将

种种事实,完全报告国联,以求天下之公判。"最后由李顿爵士询朱氏:"对日人此种行为,有无其他意见贡献国联?"朱氏乃答曰:"我人对日人已不复再以信用目之。故日人除非在华军队全部撤退,以昭信于世界,否则吾人终不能信其有和平之诚意。我人深信国联终能克复强暴,故决赖国联以为我解决也"云云。最后尚有一言奉告,即"日军侵略我国之人,均为曾充我国官吏者,如顾问等类之人员"云云。谈话时,调查团全体团员均有特殊之注意。

英籍牧师数人往谒

昨日上午九时半,有英籍牧师数人前往华懋饭店,与国联调查团谈话,大约声述日军暴行之残忍,与此次日军根本无出兵之必要,因上海无论如何,决不致危及日本居留民之安全等详细情形。至十时半始告退。

团体代表今晨晋见

本市宁波同乡会、各路商界联合会、上海市民联合会、中国救国会、各团体救国联合会,及本市文化界、工商界百余团体,以国联调查团将于明晨分道离沪,昨日特请任矜苹君前往华懋饭店中国代表处,商洽晋见国联调查团之手续。当由王荔村君招待,晤见订于今晨,由百余团体代表蒋君毅、胡咏麒、任矜苹等,往调查团寓次,陈述对于该团之冀望,及呈送日军侵略东北前后与犯沪之详情意见书。

救国会致调查团电

中华民国国民救国会致国联调查团电云:"英国李顿爵士、美国麦考益少将、法国克劳德将军、意国马柯迪伯爵、德国希尼博士公鉴:此次敝国以过量和平态度,对于日本过甚侵略行为未能解决,致劳诸先生远道辛苦,实深愧感之至。诸先生受国联重托,负艰巨责任,不仅系于东亚和平,抑且系于世界人类将来之能否安全,所以敝国人民有热烈欢迎与忠实贡献者,良有以也。洎九一八事变之起,日本藉口保侨而侵占辽吉,近则藉口抵货而侵占淞沪;一面以外交手段欺骗国联,一面以积极政策吞并中华。在国联已一再受朦,在敝国已万分忍让。而日本终不知悟,直视国联为儿戏、敝国如无人,未免骄横太过。敝会兹有四点贡献如下:(一) 查日本侨商在华者,为数本不少,试问经过年时,有何重大损害?若以朝鲜各地敝国居民被残害者较之,敝国对于日本应当作如何行动？且历次惨案过程,皆由日本称兵来华,敝国未尝加兵于日本。此应请注意者一。(二)敝国人民鉴于东省同胞无辜被残杀、物产无辜被荡毁,因而敝国人民激发救国自救之天良,乃有消极抵制日货之表示,完全由日本以暴力压迫所激成。无论任何国家,当危亡之际,岂能不许如此最低限度之抵制者？况贸易自由,更未闻有以暴力而强人买卖之举。即敝国政府在法律上,亦无干涉人民爱国运动之可能。假使日本能撤销其残酷压迫行为,则敝国爱国运动,亦即自然停止。此应请注意者二。(三)查东省及上海闸北一带之道路,闻多由日本改易道路之名称。若非实行侵占土地之准备,何必如此？以日本大陆野心之蓬勃,世人无不共晓。假如敝国以一部分土地为其拓展之依据,窃恐数年而后,各友邦亦必有受其侵害之一日。利害相关,非仅敝国而止。此应请注意者三。(四)此次进行和议,敝国人民无不乐闻。惟敝国人民之态度,最希望日本先行撤兵,及东省、上海、朝鲜等案同时解决,以期真正和平公理之实现。假如敝国政府屈服于日本之局部条约,后患既不能除,则不仅敝国四万万人民绝难承认,抑且违背国联公道之主张与诸公远来之意旨。此应请注意者四。综上所陈四点,均为极堪注意事件。敝会具攸长历史,抱公道主张,谨以十二万分诚恳之贡献,唯希诸先生本调查使命,伸张公理,平反是非,使国联决议之实行,开世界和平之新路。毋任翘祷之至。中华民国国民救国会叩。漾。印。"

南站特备花车候座

国联调查团第一组李顿爵士等十七人,定本月廿六日由沪乘轮至京,第二组委员五人、秘书随员等十六人,同日由沪乘车赴杭转京,业经我方分别筹备欢迎。其赴杭一部份,昨由两路管理局车务处长郑宝照,令饬南站车务段长钟文江届时照料,并特备专车赴杭,计挂花车一辆、头等车一辆、头二等车一辆,共一列,停靠南站,听候定期出发。该项专车昨已由杭州站备妥,定于今日挂送来沪,停靠南站,以供应用。

沪商赴杭布置欢迎

杭州旅沪绅商张啸林及前浙江水上警察统领俞叶莼等八人,昨日下午三时二十分乘坐沪杭路卅八次中快车赴杭,与当地官商各界接洽,筹备国联调查团到杭后一切欢迎事宜,先事布置。

德和、江新两轮供差

李顿爵士等乘德和轮晋京。嗣以日本方面亦有代表十二人同轮赴京,其他方面亦有同行人员,致轮舱不敷分配,昨已另向招商局江新轮船租定舱位,以备其余人员乘坐。该两轮均已准备一切。

(《申报》,1932 年 3 月 25 日,第一版)

172. 宋子文之声明,否认对国联调查员抗议

国民新闻社云,外交次长郭泰祺昨以报载"某通讯社日内瓦电称,中国代表于三月十九日致函国联秘书长内开:顷接国民政府行政院宋副院长电称,国联调查团之留沪不便延长,该团如变更态度,实非中国政府所能赞成"等语,特为声明如下:

"今晨见报载中国向国际联盟抗议调查团迟迟赴满消息,深为骇异。查中国并未有训令致颜惠庆博士,令其抗议调查团对于任何问题之态度;且更不欲抗议其小驻上海,以受各界之欢迎。刻已致电中国代表团,查询报载消息是否确实。按东三省事态之迅速发展,使局势纠纷日甚,中政府之焦虑,固为人人所共知。此种发展与政府方面之意见,亦曾时常电告中国代表团。设果有此类意旨之公文送致国联,定必全系电文传递之际,字句有衍误所致。盖调查团之程序,完全与中国代表商榷而定,中国方面自无不满意之理"云云。

(《申报》,1932 年 3 月 25 日,第一版)

173. 哈瓦斯社为宋电更正

哈瓦斯社二十四日上海消息。昨日本社由日内瓦接得关于国民政府财政部长及行政院副院长宋子文致电中国驻日内瓦首席代表颜惠庆之消息,今晨上海各报均经登载。顷本社得悉此项消息传出之后,中国人士颇以为异。本社认为日昨所接日内瓦消息,应补充说明如下,以明真相。

先是数日以前，英国驻华公使蓝溥森曾电达伦敦，先问英政府，次问国联会秘书处，是否赞成现在上海之满洲调查团参与解决上海事件之谈判。因此伦敦、日内瓦及其他政治中心，自然各有意见表示，而中国出席国联会代表团以此事向南京政府电询意见，自属意中之事。宋子文氏可以代表中国政府意见，自无可疑。渠因中国代表团请示，乃复颜惠庆一电，谓满洲调查团之行程及程序，均经一九三一年十二月十日国联会行政院决议案予以规定，中国政府不愿其有变更。宋氏此电经颜惠庆以公函送达国联会，而秘书长德鲁蒙即对此公函答称，中国政府意见，有法向满洲调查团直接声明，特别可由中国助理员顾维钧为之转达。并云调查团之任务，经上年十二月十日国联行政院决议案规定之后，并无任何变更云。

（《申报》，1932 年 3 月 25 日，第一版）

174. 首都筹备招待调查团

〔南京〕 外交部招待国联调查团委会二十四开会，续商该团抵京后警备、招待各事。（二十四日专电）

〔蚌埠〕 各界以国联调查团将过蚌北上，二十四在党部开筹备欢迎会，推夏育肃、钱蒲仙等九人负责筹备。俟到站时，由各机关代表欢迎。（二十四日专电）

〔天津〕 欢迎国联调查团专车，定二十六由津开往浦口。（二十四日专电）

（《申报》，1932 年 3 月 25 日，第七版）

175. 国联调查团今晨分道入京，英、意代表径乘德和轮赴都，美、法、德代表乘车赴杭游览，昨晨接见商会、工会等代表

国联调查团抵沪以来，备受我方欢迎。自开始调查工作后，曾于二十一日参观战区。嗣后连日接见各界代表，搜集材料，征询意见。定今晨由水陆两路分途入京。昨晚七时，该团主席李顿爵士对各国记者作临别谈话。各情分志如次。

接见各界代表

调查团于昨晨七时，在华懋饭店六零二号接见各界代表，至下午二时始止。计往谒者，有市商会代表王晓籁、虞洽卿、袁履登、贝淞荪，慈善团体代表许世英、王一亭，总工会傅德卫、陆京士、周学湘、李梦南、俞仙亭、陈培德、李永祥、翁瑞夫，中华基督徒救国会代表朱懋澄、罗运炎、梁小初、应书贵，其他尚有市民联合会、各马路商界联合会，女界代表任矜苹、瞿振华等多人，并有代表七十万上海市民意见书一份送陈李顿爵士。

商会代表谈话

市商会代表王晓籁等昨晨谒见调查团时，由谢福生君任翻译，兹记谈话情形如下。王晓籁氏问："调查之战区视察，对空前浩劫感想如何？"李顿爵士答："此事极为悲惨。吾等视察后，当更为努力，以阻止此事再行发生。至详细报告，须俟回日内瓦时始可公布。"美代表麦考益少将问："据人谈，中国政府无统治全国能力。但此次事变，华人领袖办理救济难民事宜颇有组织，收效甚广，并闻有市民维持会等团体组织。此种良好成绩，抑由人民自动，抑经政府指导发生？"王晓籁氏答："中国人民向极统一，无分省界。虽政潮起伏，政见各有不同，但对外始终团结一致。"李顿问："前承市商会招宴，兄弟曾说过，'假设中国商会主席、日本商会主席能被委为议和全权代表，参加调停会议，其结果必为良好'。此语曾在日本旅途中对日商人谈及。如诚有此事，则阁下等为被推代

表,开会时将代表中国如何发言?"贝淞荪氏答:"和平议案不能受任何人操纵。双方应开诚布公,结果当然良好。不过近年来,日本铸成大错,图赖武力解决东方问题,不知此种办法更易引起敝国人民恶感。敝国近年来爱国思潮澎湃,日本如用武力压迫,万不可能。如谋谈判有良好结果,则须废除武人干政。中国近年来军阀渐次消灭,军事领袖颇重民意,已入民治途径。贵团对军民分治有何意见?"袁礼登①答:"一九二六年,王晓籁、虞洽卿等及余到大阪参观电业展览会。当时日本朝野盛倡中日亲善,参观团受日各城市热烈欢迎。日大阪市长与虞洽卿讨论中日亲善,曾向五万民众演说,觉当时彼此很为诚恳,中日确可实现亲善。即一九二六年以来,此五六年中并无抵制日货事件发生。且日观光团络绎来华,忆某一次竟达千余人,很可资证明。今则已往一番热烈招待景象,已破坏无余,言之痛心。"王晓籁答:"中日问题谋根本解决,须日政府援引屡次国际声明所负之责,尊重中国领土行政完整。至东省问题,中国甚赞同门户开放,但须声明者,以不破坏中国领土行政完整为标准。今日中日争执最初动机,起于万宝山案,继为旅鲜华侨被残杀,遂有抗日援侨会组织,其目的全在救济被难同胞。九一八沈案发生,日本大兵侵我国土,民气激昂。吾人受良心驱使,不得不采积极行动,实行抵制日货。一月廿八日,吴市长以牺牲精神,维持中日邦交,始接受日方要求,允取消抗日会等条件。讵知日军阀在日领表示满意后,即向闸北进攻,其地点并非越界筑路。日方在淞沪路以西开枪,中国军队先开枪、日军还击之说,可不攻自破。日本举动如此出人意料,使沪上人民受极大生命财产损害。其用意何在,吾人百思不获解。遂致抵货运动雷厉风行,纷向欧美定货,价逾数千万。如英国蒙极斯脱地方匹头工厂本已停工,接受中国定货后即开厂。自日军进攻后,全市商业停顿,各国皆蒙其害。吾人臆测,莫非日本因受抵货打击,而将全上海国际贸易置诸死地耶"云云。

工会代表谈话

上海总工会鉴于此次中日事变结果,工人失业影响至巨,种种经过详情及整个工界之意见,殊有向国际调查团陈述之必要,曾于本月二十三日致书该团,详陈事变之真相及中华民族对该团之希望。又恐笔述未周,复商准该团,定于昨日上午十一时半,在华懋饭店谈话。总工会特备正式晋见公函一封,由

---

① 编者按:即前文提及的袁履登。袁履登别名袁礼登。

代表傅德卫、陆京士、周学湘、李梦南、俞仙亭、陈培德、李永祥、翁端［瑞］夫等八人，代表晋见。时因本埠各团体代表纷纷晋见，延至下午一时许，始蒙该团接见。由傅德卫代表致词，除重伸前正式公函中所包之意见外，对于日进无疆中之中国政治现状，及日人卵翼下满洲伪国之背景，与夫工人失业影响之严重，均有恳切之伸述。末由该团李顿爵士代表致答词，谓此次调查决以事实为重，对于所陈各点表示欢迎接受云。

许世英等陈述

昨日（二十五）中午十二时，许世英、王一亭、赵晋卿、李祖绅、查勉仲等，到华懋饭店谒国联调查团。当由许君陈述访谒意见，略谓："诸君：鄙人今谨以上海战区难民救济会名义，在此日人占据东三省之后、侵略上海破坏之中，敬致欢迎热忱。鄙人于一九一〇年曾到日内瓦城，见其山水之秀、文物之盛，无往而不含蓄一种和平之气象，令人生欢喜心。至今思之，犹不禁神往。诸君今由此和平之城远临东方，亦自必偕此和平空气以俱来矣。诸君此来实负有二大使命：（一）主持正义；（二）维护人道。缘此二义，鄙人乃敢属望于诸君。惟期诸君不为任何阻力所屈，致有负此二大使命；亦不为任何诱惑所蔽，致令东三省暨淞沪受损实在情形暨事实，并应负其责任者，不能完全公正表白于世界。"许君除上述希冀外，并讨论世界永久和平办法：举行澈底废兵大会，实行将一切杀人利器一律废除，以之改造农工实用之机械；力图实业之发展，以救世界之经济恐慌，实为一举两得云云。

基督徒之谒见

昨晨九时半，中华基督徒救国会代表朱懋澄、罗运炎、梁小初、应书贵、金武周等，谒见国联调查团，详述日本以武力侵占中国，实为破坏全世界法治精神与永久和平之局面，幸国联调查团加以注意。并谓，日本侵占中国，实蔑视国联公约、九国公法及非战条约等国际间之一切法律，若任其动作不加限制，则全世界之大混乱，即在目前。李顿爵士即问："诸位意见，此事应如何解决？"答："应责令日本将东省交还我国。至其破坏国联公法而使中国所受之损失，亦当责令负之。"问："中国收复东省后，又将如何？"答："此为中国内政问题，日本无权过问。然我国对于整顿内政，已有具体方案。所谓地方自治之实行，东省当亦在内。"问："日本藉口东省土匪横行，不愿撤兵，又如何？"答："此只为藉口,并非事实。请观九一八事件以前,南满铁路一带固未闻匪患也。"闻该会已编制关于中日事件之具体意见书及上海各教会遭遇情形,备送调查团参考。

各公团意见书

自国联调查团抵沪后,本埠宁波同乡会、商界总联合会、市民联合会、法租界商界联合会及中华救国十人团联合会等,委托《民生》编辑社编制共同意见书,并举行同意签名。该书业于前日编印竣事,签名统计。截至昨晨止,共计公团一一二、商号六七三五、学校一二、个人一三八九一,合计七零三三九一人。而本外埠各公团、学校、商号及个人函请印发意见书,预备继续签名者,为数尤多。昨日已由蒋君毅、瞿振章等代表,将意见书及签名册送往华懋饭店,递交调查团。意见书一册用连史纸仿古精印,签名册十六本,每本百页,合计一千六百页,连同悬案附件一册,共十八册,合装古式锦盒一具,颇为调查团所注意。当时在场之顾维钧博士及陈立廷等诸君,俱称为上海民众有价值之贡献。蒋、瞿二代表临行时向调查团声明,现所陈之意见书乃根据国联盟约立论,为属于法律范围之见解;尚有其他意见及继续签名册,如何递达,请调查团面示办法。当经李顿爵士决定,托由顾维钧博士代收转交。二代表以调查团尚须另赴他约,未作长谈。归后,另以公函托顾维钧博士转交调查团,申述意旨云。

李顿临别谈话

国联调查团主席英国委员李顿爵士,昨晚七时在华懋饭店八楼接见各国新闻记者,作离沪前临别谈话。由各记者随意询问,爵士详为解答。谈约半小时,始握手辞散。兹归纳问答大意,述录爵士谈话大意如下。

在沪极感愉快

爵士云:"此次奉命来华,首临商业中心之都会,承各界殷勤招待,并与沪上领袖会晤,悉领中国人士之意见,弥觉愉快。"

停止敌对行为

"当余等抵沪之初,即与诸记者把晤,曾有希望在余等离沪之前,能目睹中日双方完全停战、停止敌对行为之表示。就今日之状态而言,可谓已可满足余等之愿望。停战会议正在进行,将来停战撤兵实行后,或召集所谓圆桌会议,或进行其他第二步办法，均悉由国联主持办理。"

视察战区感想

"余等此次参观闸北、江湾、真茹、吴淞等战区，深觉武力破坏之惨痛。对于世界和平之努力，更有积极进行之必要。而余等之使命，乃弥觉其重大。"

在辽勾留日期

"余等在沪第一步之调查工作已毕。今后将赴南京，与国府当局交换意见。然后赴北平，与张学良等会晤，充实调查之资料。但京、平所得，均为理论上之调查工作，俟抵辽后，始可实地视察，考查辽案纠纷经过详情。预料在东北各地约勾留三四星期。"

七月中再来华

"东北调查毕后，再返东京，与日本政府详加接洽，征求日方之意志。约七月中再由日来华，与中国政府当局作最后之商谈。然后作一总报告，送达日内瓦。预计八月间可望竣事。至沪案局部报告，由沪领团负责。调查团在沪期间，未奉有日内瓦任何训令，亦未发出何种报告。"

赴杭纯系观光

爵士又云，美、法、德三委员赴杭转京，纯系观光性质，并未有何调查工作，外间所传，非为事实云云。

今日上午离沪

国联调查团定今日上午，由水陆两路分途晋京。我国代表顾少川原拟陪同麦考益将军等由杭转京，嗣因日本代表吉田乘德和轮陪李顿爵士等入京，顾氏乃亦改乘德和轮晋京，另请秘书长王广圻、总务组主任张祥麟陪同克劳德将军等赴杭。顾氏将于今晨先赴南站送行，俟九时十五分开车后，再赴怡和码头，登德和轮船。

德和轮上人员

今晨乘德和轮入京者，计调查团方面有李顿爵士、意委员马柯迪伯爵，我国方面有总代表顾维钧、宋子文、刘崇植[杰]、王景岐、金问泗、颜德庆、徐淑希、严恩棫、张歆海、戈公振、吴秀峰、钱泰、赵铁章,日本方面有总代表吉田大使、秘书长盐崎等,计共六十余人,于今日上午十一时启碇。专门委员及其他人员等,均于今晚乘招商局江新轮入京。

路局特备专车

今日上午九时十分由南站专车赴杭者,计调查团方面有法委员克劳德将军、美委员麦考益将军、德委员希尼博士等,中国代表团方面有秘书长王广圻,总务组主任张祥麟,参议朱凤千、魏文彬、萧继荣,军政部代表张汶及朱少屏数十人。路局特备专车一列,计挂大花车一辆、小花车一辆、头等车一辆、二等客车一辆、车守车一辆,共五辆为一列。公安局特派武装警察大队四十名随车护送。

浙省府之晚宴

前杭州市长周象贤以调查团今日赴杭观光,特于昨日先赴杭州,筹备招待事宜。又浙江省政府主席鲁涤平定今晚在杭设宴欢迎。调查团决在杭勾留半日,二十七日晨乘汽车循京杭国道晋京。

议案组赴塘沽

中国代表团议案组人员均于今日乘定生轮船先赴塘沽,到天津等候。该组主任钱泰本人原拟先赴天津,昨亦临时变更,偕顾代表乘德和轮入京。

(《申报》,1932 年 3 月 26 日,第一版)

176. 国联调查团入京,各方招待程序

〔南京〕 国联调查团定二十六日分途来京:一批乘轮,二十七午可到;一批由杭来,定二十七晚在京与乘轮来之一批聚会。至欢迎办法,业由中党部、行政院、外部、京市党部及军警各机关代表议定:一,英、义调查委员抵京时,府方由外部、市府、军部、海部各派代表一人,在码头欢迎。码头上由海部乐队奏乐,其余各处概不备乐队。二,德、法调查委员由杭抵京时,只由政府四代表欢

迎,民众不□参加。并由中央军校乐队在励志社门口奏乐。三,一切招待及接洽,统由外部办理。任何团体,毋庸径自进行。又招待日程经改订如下:二十八日上午访晤当局,午汪精卫在铁部款宴,晚罗文干在华侨招待所晚宴;二十九日上午当局谈话、谒见主席,晚主席在国府晚宴;三十晚蒋在励志社晚宴;三十一日上午游览名胜,午中委在陵园午宴。(二十五日专电)

〔南京〕 欢迎国联调查团筹备会通知参加各机关团体,于二十七上午九时,依照行列,由三北码头起至励志社,整队集合。并函警备部警厅,于晨七时起沿途戒备,俟各团经过后再行开放。欢迎人员每人手执国旗,不呼口号。又筹备会备就汽车十辆,于二十五下午由京出发,经京杭国道直驶杭州,供各团员入京乘坐之需,并派招待专员随车照料。(二十五日专电)

〔南京〕 宋子文定二十六由沪飞京,参加欢迎国联各团员。(二十五日专电)

〔杭州〕 浙省府二十五接沪顾维钧来电,谓:国联调查团美、德、法三国委员定明晨八时五十分专车来杭。随行约三十余人,预计下午一时可到达杭站。各界欢迎代表可先往候待。(二十五日专电)

〔汉口〕 市府令二十七开筹备欢迎国联调查团会议,并呈绥署函警部饬处保护。报界、商会亦将于该团到汉时,分别招宴。(二十五日专电)

(《申报》,1932 年 3 月 26 日,第五版)

177. 国联调查团昨晨分道离沪,欢送声中欣然就道,顾维钧昨发表谈话,宋子文昨午后赴杭

国联调查团自十四日莅沪以来,从事调查工作,昨晨分水陆两途离沪晋京,计在沪凡十有二日。该团主席英委员李顿爵士及意委员马柯迪伯爵,于昨晨十一时在百老汇路怡和码头乘德和轮赴京。美委员麦考益少将、法委员克劳特将军、德委员希尼博士等,则于昨晨九时十分在南站乘专车赴杭,勾留半日,今晨由杭乘汽车晋京。各情分志于后。

三委员赴杭州

出发情形

麦考益将军、克劳特将军、希尼博士等,于昨晨八时余出发。临行前,由中国代表团秘书长王广圻、总务主任张祥麟及萧继枬、朱凤千、魏文彬、张汶、朱少屏等数十人,赴华懋饭店该代表等居处迎接。略事勾当,即趁汽车出发。

南市戒严

吴铁城市长于事前令公安局,在南市国联调查团诸代表所经之地,于上午八时三十分起宣告特别戒严。警察大队在中华路、民国路、车站路、国货路、黄家阙路等布哨,派队巡逻,禁止车辆行人往来。俟调查团经过后,至九时三十分,始行撤退。

顾、吴欢送

南火车站昨晨戒备亦甚严密。事前,军委会蒋委员长曾电令两路车务处长郑宝照妥为招待,故郑处长于昨晨率路员殷勤招待。公安局亦派保安队一中队,在车站上保护极严。我国代表顾少川博士、财政部长宋子文、吴铁城市长、俞鸿钧秘书长、温应星局长等,均亲自到站欢送。顾博士与诸代表均有深长之谈话。旋诸代表于乐声铿锵之中,相率登车。麦考益将军居前,克劳特将军、希尼博士等次之,再次为代表团之秘书随员等,最后为王广圻等数十人。

九时启行

各代表暨随员乘路局特备花车三辆、头等车一辆,于九时十分启行。市公安局派警察一队四十余人,随车护送。

乘德和轮晋京

启行情形

德和轮停泊于百老汇路怡和公司码头。昨晨九时许,工部局即派全副武装中西探捕,在码头戒备,沿途巡查,禁止闲人游荡。十时许,调查团团长英李顿爵士及意代表柯迪伯爵,我方代表顾维钧、日代表吉田等及同行人员,相继莅至。旋市长吴铁城、秘书长俞鸿钧、公安局长温应星同乘一巡船,至码头登德和轮,与李顿、柯迪会见,表示热忱欢送。李顿、柯迪表示谢意。吴市长乃与顾代表等握别下船。顾维钧夫人、徐通海夫人、潘志衡夫人、严恩棲夫人,均赴轮埠欢送。

李顿态度

李顿爵士与各人周旋后,在大茶间独坐一隅,披阅往来函件,若有所深思。而各摄影者,则集中爵士。待摄毕,爵士若又未觉也,待公文披阅一过,在船头散步。意代表柯迪病足,不良于行,上轮后即嘱左右首舱面置一藤榻,氏即卧于其上。有与晤谈者,氏略一颔首,藉此休息也。前驻比公使王景岐氏谒柯氏。王表示同船赴京转洛,出席国难会议,柯氏表示坚劝同赴东北,并询国难会议召集前情形颇详,王氏一一告之。

同行人员

吴秀峰、刘仲杰、王景岐、叔鲁、施德金、颜德庆、顾荣林、徐淑希、周天放、周志钟、钱颐格、赵铁章、蒋传伦、尹泰松、郑礼庆、李荫覃、顾善昌、汤心仪、傅小峰、刘毅如、谭咸庆、戈公振、于能模、楼桐荪、邹琳、徐养秋、程经远、桂中枢、刘崇本[杰]、游弥坚、王涌源、秦星海、屈荪宣[宜]。

中午开船

时至中午,德和轮鸣钟解缆。中外要人多脱帽欢送。行政院副院长本定昨日同轮赴京,临时中止。

顾氏谈话

记者昨于德和轮上,与国民政府代表顾维钧氏作下列之谈话。

记者问:"日来停战会议,我、日两方因撤兵而议无结果,其原因可得闻乎?"顾氏答:"此次中日举行停战会议,完全依据国联之议决案。照原定开会宗旨,并无多大困难之处。奈日方在会议席上并不依据国联旨趣,连日开会至再,尚未得到结果。总之,此次会议,我方抱定不谈政治问题。倘超出撤兵原旨,因之而决裂,其责当由日方负之。"记者又问:"倘一经会议破裂,我方则如何？"顾氏答："当将经过情形及日方越出范围之种种要求，报告于国联会十九国组织之委员会，以凭制止。"最后顾氏对记者曰："余此次招待国联调查团，对于停战会议情形不甚明了。然我外交当局业经再三表示，决不签订辱国条件。日方真欲对华表示好感，非撤退侵华驻兵不可。"

随员行程

国联调查团中国代表办事处职员，于昨晚十时，在法租界金利源码头乘招商局之江新轮晋京。

宋子文亦赴杭

财政部长宋子文昨晨九时在南站欢送调查团三委员赴杭后，原定乘德和轮，与李顿爵士等同赴南京。兹临时另有要公，改于昨日下午三时十分由南站乘车赴杭，今晨与调查团乘汽车晋京。又前上海市长张群因欢送调查团至南站，未及赶上，故于昨日上午十一时，搭乘四十次慢车赴杭。

女权会之访问

上海女权运动同盟会因国联调查团定于昨日离沪，为时间所限，不及开会欢迎，特推代表沈仪彬、黄绍兰、张敬庄、宋丽琛、徐政等，于前日上午十二时至南京路华懋饭店，当由调查团李顿爵士等五代表共同接见。经沈等面致中英文欢迎词，并表示希望调查团基于正义公理，维持国联信用，须知此次日本不宣而战之残暴，不但破坏中国和平，实破坏世界和平，当不能逃世界之公断也。词毕，经李顿爵士详询女权运动同盟会之组织，及中国女子获得参政权、继承权等等奋斗经过，并与世界妇女团体联络情形，深表敬意。谈约十分钟，因尚有其他团体接见，始兴辞而出。

（《申报》，1932 年 3 月 27 日，第一版）

178. 国联调查团三代表昨到杭，游览西湖名胜，省府设筵款待，今晨离杭赴京

〔杭州〕 国联调查团美、法、德三委员，二十六日下午一时十五分于军乐齐奏中抵杭。同来者有随员及王广圻、张祥麟、魏文彬、张汶、徐鼎、萧继荣暨日代表顾问法人博平等三十余人。到站欢迎者各机关团体代表共千余人，沿途由警察、童子军维持秩序。三委员抵站后，即与欢迎者握手出月台。麦考益与外交专员李蕃、克劳特与赵市长、希尼与周伯勋及郑文礼等，分乘外部所备及省公路局汽车廿五辆，径赴灵隐游览飞来峰。旋至清涟寺内玉泉观鱼，再至岳坟瞻岳王墓，嗣顺道到西冷［泠］印社，略进茶，即由中山公园前易游艇赴刘庄。时已三时四十分，即由庄主刘学询及韩女士招待，参观该庄宝藏之古器名画，遍历园亭之胜，旋乘游艇赴雷峰塔及汪庄赵志游之茶会。席间赵志游致欢迎词，麦考益答词。晚间省府在西冷［泠］饭店欢宴，曾养甫致词。各代表定明日（二十七日）上午八时赴京。（廿六日专电）

〔松江〕 国联调查团美、德、意三国代表，二十六上午十点零五分专车抵松。商学各界列队到车站欢迎，各团体代表杨仲和等登车致欢迎辞，面递声请书。红十字分会周学文，美牧师步惠连、鲍恩亦登车访谒。松社并有说帖呈递。约十一许开车赴杭。（二十六日专电）

〔杭州〕 宋子文二十六专车莅杭。（二十六日专电）

〔南京〕 外交部今日接杭州来电，谓国联调查团麦考益将军等定明晨离杭，正午可抵宜兴。外交部已派专员赴宜候迎，而于午后偕同入京。（二十六日路透电）

（《申报》，1932 年 3 月 27 日，第三版）

179. 首都限制人民欢迎国联代表

〔南京〕 国联调查团李顿勋爵等明晨十一时可抵下关。兹为谨慎起见，人民之欢迎者，仅准在中山路指定之地点伫候。调查团抵时，中山路将断绝交

通。政府代表在下关码头迎迓者仅限四人,均有特别符号。四代表为代理市长谷正伦、军政次长陈仪、外交次长徐谟,其一或为罗外长。自下关至励志社一路,列有特别卫队。报界代表仅许在励志社谒见,自今日起,凡无特别符号者均不准入社,因调查团团员将寓该处也。借来之日员,则寓日领事署。(二十六日路透电)

〔南京〕 海部宥电,令沿江各舰对国联调查团妥为保护,该团何时经过何地,随时电告。(二十六日专电)

〔北平〕 平各界国联调查团招待委会今开会,决定以北京饭店为该团驻所。(二十六日专电)

(《申报》,1932 年 3 月 27 日,第三版)

180. 驻京日领回馆办公

〔南京〕 驻京日领上村及秘书随员等,于月前迁往下关日舰办公。现以国联调查团离沪来京,特于二十六日晨全部迁回鼓楼领馆办公。并闻随调查团来京之日代表吉田等一行,亦将下榻于该领馆。(二十六日专电)

(《申报》,1932 年 3 月 27 日,第三版)

181. 盐泽乘舰抵汉,日领声明系视察海军,武汉筹备欢迎调查团

汉口通信。袭击上海闸北之日本海军司令盐泽,自我军在上海撤退后,即有来汉布置军事之谣传。但延至日前始由沪乘安宅旗舰上驶,廿五日午后二时抵汉,泊舰日租界海军码头。一时江中中外兵舰均鸣礼炮,日本官宪侨民尤热烈欢迎。盐泽在沪战以前曾驻节汉口,积极布置军事,希图发难,已予武汉人士以莫大之印象,此次来汉,任务何若,殊堪注意。惟驻汉日本领事曾向我当局声明,谓盐泽系日海军第一外遣舰队司令,由重庆至吴淞泊驻长江日舰,均在其视察范围之内,此次来汉,系彼职责所应有,别无任务,且盐泽来汉,并

未增带陆战队云。武汉在此空气紧张之际，忽传国联调查团将过汉北上。市政府已奉到省府训令，正筹备欢迎，日内即成立筹备招待处，并聘请名流担任招待。各界亦拟于该团到时，分别招宴。据外交部及顾维钧电告，该团拟于二十六日赴京，三十日来汉，下月二日当可到达云。（三月二十五日）

（《申报》，1932 年 3 月 27 日，第六版）

182. 国联调查团昨分两批到京，德和轮午前抵下关，杭来团员晚间始到，首都各界热烈欢迎，各代表下榻励志社

〔南京〕 国联调查团主席李顿爵士、委员马柯迪，我国代表顾维钧、王景岐，日代表吉田等，乘德和轮于二十七上午九时半抵下关，先进泊江心。政府欢迎代表罗文干、陈绍宽、陈仪、谷正伦等，乘澄平轮驶至德和轮旁，登轮与李顿爵士等一一寒暄，代表政府致欢迎之意，旋即相偕乘澄平轮上岸。海部军乐队奏乐欢迎，李等脱帽为礼。当乘汽车赴励志社，第一辆为李顿，由外部招待主任应尚德陪坐，第二辆为马柯迪，第三辆为日代表吉田，第

下转第六版

四辆为顾维钧，其余人员亦分乘汽车随行。沿途各机关、团体、学校列队欢迎者甚众，均按预定地址集合，秩序井然。调查团汽车经过时，各脱帽致敬。沿途各商店、民宅，一律悬旗欢迎。李顿等抵励志社后，即略事休憩。该社正厅、会客、室卧室一切设备，俱极雅洁。有许多足以代表中国古代文化之雕刻制作品，及含有美术性之国产器物等，错综陈列。正厅四壁，满悬总理遗墨。在京招待日程为：二十八上午拜访政府当局，午十二时半汪院长午宴，地点在铁道部，晚八时罗部长晚宴，地点在华侨招待所；二十九上午谒林主席，谈话，晚八时林主席晚宴，地点在励志社；三十晚八时蒋委员长晚宴，地点在励志社；三十一上午游览名胜，午十二时半中央委员午宴，地点在陵园。京中各民众团体、各报记者、各大学代表，均拟晋谒各团员，陈述日人在华暴行，及我国民众酷爱和平、尊重国际各种公约及国联决议案意旨，希望本扶植正义、主持公理精神，查明一切真象，尽量报告国联，俾早得圆满解决，以维持世界永久和平。现正向外部接洽，编定日期与时间，请预向调查团介绍，定时接见。（二十七日专电）

〔南京〕 国联调查团李顿、马柯迪及顾维钧等一行,乘德和轮于二十六正午十二时离沪。过吴淞,多凭栏瞭望战区并摄影。李顿向王景岐询上海教育情形甚详。团员谈及留沪印象,颇以沪人重近轻远为异,谓沪案易解决,东北何漠视? 晚宴船长裴鲁居主位,右为李顿,左顾夫人,对面顾维钧居主位,右为马柯迪,左吉田、王景岐、裴尔特、盐崎观三等作陪,调查团秘书、中日代表处人员各为一席。餐后李顿与顾维钧及美顾问赫森夫人等作叶子戏。北宁路派汤姆森、谭咸庆南下迎迓。闻有花车二辆,系为世界游历团特备,每年赴秦皇岛北戴河之用者,精制西式中菜,侍者经过训练,颇合调查团乘坐,但只有头等床位上下十六,二等床上下三十二,加挂会议车、餐车、行李车、守卫车,现停津站,候电开浦口或开汉口。普通职员北上,须另备车。至此车是否开过山海关,须视调查团之需要及日方保证而定。日方怂恿调查团赴汉,目的在迁延时日。船本定今午抵京,途中行甚速,闻天明可到。招待组恐京中不及欢迎,一面令船缓行,一面派人在镇江发急电知照,故至十时半抵下关。美国狐狸公司及上海明星公司均随船摄电影有声片。(二十七日专电)

〔南京〕 国联调查团美委麦考益、德委希尼、法委克劳特等,二十七晨由杭乘车,经京杭国道来京。正午过宜兴,即在该地午餐。沿途及汤山一带,我国均派有欢迎人员照料一切。晚七时抵励志社,政府代表罗文干、陈仪、陈绍宽及顾维钧等,均亲往欢迎。(二十七日专电)

〔杭州〕 调查团美、德、法三代表,二十七晨八时三十五分赴京。共乘汽车十三辆,一号麦考益、魏文彬,二号克劳特、王广圻,三号希尼、朱凤千,余乘随员、招待等,二辆装行李。(二十七日专电)

〔南京〕 李顿爵士等一行抵励志社后,由外次徐谟导往客厅休憩。各界民众代表由徐介绍,晋见爵士,略谈数语,约期更作详细谈话。嗣罗文干偕顾维钧往访,晤谈甚欢。外部招待委会于正午在励志社备西点招待午餐。李等以舟车劳顿,当日并未接见宾客。津浦路对招待调查团北上专车已备妥,以管理委员钱宗渊为招待主任,人事课长赵国栋等招待。关于专车配备,除现有车辆外,并调集蓝钢车八辆,借用优美花车二辆、饭车二辆,届时另由铁甲车司令部拨铁甲车一辆压道①,并选护路警士十六人,随车保护。铁部接北宁路局电告,欢迎调查团专车,经备就十九辆,车内均点缀一新。沿线警戒责任共分三

---

① 编者按:原文"压道(车)",今作"轧道(车)"。后同。

股,平津间归护路第三队负责,津唐间归护路第一队负责,唐榆间归护路第二队负责。如不敷分配,则由就近驻军协助。并函军警机关,由军队与段警妥为联防,以资保护。(廿七日专电)

〔南京〕麦考益将军、克劳特将军、希尼博士已于今晚七时三十分抵此。(二十七日路透社电)

〔南京〕国联调查团李顿爵士等,今晨九时半乘德和轮到京,船泊江心,未靠三北码头。罗文干、谷正伦、陈仪及日领事等乘渡船往迎。十时团员登岸,赴励志社。汽车四十辆连接而行,乘第一辆者为李顿爵士与南京招待委员长外部应司长。中山路两旁观者甚众,搭牌楼一座,载欢迎语。沿路有警察与童子军守卫,秩序甚佳。今日全城悬旗,以示欢迎。自清晨起,学生与各团体代表赴下关及中山路欢迎者,不绝于途。商店皆贴有英文欢迎及宣传标语,其最普通者,为"华人宁愿荣誉而死,不愿生于日人武力之下""中国赞助国联以促进和平与公道""吾人欲得公道,公平必须遵守"等语。在德和船上所予调查团团员之欢迎,乃属非正式者。彼此寒暄数言后,各员即先后登岸。日陪员吉田等先下船梯,入渡船。数分钟后,李顿勋爵、马柯迪伯爵、罗文干博士、顾维钧博士暨其夫人均登甲板。罗在船梯之口,固请李顿勋爵先行,李固辞。李、罗谦让再四,罗卒先下渡船,余员继之。渡船在三北码头靠岸,德和则驶往下游,泊于怡和码头。李顿勋爵将离德和船时,曾伫立数分钟,以应摄影者多人之请,摄取快影,得佳片多帧。是时风力颇劲,江上波浪鼓起,泊于下关外之英驱逐舰某号曾遣汽油船一艘,泊于德和船侧,以备不时之需,但未用及。诸员之下船时,毫未受不安适情事。渡船中备有茶点,互谈之顷,已安抵三北码头。于是中国海军乐队之乐声大作,码头出入口之宪兵与警察,皆立正示敬,欢迎组织甚为周到,一切以兵法部勒之。诸员登岸后,复为摄影及摄取有声新闻片故,伫立数分钟。于是一行人众乃驱车直赴励志社,团员即税驾于斯焉。路透访员曾登渡船欢迎团员,诸员均未言及所负之职务,仅谈述德和船抵南京之前一小时,救起遭风倾覆之小舟中华人三名之情形,现信尚有二人,已随波臣为伍。德和船今晨抵此,为时之早,出乎意料。李顿勋爵在励志社语在座诸人,谓渠意以为到京之时,必在午后三时左右。因早到之故,有许多政府领袖不及赴下关码头欢迎,而励志社供应部亦因以大为忙碌。盖今日仅豫备晚宴,午宴所需毫无准备,立时张罗,始得应付。吉田在鼓楼附近与调查团作别,赴日领署,将与其随员下榻署中。励志社向禁烟酒,虽最高级文武官员,亦不得犯规。今为调查团之故,破此戒条。并为团员备特别办公室,俾驻京时可安然办公。此足证中国当局拟竭力款待团员,使有宾至如归之乐。该社之大礼堂,现听团员随意用之。旋在该堂设茶点,奏细乐,以款诸宾。(二十七日路透电)

〔南京〕 宋子文二十七上午十一时由沪乘飞机抵京,定二十八日访晤国联调查团各团员。(二十七日专电)

〔汉口〕 绥署定二十八召集各机关代表,在市府开会讨论欢迎国联调查团。(二十七日专电)

〔长沙〕 省府代表全湘人民电国联团,请公平调查日人侵华事实,贡献国联。(二十七日专电)

〔江阴〕 国联调查团二十六日下午八时,乘德和轮过澄。(二十六日专电)

〔徐州〕 徐各界以国联调查团抵京,即将赴平,二十六电京欢迎,有"贵团负重大使命,作实地调查。斯时战血犹殷,劫灰未冷,侵略战迹,定可了然。必能本盟约之专条,作澈底之解决"等语。此间已准备于调查团过徐时,全体赴站欢迎。(二十七日专电)

〔北平〕 国联同志会电国联及调查团,请注意东省现在情形及调查办法。因东省华人均受监视,倘垂询时,最好避开日人。(二十七日专电)

(《申报》,1932年3月28日,第五版转第六版)

183. 溥仪派员到沈,请示招待调查团办法

〔北平〕 榆关电。溥仪就伪执政后,派罗振玉到沈谒本庄,面谢其用武力维持伪国成立,并请示国联调查团到沈后接待办法。(二十六日专电)

(《申报》,1932年3月28日,第六版)

184. 妇女界对于国联调查团建议

上海妇女协会、上海妇女救国大同盟、上海女青年会、上海妇女参政会、上海女权运动会、上海妇女节制会、上海妇女会,致国联调查团函云:

"国际联盟会调查委员团诸委员公鉴:贵团为中日争端,主持公道而来,上海妇女团体,自无任欢迎。兹为供给贵调查团参考资料起见,爰将自日军不宣而战以来之惨果,陈述一二,并附意见。

夫兵凶战危,人尽知之。至不宣而战,使多数无辜良民,殉身于未获警告之袭攻,其可怖可恫之情状,在贵团容未能想象知之也。凡此惨痕,一俟贵团亲临战区之后,当得尤为深切之认识,毋须殚述。敝会为代表中国妇女界之机关,兹愿向贵团郑重表示其感想及其希望,并为保障世界和平计,且有建议之处,祈垂察焉。

夫我人极希望贵团之使命得以圆满完成,国联弭战肇和之工作得以早日成功,庶几世界因以维系之公理公道,不致竟为暴力所毁灭。故华人之愿意与贵团合作,其情绪之热诚,固犹贵团之与列强也。我人对于国联之不能于上海事件发生以前迅谋友好公平之解决,虽属遗憾,然仍深信国联之终能持其毅力,而向艰难复杂之情势中觅得出路,无可疑义。但同时我人坚持对日必须经济绝交,盖此举与国联盟约第十六条之精神相符,且该条之实施,尤为我人所乐睹者也。中日之争,以日本之侵略,故若日本一日不放弃不改悔,则战争必无已时。为人道正义而战,日人之屠杀,非所敢惧。日本在沪所施,既尽其利器之能事矣,如大炮、坦克车、机关枪等,举凡近世最新战术所用之军械,靡所弗具。因之在一月之久之战期中,重炮之声震耳欲聋,燃烧之虐触目惊心,无问昼夜,肆意蹂躏,结果之惨,自难言喻。然我后死之妇女界,鉴于日本手段之凶暴、中华文化之濒危,必仍不顾一切,竭其精力,坚持到底。须知中华民族在历史上虽屡经变乱,终能屹然自立者也。际此中国存亡危急之秋,我人尝再三示人,以决不屈服于武力矣,是故无论日本或中央政府用何手段,均不能强迫我人以购买日货也。使世界上除抵货一法外,尚有其他工具可以制裁侵略者,国联必倡之于前,而我人乐随于后矣。且我人之抵制,非狭义的,非仅为中国乃抵制。无论何国不幸而陷我覆辙者,我人悉愿予以同情之抵制也。西人吉拨林不尝有言乎,曰'动物之中,惟阴性为最忍',非謷语也。我人知贵团将于满案间接有关之原由,不容多喋,以自障碍其进行。然我人不得不告者,日本之侵略满洲,与夫天津、上海两地之不宣而战,皆系从强横一贯之政策而来,故占满之举,仅其发轫耳。今日能为中国患者,恐异日将为世界患矣。我国政府亦以是之故,而信赖国联,盖冀其能迅速行使其神圣之义务也。我人之愚,以为贵团从事调查之时,必也详征博采我国人民之感情意见与要求,并及日本热烈嗜战之政策益以澎胀,大有动摇世界之危机也。

夫何者为世界所亟须完成之工作乎? 曰:实行国联条约限制侵略之条文,以责盟约国相互遵守他国之土地完整暨行政独立耳。若非然者,日本益强,迨有再进一步之侵略可能时,世界之事,尚堪问乎? 当此之时,世界劫运既临,决难轻言挽回矣。我人于此,不敢不竭诚希望贵团,宜为公道树一基础,庶我人得所凭藉,进而谋世界之幸福。则中国幸甚,世界和平前途幸甚。"

(《申报》,1932 年 3 月 29 日,第一版)

185. 国联调查团在首都之酬酢:历谒政府当局,汪、罗设宴款待

〔南京〕 国联调查团二十八日晨八时,由顾维钧陪同李顿同坐一车,其余意、美、德、法各委各坐一车,由励志社至华侨招待所,谒见林主席。林对该团跋涉旅途,致慰劳意。九时至外交官舍谒罗外长。谈半小时,即往铁部一号官舍谒汪院长。十一时至陵园,谒蒋委员长。十二时至铁部,应汪院长宴会。晚八时则赴罗外长之宴。(廿八日专电)

汪精卫之演词:求自由平等非排外意义,尊重条约有事实可证明,抵货运动全由侵略激成

〔南京〕 汪院长二十八日午宴请国联调查团,致词如下:

"各位先生:各位先生受国际联盟之重大使命,远来中国,鄙人代表政府谨致无限之敬意。

各位先生为调查中日事件而来。各位先生于抵上海后,不辞跋涉,亲赴淞沪一带察看战迹。日本海陆空军所加于中国人民土地之破坏,一切文化上、经济上之建设,为飞机、炸弹及重炮弹击为灰烬。从枪林炮雨中逃命而出之难民,彷徨无所归。学生失学,工人失业,社会问题益形严重。至于因战事而致死者之家属,孤儿寡妇,凄徨[惶]无告,又触目皆是。此皆一月二十八日以来,淞沪一带所受日本侵掠的战争之一幅实写,为各位先生所亲接于目、闻于耳

者。至于东北的情形,也就可以推想而知了。各位先生,中国与日本同为国际联盟的会员国,负有遵照国际联盟公约以保障和平、杜绝战争之义务。而今竟不幸两国之间俨然发生战争的行为。鄙人今者郑重声明,此次争战行为之发生,中国方面实无何等之责任,中国方面实因受日本不断的攻击,始不得已而出于正当防卫的。自从去年九月十八日日本进兵侵占东北以来,中国遵守国际联盟会员国之义务,以此重大事件,取决于国际联盟。所有国际联盟行政院之决议,中国无不诚恳接受。而日本则对于国际联盟行政院之决议悍然违反,最近且以其陆海空之兵力,蹂躏及于东南。本月国际联盟特别大会之决议,亦不值其一顾。所以日本方面不仅是中国领土主权之破坏者,而且是国际联盟公约之破坏者。

鄙人如今代表政府,以中国人民之希望及志愿,奉告于各位先生。国民政府奉行中国国民党总理的遗嘱,努力于求中国之自由平等。所谓求中国之自由平等,其意义与排外全然不同。盖中国之自由平等,实为中国国家及民族生存上之必要条件。中国曾将此等要求,于民国八年间巴黎和会诚恳披露,接着又披露于翌年之华盛顿会议。其后十四、五、六年间,中国国民党的政府及其所组织的国民革命军,由广州出发、统一全国之际,更将此要求充分表现。因为这是任何一个国家为其生存上所不能不具有的条件,而其意义决非排外。这一点鄙人不能不请求各位先生加以注意。中国不但没有抑外的意义,而且对于和各国所订立的条约,亦无不尊重维持。中国固然有废除不平等条约的要求,但中国决没有由单方面径行废除的意思。中国深知不平等条约之废除及平等条约之订定,不但为中国生存上所需要,而且与关系各国间亦有共同之利益关系,各国必能予以援助的。鄙人如今举一例为证。这一次日本侵占淞沪,系以公共租界为军队之登陆地点及作战根据。此于中国防卫方面,实蒙极大之不利。而中国因尊重条约之故,始终不肯妨害公共租界之安全。当日本军队背公共租界而向中国军队发炮射击之际,中国军队因恐损伤及于租界,至于不肯还炮。举此一例,则中国政府及其人民之忍耐程度,可以推见了。各位先生来自日本,或者听见说过中国人民有排日的事实,如抵制日货等等。鄙人如今附带说明:中国人民之有此等事实,乃日本对于中国侵略行为所激成。例如民国四年间,日本以哀的美敦书强迫中国签字于'二十一条',曾因此而引起中国人民抵制日货的事实。十七年间,济南惨案亦是如此。至去年九月十八日以后,则中国人对于日本之恶感,随日本的侵略行为而日益扩大。如欲消除此等排日的事实,其唯一有效之方法,在日本消除其侵略行为。因为中国人民本来没有排日的意思,中国人民对于现在时局所抱的希望及志愿,为领土与主权之完整。所以对于东北最近的傀儡政府的出现,认为与日本当日灭亡朝鲜同一手法,决不能容忍。至于在东北从事于经济的开发,则中国人民必乐与各友邦携手进行。而其希望得有和平以遂其发展,亦与各友邦维持商务之热望,无有异致。

兹者各位先生受国际联盟之重大使命来华调查,鄙人深幸得此机会贡献其所见,以供各位先生参考。并愿尽其能力,协助各位先生完成此重大任务。敬祝各位先生为公理与和平有所成就。谨满举一杯,以祝各位先生之康健。"

(二十八日专电)

罗文干之演词:我国始终采取和平态度,不能改易邻邦侵略行为,愿得公正办法解决时局

〔南京〕 罗外长二十八日晚八时宴国联调查团于华侨招待所,并致欢迎辞如下:"诸君:诸君是代表全世界最高的权威(即国际联合会),本部长现在代表中华民国国民政府欢迎诸君,非常欣幸!这次事变发生之始,我们就立即诉诸国联,深信各国必能为我们作正义的保障。对于国联行政院及大会殚心竭力的工作,以求缓和此次争端或缩小事变的范围,本部长深信得乘此机会,明白表示中国感谢的热忱。尤其使我们不能忘怀的,即曾充国联行政院主席的一位大政治家的溘然长逝,引起了全法国人民的哀悼和人类的同情。诸君莅临中国,适当中国历史上一个最悲惨的时期。当诸君离欧时,东省事变的发展,已足危及中国领土的完整;随后日本在上海的军事行动,更使中国社会和政治组织的基础,濒于危殆的境地。诸君都知道中国自宣布共和以来,就想法适应政治上和社会上的近代观念,希望由和平而渐进的发展,中国对于全世界的繁荣和进步,可以有充分的贡献。我国完全明了这种事业的前途,横布着许多的困难。在幅员辽阔的国家,差不多占有全世界五分之一的人口,加以交通不便以及其他种种原因,致智识阶级对于民众的努力,未免迟延而少功效。中国政治和行政的组织与诸君本国不同,中国所有关于领导和发展共和政体的大业至为艰巨,因此各种障碍亦在所难免。我们有时不得不尝试新试验,以促进实现我们的新理想。但我们至少希望没有外来的危险,并获得各国的同情和友助,尤其是土壤相接的邻邦的同情和友助,以相继续我们的努力。在我们正在试行解除各种困难和阻碍的时候,不意竟有一邻邦,于事前不为预告,也不诉诸国际公法上与中日两国共同签字的条约上所规定的和平解决国际纷争的方法,而突然用军事力量攻击我国,先袭我东省,继攻我天津,复侵我上海。我们对于这个邻邦,本来希望和他依据平等相互和互尊主权独立的原则竭诚合作的,乃不料他竟有此等出乎寻常的举动。我们是最爱和平的国家,所以自始即采取最和平的态度,满望着以我和平的态度,来改易他侵略的行为。不料此种希望,俱成泡影。诸君此次在沪时,对于自一月廿八日以来关于上海事变的经过,谅已能搜集了适当的情报,并以诸君公平的眼光来估计一般和平无辜的民种[众]所受的痛苦。我们为保护领土起见,对于侵略者曾经加以抵抗,尤为自卫计,将继续抵抗。但我们深愿和平,并愿根据国联决议案及现行条约,缔订任何公正办法,以解决时局。我们对于诸君调查的结果和诸君对国联的建议,很为信赖。我们深知诸君具有大公无私的精神,在调查时所需各项材料和各种情报,自当尽量供给。我们决不隐蔽,深信坦白无私最足表现我方理由的公正。鄙人谨举杯,祝诸君的健康和诸君使命的成功。"(二十八日专电)

李顿爵士答词:国联当然维持国际信用,决不违背土地完整原则

〔南京〕 国联调查团委员长李顿爵士于汪院长宴会席间,代表全体委员用英语致答复,首述调查团感谢中国政府招待之盛意,后略谓:"国际联合会本身所负之责任,当然维持其国际信用。此次中日事件发生,而中国政府始终信赖国联,国联亦甚表示同情。且余(李顿自称)敢说国联会处置此次事件,决不违背、破坏任何国家之行政独立、土地完整之原则,如有违背此原则者,国联会亦决不予承认"云云。(廿八日专电)

顾维钧之谈话:调查团留沪印象甚佳,政府将提整个意见书

〔南京〕 顾维钧语记者,国联调查团留沪十二日,对我国各界所陈意见甚注意,印象甚佳。政府方面拟有一篇整个意见书,并附日本侵华各种证据,日内即交调查团。调查团各委日内亦欲与我国当局经过一度正式商议,请我政府尽量表示意见,藉明中日问题症结所在。记者询沪停战会议前途观测,顾答:"本人奉命招待国联调查团后,对停战会议内幕不甚明了,前途难遂乐观。对方如觉悟人类残杀之可惨,应速相见以诚,毋徒迁延时日。"(二十八日专电)

各代表之表示：极喜西湖风景之美，兼爱乡间民风之厚

〔南京〕　法委克劳德将军语人："久闻西湖之胜，此次亲历其境，尤超出希望外。诚欣快之至。"美委麦考益少将抵励志社时，语李顿爵士云："杭州之行，不仅获睹秀丽景色，且亲见诚厚质朴民风，使余依依不舍。途次颇以不能与君共游引为缺憾。"德委希尼博士告顾少川，浙建设颇呈蓬勃气象，乡间民风敦厚，尤为景怀。（二十八日专电）

〔南京〕　国联调查团美、德、法各委，二十七晨八时由杭出发。美委麦考益乘第一部车，由魏文彬陪坐；法委克劳特乘【第】二部车，由王广圻陪坐；德委希尼乘第三部车，由朱鹤翔陪坐。抵吴兴时，由吴兴县长开茶会招待，约停半小时。下午一时抵宜兴，由苏省府派员设宴招待，并致欢迎词。法委在宜兴时，曾向欢迎人员面索欢迎旗一面，留作纪念。三时离宜，到句容时，因汽油不足，停车加油。该处有军乐欢迎，并有童子军一队，服装整齐，军乐合拍。各委以句容并非繁盛之区，竟有如此整齐之童军，均甚注意。八时抵京。各委以此次在杭游览，非常满意，因一风景好，二秩序整齐，而沪杭路设备亦极完美。沿途由张祥麟等招待，并由浙省府派公路局陈局长护送。（二十七日专电）

各地筹备欢迎：北平拟就招待程序，欢迎专车南下待命

〔南京〕　李顿勋爵之秘书艾斯图，今晨由沪乘飞机抵京，亦寓励志社。政界、报界等现一致竭力反对日人请调查团先赴汉口、广州，继再赴东北之议，咸主调查团即赴东北，调查该处状况，谓此案自去年九月起待决至今，未便再延，日人之申请，其唯一目的乃欲尽久延缓调查团在东北之工作云。调查团应否赴汉，现为团员在讨论中主要事件之一。据称，此问题将待调查团秘书哈斯明晨由沪抵京时决之。今日午后，团员与汪院长、罗外长、顾博士在铁道部会谈，交换中日问题之意见。闻谈次调查团曾考虑将取道汉口北上之计划作罢。午后五时，团员曾在励志社开非正式会议。调查团团员定明晨十一时谒见林主席。（二十八日路透电）

〔北平〕　平当局积极筹备欢迎国联调查团。东车站及北京饭店门前，各扎彩牌楼。届时各机关、学校、商店一律悬旗欢迎，各界代表均到站欢送欢迎。抵平日程已拟定：第二日上午游三殿古物陈列所，下午雍和宫、孔庙、国子监，晚张学良宴请；第三日午文化机关及学术团体宴请，下午游故宫，晚周大文宴；

第四日午各团体宴,下午新闻界宴,晚东三省政府宴;第五日游西山,午颐和园午餐;六日游天坛、中山公园等处,午商会宴,晚张学良、顾维钧等夫人茶会,晚妇女联会宴。（二十八日专电）

〔天津〕　欢迎国联调查团专车,二十八晚五时半开往徐州待命。北宁路局派车务副处长谭耀宗随车照料,又派黄为臣为车队长。（二十八日专电）

〔汉口〕　绥署二十八日召各机关会议,商招待国联调查团。决组招待处,分交际、总务两组,指定德明、中央两饭店为寓所,并由平汉路备专车一列,载运赴平。（二十八日专电）

〔济南〕　北平钢甲车今开徐州,迎调查团。（二十八日专电）

〔济南〕　津浦委员龚柏龄赴津,筹备欢迎调查团已毕,今过济返京。（二十八日专电）

（《申报》,1932 年 3 月 29 日,第三版）

186. 国联调查团晋谒国府主席

〔南京〕　国联调查团主席李顿爵士、美代表麦考益、法代表克劳特、意代表马柯迪、德代表希尼,二十九日上午十一时半由顾维钧、罗文干陪往国府,觐见林主席。入二门时,乐队奏国乐欢迎,卫队分排鹄立,鸣号举枪致敬。典礼局科长刘洒藩〔蕃〕导至二楼主席会客室,由罗文干依次介绍毕,各委向主席行一鞠躬礼。主席答礼并向各委一一握手入座后,互道寒暄,各致景慕之意。谈话约半小时,由顾维钧翻译。旋告辞,仍由典礼局招待员恭送上车,鸣号奏乐如仪。李顿即赴英领署午餐,余委返励志社休息。（二十九日专电）

〔南京〕　国联调查团今晨十一时三十分至国府拜会林主席,由顾、罗二博士陪往,并未演说,彼此仅作非正式之谈话。嗣回励志社进午餐。自明日起,团员将接见公共团体代表,其假定之程序如下:星期三日自正午至一时,接见各大学校长及其他代表,并南京国联同志会代表;星期四日由上午十一时至正午,接见南京商会、农会、工会代表及洛阳国民外交会代表,晚间林主席在国府宴待团员。今夜之宴会,不若昨夜之拘礼式,演说词较短。盖演说已成为可畏之事,华员所发者须由汉文译为英文、法文,英、日文之演说又须译成汉文、法

文,殊觉麻烦也。(二十九日路透电)

汪、蒋至励志社答访

〔南京〕 二十九午十二时二十分,汪至励志社答拜调查团。除寒暄外,关于远东和平问题,亦有谈及。十二时半,蒋亦至该社答拜。晚八时,林森在国府第一会议厅欢宴调查团,汪及宋子文、顾维钧、罗文干等陪席。林致欢迎词,李顿答词,九时散。蒋及其夫人定三十晚假励志社宴国联调查团全体委员,有各种游艺助兴,并许明星公司摄取有声电影。(二十九日专电)

〔南京〕 国联调查团费去两日于宴会拜访之周旋后,今日午后着手办理正事,在铁道部与中政府诸领袖会商。原定午后三时集会,但在午时议定四时开始。罗外长与汪院长皆于午前到励志社答拜调查团,由李顿勋爵接见于陈设中式红木家具之临时办公室。李顿勋爵写字台对面,悬丝绣蒋介石骑马像。(二十九日路透电)

林主席有诚恳演说

〔南京〕 今夕林森邀国联调查团在府宴会,到中外二十七人,吉田亦被邀列席。至夜十时尚未散。蒋与宋子文及哈斯未参列。(二十九日专电)

〔南京〕 国民政府林主席于二十九日晚八时,在国府第一会议厅宴请国联调查团,并请我国代表顾维钧暨重要人员及各院部会长官等作陪。当调查团进国府大门及至第一会议厅时,各电影社记均者摄取①活动电影片。宴会时,林主席即席致欢迎辞云:"本主席代表国民政府暨中国人民,谨致极诚恳之欢迎于李顿爵士及团员诸君。吾人之热烈希望与志愿,即在诸君之使命得告成功,庶几远东之重大国际危险得以避免,并对于因维护某种主义而为此后世界所乐于随从者创一先例。中国人民酷爱和平,吾人常信时至今日,国际和洽尤更需要,各国间之敌对与不和行为,足使各国同蒙损害而一无所获。吾人深愿与远近各邻邦和平相处,是以虽在此以往及现时最难堪之情势之下,吾人仍竭力容忍,完全信托国联,因其不但为宽大与文明之世界舆论所拥护,而且为和平主义之全体表现者。即此一端,已能导入世界各国于未来进步与兴盛之域。至此项友好关系之增进,及所有国际条约国欲相互满意及持久起见,自应

---

① 编者按:原文如此,疑应作"记者均摄取"。

以尊重各国领土及政治之主权为根据,亦即为盟约基本原则之一。吾人信为耐久之和平,非军事力量所能保持,必须出诸公正与美意,方能奏效。本主席深觉对诸君发此言时,实系代表中国人上下一致之情感。竭诚望诸君经此次调查之后,得一公正与永久之解决,藉以整理中日关系,保全远东和平。此不仅中日有利,即有关系各国亦同受裨益焉。兹敬再向诸君致欢迎之意。"(二十九日专电)

铁部官舍交换意见

〔南京〕 国联调查团及我国当局,二十九日下午在铁部官舍汪寓交换意见。调查团方面到李顿、麦考益、希尼、马柯迪、克劳特,我方到汪精卫、陈铭枢、陈公博、朱家骅、顾维钧等。桌系四方形,我国出席人员在一面,秘书等坐对面,调查团各委坐两旁。(二十九日专电)

〔南京〕 今日铁道部官舍汪寓调查团交换意见,罗文干亦列席。各国委员言论由魏文彬、萧继荣译述。(二十九日专电)

〔南京〕 路透访员今晚谒见国联调查团团员。据发言人声称,团员将于四月一日赴汉,在彼勾留二三日,即首途赴北平。汉行之目的与数日前团员取道杭州来京相同,仅为观览一切耳。团员抵北平后,大约将盘桓一星期,然后赴辽。外交部已专备一船,载团员等赴汉。发言人又谓,今日午后四时至六时,团员曾与中政府领袖开非正式会议,由团员询问各事,而由中政府一一作答,并无协定或决议之问题。此次会议之性质,与团员前在日本时与日政府领袖举行者相同,将连行数次,兹定明日下午三时复行集会。今日之会议,主席为汪精卫,与会者除团员外,为蒋介石、顾维钧、罗文干、陈铭枢、陈公博、朱家骅。(二十九日路透电)

调查团决赴汉一行

〔南京〕 国联调查团决赴汉口,在汉留两天,即北行。今各员已分配长江轮船舱位。(二十九日专电)

〔南京〕 国联调查团仍拟赴汉,在汉拟留两日,但尚未正式决定。(廿九日专电)

〔汉口〕 日租界电网、沙包陆续撤去,闻为掩饰国联调查团耳目。(二十九日专电)

北上专车配备就绪

〔南京〕 铁部电北宁路局将备就招待国联调查团专车开徐州候命。如分途北上,即将该专车分为二列,一列驶汉,一列驶浦。如不敷用,再由平汉、津浦两路添配车辆。若全体由汉北上,即将该列车由徐转汉。(二十九日专电)

〔济南〕 北宁路欢迎调查团专车一列,今过济开徐待命。用两机车拖曳,有五包车,一瞭望车,三卧车,两餐车,一头二等车,一三等餐车,一三等车,两行李车。车皮崭新,内容更富丽堂皇。(廿九日专电)

〔北平〕 调查团专车,昨晚由津南开。(二十九日专电)

〔济南〕 张电,青岛海军军乐队赴平,欢迎调查团。(二十九日专电)

我国代表今日会议

〔南京〕 参与国联调查团之我国代表团,定三十日上午由顾维钧召集各委员及顾问等开一会议,讨论北上各种工作之进行事宜。又我国政府拟向调查团提出之意见书,俟经详密审查后即送出。(二十九日专电)

〔南京〕 参与国联调查团中国代表处定,三十日下午三时在华侨招待所招待报界。届时顾维钧代表、总务兼宣传主任张祥麟,均将亲出晤谈。(二十九日专电)

接见团体代表程序

〔南京〕 国联调查团因在沪时与各团体代表谈话甚多,此次来京希望多与政府当局接触,对各团体代表谈话只能抽出一二小时。现已定卅午十二时至一时、卅一午十一时至十二时为招待本京各团体代表谈话时间。(二十九日专电)

〔南京〕 今日有记者一大团,代表中国报界谒见国联调查团,表示欢迎,并乘机陈述对过去及现在中日交涉之意见。团员接见诸代表,并收下诸代表所上之长文一件。(二十九日路透电)

〔南京〕 日代表吉田告某记者,日方虽对中外新闻记者随调查团入东北各地视察无拒绝之意,但因招待上之困难,是否能为伪国所欢迎,尚为疑问。记者问:伪国岂非从日本势力下产生,日方若予赞成,伪国安能拒绝?吉田答,日方目下不

下转第六版

过在铁路区域担任警戒而已。言下对我国记者之同行赴东北,有拒绝之意。(二十九日专电)

李顿爵士答词补志

〔南京〕 昨晚罗外长在华侨招待所欢宴国联调查团,夜深始散。李顿勋爵于罗外长致欢迎词后答称:"诸位先生:承致词欢迎,甚为感谢。吾人对于中国首都所予之招待,及其人民对于吾人工作之显明的注意,吾人至为欣悦。此层余已于今日午餐会时答行政院长之词中,言及之矣。余所欣然者,罗先生以动人之词,言及世界因白里安逝世而受之损失。政治家之最有功于国际和平者,殆无过于白里安;最尽力以巩固世人对于国联之信任者,亦无过于白里安。白诚国联之忠仆也。余记得日内瓦议会某次开会时,有一代表语余曰,白先生乃最大之柱石,今日世界和平之结构,实置于其上云。今此柱石已去矣!但白先生生平所作之事业,不因其人死而停顿。渠曾使国联妥贴解决不止一次之危局。目前危局,确较以前更为严重、复杂而困难。现已使国联赖以成立之原则,紧张至于极度,而将为国联工具效用之最大试验。吾人适于此时,丧失从前指导吾人之手,及对于困难中各国予以希望与安慰之声音。白先生乃组织本调查团之行政会议长,在国联最大艰苦之时期中,渠适逝世,但其事业已就。余深信国联定可从此艰苦中获得胜利,而表明其堪以担负其所已负之责任。吾人深知中国刻在新旧交替之过渡时代中,遇有特殊困难。顷罗外长所言中国于统一过程中所遭之障碍,诚为不可避免者。中国幅员广大,交通不便,铁路、车道均甚缺乏,故因此所发生之障碍,理当无法制止。但此项困难适如罗外长所言,各友邦对之应加同情援助。此种事实,亦为在中日争端之任何解决中所不可漠视者。如国府坚决奋斗并持以毅力,则困难可期打破,而国联自当努力为中国谋取达到此目的所必要之对外和平"云云。(二十九日路透电)

(《申报》,1932 年 3 月 30 日,第五版转第六版)

187. 伪国种种设施:罗振玉任振[赈]务督办,伪兴安省下设三局,无线电协定将签字,赵欣伯招待调查团

〔哈尔滨〕 伪国为示惠于民,拨二十万放急赈,委罗振玉为振[赈]务督办,但款项尚无出处。伪国官吏对人言时,仍称溥仪为皇上,命令为敕旨,参谒时行三拜九叩礼。顷因国联调查团至,恐见讥外邦,敕旨改为教令,并免称皇上及行跪拜礼。(二十八日专电)

············

〔哈尔滨〕 日方嘱伪国,派赵欣伯为招待国联调查团员,并令各地以"新国"民众名义,拍电欢迎调查团,将来对调查团演说,仍用"新国"官吏。其词意大致已定为满洲人自决独立,无日方关系。(二十八日专电)

············

(《申报》,1932 年 3 月 30 日,第六版)

188. 胡适等揭破日人对满阴谋,电国联秘书长报告伪国真相:伪行政院系受日人熊井操纵

平讯。二十三晚胡适等电日内瓦国联秘书长德鲁蒙氏,揭发日人宣传伪满洲国真相。电文译志如下:"吾人抗议日方不断的宣传,称所谓伪满洲国系代表满洲人民之自决。查满洲人民极大多数均为汉人。伪国名义上之领袖溥仪,以前从未至满。凡参加此项组织者,均为性质可疑之以前官僚与军阀,受恫吓与贿赂之胁迫,成为日人之傀儡。伪行政院系受日人熊井操纵,每部均聘有日本顾问。自伪国成立以来,各地义勇军战事愈益增加。以日方之傀儡视作中国人民之代表,不仅为一种损害,且为侮辱。希望国联调查团能不受日人及其傀儡之干涉或操纵,使用独立方法以证明中国人民之真正志愿。幸甚。署名者:胡适、丁文江、翁文灏、傅斯年、陶履恭、任鸿隽、李济。"

(《申报》,1932 年 3 月 30 日,第七版)

189. 复业委会议决忍痛开市,昨日发表宣言

············

电军事委员长

"南京军事委员会蒋委员长勋鉴:国联调查团之组织,远在沪变之前,军事专家,五居其三。迹其行动,知其调查目的专重军事。沪战以后,军力已显。请向调查团本拥护国联意旨,表示抵抗初衷。全国人民,必为后盾。国联强者觉、小者奋斗,及吾民族国家之生存,俱悬于钧长一言。中法之战,冯子材辈仅有矛盾,且曾败大敌;邓世昌、刘永福之军械,不如今日远甚,卒树忠勇战绩。当时苟不言和,岂难取胜?世界经济恐慌,乃欧战之流毒。我国市场存毁,关于列国之荣枯。法有德意之忌,未敢出兵助日。英受沪战警告,何能与日协谋。苏俄变策,日美开战,权皆在我。军械精劣,固亦决胜之标的,就敢战精神,实克敌之武器。况我有抒难①之民众,日有非战之呼声,经济后援,强弱已判,胜败之数,愚者亦知。愿钧长保北伐之荣誉,造不朽之宏业,御侮救国,应策先驱,勿为环境所误,坐使薄海失望。迫切陈词,恳赐详察。市民联合会、各路商界联合会、法租界商界联合会、律师公会等同叩。陷。"

(《申报》,1932 年 3 月 31 日,第一版)

190. 国联代表与汪、蒋作第二次晤谈,交换东省事件意见,顾往东北可无问题

〔南京〕 三十日下午四时,顾维钧约调查团五委员与汪兆铭、蒋中正、罗文干、陈绍宽、朱家骅、宋子文、陈铭枢、陈公博、朱培德等作第二次晤谈,对中日纠纷及东省事件真象再度交换意见,以供该团参考。(三十日专电)

———————

① 编者按:即"纾难"。

〔南京〕　国联调查团第二次与政府交换意见，伪国否认顾维钧往一节，金以顾为国联所派之陪查员，系受国际任务，不是单纯中政府代表。况吉田在京，我方均招待如仪。顾赴东北或不致再生问题。（三十日专电）

蒋在励志社设晚宴

〔南京〕　军事委员会委员长蒋中正暨其夫人宋美龄女士，于三十日晚八时，假励志社中山堂欢宴国联调查团，并邀各院部会长官及我国参加调查团代表等作陪。菜中餐，共分五桌。蒋及各招待人员均服我国常礼服，蓝袍黑褂，桌围椅披［帔］，并燃红烛。一切布置，纯取我国古式。席间并有余兴。蒋于席间致简单之欢迎词，顾维钧翻译，略谓："今日得与国联调查团诸委员欢聚一堂，甚为愉快。当此春光明媚之时，得与诸委员见面，本想陪同各委员游历各处，为更热烈之欢迎。但现值中日发生不幸事件，诸委员责任重要，不便稽延。中国素为仁义之邦，向以忠厚真诚为交友之基础。不特个人交际为然，即国际交际亦复如是。中国是有悠久历史、有优美文化之古国，人民众多，地大物博。由旧国家一变而为新国家，在过渡时期，进化自较迟缓。惟政府、人民均有决心，前途实有无限希望。诸委员此次周游各地，以考查［察］有历史、有文化的国家，我国政府极愿予诸委员以种种之便利及帮助，务使诸委员不致感受任何困难，以尽地主之谊。至关于调查方面，中国政府更愿尽量供给材料，以供诸委员之参考"云云。调查团主席委员李顿起致答词，略谓"今日承蒋委员长盛意招待，十分感谢。吾人深悉蒋委员长为中国现代之英雄，在未到中国以前，已稔知蒋委员长之名。盖因蒋委员长不仅为中国现代之英雄，抑且为世界上一有本领之军事家，同时亦为一有名望之政治家。此次敝团奉国联之命，来到贵国调查东省事件，自当尽力做去，以期勿辱使命"云云。致词毕，各来宾随意谈话，至十一时许始散。（三十日专电）

〔南京〕　今晚蒋介石在励志社宴待国联调查团时，曾述及东北三省与上海丧失之生命与毁坏之财产，其数至可惊人。并谓自调查团抵沪后，中国人民皆满具希望，以为大风雨后已露阳光；渠深望远东之和平与中日争案之公允解决，可成于调查团之手云云。今日午餐后，励志会全体职员皆从事装饰大礼堂。今次筵用中菜。近数日内，励志社为招待委员会人员、报馆访员与各公团之代表所包围，皆欲谒见团员。惟今日午后，凡与调查团无直接关系之人皆不准入社，仅厨司侍者等可入。当开宴之际，励志社有重兵保卫。蒋演说时，由

美国摄影家摄取有声电影,盖经特许者也。(三十日路透电)

李顿愿促沪会成功

〔南京〕　顾维钧以沪停战会因日方故意延宕,迄无结果,实违国联大会决议案,二十九日晚、三十晨,两晤调查团主席委员李顿爵士,商谈良久。闻李表示,决促进沪会成功。至我国代表参加调查团,系遵国联决议,当不致有何问题。(三十日专电)

〔南京〕　国际调查团中国陪员张祥麟语报界代表,谓今晨顾维钧博士曾与李顿勋爵会商多时,其详情未经宣示者。据张言,顾博士曾将"满洲政府"及对顾偕调查团入满一节,告知李顿勋爵。张又谓昨日午后曾与李顿勋爵会商上海中日谈判问题。张称,中国报馆访员可否偕调查团入满问题今仍未解决,闻日人已提出异议。今日午后团员曾与政府会商,闻顾博士与中国报馆访员赴满问题亦在讨论之列。今日下午,顾博士曾与汪院长会谈多时。(三十日路透电)

赴汉视察后仍回京

〔南京〕　调查团决一日或二日赴汉视察,约勾留二日,仍回南京,再由平浦北上。(三十日专电)

〔南京〕　确悉,国联调查团已改星期六日由京赴汉,在汉将勾留两天。闻仍将返京,由津浦路北上。(三十日路透电)

〔南京〕　国联调查团定今日乘专轮隆和赴汉,在汉一二日即折回京,再乘津浦车赴平。(三十日专电)

接见我国团体代表

〔南京〕　国联调查团三十日午接见中国国联同志会理事程锡庚、陈登皋。李顿询问东三省及上海事件及中日外交历史甚详。(三十日专电)

〔南京〕　首都农、工、商、教等团体代表,定三十一日晨晋谒国联调查团,请速赴东北调查,早日解决中日纠纷。又国民外交协会委员李梦庚等,亦将谒该团,有所表示。(三十日专电)

吉田对汪精卫表示

〔南京〕　二十九日晚林主席宴调查团时,日代表吉田亦被邀赴宴。宴毕吉田与汪院长略有酬答。三十日晨,吉复访汪于行政院。彼此表示望早日解决纠纷,恢复和平,以立东亚及世界安宁之基础。(三十日专电)

北上之欢迎与警备

〔北平〕 调查团在平日程重行改订:张学良、顾维钧、周大文三夫人第一日宴请,平津新闻界茶会第二日下午,第二日晚张学良宴请;欢迎与欢送人员限着礼服。(三十日专电)

〔徐州〕 津浦警备司令部以国联调查团定一日北上,特通令沿线驻军,届时不准军人在车站及沿路附近来往。所有各站及沿路保护,站内由路警负责,站外由军队负责。分由徐州防空司令及沿路各部队长官,分别与所在地站长、县长、公安局长,妥定警戒方法,会同施行。(三十日专电)

〔徐州〕 徐州防空警卫司令部三十午召集军警路警负责机关会议,规定国联调查团过徐时警戒办法:(一)站内由路警警戒,除欢迎人员,其余概不准入站;(二)车站出入口处由城防营及警察警戒;(三)城乡及沿铁路两侧,由县警队游动警戒;(四)城内各要口由警察加岗军队巡查;(五)军警督察处派队梭巡。准备极周。(三十日专电)

〔徐州〕 欢迎国联调查团北上之专车,系由北宁路备就,三十日由津浦抵徐站,计共十六节,由一六一及一六六□号加车拖送,北宁路运输处帮办□□□、副段长黄爵臣及路员等九十人随车照料。现停徐候令,已电京请示放□。(卅日专电)

〔青岛〕 北平绥靖公署电调海圻舰军乐队赴平,预备欢迎国联调查团。该队三十人,三十日晨七时,由张祥符率领西上转平。(三十日专电)

我国代表招待报界

〔南京〕 参与国联调查团中国代表处,三十日下午三时在华侨招待所招待报界。到中外各报记者五十余人。顾维钧临时未到,由张祥麟、朱鹤翔招待。茶点后,张祥麟说明中国代表之地位及责任,在协助国联调查团,并极愿与报界合作。次由李迪俊、赖涟等,相继发言。关于报界代表晋谒调查团事,张氏已允为接洽。约五时散会。(三十日专电)

(《申报》,1932 年 3 月 31 日,第三版)

191. 东省日人积极掩灭暴迹，力避国联调查团耳目

〔北平〕　榆关电。日人闻调查团将北上，关东军司令部发出命令，将伪奉山路附近及各站驻军，均暂撤至南满铁道附近附属地。俟调查团调查后，再恢复防地。（三十日专电）

〔北平〕　沈阳来人谈日人以调查团将北来，□积极掩灭九一八暴迹。其在各县指导部，日负责顾问均暂撤去，省城亦然。日人此举，纯系蒙蔽欺骗国联，俾藉口东省民众自决。（三十日专电）

（《申报》，1932 年 3 月 31 日，第四版）

192. 国联调查团昨日谒中山陵，赴中央党部午宴，叶楚伧致欢迎词

〔南京〕　国联调查团委员及全体随员，三十一日午十一时二十分由外部招待委员会及励志社干事等引导，分乘汽车二十余辆，晋谒总理陵。十一时四十二分先至明孝陵，各委员暨随员下车步行，游览各地胜迹。且值春光明媚、万花争发之际，各委员均现欢欣之色。约留三十分钟，遂驱车赴总理陵墓，循级而上。十二时半，齐集墓门，各电影公司摄影记者争摄活动电影。旋由管理陵墓人员领导各委员等，脱帽步入祭堂。相继题名后，乃排列于总理像前，供献花圈。遂鱼贯入墓道，瞻仰总理大理石像及墓道。一时零五分，各委员乃循级而卜。适汪院长、罗部长、顾代表赶至，步行至石级中段，与调查团各委员相遇，遂陪同而下。照原定日程，原拟再游中央运动场一带风景，以时间已晚，不及前往，乃驱车赴总理陵园，应中央党部之午宴。（三十一日中央社电）

〔南京〕　今晨国联调查团游中山陵，旋赴国民党中央执行委员会茶会。茶会之前，调查团偕同随员等游览风景。先至明陵，见附近之果园及盛开之杏花，留连久之。继至中山陵，置一花圈，上有"国联调查委员团敬献"字样。嗣在总理石像前小立，后入陵窟致礼。茶会后，赴陵园午宴，顾维钧、罗文干、汪

精卫均在座。宴毕,返励志社略事休憩。午后将续与政府领袖会谈,并接见各公团代表。(三十一日路透社电)

中央党部设宴招待

〔南京〕 中央党部中央委员三十一日午宴调查团委员。因各委员游览名胜,延至一时二十分始开始宴会。计到调查团主席委员李顿爵士、委员克劳德将军、麦考益将军、希尼博士、马柯迪伯爵、秘书长哈斯夫妇暨随员秘书等,中央委员到叶楚伧、蒋作宾、汪精卫、曾仲鸣、褚民谊、张道藩、萧吉珊、罗家伦,及罗外长、顾代表、刘瑞恒、外部次长各司长等五十余人。席次由中央党部秘书长叶楚伧致欢迎词云:“诸公远道来兹,致敬礼于中华民国国父、本党总理孙中山先生陵墓之前,本党敬答诸公以诚挚之谢意。总理一生奋斗,从事革命几历艰危,卒克推翻专制政体,创造中华民国。并手定《建国大纲》《建国方略》,规模闳远,巨细悉举,以为新中国建设之楷模,而本党及国民政府奉之以为圭臬者。然总理不仅为革命家及实际政治家已也,其手定之《三民主义》,包含伟大之政治理想,非仅用以救中国,且将以复兴中国民族为阶梯,而促进全世界之和平,期共臻于大同之盛治。犹忆总理于民国元年就任第一届临时大总统之时,首先即以‘吾民睦邻之真旨’通告世界各友邦,郑重声明,愿与各国交相提絜,勉进世界文明于无穷。故总理不特对于中国大规模铁路之建设及其他物质之建设,无时不愿与各国合作,即文化事业凡可以融会东西文明及总合中国固有道德与西洋近代文明,以促成世界新文化者,亦无不竭诚与各国提携合作。在同一宣言中,总理复谓吾中华民族和平守法根于天性,非出于自卫之不得已,决不轻启战争。现中国虽不幸处于国难严重之时期,仍守此遗训,未尝或渝。诸公抵陵墓之前,经过一大石牌坊,上镌总理手书之‘博爱’二字,此亦即孔子所谓‘四海之内皆兄弟也’之意。盖国际本一家庭,各国相处有如兄弟。在中国有组织之家庭中,苟兄弟间有一人肆虐于其他兄弟者,必有家法予以制裁,家庭方能辑睦。吾人理想中之国际家庭中,想亦如是。此无他,为求和平正义与国际家庭中之安宁也。诸公为国际和平而努力,吾人非常钦佩。故谨述总理之遗教,并欲诸公及国际间明了,本党实为总理遗教之忠实奉行者。谨祝诸公伟大使命之完成与诸公之健康。”

叶致辞后,李顿爵士代表该团致答词,略谓:“秘书长先生、各位先生:今天承诸位热烈欢宴,甚为感谢。适才瞻仰总理陵墓,见其建筑之庄严,而念及孙中山先生之伟大。同人等不幸未能聆晤孙先生于生前，然敢断定孙中山先生确为创造政治者之有数伟大人物。凡政治者读孙先生遗教，无不景仰其人。观孙中山先生陵墓庄严伟大，固为建筑家及工人所创造，殊不知孙先生实为建设今日之中国及明日之中国创造者，犹建设中国之工程师，而诸位乃建设中国之工作者。今日承秘书长指示孙中山先生遗教，对国际本诸和平正义，尤觉欣佩"云云。嗣举杯表示鸣谢。至二时十五分尽欢而散。（三十一日中央社电）

铁部官邸三次会商

〔南京〕 调查团到京后，二十九日、三十日已与我当局两度晤谈，关于中日纠纷之真相及其解决之方法，彼此交换意见甚多。三十一日下午四时，双方又在铁部官邸作第三次会商，谈约两小时始散，仍系继续讨论前昨两日所谈之问题。卅一日下午，仍将有第四次会商。我方当局在历次会谈中，均尽量贡献意见，以供该团之参考。（三十一日中央电）

〔南京〕 据负责人今日告路透记者，团员昨日午后在铁道部又与中政府要人集议一次，由汪院长主席，手续与前次会议相同。政府要人对于团员所询各点，一一答复。财政部长宋子文上次与议，但昨会则未出席。（三十一日路透社电）

秘书哈斯由沪抵京

〔南京〕 国联调查团秘书哈斯昨由沪乘轮抵京。（三十一日路透社电）

今晚乘隆和轮赴汉

〔南京〕 国联调查团定一日晚九时，乘怡和公司隆和轮赴汉。并定一日下午四时，再与我当局会晤，交换意见。（三十一日专电）

〔汉口〕 闻何成濬接蒋电，国联调查团准二日由京来汉，留三四日即转平。（三十一日专电）

〔南京〕 国联调查团负责人今日午后告路透记者，李顿勋爵等已决定明夜九时乘怡和公司隆和船赴汉口。勾留一天半，即乘原船返京，渡江乘津浦车赴北平。李顿勋爵秘书阿斯特与张学良顾问道纳尔，定明晨乘飞机往重庆，然后折回汉口与团员会合。（三十一日路透社电）

〔南京〕 路透记者顷晤国联调查团某负责人员。据称，报载"满洲国"或将拒绝顾维钧入境,似非事实,调查团并未接得是项报告。该负责人员继称,顾氏任调查团陪查员职,系依照国联行政院之决议案,即调查团亦系该案所产生。记者复询以不许新闻记者赴东三省事,负责人称调查团未接有此种消息。并谓调查团确已决定,星期五夜或星期六晨由京出发,在汉口仅留一天半,然后即乘原船返京,不再耽搁,将直往浦口乘津浦专车赴北平云。(三十一日路透社电)

接见首都各界代表

〔南京〕 首都各界代表林庆、隆昌元(农),王树藩、程秉智(工),徐明扬、穆华轩(商),朱少青、王永钧(教),三十一日晨十时至励志社谒调查团。李顿以次各委员及秘书长哈斯,均亲出接见。首由总代表王树藩发言,对调查团来华表示欢迎之意,次即述明:(一) 抗日并非排外;(二) 抵制日货运动是民众爱国运动;(三) 满洲伪国完全为日本一手所主持;(四) 日本破坏我国文化机关、残杀无辜良民之惨状。最后希望调查团早日北上,至东北调查真实状况。调查团对各点有极美满之表示,并希望常与民众接见,又对抵制日货事,向各代表询问甚详,均经一一答复。谈约三十分钟,即兴辞而出。调查团又接见国民外交协会代表十余人,由田云卿发言,所述各点与各界代表所陈述者大致相同,调查团均表示接受云。(三十一日中央社电)

京报界敬告调查团

〔南京〕 首都报界代表要求谒见调查团,现由中国代表处代为约定。该团准一日晨十时半在励志社接见,交换意见。(三十一日专电)

〔南京〕 首都新闻界及全国各报社驻京记者,顷发表《敬告和平使者国联调查团》一文,要点如下:

"首都新闻界及全国各报驻京记者,谨以诚恳热烈之情绪,欢迎惠然莅止之和平使者国联调查团。

自九一八至于今日,日本如中疯狂,既以暴力占据东三省全部,复于一月二十八日挑起上海之战事。东北与东南同时被日本铁蹄所践踏、所蹂躏,生命财产之损失不可以数目计。而日本军队之屠杀民众,暴厉[戾]恣睢,尤为全人类所未前闻。日本固未尝对中国绝交宣战也,然而我之土地被其占领,我之房屋被其焚毁,我之文化机关被其轰击,我之经济基础被其摇动。国联与友邦虽曾一再劝告，而日本之凶焰反与日俱增，毫无忌惮，势非达到田中所谓'征服世界'之目的不中止也。

诸君负有伟大使命来华，全世界所希望于诸君者亦至较切。抵沪之日，我繁盛富庶之淞沪，已在日军炮击弹轰中化为灰烬；我民族生命所寄托之东北，则正由日本制造傀儡登场之伪满洲国，以朦蔽世人之耳目。诸君目击闸北、吴淞间之恐怖遗迹，不知其感想何若；他日亲履日本以暴力向我夺去之东省，不知其感想又将何若也。

诸君亦知日本何故必欲侵略东省乎？日人所谓人口过剩，所谓满洲为日本生命线，均为不值一笑之虚伪宣传。日本所以必用全力攫取东省者，盖以东省有取之不尽、用之不竭之粮食、矿产、森林、煤铁。日本获此无上之宝藏，一面既可伸张势力于中国北部与中部，企图实现大陆帝国之迷梦；一面即可用之为对世界作战之根据地，不致有军事上及经济上的封锁之顾虑也。

诸君又知日本既夺东省之后，何故复进占淞沪乎？日人所宣传之日僧被殴及抵制日货，均为表面上之藉口，实则日军攻沪之真因，在彼而不在此。简略言之，约为四端：一、转移世界注视东北之目标也；二、破坏中国文化事业及经济中

下转第七版

心也；三、威胁中国政府，使其承认丧权辱国之条件也；四、破坏各国在长江流域之贸易，以对世界各国示威也。

诸君道经日本，必曾闻日人污蔑中国之种种宣传。现诸君来华亦既二周，当已十分明了中国之真象。中国从未排外，即以对日经济绝交言之，中国人民因不堪日本压迫而拒绝与日人贸易，此实为合理而亦至可悲哀之举动、岂可目之为排外？苟日本觉悟前非，撤退日军，交还失地，赔偿一切损失，中国固愿与之立刻恢复经济关系也。中国自信为一爱和平、重信义之国家，一切合法之条约义务，中国从未蔑视；在平等互惠的原则上与友邦合作通商，尤为中国人民所欢迎。中国今日在危难困苦中，一面御日、一面防共，必可排除万难，抗拒暴日，为世界保障和平。诸君目光如炬，观察入微，想决不至为日本宣传所蒙蔽也。

总而言之，中国无论如何，决不以尺土寸地让人。东三省尤为中国绝对不肯放弃不能分离之一部。沈案、沪变及中日全部纠纷之责任，全在日本。倘公理未灭、正义犹存，国联必可尽其道义上之职责。中国信任国联，尊重公约，但

决不向人乞怜诉苦,亦不问世界有无制止大战之决心,惟知中国之生存,必赖我人自身之奋斗与努力。东三省一日不收回,在华日军一日不撤退,中国人民即一日不停止其抵抗暴日之行动,任何牺牲在所不惜。我人敢以此敬告诸君,深望诸君辨别是非,判定曲直,使世界和平不为日本所破坏也。"

(三十一日中央社电)

各地人士筹备欢迎

〔天津〕 国联调查团预定十日过津赴平。本市各界代表定一日开会,讨论欢迎办法。(三十一日专电)

〔北平〕 海圻舰乐队四十一人今午抵平,备款待调查团。(三十一日专电)

〔汉口〕 曾以鼎三十一召各舰长开会,筹备欢迎国联调查团。(三十一日专电)

《英文导报》函调查团

〔北平〕 平《英文导报》前被日人强迫停刊。该报特函调查团,详述日人强行干涉该报经过,请该团将日人此种摧残中国舆论情形,一并报告国联,予以裁判。(三十日专电)

济南各界欢迎秩序

〔济南〕 本市各界欢迎调查团秩序已定。在津浦站客厅站台,搭松坊,标语用中英文。届时各机关民众代表,到站欢迎。到客厅茶点,韩致欢迎词。各界代表备有意见书二千余言。(三十一日专电)

〔济南〕 各界上调查团意见书,要点在请酌留代表,监视日本撤兵。(三十一日专电)

(《申报》,1932年4月1日,第四版转第七版)

193. 赵欣伯等筹备欢迎国联团员

〔北平〕 沈讯。本庄召集汉奸赵欣伯、于冲汉等，讨论应付调查团办法。决由赵等以伪组织名义，欢迎该团；拟定非法条件多项，将向该团声请；欢迎仪式极隆重，全市警察均换新服装；俟该团抵沈，全市警备改由警察担任，日军暂隐避。（三十一日专电）

〔北平〕 溥仪派赵欣伯、谢介石等，促民众团体积极筹备欢迎调查团，并声明拒绝中国代表参加。（三十一日专电）

（《申报》，1932 年 4 月 1 日，第七版）

194. 国联调查团昨晚由京赴汉，仍乘隆和轮西驶，返京后换车北上

〔南京〕 国联调查团李顿等一行，一日晚八时半与中日代表顾维钧、吉田及秘书随员等，由下关三北码头乘澄平轮，改登隆和轮，于九时上驶赴汉。外长罗文干、海长陈绍宽等及外部招待人员，均亲往下关登轮欢送。该团预定四日晨到汉，仅上岸视察，仍宿船上。五日晚九时，仍乘原轮返京。定七日午抵浦口，下午上岸。即于四时乘平浦专车北上，约九日晨到津。我代表处一部职员未赴汉，即在京候乘专车北上。（一日专电）

〔汉口〕 外部一日正式电汉，谓国联调查团晚乘隆和西上，顾代表陪来。留汉三十六小时，仍返京转平。（一日专电）

〔南京〕 国联调查团今夜十时十分，偕顾维钧、吉田等乘隆和船启程赴汉。汪精卫、罗文干、陈仪诸要人均在送行者之列。启程前，由顾在励志社非正式宴待，戴季陶适于今日午后由湖州故里抵京，亦为陪宴者之人。隆和船泊于江心，团员本定九时登船，而迟到半小时。汪精卫自九时起即在渡船候之。团员既由渡船登隆和，旋于十分钟后起碇西上，预计于星期一晨可抵汉埠。日领事曾登渡船送吉田，但未登隆和船。团员定四月七日下午返京，乘车前赴北

平。(一日路透电)

昨作第四次之晤谈

〔南京〕 国联调查团全体团员及秘书长哈斯等,一日下午三时,在铁道部汪院长公馆,与我政府当局作第四次之晤谈。彼此交换意见,对连日所洽商调查中日纠纷及东省日军撤退后我国将如何接防等点,作最后之结束讨论。(一日专电)

四次交换意见经过

〔南京〕 国联调查团在京,与我当局先后开会四次,交换意见,经过如下。首次会议时,调查团提出问题,约三十余项,逐条征询我国意见。由我各当道择可答者而答,不能当场即答者,待经考虑后,至二三次会议时再答。二次会时,我国对中日纠纷症结点由汪详细陈述,并非正式启示此后解决之道。旋由代表团将日当局意【见】复作概略报告,次将不明了各点,提出重行研究,最后并以第三者资格,对中日问题,表示意见。此次会谈时间最久。三次会时,首由双方将新发现问题互相征询意见,最后将三次谈话纪录,重行归纳整理。席间并论及上海事件。当由汪、顾等先后表示意见,并希望日方经国联调查团努力后,及时觉悟。四次会于一日下午四时一刻开。我政府全部意见书,由顾正式递交李顿。该书直至一日上午十一时始脱稿,另备副本四件。旋又继续交换意见,至五时五十分散会。彼此声明对四次会谈纪录,均有重加考虑之保留权。综观四次会谈,似侧重于陈述意见,故双方态度均甚恳挚。调查团方面发言人为李顿,我方为汪精卫,由顾、罗任翻译。其他中西人员仅作补充式提示。闻我政府意见书,俟调查团二次赴日时,向日政府征询态度,将对方答复并入,重征我国最后表示后,乃汇集调查事实、两国意见及调查团意见,报告国联,作解决张本。(一日专电)

秘书乘飞机先抵汉

〔南京〕 调查团秘书唐乃尔、顾问杨氏、李顿私人秘书艾斯东,今日乘机飞汉,先商考察程序。调查团到汉不登岸,即住船上。约一星期,乘原船回抵浦口,换专车北上。今晚八时半,在下关仍乘澄平轮上隆和。李顿与四代表同行。预计行程:星期一上午八时到汉;星二下午九时离汉;星四正午抵浦口,下

午四时北上；星六上午八时到津。（一日专电）

〔汉口〕　国联调查团定一日晚来汉。李顿之秘书三人，一日先乘飞机到汉，定二日飞渝一行，三日或四日返，任务未悉。绥署一日下午，召集欢迎筹备会，至晚始散。（一日专电）

在京所得印象甚佳

〔南京〕　国联调查团一日晚八半乘隆和轮赴汉。此行共留六日，与政府领袖正式会议四次，每次二小时以上，与当局个人及民众团体代表谈话多次。本定早上离宁，因有二三要目未及讨论，特商隆和缓开，下午三时再开会一次。顾得调查团信任，诸事接洽颇顺手。各方招待亦周到，故使团在首都所得印象较预料更佳。（一日专电）

李顿对报界之表示

〔南京〕　首都新闻界一日上午十时半，访晤国联调查团主席李顿于励志社。由中国代表宣传组主任张祥麟等代为介绍，李顿与各报记者一一握手，晤谈约三刻钟。首由记者代表面致《敬告和平使者国联调查团》一文及《日军在东北及上海暴行实地写真》一厚册，当承接受。继由赖琎代表新闻界表示欢迎之意，并提出问题九则，请李顿一一答复。据李顿表示云："顷聆诸君所提出各项问题，现愿就概括之见解，与诸君一谈。在诸君所提出各问题中，最重要者莫过于国联对会员

下转第六版

国制裁之能力。中日争端之是非曲直，在贵国人士固认为已甚明显，但国联应依法定之手续妥为处置。例如两人相斗，旁观者虽能确证孰是孰非，但法院须经法定之侦察程序，方可据以判决。国联派调查团赴东北，意即在此。中日争端，世界舆论之制裁已表示无余。此种制裁并非出于武力，但舆论制裁至穷违时，国联自有实力表现。其实力须各会员国得调查报告认为必要时，方能表现耳。余深信本团调查后忠实之报告，必可伸诉于世界之舆论界，或可援引盟约第十六条，使其发生实效。至诸君所提各问题，本人愿择其可立即答复者，为诸君告：（一）自去年十二月十日国联行政院第三次决议案后，中日情势日趋恶化，已属不成问题。因东北问题尚未解决，而上海事件又不幸发生矣。（二）上海事件为日中全部纠纷中之一部，余以为国联自当本中国之提议，援

用盟约第十一条及第十五条，一并讨论。（三）本团到东省后，是否与所谓'满洲政府'接洽，现时不能预定。俟届时斟酌情形再定。（四）抵制日货问题，是否为中日争端之原因或其结果，系一历史的问题。须充分搜集关系材料，详加研究后，始能得一结论。（五）本团赴汉，外间颇有误会。实则本团职权在调查东北事件，忠实报告于国联。最后如何处置，仍在国联会。故本团行动，只须有利于调查工作者。任何地有需要时，即须前往。"最后李顿对于此次莅临首都之印象，作以下表示，谓南京地域广阔，风景优美，新建设计画，必易实现；欧洲各国现正致力于花园城市，以求美化；南京关于美化城南之条件，俱已具备，前途当无限量云云。

兹将各报记者所提出各问题附志如下：（一）自去年十二月十日国联行政院通过第三次议案后，中日情势是否变好抑变坏？（二）依贵团之观察，上海事件与东北事件是否为一整个的问题？（三）对于日人一手制造之所谓"满洲国"，贵团有何意见？（四）贵团到东省后，是否与伪政府接洽？（五）国联行政院对中日纠纷，前后共有三次议案。每次决议之后，争端是否继续扩大？国联对破坏决议案者，究有何种制裁方法？（六）东北伪政府及人民在日本暴力压迫之下，毫无自由可言。贵团到达后，将何以进行其调查工作？（七）在日本武力占领下之东北所建满洲伪国，可否认为人民自决？东北满人不及全境人口十分之一，即使如日人宣传所言要求自决，何能完全不顾十分之九以上之汉人之意见？（八）贵团亦认东北义勇军为爱国人民自动组织之抗日军队否？贵团亦认抵制日货为日本侵略中国之结果而非原因否？（九）当东北人民渴望贵团北上之时，贵团忽有汉口之行，愿闻其故。（一日专电）

〔南京〕 国联调查团今晨与报界代表晤谈时，曾有许多颇饶趣味之问答。报界代表以东三省事态自去年九月十八日以来，是否更为恶劣抑或较佳为问。李顿勋爵答称，在某种景象上，东三省问题已更恶化，尤以上海问题今已相继而起为甚。旋谈抵制问题。各代表咸认抵货为日方侵略之结果，李顿谓各委员正审慎调查，并研究抵货运动之历史。某记者问调查团抵东省后，拟拜会伪国人员否。李顿答称，当先着手调查，然后依照调查所得之结果而行事。（一日路透电）

平津各界准备欢迎

〔北平〕 路局息。迎接调查团专车，暂停徐州候命。（一日专电）

〔北平〕　顾维钧电平报告，调查团定十日晨到津，耽搁半天，下午来平。（一日专电）

〔天津〕　国联调查团电覆天津民众代表张伯苓、黄宗法、卞白眉等，允在津下车，调查津变事件。各界代表一日晨在市府开会，积极布置欢迎事宜。午刻王树常宴请各界代表，交换欢迎意见。（一日专电）

（《申报》，1932 年 4 月 2 日，第五版转第六版）

195. 鄂绥署筹备欢迎国联代表

〔汉口〕　绥署二日开欢迎国联调查团四次筹备会，决推五省外交视察员严泽春赴浔欢迎，各机关团体均悬旗，海军鸣炮，趸船欢迎，由陈光组指导，江岸由叶蓬指导，并指定太平洋三旅馆为下榻处。据该团秘书谈，该团到汉，拟作两次演讲：一为绥靖主任招待时，一为省府主席招待时。又闻该团将视察灾区，已由招待处备汽车，临时再派员导行。（二日专电）

〔汉口〕　李顿勋爵等星期一晨可抵此间，拟于星期二晚乘原船返宁。各团员抵汉后，大约将分寓各本国领事署，其随员及中日陪员大约将留驻隆和船上。李顿之秘书艾斯东昨由宁乘飞机抵此，今晨乘飞机赴重庆，拟于星期一日回抵此间。连日汉口布置欢迎团员，事务甚为忙碌。搭有牌楼数座，欢迎之标语，处处可见。团员大约将巡视武汉附近之水灾区。（二日路透电）

〔芜湖〕　国联调查团二日晨五时，乘隆和轮到芜。各界代表及军警均在江干欢迎，但该轮未停，即上驶。（二日专电）

〔北平〕　外交大楼布置一新，为我方招待国联代表办公处所。（二日专电）

（《申报》，1932 年 4 月 3 日，第七版）

196. 特载：马卫里论东北问题与国际联盟

《日内瓦报》主笔马卫里，对于中日纠纷著论甚富，态度尚称公允。近著《满州①与国际联盟》一文，其英文稿发表于伦敦之《中国杂志》，法文稿则在法文《中国国民集志》最近出版之八卷三十四号上刊载。亟将全文译出，以供国人参考。

（一）满州问题复杂原因之种种

关于满州问题之中日纠纷，已使国联处于从来未有的困难情形之下。而事件之棘手，更非我人想像所能及。

试溯既往国联所排除之纠纷事件，如希腊与布加里、鲍里维与柏拉甘，皆为易于措置之小国家。如高夫事件，虽纠纷之一造为一大强国，且为国联行政院之常任委员，但纠纷目的之地点适在地中海之核心，距离既近，自易鞭策，只须海军略加示威，即可发生完满之效果。满州则不然，其地离欧甚远，实际上非欧洲海陆军所能调处，且纠纷两造皆为大国，两造之一且为行政院常任委员。

此事件之特殊性质既如此，而斯远东之两大国，列席行政会议桌，各以争点向其他散布全世界之十四国代表谆谆呈述，可见现代人类关系之进化亦甚明显也。

欧洲各国家之主权，界限至为分明。任何国家之领土，绝无纷争错杂之权利存在。各国皆自深知居于何处，其所据领土之权力为何。在满州则不然。中国之主权固无可争议，惟主权之性质，略含表面空洞。在张学良悬挂党国旗之前，满州当局已否切实承认中国之主权，实一问题。（按此点著者观察有误。）

且也，满州因其他种种理由，与非国联会员之美俄两国发生直接关系。而两者之一，其对国联之态度为敌视的，而非善意的。凡此诸点，皆使国联在实际上感觉非常困难。假使问题无法解决，国联之过虽无可辞，但仍有宽恕之原

---

① 　编者按：该篇特载通篇将"满洲"误作"满州"。下篇（第198篇）特载续篇亦同。

因在也。因此,国联之四周亦多忠告:国联对于满州事件,以少入漩涡为妙,苟国联而混入漩涡,则非但愈感棘手,对于问题本身亦毫不讨好。但国联忠于盟约皇皇之条文与其和平使命之精神,决不容轻卸其所负之责任。故国联负此任务,实无懈可击。惟国联既负此任务,对于上述种种情形,亦当有审慎考量之权,俾其行动有相当之效果。

我人对于国联,若欲下一公平之判断,则必须假定若无国联之存在,与目前我人所处之情形作一比较。

(二) 对于国联下公平之判断

日本之军阀,在精密计算之下,利用时间发动,确欲在极短期间迅速侵占满州并永远据领之。此乃毫无疑虑之事实。惟中日武力之强弱,判若天壤。中国内乱循环不息,世界经济又如此凋落,中国政府之不能得列强有效的援助,即与中国最亲善之友邦,亦有所不能。环顾世界,竟无丝毫严正之力量,足以牵制日本对于满州计划之完成,此亦为吾人所敢断定者也。中国之报纸,曾屡以日本掠夺满州之手段与灭亡朝鲜之手段等量齐观。但若无国联参加行动,则此并行观将更臻圆满,满州至于今日,亦早步朝鲜之后尘矣。

目前情形,虽不能令人满意,究与朝鲜时代不同。满州在法律上,始终为中国之满州。日内瓦与巴黎之会议讨论,均已使全世界之舆论,对于该地所经过之事实,加以深切之注意。日本侵略满州之行动,若欲达到目的,固须在不知不觉中采用一种迅雷不及掩耳之手段。若在各民族闭关自守之时代,既无国联供中国高立演坛、呈诉事实之机会,对于各民族,既不能引起注意,又不能引起公愤,则日本之行动,犹可冀其实现。惟今日自祸变四月以来,日本军阀固犹未达到其目的,且在世界人士众目睽睽之下,亦极难达到其目的也。

人人皆知时间往往与中国极为有利,故日本之行动,亦愈感困难。最近之过程已证明,日本每次对华取强硬之手段,则其对华贸易之输出立告停顿,经济方面,亦立即受一大打击,使日本不得不出于缓和,且有时陷于自相矛盾之状态。若满州一日在中国主权名义之下,则中国之移民远超日本之殖民,日本终不能将满州完全据为己有也。故我人敢信国联受理此纠纷事件,虽极优柔寡断,表面上无论如何,确为中国保全满州,尤其是保全中国之面子。盖中国军事上之不抵抗,非但不足以示其懦弱,反足以显出中国对于国际公法尊视也。故满州事件,使中国之名誉日隆,日本之名誉日贬。此为我人对于此一事件之政治的判断,必须非常注意之要素也。

而行政会遣派国际调查团往满州之决议案,亦不可加以轻视。调查团之份子,皆为举世望重之人物。到达目的地后,当令日本军阀无法完成其目的,即吞占满州是也。事有非监督所及而竟成者,但在世界众目昭彰之下,亦就无实现之可能矣。无论调查团之权力为何,调查团必将注意满州之法律地位与政治地位。其工作之结果,必与日本之所希望者截然相反,而使中国对于东三省之主权更形巩固,不若以前之易于旁落。此亦为意料所及,不必惊奇者也。(但东三省已有伪国出现,此非著者初料所及也。)

但我人之情绪,决不能因此认国联之行动为已足。我人早希望行政院对日本之说话,格外高爽响亮,并尽力之所能,实行盟约上一切关于维持和平之条款。不幸竟未见实现。其种种理由,亦有深刻分析之必要。

(三) 满州事件之两要素

满州事件之呈于世界舆论者,可分别为两种要素,其实纠纷有二。一则事实至为明显,亦极易得一判断,即日本与国联之关系是。一会员国且为行政院常任委员,竟至违反盟约,令其军队越出其应驻地点,而侵占另一会员国之领土,国际公法为其破坏,至为明显,则负守护国际公法之国联,自当起而拥护之。

但在此纠纷以外,尚有一其他纠纷起于中日间,其纠纷之内容,较上述之纠纷复杂万倍,远方之人视之,更觉模糊不可捉摸。日人责华人违反关于满州之条约,日人提出为保护其安全计,有剿匪之必要(按:东北若须剿匪,其责在执有主权之中国,决非日本)。华人方面则否认种种条约之合法,尤其是日人对于此项条约之解释。我人对于以上各点均可以有一种意见,但吾人不敢言其解决办法必为如此。盖欧人对上述种种问题所拟之解决办法,至为纷岐[歧]也。日本与国联间所存在之困难,其性质适足以促使一般和平之友联合一致,而中国与日本间之纠纷,则使各国之态度趋于纷岐[歧]。

是故中国出席行政院之代表,其行动至为敏捷合理,自始即在行政会将此二问题分别讨论,要求国联首先完成第一问题之义务,而保留第二问题为将来交涉之地步。

日本则反是,其在国联行政会之言行,以及一部份日本可以发纵指使之欧州[洲]报纸,莫不极力设法使两问题混搀一起,使我人之思想至为紊乱。日本此种手段已达到相当成功,此为我人所不得不承认者也。

（四）美国与国联互相推诿

究其如此易于成功，其理由有二。第一为美国之行动。华盛顿政府对于此一事件，不特有重大之利害关系，抑且负严重之责任。国联若无美国之助，即无能力活动。盖每次日本政府感觉华盛顿与日内瓦之情绪不一致时，日本政府即极力违抗国联之命令，故此事自始即须使国联与美国立于共同行动之一条战线上。乃美国表面上虽极诚意，一致行动仍难实行。盖华盛顿方面对于问题之要素，以及国联运用之关键，皆非常隔膜也。

华盛顿对于问题之要素，消息隔膜之故，盖由于日本在华盛顿有强有力之代表。据吾人所知，中国竟无人代表。日本既无对手方之相持，于是问题两要素混挽一起之技俩，即非常易于成功矣。且也，华盛顿方面，对于国联行政院真切意思，完全冒昧。最近双方接触关系，仍不足以挽救过去所铸之错误，以致双方发生误会。美国列席行政会之代表，曾经更易，于是代表自身之隔膜，更加重美国政府之隔膜。因此，美国与国联虽极愿携手合作，态度皆甚一致，而无形中竟造成相互牵制、不能行动之奇特状态。

国联之意，其出发点非常正确。盖国联认明美国对于此事件之利害居于主要地位，故行动之边际如何决定，须视美国之愿望若何，国联则仅能给美国以权威的臂助而已。至美国政府则反是，其用意亦未始不合，彼认国联为世界上最高之道德力量，美国既愿赞助国联，国联将如何行动，胥由国联自言之。于是国联与美国，两者之行动发生游移。两者互相推诿，互相赞助，而两者之势力反日益薄弱。（未完）

（《申报》，1932 年 4 月 3 日，第九版）

197. 国联调查团今晨可到汉口，过浔时曾登岸游览

〔汉口〕 隆和轮三日午后已过浔，四日晨八时可到汉。武汉招待处三日又开会，分配招待职务。省市府、警部、江汉关已结彩，全市四日晨悬旗。德领馆函招待处，请于德委员到汉时下榻领馆，已电浔周泽春与德委面洽。调查团秘书杨格等二日晚飞抵渝，当地各界均有代表欢迎，定四日晨飞回汉。（三日专电）

〔汉口〕 警部拟于国联调查团到时,特别戒严。(三日专电)

〔汉口〕 何成濬接浔电,调查团三日晨入时抵浔,上岸游览市乡附近各处,十一时复登轮西上。又据驻武穴江元舰长及公安局长电告,隆和轮午后三时过武上驶。此间各界欢迎代表定四日晨四时集合江干迎候。(三日专电)

〔徐州〕 停放徐站之国联调查团专车,三日晚奉津浦路局电令开浦,备迎调查团北上。(三日专电)

〔徐州〕 铁部派钱宗渊三日由京到徐,筹备欢迎国联调查团北上。(三日专电)

〔九江〕 调查团今晨抵浔,各界均有代表至埠欢迎并款待。轮停四小时,顾维钧陪李顿、王广圻陪马柯迪、颜德庆陪麦考益、萧继荣陪克劳德、张祥麟陪希尼、朱鹤翔陪吉田、严恩槱陪哈斯,登岸游览。昨晨过芜湖,有各界代表登轮欢迎。晚过安庆,未泊岸,遥奏乐欢迎。各团员与顾代表日有会议,兴致甚佳。(三日专电)

〔九江〕 浔各界在振兴饭馆开茶会,招待调查团。县长蒋彝致欢迎词。警备司令郭觫代表省府致词后,沿甘棠湖游览,即归船。(三日专电)

(《申报》,1932年4月4日,第五版)

198. 特载:马卫里论东北问题与国际联盟(续昨)

(五) 欧洲政治家与外交家之错觉

但我人若以一切犹太人的罪恶(即狡滑不负责任),均加诸美政府之身,未免不公。盖华盛顿方面所表示之空气,与其他列强首都所表示者,并无甚大之出入。欧洲方面之政治家与外交家,其本能的反动,并不有利于中国,此亦无可讳言者。其理由亦不一。外交家多数对于国联及战后之新国际公法,均不甚信仰。且自然之趋势,关于此事件不得不让外交家中远东问题之专家发言,而若辈在远东任职期中,又莫不因不平等条约问题,与中国发生一度之龃龉。于是日人即乘隙施用手段,以条约神圣之保障者自负,尤其是关于不平等条约,使全世界外交家均有日本为各国共同利益而争之感想。至欧洲政治家之所惧,则认盟约严格履行,其制裁手段恐非目前世界情形所许。日本政府对于此种情形,最为熟悉,故其手段至为敏捷。此我人所不得不承认者也。日本在欧洲宣传,弦外之音,一若满州之问题乃一遵守条约之问题,是故日本所辩护者,适为欧洲各国所正欲绝大牺牲之权利。日本政府且在东京声言,日本将不顾国联之命令,断然实行武力的制裁。此种景象,使欧洲之政治家非常惶恐。而此时之忧虑,正在非常严重中矣。

(六) 国联竟受秘密约定之牵制

但我人经过此种种观察以后,尚不能藐视另一观察之重要。我人今日生存之时代,乃一过渡之时代。新的国际公法之实行,仍不免受国联存在以前及最近种种秘密约定之牵制。在国联之空气,人人皆知行政会之懦弱,大半由于日本与列强间关于满州问题之秘密约定。此种种秘密约定,并无法律的价值。此种种秘密约定,既未向国联秘书厅登记,又与盟约相反,实陷于双重之无效。但我人此时所重视者,非此种种约定之法律价值,而为一般人认欲遵守此种种约定之事实,以致若辈在国联行政会中之行动,表现懦弱,且至于呆滞不动。凡此诸点,皆足以解释国联为何不敢明白施行盟约之规定。

(七) 中国交外[外交]手腕之错误

最后为解析完善计,犹须追加一点。中国政府方面,不敢断然使行政会负全部责任。假若中国早具更有力之军事抵抗,则日本亦决难推托满州事件决非战争。假若中国早就提出第十五条,则行政会亦决难图卸责任。而纠纷之两造,既无须投票,则十月二十四日之决议,亦不致于不发生强制的性质。是故中国方面在外交手腕上,亦尝减弱行政会之行动,使行政会不期然而然趋于不动之情势。此则非我人所欲訾议者也。

(八) 世界未来之凶兆

总之,此事使国联之怨恨,实甚于中国。盖中国犹得相当事实之满意,如满州调查团之委派,可使中国得在公正无私之法庭前,呈诉一切。满州所发生之种种争执,由来已久。其原因皆由于种种权利之内容,及其是不合法、模糊不定故也。日本出其不意,骤进满州,固从未料及竟致给与一种机会,使世界人士注意一日本所欲单独注意之地方。关于此点,国联调查团可以有相当之实际价值,而不容藐视。国联调查团所贡献于中国者,当为严正的满意。

反之,国联自身对于此次事件,实无可自庆[度]。行政会之弱点,已证明国联之行动,可以受国联所绝未认识之秘密约定的牵制,此实为未来之凶兆。而我人适在军缩会议之际,安全问题适为该会之主要关键。此一预兆,尤非佳祥也。凡此种种,甫经过去之事实,皆足以贻人口实,使人有破坏军缩会议之强有力的理由。行政会之行动,所以不能稍示刚毅者,其亦在于斯乎。(完)

(《申报》,1932 年 4 月 4 日,第七版)

199. 国联调查团昨晨已抵汉口,各界欢迎热烈,军警戒备严密,当局款待殷勤

〔汉口〕 国联调查团李顿等一行,四日上午八时,乘隆和轮抵汉。何成濬、夏斗寅及各机关各团体代表全体招待员,均在江岸欢迎,军警戒备极严。轮靠码头后,何成濬、夏斗寅、何葆华等登轮欢迎,英、美、义领事及武官亦登轮迎迓,陈光组、叶蓬分在趸船江岸指挥军警。八时一刻相偕上岸。李顿偕顾维钧先登陆,含笑乘第一号汽车,赴德明饭店休息,马考迪、希尼、麦考益、克劳德尔及秘书勃兰克斯以次乘汽车前往。随员分住中央饭店及太平洋饭店。(四日专电)

〔汉口〕 调查团定午十一时拜会何成濬,并向市府投刺。晚赴市长何葆华欢宴及向各团体谈话,以一小时为限。(四日专电)

〔汉口〕 调查团午赴绥署访何成濬、夏斗寅,日代表吉田亦同往。何述水灾、"匪情"甚详。该团对水灾亦注视,并召水灾工作组常委徐维荣询问甚详。该团团员下榻德明饭店,日代表下榻太平洋。李顿之秘书亚斯托四日已由宜昌飞抵汉。顾维钧下午四时在灾区工作组招待各界代表。(四日专电)

〔汉口〕 正午十二时,市长何葆华假普海春宴调查团,各领事均被邀列席。何葆华致词,谓:"汉市水灾后,财产及营业损失甚大。吾人正忙于救灾及建设之时,而日本突占东省,继攻上海,以致本市各种计划,无从实施。中国文化向重精神方面,且为酷爱和平之民族。现此事已提交国联,深信公理必申,并深信诸君对于调查所得,必有公正之报告。谨代表市民,祝诸君康健。"代表

团由李顿答词,首表示感谢之意,次谓:"汉市为中国重要商埠,水灾之后,布置仍甚优美,但内心仍不免忧闷,使人时时念及水灾时之痛苦。现武汉尚有卅万人待哺,世界各国正设法救济,因此国联派敝团便道察看,以谋解决"云。(四日专电)

〔汉口〕 外商联会四日晚五时在西商会跑马厅举行茶会,欢迎调查团及各领事、中日代表暨何成濬等,六时散会。何成濬当晚八时假德明饭店欢宴,何致词,李顿答词。至招待程序,经数次改订:接见各界代表,商界五日九时至九时半,新闻界九时半至十时,学界十时至十时半,工界十时半至十一时。顾维钧告记者,调查团到汉,见民众欢迎秩序整齐,至表愉快。(四日专电)

〔汉口〕 调查团招待程序:四日晨十一时,拜会何、夏;十二日赴市长欢宴,四时何、夏答拜,五时赴外商联合会茶会,七时何成濬欢宴;五日晨接见各界代表,十一时视察灾区堤工及灾民收容所,十二时赴商会宴,下午二时过武昌,赴武汉大学茶会,七时三十分登轮东下。后因时间仓卒,商会宴停举行,改用书面陈意见。夏因未就省主席职,其宴会亦中止举行。(四日专电)

〔南京〕 国联调查团约七日或八日回京,乘平浦车北上。北宁路备包车五辆,可容十九人;卧车三辆,四十八人;饭车二辆,七十座。铁部认所备车辆尚不敷用,特饬该路加拔该路之三三二号卧车,已于四日晨开浦站备用。又招待团员之餐具,前由北平保管处运来七十三箱,在京备用。现外部已将此种餐具交由铁部,迅饬平浦路局备车一辆,运回北平备用。(四日专电)

〔北平〕 平学术界对调查团拟提出说帖,以供参考。列名有丁文江、陶孟和、胡适、傅斯年等。(四日专电)

〔天津〕 欢迎国际调查团刻正积极布置。省府四日通电各县,嘱于专车过境时妥慎保护。市府定五日召开第三次筹备会议。(四日专电)

(《申报》,1932 年 4 月 5 日,第五版)

200. 调查团由京西上情况,附录国联处理中日纠纷经过

国联调查团一行于四月一日在两岸欢迎牌楼之灯火辉煌中,登隆和轮而上驶。行政院长汪精卫、外长罗文干及褚民谊等,均亲送至轮上,国府及外部

另派专员护送,其礼遇可谓隆矣。

隆和在长江中为较优之轮。外交部及代表处以四千一百二十四元之代价,将大餐间全部包下。舱分上下二层,调查团及中日代表居上层,余均居下层。惟上层床位有限,西人有屈居于下者,以等级关系,啧有烦言。其实倘越一步而至线连之统舱,不其有天堂地狱之感乎?

行驶长江轮船,除牯岭避暑期中,大餐间有一二次人满外,似未有如此次隆和之盛者。惟停留南京一日半之久,其他乘客,受累匪浅。买办赔贴饭食,损失更不待论矣。

二日侵晨,船抵芜湖。邪许声中,有当地各界代表如警备司令谈经国、公安局长赵经世、商会执行委员陈绍堂、报界崔亮工及店员联合会、工业联合会十余人,手执国旗,鱼贯登舟,表示欢迎。维时不但调查团未起,即代表处人员亦未起。不得已乃由秘书长王广圻氏,从卧榻中出而招待,允将其盛意转达。彼等以船将开行,遂未久候而去。芜湖报纸登载调查团之动静甚详,六时许在轮埠已可购得,具见该地报界近年之进步。

船过芜湖,天朗气清,风平浪静。调查团中人有前未曾游中国或扬子江上游者,凭栏见两岸柳绿花黄,渔嬉农乐,轻帆片片,掠轮而过,不禁脱口而出曰:"佳哉!此诚天赋之国①也。"此种赞美虽非矫饰,然具未完之语气观之,可为之下一转语曰:"此诚天赋之国也,其如无人善为治理何?"李顿爵士虽在船中,工作不辍,各处发来之电或馈赠之物,均一一裁复。英人办事认真,可见一斑。代表处人员为斟酌汉口招待程序、平浦专车上床位分配及北上各大城之停留时间等,工作亦甚忙,沿途遣人登岸,发电知照,俾得先事准备。调查团之专车,因床位有限,不敷分配,凡无与该团同行必要者二十八人,将乘七日下午七时开行之平浦特别快车北上。中国代表处人员之赴东北,依照国联议决,日人似无阻止理由,惟人数多寡,或须商量。依照现有秘书、总务、招待、编辑、议案诸组人员,已逾百人,恐须抵北平后,始能最后决定,通知调查团。

调查团及代表处之行李,托中国旅行社运送,外交部曾派专员帮同照料。乃李顿爵士之白色铁箱,忽失所在。昔陆征祥赴巴黎和会,路过横滨[滨],装有重要文件之一箱,独不翼而飞,故闻此消息者,均为惊异。但今尚在寻问中,希望其无遗误也。国际联盟中国秘书吴秀峰氏,此次亦随调查团同行。据其

---

① 编者按:原文如此。

所述国际联盟处理中日纠纷之经过,可分三时期如下,当此调查期中,颇足吾人参考。

$\cdots\cdots\cdots\cdots$

(《申报》,1932 年 4 月 5 日,第七版)

201. 国联调查团昨赴武昌视察

〔汉口〕　调查团三时半乘"海州"巡舰赴武昌,先视察灾民收容所,旋乘汽车赴武大茶会,晚七时返汉。(五日专电)

分别接见各界代表

〔汉口〕　调查团五日上午九时至十一时,分别接见各界代表谈话:商界九时至九时半,新闻界九时半至十时,学界十时至十时半,工界十时半至十一时。由李顿询问,各代表亦分别陈述意见。继调查团赴戴家山视察堤工。定三时过武昌,赴武汉大学茶会,惟风大,是否前往尚未定。(五日专电)

〔汉口〕　调查团五日接见新闻界时,由李庶咸陈述意见,分三点:(一)抗日非排外;(二)抵货非抵日本人;(三)日人干涉汉口言论。并询李顿对日人强迫东省人民庆祝伪组织成立之感想,李笑答:"我们注意的。"言次李顿询及汉口历次排货情形,经一一答覆,李顿表示满意。次按见学界代表时,由陈时发言,递意见书后,并交日报侮辱国联、侮辱中国元首及挑拨中外感情之证据多种。又接见商界代表时,由贺衡夫发言;接见工界代表时,由王锦霞发言。(五日专电)

陈、周公宴顾维钧等

〔汉口〕　陈光组、周泽春,五日午十二时,假金城银行宴中国代表团,到顾维钧等数十人。(五日专电)

何宴席上演词补志

〔汉口〕　何成濬宴调查团致词,略谓:"鄂受水灾及东北上海事变影响,招待甚简,意则至诚。诸君已在沪视察战祸,当深印脑海。我对国联决议均接受,诸公对我国盼和平之诚意,当无疑义。鄂处全国中心,任何事变,均受影响,此间人民对此次事变,岂无愤怼? 政府则以治安关系,力劝信仰政府及国联,俟公平解决,故数月来地方平静,中外相安。诸君此来附带调查水灾,鄂水灾重大,空前未有,中央有整个计划,因事变影响,今向灾民言治安,其难可想。但和平恢复后,振[赈]灾当有办法,与国联主持人道相合。诸公视察后,当益同情。且国联对会员国,自公平无偏,吾人对于中日事件,亦不过求公道。深信诸君调查结果,必能实现公道,副吾人之望"云云。(四日专电)

〔汉口〕 李顿在何成濬欢宴席上答词:"对水灾极表同情。幸防范认真,未发生流行病。至贵国将东北问题交与国联,乃一种诚意合作之表示。果希望有圆满结果,亦必须中日合作。吾人所知两国政府,现皆有诚意。希望两国人民促政府,俾和平早实现。"(五日专电)

津浦沿路奉令警戒

〔徐州〕 津浦警备部奉军政部电:"国联调查团七日由津北上,九日可到津。由浦口至临城一段,除随车卫队由谷司令派遣外,沿途警戒,仍由该军担任"等情。王均奉电后,四日已通电津浦线浦临间各驻军长官、各站站长,及铜、萧、宿、灵、怀远、凤阳、滁州、全椒、来安、江浦各县局长,一体遵照,维持保护。(五日专电)

津埠预定欢迎程序

〔天津〕 欢迎国联调查团程序,五日决定如下:(一)调查团预定九日晨抵津,届时派市府科长沈迪家赴西站接洽欢迎。(二)各界及民众代表限千人齐集总站欢迎,每界推总代表一人,登车接谈。(三)调查员下车赴西湖饭店休息,派段茂澜、陶坚招待;中国代表及随员赴利顺德饭店休息,派沈迪家、张锐招待;派黄宗法为总翻译。(四)九日上午十时,在西湖饭店接见民众代表。(五)正午在省府公宴,宴毕摄影。(六)下午三时,赴东站登车赴平。(五日专电)

〔天津〕 各界上国联代表团书共列二十一项,各界领袖签字者千五百人。(五日专电)

202. 东北叛逆电外部：不招待顾维钧

〔南京〕 叛徒谢介石以伪满洲国外长名义致电外部，反对顾维钧以中国代表资格，随同国联调查团赴东北调查。该电五日确已达外部，大意略谓该伪组织与我国尚未发生国交关系，不便招待。闻外部已电颜代表报告国联，并电顾维钧与调查团商应付办法，对该电以措词荒谬，决置不复。（五日专电）

（《申报》，1932年4月6日，第六版）

203. 国联调查团由汉乘轮东下，抵浦后即转车北上，中央派员到埠迎送

〔汉口〕 调查团五日晚九时，乘隆和轮东下。何成濬、夏斗寅以次均登轮欢送，江岸警戒严密。（六日专电）

〔汉口〕 李顿接见商界代表，发问带严重测验性，如问："一、以何法抵日货？二、中日纠纷解决后，排外心理能否消灭？三、东省事变后，汉商业影响如何？"贺衡夫答覆："一、九一八后，华人认有日货是奇耻。二、抵日货系日人占东省结果，非排外。三、汉商业受损失极巨。"说话时间最长。（五日专电）

〔汉口〕 李顿接见工界代表时，李询王锦霞对中日交涉之意见。王陈述四点：一、东省及上海事变，为日人整个侵略中国之策略，希望国联勿分为两问题；二、希望国联促日本撤兵，并以十五、十六条制裁日人；三、工人头可断，血可流，誓不屈服于暴力；四、对日经济绝交，系日人压迫中国之结果，日人谓我排外，系欺骗国联。（五日专电）

〔汉口〕 调查团赴武大茶会时，高君疏女士代表全校以意见书面交李顿。大意：一、非法占据东北及上海之日军，立即撤退；二、中日悬案须全部解决，或经过国际参与；三、为严正履行国联盟约第十案，国联调查团或国联任何代表，不得予所谓"满洲国"以任何承认之行为；四、如国联之决议均不能满意执行时，应即实施约章第十六案。（五日专电）

〔汉口〕　调查团五日视察张公堤、戴家山一带灾区堤工,由招待员及救灾当局指点说明,并递说明书,对鄂灾惨象及救济情形、美麦分配,均作详细报告。午由各领事欢宴。下午三时,在德明饭店集齐。三时半分乘小轮六只渡江,赴武汉大学参观。我国代表团专门委员、各部代表及招待员均陪往。拟五时许渡汉,七时半上轮,八时许下驶。各团体代表仍至江干欢送,仪式与欢迎同。(五日专电)

〔南京〕　国联调查团五日下午七时由汉开船,约七日午可到浦口,定下午四时北上。铁部已将支配车辆、沿途供应办法,饬派专员,妥慎办理。军政部以国联调查团由浦北上,除派有卫队随车护卫外,并电津浦路警备司令王均,督饬沿线各驻军长官、各站长及各县局长等,严密警戒,负责保护。(六日专电)

〔南京〕　国联调查团到浦口之招待事宜,外次徐谟及招待会委员届时定前往照料一切,并迎送如仪。中央、国府均派定代表到埠迎送。(六日专电)

〔南京〕　国联调查团李顿一行,五日下午九时离汉东下,六日早过九江,七日下午二时可抵浦,四时专车北上。该团在汉情形,顾维钧已电外部详细报告。罗外长及招待员七日将过江欢迎。(六日专电)

〔南京〕　全国经济委会为计划修辟国道工程,特请国联道路专家二人随国联调查团赴华北与东三省,沿途考察,俾作设计标准。(六日专电)

〔北平〕　东车站搭彩楼欢迎调查团。鲍毓麟传令各警区署注意调查团抵平后平市警卫方法。(六日专电)

〔天津〕　张学良派铁甲车第六分队长刘兴宇,率武装兵一队,乘铁甲车一列,定八日由平过津赴德州,迎候国联调查团,以便沿途保护。(六日专电)

〔青岛〕　胶路党部暨胶路工会,因国联调查团将到济,特派员赴济,筹备欢迎。(六日专电)

〔济南〕　调查团八日下午四时过济赴平。本市各界筹备盛大欢迎,以津浦站头等客厅为礼厅,届时韩及军政长官均到站欢迎,各机关、各团体亦均派代表参加。省党部、省府、新闻界、各校、各民众团体,均备有欢迎词、意见书,由我外交官转交调查团。(六日专电)

(《申报》,1932年4月7日,第五版)

204. 国联调查团员抵汉

再纪隆和轮上之情形

隆和轮于二日晚饭后抵安庆，黑暗中只见沿江灯光闪烁。船主为使李顿爵士等明了岸上风景，频以探海灯照塔王，若以此为安庆之特别表记者。行至三北码头，其上悬有极长大之英文标语："欢迎和平使者国际联盟调查团"。至招商局码头，又有军乐吹奏，遥为欢迎。

夜间无所事事，中西人士有合玩纸牌及麻雀以消遣者。

三日清晨，船将抵九江，团员均提前用早膳。船下碇后，警备司令郭觫、县长蒋彝、县商会萧勉、银行界程顺元、教育界熊祥煦、党整委会刘安远等代表登轮欢迎，并有省立四中实验小学男女生五人献花。乃登岸至国民饭店小憩，即沿滨江路（前英租界）、大中路步行至振兴办〔饭〕馆。因该馆建于甘棠湖之畔，风景宜人，近如烟雨楼、能仁寺，远如匡庐，俱在眼下也。本备有午餐，以船定十一时开行，乃改用茶点。由县长蒋彝代表致欢迎词，大致谓："中国国民，素爱和平，苟非不得已，不有自卫行动。吾人信赖国联，知其为维护和平主张正义之机关，足以解决中日一切纠纷。今日人侵占东三省，实足破坏世界和平。诸公此来，必能以实地之调查，作公正之判断。倘吾人不能如愿以偿，则宁为正义与和平而牺牲耳"。李顿爵士答辞，谓："予虽不惯晨间演说，然诸君欢迎之诚挚及小朋友之献花，此种情景，使予难忘。诸君所希望，吾人必勉力进行。希望中日能永久和平，更希望中日国民与吾人合作"云云。次由郭司令代表江西省府致祝意。即辞出，沿匡庐路步行至第五师阵亡将士纪念碑。略事游览，遂乘汽车归船。各界代表仍送至轮埠，并赠调查团每人花瓶一事及匡庐风景片，以为纪念。是日沿江均悬旗奏乐，并有学生童子军列队迎送。李顿爵士等颇顾而乐之。

九江虽为长江中流商埠，然市廛不兴，无可观览，出街则又芜秽腥臭之气触鼻。凡调查团足迹所经，亦与以不良印象。是盖平时庶政不修，临时又疏于准备之所致也。

皖赣湘鄂川外交视察专员周泽春氏，代表湖北绥靖主任及省政府由汉来浔欢迎。谈及预定招待程序,大致四日上午拜会绥靖何主任及省府夏主席,市政府午宴,午后以一小时与各界谈话,并赴旅汉西商茶会,何主任晚宴;五日上午以二小时与各界谈话,并视察堤工,市商会午宴,下午过江赴武汉大学参观并茶会。又赁定德明、中央及太平洋三饭店,供调查团及代表处领袖岸上憩坐,七时半归船。沿江两岸,多童山濯濯,所见非古城即小村落。惟大冶烟突高耸,工厂迤逦,独多活气,但惜为日人所经营。我有宝藏,不知开发,而由他人代开发之。哀哉!

船于四日上午八时正抵汉口。绥靖主任何成濬、湖北省政府主席夏斗寅、市长何葆华、海军司令曾以鼎等,均登轮欢迎。李顿爵士由顾维钧陪,马柯迪伯爵由王广圻陪,克劳德将军由张复陪,麦考益少将由颜德庆陪,希尼博士由萧继学陪,吉田大使由严恩樀陪,哈斯由张祥麟陪,于军乐声中登岸。

汉口通信。国联调查团一行于本月一日由京乘隆和轮来汉,视察灾区。二日过安庆,三日过九江,四日上午八时抵汉。此间欢迎,极为热烈。兹将该团在汉第一日情形,分志如后。

抵汉盛况

欢迎筹备处于国联调查团行抵黄州,绥靖主任何成濬亦接该处电告,特于三日晚通知各欢迎代表及招待员,于四日晨六时齐赴江干迎候。是时江汉关码头、绥靖公署、省市政府、警备部,均已扎就欢迎牌楼。驻汉永绥军舰,各团体商店住户,均悬国旗。欢迎标语,满布市上。绥靖主任何成濬、省府主席夏斗寅、汉口市长何葆华、海军司令曾以鼎、永绥军舰严舰长,及省市党部委员、各厅厅长、各界代表约千余人,连同民众欢迎者共约万人。警备部队一连、海军陆战队一排、保安队一队,担任警戒。第十军仪卫队,担任奏乐。八时许,隆和轮抵埠,停靠怡和码头。一时音乐竞作,欢声雷动,而秩序极为严肃。何成濬、夏斗寅、何葆华、曾以鼎,及招待员徐维荣、王宠佑、谢奋程、李绍汉、周钟岐、贺一雁、李祖芬、周泽春、罗惠侨、李博仁、陈雪涛、蔡礼成等,及英、美、法、德、意、日驻汉总领事、海军司令等二十余人,登轮迎接。由顾代表维钧一一介绍,互相握手。旋相偕登岸,分乘汽车至德明饭店休息。计第一辆汽车为调查团主席李顿爵士与我国代表顾维钧,李氏向欢迎者频点其首,笑容可掬,第二辆为马考迪伯爵与我国代表团秘书长王广圻,第三辆为克劳德将军与我国朱参议凤千,第四辆为麦考益将军与我国颜参议德庆,第五辆为希尼,第六辆为日代表吉田大使与我国招待主任严恩枢,第七辆为秘书长哈斯与我国总务主任张祥麟。均至德明饭店。

在汉行程

该团抵汉后因时间短促,对于原定招待程序,屡经更改。最后始决定:四日上午八时休息,十一时拜会绥靖主任、警备司令,并往市府投刺,十二时出席市长何葆华之欢宴会,下午四时赴西商联合会茶会,八时赴绥靖主任何成濬欢宴,宴毕休息;五日上午九时至九时三十分接见商界代表,九时三十分至十时接见新闻界代表,十时至十时三十分接见学界代表,十时三十分至十一时接见工界与党部代表,十二时视察张公堤及灾民收容所,下午渡江赴珞珈山武汉大学参观,并视察武泰闸堤防,并拟赴黄鹤楼游览,七时半返汉登隆和轮,东下返京。行期仓卒,对于商会之欢宴,表示不能参加。惟商会现已拟具报告,以书面陈述一切。至省政府主席欢宴,因夏斗寅尚未就职,亦不举行。至该团住所,事先即由招待处包定法租界德明饭店、中央饭店、太平洋饭店,听其自择,惟各代表多欲仍住轮上。英代表李顿、意代表马考迪分住英、意领馆,日代表团住太平洋饭店,德、美、法三代表,亦分下榻领馆或仍居轮中。随员秘书及我国代表团,一律在船住宿。

市府欢宴

市长何葆华正午十二时,假座普海春番菜馆,欢宴该团。因各代表到迟,一时许始就席。何主席酒三巡,起立致欢迎词云:"委员长、各位委员这次因中日事件,奉国联使命远渡重洋,不辞劳苦,本市长谨代表八十万市民,表示极诚恳之欢迎。汉口居长江中部,舟车通达,在各国商业上之关系,非常密切。自去年七月发生空前未有之大水灾,市面建筑物多被毁坏,中外商业,损失甚大。至九月十九日,水始退落。中外各大慈善家正在努力救济灾民,全市人民力谋恢复商场之际,不料九月十八日东省事件突然发生,沪案又相继而起,全市人民莫不感受重大影响,所以本市一切建设计画,未能如愿进行,市面情形,更为简陋。加以我国民族受旧有文化之熏陶,数千年来注重精神生活,对于物质上之享受观念素薄。诸公自世界最繁华之市场而来,物质方面两相比较,恐难得美满之感想。本市长对于此点深觉抱歉。中国素爱和平。欧战以后,世界人民尚有余痛。诸公本国联弭战精神,努力于中日和平之实现,并使全世界之和平,藉以永久保持。此非独全市人民之希望,想爱护和平之全体民族,亦当祷盼者也。敬举一杯,祝诸君康健。"李顿爵士致答词,原词系英语,由颜德庆译成华语。略谓:"今天同仁等承贵市长招宴,十分感谢。此次鄙人与诸位委员观光武汉,非常荣幸。汉口是贵国重要的都市,同时湖北省也是贵国历史上很重要的地方。但是汉口以及贵省的各县,都被了很大的水灾。地方情形,因遭此浩劫,一定是很苦的。同人等今天受如此的优待和盛宴,已使我们忘却了武汉在去年所受的痛苦。虽然表面上是如此,而同人的内心,仍是感觉

下转第八版

不安的。我们大家都深知道水灾后地方所有的痛苦。例如前几年印度大水,所遭的灾害,我们已经很耽心的了。但是较比贵省因水灾而有二千一百多万人民受害、三百多万人民没有衣食,相形之下,诚有天壤之别。今天我们来到了汉口,更知道到现在武汉的近郊,尚有三十万人感觉到生活的无法解决。因为贵国的灾情如此重大,所以全球各国都正在设法救济。最近我们又知道贵国现在还有一很严重的事件,欧美各国因为这件严重的事件,所以派同人们组织调查团来到远东实地调查,并寻觅一个解决办法的根据,这是同人等所负的使命。到了贵国以后,所经过的地方,都在征求贵国各界的意见。希望武汉各团体,尽量的供给同人等所需要的材料。今天承蒙贵市长招宴,特别优待,鄙人及诸位委员都很感谢。谨此回敬一杯,并祝贵市日见发达。"

绥署欢宴

绥靖主任何成濬于四日晚八时,假座德明饭店欢宴调查团。全体团员均到,由何成濬主席,致欢迎词云:"今日本人有此良机,欢迎诸公,甚觉欣忭。诸公均有光荣之历史,莅临敝地,实为本省莫大之荣幸。本省既受水灾之祸患,又受满洲及上海事变之影响,对于招待一层,诸多简亵。但欢迎之意,全出至诚。我国对于国联行政会及大会迭次决议案,均已表示接受。想诸公对于我国切盼和平之诚意,亦毫无疑惑。湖北处中国中心地位,凡中国各处一有事变,本省立即感受影响。东北、上海炮声震天,此间人民,岂无愤怒?本人极力晓谕,切劝其信仰国联,听候国联公平解决,差幸数月以来,地方平静,中外商人相安无事。欣闻诸公此来,附带调查水灾。回想去年水患之大,实为空前仅有。被灾之区占全省三分之二以上,被灾人民达二千万,堤垸溃决,庐舍湮没,

流离失所者为数八百万。被灾之后,本省各慈善团体竭力从事救济。奈灾情浩大,非仰仗中央政府设法及向海外募捐不可。我中央政府本有大规模救灾计划,及因满洲事变发生,该项计划大受影响。目下本省因对于灾民,未能有充分救济,所感困难,更形复杂。向饥饿灾民而言治安,处理之难,可以想见。本人认为和平恢复对于振[赈]灾事宜自有办法,人道主义与国联目的若合符节。诸公以国联所处之地位,对于各会员国,自属公平无偏。吾人对于中日事件,亦不过求得一公平无偏而已。深信诸公调查结果,必能实现公道,以副吾人之愿望。敬举一杯,祝诸公健康。"

次李顿爵士致答词云:"贵主任、司令及各位先生:今日承贵主任宠召,鄙人谨代表敝团全体,表示感谢。刚才贵主任以国联调查团来汉,表示一种诚恳的愿望和热烈的欢迎,实不敢当。且在武汉受空前未有之水灾以后,乃承隆重招待,同人等感谢尤深。对于水灾,敝团心中同具痛苦。我们在来汉以前,听到武汉水灾,损失奇重,即非常忧虑。现在到了汉口,看到各种情形,反非常羡慕贵主任的能力。我们来时,看到沿江的加工修堤的情况,明日更有机会看武汉堤工。但是贵国在受了空前未有的水灾以后,更有一件格外严重的事件发生。我们相信如能努力、不畏难,一定可以得相当的解决。此次来此,我们更得到很多的帮助与材料。但贵国人士对于水灾,既能如此救济,对此更严重的问题,希望全国同心一致,才有良好结果。贵国对此严重问题提出国联,国联即派员调查,足以表示国联对贵国协作之诚意。同时希望贵国政府与日本政府,也能诚意合作。并希望两国人民,也能协助政府,达到这诚意合作的目的,以谋远东的和平。同人等亦将尽力以促其成。谨回敬一杯,祝诸君健康。"(四月四日)

(《申报》,1932年4月7日,第七版转第八版)

205. 津市筹备欢迎调查团,当局及民众均预向该团报告

天津通信。国联调查团李顿等一行,不日北来。北宁路局日前奉北平绥靖公署命令,特备专车一列,共计十九辆,南下迎迓。该专车美丽堂皇,为普通专车所仅见。据此间接京方来电,谓调查团因赴汉一行,约本月九、十两日,可

抵平津。至津市筹备欢迎事宜,现由省市党政双方会同办理。省府推省委严智怡、顾问黄宗法,市党部推整委邵华、刘宸章,市府推科长沈迪家、张锐,六【人】组织"欢迎国联调查团筹备处"。该筹备处因调查团过津时拟停留半日,视察津变时一切损失情形,故开会决定由省市当局指定英租界西湖饭店为欢宴调查团地点。关于到站欢迎之团体,以党、政、工、商、学、新闻、善团、自治区、律师九界为限,规定人数不过一千人,多恐秩序不易维持。再由团体中推选代表若干人,于专车到站时,上车致欢迎之意。亦经拟定省主席、津市长,率同外交人员为前列,民众总代表殿后。凡入站欢迎之团体人员,均由筹备处制定徽章、分发佩带,以免淆乱。车站秩序,除由军警维持外,市党部并召集中等以上学校童子军代表谈话,决定童子军亦担任维持秩序职责。至于上年津变情形及我方损失,业由省市当局编成报告书,内容甚详细,俟该团抵津时,即行递交。民众方面,则搜集数月以来日军在津扰乱事实,并提出各项意见,将来由民众总代表张伯苓向该团提出,请其主张正义。惟北方商人丧心病狂,当沪战正酣之际,而日货畅销依然无阻。其最大原因,一方固由于商人不知利害,贪图金钱;同时当局方面,亦恐对日外交引起严重变化。故取消反日会,准予商家贩卖日货。此诚至可痛恨也。(四月二日)

(《申报》,1932 年 4 月 7 日,第八版)

206. 随便谈谈:国联调查团失窃白色铁箱

国联调查团一行,于四月一日由京登隆和轮船北上,而李顿爵士之白色铁箱,忽告失踪。若此讯果然非虚,则不能不认为这是一桩希奇、特别而重要的窃案。

调查团及代表处的行李,托中国旅行社运送,外交部曾派专员帮同照料。如此郑重将事,而李顿爵士的白色铁箱,竟不翼而飞,试问旅行社运送些什么?专员照料什么?在旅行社与专员疏忽卤莽之咎,果然百口难辞。

所奇者,此次调查团及代表处之行李,人数既多,行李天然也不在少数,何以该项行李中,他人的物偏偏不少,而独少李顿爵士的白色铁箱?则该窃贼的用意,不难猜测而知。李顿爵士虽在船中,工作不辍,各处往来电报均一一裁答，则李顿爵士的白色铁箱，其中关系十分重要，亦不难猜测而知。惟该项行李既托旅行社运送，政府又加派专员照料，而该窃贼竟妙手空空，不假吹灰之力，窃负而逃，我不能不认该窃贼手段之高明。昔陆增〔征〕祥赴巴黎和会，道出横滨，装有重要文件之一箱，亦不翼而飞，适与此次窃贼同一手腕，好生奇怪。

金银财物，为窃贼的惟一目标。而此项窃贼，不窃金银财物，而独窃重要文书，与平常窃贼大异其趣。此种窃贼，我何以名之？名之曰"政治上的窃贼"，若简单言之，名曰"政贼"。

（《申报本埠增刊》，1932 年 4 月 7 日，第一版）

207. 国联调查团昨晚专车赴平，预计沿途不多停留，一星期后即往东北

昨午后由汉到京，各代表赴外交官舍与罗、徐会谈

〔南京〕 国联调查团李顿爵士一行，七日下午一时由汉乘隆和轮抵京，泊海军码头江心，在轮午膳。李顿等以有与罗外长再作一度会谈必要，即通知外部。二时十分，李顿、马柯迪、麦考益、希尼、克劳德各委，秘书长哈斯，及我代表顾维钧、朱鹤翔等，乘专差小轮登岸，乘外部所备汽车赴萨家湾外交官舍，罗文干及次长徐谟均在官舍等候。会谈达一小时。闻该团认调查迄今所得印象极佳，此度谈话极关重要。三时四十五分，各委离官舍。李顿赴英领馆稍谈，四时乘英舰小轮过江；意、法、德、美各委及哈斯，由罗外长于四时陪乘澄平轮过江，赴浦口车站。车站满贴欢迎标语，并有大牌楼缀以彩灯，军警严密戒备，国府乐队在月台守候。四时十分，各委员及我代表顾维钧、日代表吉田均陆续登车，十五分于军乐欢奏声中离浦北上。预计八日晨四时抵济，七时离济，晚九时过津，停二小时；九日晨六时抵平，勾留一星期，与东省长官详细接谈后，即乘北宁车赴东省实地调查。我方职员尚有一小部七日晚北上。（七日专电）

隆和轮中茶话会，对东北拒顾入境决定应付办法

〔南京〕 国联调查团五委员及我代表顾维钧等，日代表吉田等，七日上午

十时在隆和轮中举行谈话会,对东北伪组织电拒中代表顾维钧入境问题,交换意见。结果五委承认中日代表同为国联调查团构成份子,如有人拒绝该团中任何方面,即不啻拒绝该团全体,决以此为应付该问题原则。（七日专电）

换火车离京北上,包车十一节,四时十分由浦开出

〔南京〕　今日四点十分,国联调查团由浦口开车。第一节包车为会议车,中设客厅,满缀欢迎旗。第二节车李顿、马柯迪乘坐。第三节车麦考益、希尼、克劳代乘坐。第四节车顾维钧、傅小峰、李荫覃乘坐。第五节车为调查团秘书长哈斯及波特,并文件数箱。以上第一、二、三、四、五、四[五]节车,均有私人会客室。第六节车日调查员吉田伊三郎、盐田[崎]观三、渡久雄乘坐。第七节为餐车。第八节为包房车,计中西日员顾[张]祥麟、巴特尔、佐藤等十六名。第九节包房车为中、西、日员吴秀峰、澄田及魏文彬、女宾等十六名。第十节车钱泰等。第十一节车王咸等。津浦路局派杨天运等五员随车照料。（七日专电）

李顿爵士之表示:不能承认未经国联承认之政府

〔南京〕　今日隆和船抵京前提早午膳。正午十二时半,即在浦口江心停泊。因津浦路局准备未周,行李搬运手续甚为迟慢,至三时始登岸。李顿在澄平渡轮上语记者云:"国联赋予本团之任务,除中日两国外,不知有其他国家与之接洽。"盖不承认满洲伪国,意在言外也。（七日专电）

〔南京〕　今日有数千人集于浦口江干,欢迎国联调查团,而不知团员在小驻南京时,有沉静重要之勾当。团员由汉口乘隆和船抵京后之时,即乘小轮在下关登岸,改乘汽车径至外交部,由罗外长示以一九零五年之条约原本及纪事录。条约中与纪事录中,绝未有中国允不建筑与南满路并行之铁路之文字。按团员前抵东京时,日政府曾示以目为一九零五年条约之原本及纪事录,谓中国于纪事录中允不建筑任何并行线,且谓中国之约文,业已失去云云。团员由京赴汉后,外交部官员即搜寻旧案,觅得该约原本。团员离汉时,顾维钧博士即致无线电报与外交部,作以该约示团员之必要布置。团员此次在京登陆,其目的极守秘密,仅称拟谒辞政府各领袖。路透访员曾登隆和船谒见李顿勋爵,李以简单之语发表对"满洲新政府"拒绝顾博士入满事之意见,谓调查团乃由国联委任调查满洲之状况,有决定何人可偕行何人不可偕行之全权,决不许他人置喙云。访员又问以如调查团受"满洲新政府"之邀请，作正式之勾当，则岂非承认该政府乎？李答称，调查团唯知中政府与日政府受国联与全世界之承认，调查团不能承认未经国联或其他政府承认之任何政府。李顿勋爵又称，渠与同团团员得游览汉口，至以为乐；上海现有地方问题，南京则代表全国之政治生活，团员见汉口已由空前之水灾而渐复原，深为欣慰；在汉时曾往观难民收容所，且见数十万难民现正从事修筑近城之堤坝。李顿末谓，团员已视察上海、南京、汉口三地矣，今将往访东三省最高之当局（意即张学良等），团员决计由铁道入满，而不乘船取道大连云。又调查团之发言人曾语路透访员，谓隆和船昨夜曾遭至恶劣之天气，昨夜九时三十分，因天有雨雾，在安庆东面触及沙岸，嗣碰一小时，始得续进。隆和船于正午后抵京，泊于中流。李顿爵士与其他团员于二时零五分偕顾博士登岸赴外交部，观一九零五年条约原本。嗣乘船渡江，于四时在浦口登岸。十分钟后，登特备之专车北发。车上有特选之宪兵一队随同保护。麦考益将军、克劳特将军、希尼博士同乘一节，李顿勋爵与马柯迪伯爵同乘一节。火车发轫时，军乐之声，洋洋大作。罗外长曾亲自送行。顾博士，张学良之顾问杜纳尔，日本陪员吉田，亦同车偕行。（七日路透电）

各地方筹备欢迎，调查团将在北戴河编制报告书

〔北平〕　张学良定十日晚，在怀仁堂宴调查团。（七日专电）

〔北平〕　调查团由平往东北调查后，将在华编制向国联报告书，地点定北戴河，为期一月。（七日专电）

〔北平〕　绥署派沈祖同、市府派蔡元招待国联调查团。（七日专电）

〔北平〕　宁向南等定八日晨赴津，迎候调查团。该团定九日早九时到津，下车应省市府午宴。当日下午三时离津，六时到平。该团离平后，有由塘沽赴大连说。（七日专电）

〔济南〕　顾维钧昨晚电省府称，调查团八日过济时，拟停留三小时，请备汽车二十辆。各界据此变更原欢迎秩序：车到时，引该团由站到省府珍珠泉精舍休息，进茶点，应韩及各界之欢迎；由站至省府大洒扫，并警备。韩前派北平号钢甲车在徐州迎候该团，今又派钢甲车司令戴鸿宾，率掩护队南下，沿途保护该团专车。王树常代表黄宗法，今来济，欢迎调查团。（七日专电）

〔徐州〕　路讯。国联调查团专车今日下午四时由浦北上，八日晨三时卅七分抵徐,预定在徐停半小时北驶。津浦车站已准备充分戒备,路警暗带手枪,维护一切。徐埠各机关团体,各推代表一人到站欢迎,由路方警务段发给证章防范。警卫司令陈学顺督队担任站外一切警备,站内外秩序规划极□肃。陇海站以与津浦交轨,亦定临时戒严四小时。(七日专电)

〔青岛〕 市府代表杨津生、商会代表张玉田、胶路局葛光庭等,七日晚十时快车赴济,参加欢迎国联调查团。(七日专电)

〔蚌埠〕 国联调查团定今晚过蚌。车站由路警戒备,各界准备欢迎,制发宣言,请主持公道。(七日专电)

〔安庆〕 调查团今日九时过浔。各界仍登轮欢迎。李顿等均自由登岸游览。(六日专电)

(《申报》,1932 年 4 月 8 日,第五版)

208. 调查团在汉第二日:各界陈述意见甚详,调查团得印象极佳,即晚仍乘隆和东下

汉口通信。国联调查团明日抵汉。五日谢绝一切宴会,按照预定程序接见各界代表、视察灾区堤工、参观武汉大学。当晚九时,仍乘隆和轮东下。兹分纪详情如次。

接见各界代表

调查团于五日上午九时起,在德明饭店接见武汉各民众团体代表并谈话。谈话要点由哈斯秘书随时笔录。

对商界代表谈话

调查团由李顿发言,商界代表由贺衡夫发言。李发言,略谓:"关于中日纠纷政治方面,已与贵国政府讨论。诸君代表商界,拟将经济方面与诸君讨论:(一)贵国商民是否以抵制购买货物为一种抵御外侮之策略?(二)贵国以拒买货物为御侮之方略,不独施于日本,对其他各国,亦曾有同一之施用,是否有无其事?(三)中国政府及人民对外国待遇之不满,如对于不平等条约之类,

遂用宣传方法,遍贴排外标语,养成国民对于外国发生一种抗拒心理。此种举动是否能因中日纠纷之解决,即随之以解除?(四)假使中日纠纷解决,而中国对外全部问题——如不平等条约问题——尚未解决,倘依旧宣传排外,如中日纠纷相类之事,岂非时有发生可能?(五)东省事件,贵埠商业有无直接影响?"贺一一答覆:"(一)中国人民酷爱和平,对日本武力侵略,愤激之余,只以不买日货为消极抵御,亦藉以促日方之觉悟。日人诬我为排外,我绝对不能承认。(二)抵货方法,只用于暴力侵犯之一时,对于友好各国决无发生之可能。(三)中国人希望在国际间有公允平等之待遇,与中日纠纷截然两事。(四)不平等条约一日不除,当然有要求平等之希望①。但对各种条约,未经合理手续修改以前,决绝对遵守。(五)东三省事件发生,汉口商业损失极巨。如粮食、豆油、盐、煤等项,均不能运输,灾民亦不能向东三省购麦,均足证明。"

对新闻记者代表谈话

九时五十分接见新闻记者。首由新闻界李庶咸致欢迎词,并谓:"就武汉方面可供参考之事实,贡献于诸君之前,以提起诸君之注意。(一)日本捣乱武汉之阴谋。汉口日商,无论其在租界或华界,在中国政府保护之下,从无不幸事件发生。而日政府藉口保侨,于上海事变发生以后,在租界四周越界作军事设备,租界内则屋顶设置机枪大炮,如临大敌,复调来兵舰达十艘之多,近闻贵团来汉,始行分别撤调。凡此种种,除敝代表昨(四日)转托顾博士(维钧)送陈贵国之照片外,尚有旅汉各国人士,可供咨询。此足为日人蓄谋捣乱武汉之铁证。至于武汉治安问题,诸君将于今日下午参观离城市将及二十华里之武汉大学,当不难洞悉中国政府维持治安之能力,决无鳃鳃过虑之必要也。(二)武汉排斥日货之简史。武汉之有排斥日货运动,前后共计三次:一为民国四年(一九一五),日本迫我签定"二十一条"时期;一为民国十七年(一九二八),济南惨案时期;一为去年(一九三一),九一【八】事件发生时期。此种抵货运动均系民众愤于日本侵略之自然的报应。盖民众之抵货运动,并无何种组织。民众自身,亦皆各个执行。民十七之济南惨案,发生于五月三日,而抵货团体成立于五月底;去年沈阳事变发生于九月十八日,而抵货团体成立于十月中旬。足见衅自彼开,咎不在我。况每次抵货运动,无一次不在两国间空气稍形和缓

---

①　编者按:原文如此,疑应为"当然无要求平等之希望"。

时即行中止。而中国政府且对民众屡作超越情理与权衡之劝阻。如今年武汉反日救国会之因日领请求而停止活动,亦即此种劝阻之结果。抑犹有应向诸君郑重声明者,则中国人民之排斥日货,绝非排斥日本人;排斥日货,尤非排外。英国工团开夏失业工人之锐减,由于接受大批华商订货单所致,殊足

下转第七版

证明中国人一方面固抵制日货,一方面仍购他国货物以满足其需要也。(三)日人钳制武汉舆论之事实。年前汉口《中西日报》,因转载日本田中内阁上日皇奏折,暴露其传统的侵略阴谋,致日领派员要求我国当局,令其停刊。幸经严词拒绝始未成为事实。然日人钳制我国舆论,于此可见一斑矣"云云。旋由李君提出问案,请李顿爵士答复,略谓:"东省民众,在日本暴力威胁之下,已失去其言论出版之自由。伪组织之一切伪领袖与外人接谈时,均有日本顾问监视。贵团将来到东省时,将采用何种方式,以采取人民与一部份被威胁伪领袖之真正意旨?"爵士从容曰"吾人固筹之熟矣,知自为计也"云云。

对学界代表谈话

十时二十分,武汉学界入见。由陈代表发言,陈述一切,并递意见书。首述欢迎之意,及我国教育宗旨,最后的目的是世界大同。日本说中国有排日教育,但是中国教育部所审定之教科书,绝无此事实。日本地理历史地图,无不有侵我之事实,鼓吹侵略我国之著作,有三百余种。自九一八事件发生以来,我国拥护国联、信赖国联,日本报则侮蔑国联,有报为证。日本干涉我国内报章言论自由,而对我蒋主席侮辱、对我政府侮辱,均有报为证。日本说我国排外,他对于英国庚款发展纺织业,报章说是英实业家在长江有野心,以大借款为饵。日本说他未帮助满蒙伪国,事先他的报章鼓吹甚力,均有证据呈阅。此外,我国前撤兵锦州时,日本报章竟说是英德的计划,足见日本对挑拨中国对国联间的感情,无所不用其极。日本以为武力万能,欲以经济独占,进展其政治独占。中日冲突之原因在此,各国在华商务之受影响亦在此,有田中的奏折可查。并面呈日文报纸杂志多件,内有日本侮辱国联之插画(图为以一娼妓抱住白里安),侮辱中国政府领袖之文件,并有侮辱中国学生文件。此外并有日人故意造谣,谓英国曾借中国一千万金镑之事实,共计七件。旋李顿爵士及麦考益、马柯迪、秘书长哈斯四人,对学界代表关于中国过去抗日运动,有所询问。陈等答:日本自强筑安东铁路起,中国人民以其侵略中国领土主权,故对

日始有不良印象；现在抵货，即为日本向华侵略之结果云。

对工界代表谈话

十时半钟，汉市工界代表王锦霞、李凯臣及译员张耀宾，访国联调查团谈话，由李顿爵士及各委接见。李即询问王等以对中日交涉意见，王锦霞当即将日本自压迫我国承认"二十一条"以来之各种事实，详细陈述。李爵士云："关于政治上之事实，我们均极清楚。但希望王代表将中国工人对中日交涉之意见，告诉我们。"王代表随即将中国工人对于中日交涉意见，恳切陈述。其要点：（一）实际东北事件与沪案，原为日本侵略我国之整个策略。希望国联注意，不要将东北事件与沪案看作两个问题。（二）希望国联本着国联使命，伸张国际正义，维持世界和平，立即制裁日本，限日军于最短期间撤退东北与上海之军队，恢复九一八以前原有状态，并赔偿我国之一切损失。否则应根据国际盟约第十五、十六两条，制裁暴日。（三）倘暴日不顾正义，蔑视国联，竟以武力威胁我国，欲我国屈服于暴日，我国工人，头可断血可流，即只剩得最后一个中国人，也是要从死中求生，与日本人拼一死命，始终不屈服于日本的。（四）我们对日经济绝交，是因为日本历次压迫我国。我国工人非常痛心，迫不得已，只有誓死不买日货，不与日人做工，以促其猛省，绝对不是排外。乃日本倒果为因，竟谓我们排外，企图欺骗国联，以遂其独占中国之野心。并且欧美各国均与我亲善，而我国人亦从未对欧美各国有此同样之事实发生。这便可以证明，我们中国工人不买日货，不与日本人做工，实在不是排外"云。

视察灾区堤工

调查团于十一时，赴张公堤、戴家山视察堤工。灾区工作组武汉办事处专员陈光组、主任李晋及顾维钧等，分乘汽车二十余辆，由德明饭店出发。当经过日租界时，日方已将沙包、电网撤去。十一时半，到达戴家山。登堤远眺，当由李晋等向李顿爵士及各团员，指点灾区地图，追述水灾惨状及善后工作进行计划。虽风势甚大，风尘扑面，李顿等仍极注意，殷殷询问无倦容。各团员多以快镜摄照附近残余棚屋及灾工运土修堤情况。至十二时，仍返德明饭店。灾区工作组为便利调查团视堤起见，特印备英文修复堤防工程简略报告，分送各团员。下午三时半，李顿、麦考益、克劳德三团员，由德明饭店出发赴武昌。德代表希纳因稍感不适，意代表马考迪亦为要公所阻，不克前往。李等渡江后,分乘汽车至抚院街老弱妇孺收容所参观。该所为水灾善后会主办,收容达四千余人,分居二十余棚内,设孤儿教养院,分六班授课,妇女则学习工艺。李顿等依次察看,并赴各班教室参观。五时始离所,赴国立武汉大学参观。

参观武汉大学

李顿等一行于五时一刻,抵武汉大学。下车后,由招待委员长邵逸周,教务长王星拱,教授周鲠生、袁昌英、周天伖、方重等招待茶点。以时间匆促,并未演说。嗣由高君珊女士代表全体,以意见书而交李顿,大意约分四点:(一)非法占据东北及上海之日军;(二)中日重要悬案,必须全部解决,或经过国际,或由国际参与;(三)为严正履行国联盟约第十条,国联调查团或国联任何代表,不得与所谓"满洲国"以任何承认之行为;(四)如国联之决议不能满意执行,则应即实施国联约章第十六条。李顿答覆:俟调查后,必能将此意见转达国联。旋由教职员代表周鲠生与李氏谈话,提出问题三项:"(一)①贵团将来北上往东三省实地调查。但该地现为日军占领,恐其为掩饰行为,对贵团在该地行动,加以阻扰,使贵团不能尽量调查。"李答:"我们自有方法,使其不能阻扰。"周又问:"贵团行抵东三省后,对于日本一手造成之伪国,将予以何种表示? 是否认为国家,予以接谈?"李答:"我们对满洲伪国,无若何表示,亦不予以接谈。"周又问:"贵团调查后,国联根据报告处理中日事件。如日本再不接受,国联是否将依照约章,予以制裁?"李答:"此时当谈不到。"时已六时余,全体团员,辞别登车,绕行武大校舍一周,仍返汉阳门乘原轮返汉。

乘轮离汉赴京

调查团全体人员,于七时至八时,纷纷登隆和轮,整装待发。何成濬、夏斗寅、何葆华、曾以鼎、陈光组、马登瀛、周泽春等,均登轮欢送。各界代表、学生及四十八师仪扈队一连、海军一排,暨四十八师军乐队、十三师军乐队,均排列怡和码头左右。武装警察及保安队,担任警戒。至九时半,隆和轮启碇东下。何成濬及欢送代表,均在趸船,与调查团员脱帽致敬而别。该团遂于军乐声中,离汉东下矣。

---

① 编者按:原文周鲠生第二、三项问题无数字标序。

调查团之印象

李顿爵士濒行时，对记者发表此行之印象谈话，包括市政、堤工、建设及灾民教养、职业养成各项，并谓此行不虚。谈话略谓："我们此次来汉，承贵地民众的热烈欢迎，实为荣幸。自昨日（即四日）到汉以后，当日忙于宴会，未能往各处实地参观。但所经过之街市，虽然在大水以后，尚能整齐美观，军警维持，秩序井然，与我们未到汉口以前所得的消息，大大的不同。今天上午，又到张公堤视察修补堤工的工程。我们感觉到贵国所用的修堤方法，是我们从未见过的，用人工一寸一尺的很精密仔细的建筑。虽然与敝国用科学的方法或机械工作修筑堤工不同，而其效力，未必较差。而且贵国在遭遇空前未有之浩劫后，继以国际间发生严重的交涉之时，尚能努力于堤工上的建设，此为我们所钦佩的。我们很愿望贵地今年再不发生水灾，所有堤工，在未涨水以前，即修筑完竣。下午在武昌所参观的孤寡收容所，其中设备十分完整，教养兼施。我们虽然感觉到贵地灾痛之惨，但看到贵国政府及地方人士踊跃救济，则又觉稍安。至于武汉大学，诚为最完备之学府，其建设尤为美观而坚固。总之，我们此次到汉口来，及在上海、南京等地的观察，觉得贵国已经在积极着手于物质方面的建设。一切的一切，皆给我们以事实上的证明。"次麦考益将军、克劳德将军亦先后发言，表示此行所得印象极佳。

（《申报》，1932 年 4 月 8 日，第六版转第七版）

209. 李顿爵士未失铁箱，误贴标纸藏入行李舱——旅行社长谈前后经过

此次国联调查团赴汉，李顿爵士之白色铁箱，在舟次忽以遗失闻。记者以此事关系重大，特往中国旅行社访问。据陈社长湘涛云："李顿爵士之白色铁箱，并未遗失。此次国联调查团之行李，自沪而京而汉，再由汉运至浦口，均由敝社派定专员，沿途妥慎照料。计行李数百件，手续非常繁复。当调查团赴汉时，外交部方面将行李箱件分为两项办理：其赴汉船上应用之件，贴棕色标纸，以便置入房舱；若不用之件，则贴绿色标纸，均推入行李舱。敝社人员，照此标

识分别办理。嗣船启碇时,李顿爵士忽忆及白色铁箱,遍觅不得。嗣经敝社人员于行李舱数百件行李中觅获,其上赫然贴有绿色标纸。盖李顿爵士之左右,将白色铁箱于贴标纸时,偶一疏忽遂成大错。此当时实在经过情形也"云云。

（《申报》,1932 年 4 月 9 日,第六版）

210. 国际调查团专车已过禹城,过济南时游览各名胜并察勘日军炮弹遗迹

〔济南〕 国联调查团专车由北平号铁甲车在前压道,于下午三点五十分到济。韩复榘之代表及各军政长官、各机关各团体代表、新闻记者数百人,在站欢迎。李顿与欢迎者寒暄,即分乘汽车赴省府。沿途警备甚严。到省府珍珠泉客厅西间休息十分钟,即到东间进茶点,会见军政各界。建设厅长张鸿烈代韩致欢迎词,李顿致答谢词。(八日专电)

〔济南〕 今日五点二十分,调查团一行及欢迎者游大明湖。乘船廿四只,全湖戒严,湖滨观者如堵。先至古历亭,该团见孔子像片,极表钦敬。继至图书馆,见宋元本书与古瑟,甚钦佩,谓雕刻、音乐,均系由中国传入西方。顾维钧引该团参观"五三"日军炮弹遗迹,李顿颇惊讶。顾语记者:"东北反对余前往,并无正式表示,余当然前往。东北不愿余去,是意中事。"旋又乘船赴北极阁,改乘汽车游城头马路,七点五分回车站。各界在站欢送如仪。十分,开车北返,军乐齐鸣。李顿时在车内颔笑答礼,直至车出站台始已。是日省府秘长张绍堂,代韩在省府恭候该团,顾维钧为向调查团介绍见面。又张学良派钢甲车陶司令,带武术队一营,迎至德州;韩派北平号甲车送至德州。又今日全市悬旗,加岗,清街。(八日专电)

〔禹城〕 调查团专车已到禹城。济南各报记者谒调查团及顾代表,由张祥麟接待谈。七日罗外长在宁答李顿委员长之问,谓东京传所谓"满洲国"反对中国代表与调查团前往,外部并未接到此项正式公文,并问调查团态度。李顿答谓:该团须有中国代表参与,依据国联决议期可明确之事实与公正之判断;倘反对中国代表,是何异反对调查团;至东省近月发生之情况与组织,调查团当然不能承认。(八日专电)

〔济南〕 临城电,韩主席派参议戴雁秋、魏清平,带手枪队五十名,乘铁甲车赴徐迎护调查团回此,登车接防。(八日专电)

〔济南〕 本市新闻界预备问调查团:(一)对沪停战会议意见;(二)调查沪战区后对中国认识如何;(三)对五三事件在今日有何联带感想。又有告该团书要点:(一)"二十一条"与五三惨案,及最近出兵东北、上海,均为日本侵略中国传统一贯政策,为该团对此次中日纠纷应有之基本认识;(二)中国军队与义勇军之抵抗日本,及人民自动对日经济绝交,均为日本造因之果,而非日本出兵施行横暴之因,望以此原则报告国联;(三)东北叛逆全受日人拨弄,日欲翻演亡朝鲜故剧;(四)中国深愿与国联努力世界和平,日本实蹂躏国联盟约;(五)鲁人曾受"五三"炮火,而东北、上海事发后,仍须保护日侨,更为痛心。总之,望该团以公正态度完成和平使命,调查成功,使世界和平繁荣得以保持。(八日专电)

在蚌接见各界代表

〔蚌埠〕 调查团七日晚十时五分专车抵蚌。各界代表百余人,在站欢迎。顾维钧陪李顿等五人下车接见谒者八人。李持名刺与一一握手,谓"调查团到此,承诸君欢迎,不敢当,谢谢"。马景常致词,简单报告暴日侵华,请主张公道,维持和平。李顿点首,表示接受。旋步行与欢迎者会晤。十时李等登车,即开驶北上。(七日专电)

深夜过徐未受迎送

〔徐州〕 国联调查团专车七日午四时离浦后,晚十时过蚌,于八日晨三时三十分到徐。徐站天桥上制有中、英、法文合璧欢迎标语,电炬光耀,极为丰皇。各界代表本已先期到站迎候,并备有欢迎词,推封介人以英语致词。嗣接津浦路随车招待土任钱宗渊自蚌来电称"奉顾代表谕,专车抵徐,正在深夜,各代表业已安眠,祈即免除一切迎见"等语,乃临时散去。车抵站时,由津、陇两路人员在站照料,秩序极为肃静。四时三十分北开,定午四时到济,在济视察五三惨案遗迹。须九日晨九时到津。该车共十八节,系用二八七号机车拖带,到徐换用二七九号机车拖带北驶。浦徐、徐德间分由铁道炮队第三、第一两队随车,前后各开甲车一列,警卫保护极周。(八日专电)

〔徐州〕 钱宗渊语记者:"调查团各代表乘此间列车均感觉愉快,谓超过其理想中之车辆。各代表曾于七日晨登车之前,在隆和轮上开一会议,讨论我国顾代表赴东北问题。各代表以为奉国联使命公开调查,对中日两国均以平等之精神待遇,绝不容有所歧视,日代表既经参加,中代表亦应前往,一致承认顾赴东北。当过滁、蚌时,曾有各界代表晋谒,由德代表接见。日代表吉田每从旁随待,致各代表对欢迎之代表,多无何种发言,辄以一笑报之。至本人任务,完全负津浦线招待之责"云。(八日专电)

〔徐州〕 国联调查团过徐时,有某外侨在站以私人资格与记者谈话云:"日本拒顾代表赴东北,殊无理由。顾为调查团邀请,拒顾即不啻反对调查团,亦不啻反对国联。在华军范围以内,日代表既可参加;在日军范围以内,华代表当然亦可参加。至于拒绝华方所备之车出关,尤无意识。同一车辆、同一行驶,何以不负保护之责? 况东北仍是华境,不过暂为日军所占驻耳。日人此种动作,适以自暴其弱点,为世界口实。观于美之抵制日货,日人莫敢置喙,可知强权手段,择人而施。予居华久,甚望华人之能发奋自强,以雪此耻"云。(八日专电)

兖州、泰安均曾小驻

〔禹城〕 调查团晨过兖州,午过泰安,在站迎送。顾代表等下车,一一介绍。车过曲阜未停,美委员麦考益语顾代表,过此应晋谒孔陵,以表敬礼。(八日专电)

〔济南〕 泰安电。调查团午过此,县长周百锽及各界代表,在站迎送。法委员对仁德童子军有精神,甚赞美。英美委员谓事毕愿来游泰山。(八日专电)

〔济南〕 兖州电。调查团晨过此,县长孙斌及各界代表到站迎送。李顿询当地情形及出产甚详。(八日专电)

津派代表到济候迎

〔徐州〕 路讯。津各界代表张伯苓、卞白眉、王文典、胡霖等电顾少川称,派代表黄约三赴济迎候调查团,黄对津变情形知之最详,请介绍于各代表,俾尽其词,以期调查团获悉津变真相云云。闻黄现已到济候迎。(八日专电)

〔北平〕 调查团定明晚到平。平方特印发欢迎入站证千余枚,分发各机关,并规定欢迎须知及入站排列程序。(八日专电)

〔天津〕 欢迎国联调查团之布置,八日晚完全就绪。招待人员亦已派定。

新闻界总代表系筹备处指定胡政之，各报不满，力争结果，在省府公宴时，邀《益世报》《庸报》《商报》加入。北平绥靖公署派光祖同[①]、宁向南、高纪毅，八日午来津欢迎。（八日专电）

（《申报》，1932 年 4 月 9 日，第八版）

211. 调查团由汉过京北上，七日下午由浦出发，预定九日下午抵平，过蚌、徐时均有欢迎

调查团照预定程序，于五日下午九时半离汉。何成濬等仍均登隆和轮欢送，李顿爵士操中语"敬祝康健"答之。当调查团由武昌参观难民收容所及武汉大学归来时，业已灯火万家，惟见各校学生及童子军，已在码头鹄立。斯时风沙甚厉，调查团心良不安，乃先行登船，与之作别，然后再登岸用膳，而以李顿爵士归为最迟。

调查团在武汉所得印象，较预料为佳。对武汉大学建筑之壮丽，尤为赞美。至于堤工，以为太幼稚，恐不足以捍水患为言。六日上午九时过九江，各界代表郭棘、县知事蒋彝，仍登轮欢迎。惟顾代表已预电熊式辉，谢绝招待。李顿爵士等均自由登岸游览，但一小时即归。各西人多购买磁器，以为纪念。

铁道部平浦路代表，在船上议定专车开行时刻如下：（一）浦口开，七日下午四时，济南到，八日下午四时；（二）济南开，八日下午七时，天津到，九日上午九时；（三）天津开，九日下午二时半，北平到，九日下午六时。

招待组议定下船上车程序。预计隆和于七日下午一时抵京，船泊江心，午餐仍在船上，餐后，上澄平渡轮赴浦口。下渡轮时，调查团先行，中日代表次之，余则候行李运毕，始随同平浦路招待员上车。上车时须将该路所发徽章悬诸襟上，并凭所发特证依号寻觅床位。至于行李，则由中国旅行社代运，贴红色纸者置各人房内，贴绿色纸者，则须至北平后方可提取。徽章圆形绸质，上下枣红色，上书"欢迎"二字，下为"国联调查团"五字，中白色，印平浦路徽，颇美观。凡专车所不能载之人员，则乘特别快车，于同日下午七时开，因中途不

---

① 编者按：原文如此，应为"沈祖同"。

停留,可先调查团抵平。(七日由南京发)

国联调查团于七日午刻十二时半,乘隆和轮抵京,轮泊江心。俟澄平渡轮开到,一面搬运行李,一面李顿爵士等五人,即由顾维钧代表陪同,赴罗文干外长私宅辞行,并阅览一切重要文件。旋渡江登专车,于四时十分开行北上。

车为北宁路所有,系专备游历团用者,较之欧美,并无逊色。李顿爵士与马柯迪伯爵共一车,克劳特将军、麦考益少将与希尼博士共一车,顾维钧代表与其机要秘书一车,秘书长哈斯博士与副秘书长裴尔脱一车,日本吉田伊三郎代表与其机要秘书共一车。此五车除寝室外,皆有会客室。外此又有会议车一辆,餐车一辆,普通头等卧车若干辆,行李车一辆。后以人数加多,取消另乘津浦通车前议,加挂蓝钢车头等一辆、三等三辆。内部设备,华美非常,所用器具,多系本国自制,侍者亦经训练,深谙西俗。铁道部并派杨先分、彭立可,津浦路派钱宗渊、杨金波、杨天运、赵国栋,北宁路派胡光鹿、谭耀宗、黄爵臣诸人随车照料。沿途除由防军按段保护外,又由首都警备司令部派宪兵随车保护,招待甚为周密。

车过滁州、明光及其他小站,均悬旗示敬。十时二十分至蚌埠,当地商界孙元甫、学界马景常、农界李凌霄、工界邵子英、报界戴九峰、党部夏时诸人,代表各界登车欢迎,并呈欢迎词。

调查团闻徐州已预备盛大之欢迎,但时在深夜,至为不便,特由顾代表急电王均司令转谢各界,万勿劳驾。(八日由徐州发)

（《申报》,1932 年 4 月 9 日,第十版）

212. 调查团已抵平,张学良莅车站欢迎,过津时黎绍芬献花

〔北平〕 调查团九日下午六时一刻到平。张学良、张作相、于学忠、周大文等均到站欢迎。张学良亲登车,由顾维钧介绍,与各代表晤面,旋由张导各团员往北京饭店休息。该团定十日午访张。五时张、顾、周三夫人在外交大楼茶会,八时张在怀仁堂公宴。(九日专电)

〔北平〕 调查团定明午回访张学良,各要人处分送名片回谢欢迎。(九日专电)

〔北平〕 张学良定十一晚在怀仁堂宴调查团。(九日专电)

〔北平〕 调查团今日下午三时离津,定六时到平。平方欢迎布置,均就绪。东车站台悬白布标语,文为中英合璧,上书"欢迎和平使者国联调查团"。北京饭店为该团下榻所,门内悬"欢迎公正廉明的国联调查团"布额,东西长安门各悬白布横额,上书"中华人民宁为公理而死,不为强权屈辱"及"中华人民决不接受丧权辱国条约"等。各商号今一律悬旗一日,以示欢迎。(九日专电)

〔北平〕 国联调查团已于今晚六时十五分抵此。张学良亲至车站迎迓。此外欢迎者,有中国文武大员、外交团人员及学生代表团等。当火车入站时,军乐之声大作。张学良先登火车,由顾维钧博士绍介会晤李顿勋爵与其他团员。团员定明晨拜会张学良,明晚张将在怀仁殿设宴为团员洗尘。今日全城悬挂旗帜并张贴标语,其中有书"宁死不受日本压制""东北当仍归中国"及主张东北问题当与上海问题并同解决者。(九日路透社电)

各代表拟谢绝酬应

〔北平〕 顾维钧对记者谈:"各代表之意,以为在南方所得报告多为理论,到北方所得报告则为事实,东北事件注重事实,故对北方报告则极满意。惟以两月来酬应过多,况快到东北,拟作报告书,研究材料,少应酬。本人在京晤罗外长,未接到拒绝本人入境之报告。本人为国联代表一部份,当然赴东北。各代表此行印象极佳。"(九日专电)

〔北平〕 顾维钧今晚谈:调查团对北宁车设备极赞许;在平留七日,或十日,希望各界减少宴会,予以搜集材料时日;李顿等因沿途劳顿,拟休息一二日,分别赴延见各界;赴东北调查,仍遵北宁路出关;五月一日国联大会时,将先制成一简单报告。(九日专电)

在津接见东北元老

〔天津〕 国联调查团专车九日晨九时抵津。前大总统黎元洪女公子绍芬,代表全市民众首先登车,献鲜花一束,表示欢迎。次省市当局王树常、周龙光,民众代表王伯苓①、卞白眉、段茂澜等,上车欢迎。各国代表换乘汽车赴西

---

① 编者按:原文误,应为"张伯苓"。

湖饭店休息，经过中日各马路，均净街。十时调查团首先接见东北王、吴、鲍三元老，谈一小时半，对三元老所谈东北情形极重视。次接见各国领事各国武官。再次接见民众代表张伯苓、卞白眉、张品题、王文典、时子周、黎绍芬等，接受意见书后，询问溥仪被迫出走及津变情形甚详。至十二时半，不及接见新闻记者，即赴省府公宴。王树常致欢迎辞，略称："国联维持世界和平，派调查团远涉重洋，调查中日纠纷，必能公允解决。今藉杯酒聊表欢迎，并祝各位健康，世界永久和平。"李顿答辞，略谓："敝团受国联使命，调查中日纠纷。历经各地，获得材料甚多，不久即到最终目的地之东北。将来报告国联，必有公允之解决。"二时半宴毕摄影。三时廿分离津。原定在东站上车，因民众团体经过义租界，恐不方便，乃改在总站登车赴平。调查团到北平目的，系与原任东北长官张学良接洽，询问东北事变情形。因工作忙，所有一切公宴，均谢绝，仅允十日晚赴张宴。在平耽搁一星期，拟十八专车出关，到沈阳调查后，再分组赴长春、哈尔滨、齐齐哈尔等处。调查事毕，赴奈良编报告书。惟由平赴沈之关外行车，保护责任谁负，尚在商洽中。（九日专电）

〔天津〕 国联调查团今晨由浦口抵津。车站防卫甚严，无通行证者不许入内。河北省政府主席、天津市长、公共团体代表及重要官绅，皆到站迎接。团员旋乘车经日租界与中国境而至西湖饭店，该处有中国代表团数起等候。午餐后，复登火车，二时半向平进发。（九日路透社电）

专车前夜驶过德州

〔济南〕 调查团车昨晚十二点过德州。（九日专电）

李顿在济谈话补志

〔济南〕 建设厅长张鸿烈代表韩对国联调查团致欢迎词，谓："今日省府及人民均极荣幸与国联调查团诸公欢聚一堂。韩主席因病不克来，极为抱歉，命鄙人代表说几句话。诸公远来，已在沪参观，所有情形，想均已明了。过京时与中央政府会见，中央政府之希望，想诸公亦已明了。今日诸公来山东，山东为中国数千年和平公义之地，孔子即生在此土。彼一生学说，讲忠孝、信义、仁爱、和平，所以山东人最信服仁让和平。惟仁让和平，可使不和平礼让者消灭。世界之所以能和平，即在和平礼让一点。贵团诸公为和平之使者，负有解决中日纠纷之责，中国人民深信诸公可以解决中日纠纷无疑。鄙人代表韩主席欢迎，并祝诸公前途顺利与完全成功。"至此举酒致敬，由盐务稽核所长李植藩翻译。李顿倾听仰屋作深思，即于掌声中致答词，仍由李翻译，略谓："今日与各界欢聚，非常荣幸。惟听说韩主席有病，很觉难过，请为转达此意。方才张厅长代表韩主席演说，山东人非希望本团发大慈大悲，是希望秉公办理。本团在沪参观各处悲惨情形，不必细说。将来作报告到国联时，不是为报告所见惨状，是报告各处和平气象。本团在纽约集中时，许多美国人对本团抱无限希望。到日本、中国各地，均有极多欢迎者。处处是求和平气象，不像有仇的。本团代表五十四国，很不愿任何两国有战事。看见各处都希望和平，故希望以大多数和平心理，牵制不和平的。"至此举酒答敬。又对济南新闻界所提问题：（一）"对沪停战会议意见若何？"李顿谓："适已圆满答复。我见各地均希望和平，必很能帮助中日二国永久和平。"（二）"在沪各地战区调查经过对中国之认识如何？"李顿谓："山东是孔子故乡。数千年前国联尚未成立，孔子学说已很有益于世界。现正应从孔子学说出，研究维持世界和平办法"云。（八日专电）

伪政府派招待委员

〔哈尔滨〕 伪国委谢介石为招待国联调查团委员长，鲍观澄、郑垂、金璧东、戎传绶①、沈瑞麟、李绍庚、凌陞为委员，十日先在"新京"开一会议，商定谈话资料，赵欣伯则为日方摒用。（九日专电）

（《申报》，1932 年 4 月 10 日，第六版）

213. 津、榆间日浪人图活动

〔南京〕 某机关九日接北宁路局息。日方以国联调查团即将出关调查，近密命大批日浪人勾结各地土匪流氓，在平津及北宁路一带扰乱地方秩序，实行劫掠。本月初并有百余日浪人由秦皇岛登陆，分散津、榆间，密图行动。用意在阻挠国联调查团工作，并图卸保护责任，间接拒顾。（九日专电）

（《申报》，1932 年 4 月 10 日，第七版）

---

① 编者按：原文误，应为"阎传绂"。

214. 国联调查团与张学良晤谈,昨晨分两批访张,李顿接见矢野真

〔北平〕 今晨十时半,李顿、麦可易由顾维钧等陪同谒张学良,晤谈甚洽。法、德、义三代表及秘书长哈斯,十一时访张,与张共同谈至十二时,始回北京饭店。十二时半,李顿在饭店接见日使馆代办矢野真、书记官盐田[崎]等。张学良下午四时回拜李等。晤张后,即赴外交大楼张、顾、周三夫人之茶会。李顿对人表示:(一)此次过平,将分配时间作调查工作,拟对一切酬应宴会概予谢绝;(二)调查团愿多与新闻界见面,并愿与明了东北情形者作长时间谈话,更希望多供给证据作参考,定今晚晤新闻界,明日接见民众代表。(十日专电)

〔北平〕 日方参预调查委员吉田,今日下午二时,带同随员赴顺承王府谒张,略谈即辞出。(十日专电)

顾维钧有赴东北必要

〔北平〕 李顿对中国、欧美及日本记者十数人谈话,说明由日来华经过。次日本记者出长春电,谓伪国拒绝中国代表入境情形。李称中国代表为国联代表之一员,反对华代表无异反对国联;华代表系国联规定,故华代表顾维钧等有赴东北必要。李称该团在平耽搁约旬日左右,即往东三省。(十日专电)

〔北平〕 外报访员今晚谒见国联调查委员团主任李顿勋爵,询及"满洲新政府"拒绝顾维钧博士入满事。李顿切实声明顾博士为国联所派来远东调查之委员团中国陪员,如不许其入满,则委员团全体即拟束装返欧。李顿勋爵曰:"顾博士乃与委员团偕行入满,乃中政府所派之陪员,今决不能有另派陪员问题。顾博士为委员团中之一份子,吾人决不容他人质问委员团任何份子入满之权。苟拒绝一人入满,不啻拒绝全团"云。李顿勋爵又答另一问话曰:"如委员团整装离此,'满洲国'独不许顾博士入境,则委员团全体亦拟拒绝入境"云。李顿勋爵不能断定南京政府已否接到"满洲国"拒绝顾博士入满之牒文,当星期四委员团过南京时,政府犹未接到此项牒文云。委员团拟在北平勾留约一星期,除张学良明晚之宴会外,其余酬酢一概谢绝。据李称前在日本与

中国各地,已饫尝酒食,饱领教益,今当屏除闲务,而干正事。渠意委员团在平可较他处多得证据。委员团拟向双方探询近今津变之详情,并聆前东北政府领袖今在北平者,述辽案之原委。委员团拟乘火车赴沈阳小驻,查明事变之真相。然后作一简短之初步报告,仅述东北状态之事实,赶在五月一日前传达日内瓦。委员团发此初步报告后,将继续调查,且拟尽力广游东三省各处。三四星期后,将返北平,分纂各员所得之印象,并校雠所得之情报。于是再赴日本,以所搜集之材料商诸日政府。然后将拣一适宜而清静之地,编纂其最后报告。其地点在华在日,今尚未决。现望最后报告可在八月间发出,俾九月间国联开会时可以提出讨论。（十日路透社电）

外交大楼三夫人茶会

〔北平〕 调查团李顿等今晚六时赴外交大楼三夫人茶会,到各要人及各公使、代办、参赞等三百余人。由顾维钧介绍李等与三夫人晤面,旋张学良、周大文、朱光沐等均到。所备香槟酒及各色糕点,布置极精洁。张介绍荣臻与李顿谈话。李询荣事变情形极详,荣据实以答,李颇表满意。六时五十五分,李等返北京饭店。（十日专电）

将会晤东北原任官吏

〔北平〕 顾维钧谈调查团以原任东北官吏,现多在平,为将来进行东北调查参考,有互相交换意见必要,拟一二日内举行谈话会,作较长时间会议。（十日专电）

〔北平〕 调查团编制报告书,日人主在青岛或大连。（十日专电）

〔北平〕 满洲伪国有电到平,欢迎调查团出关。（十日专电）

（《申报》,1932 年 4 月 11 口,第八版）

215. 外交部拒收叛逆公文,报告国联并向日方抗议

〔南京〕 外部确息。十日由电报局递来长春谢逆介石电报一件,内容与本月四日东京传出消息,大致相同。当即由该部拒绝收受,饬由原局退回。一

面报告国联及国联调查团,请其严格执行十二月十日之决议案;一面向日本政府提出严重抗议,重申中国屡次声明各点,即在日军完全退出东三省、恢复九一八以前状态之前,所有东三省一切叛逆行为,应由日方负其全责。而此次谢逆电报在未发出五日之前,其内容已由东京遍传各国。其为日本政府授意指使,毫无疑义。将来国联调查团或中国代表,如在东北不能完全行使其职权,或发生意外,其责任应完全由日本政府负之。至中国代表顾维钧,仍当遵照国联决议,随同国联调查团前往东北各处视察云。(十日中央社电)

(《申报》,1932 年 4 月 11 日,第八版)

216. 国联调查团过济纪:游览名胜,印象极佳

济南通信。国联调查团由京北来,今日(八日)到济,勾留仅三小时。故各界将原定欢迎秩序变更,除在省府招待外,并游览大明湖各名胜。详情如次。

欢迎情形

今晨(八日)本市遍悬国旗,由车站至省府马路及城头马路,均洒扫清洁。自午后二点半起,由省府至车站,即加双岗警备。车站有保安第三队,维持秩序,并有军乐队。站上搭有松坊,上缀"欢迎国联调查团"等金字。松坊两旁,以电灯簇成"欢迎"二字。客厅前及天桥上等处,悬有布质标语,如"欢迎公正严明的国联调查团"等,均中文、英文并列。车站布置,站台前列为各机关重要人员,东为军乐队,西为保安队,各机关代表在松坊之东侧,各团体代表在松坊之西侧。到站欢迎者,有省府主席韩复榘代表、建设厅长张鸿烈、民政厅长李树春、财政厅长王向荣、实业厅长王芳亭、总招待济南市长闻承烈、第三路总部副官长韩文秀及其他党军政人员共五百余人,日领西田、英领根卓之、美领米赫德、德领希古贤均到。

专车到济

先是,省府主席韩复榘派北平号钢甲车到徐州,沿途保护调查团专车北来。至临城,钢甲车司令戴鸿宾、参谋魏清平,复带掩护队五十名登车护送。

至今早十点零二分到兖州，县长孙斌及各界代表到站欢迎，李顿询问当地情形甚详。十点三十二分由兖州开，午后一点十三分到泰安。县长周百锽率仁德小学童子军、各界人等在站欢迎，李顿等五人及我国代表顾维钧等均下车。李顿等本拟游览泰山风景，以时间短促作罢。少时登车再开，三点十分到崮山。此时济南站上，欢迎人员均到齐等候。总招待闻承烈是时适接顾代表电，谓调查团到济后，除接见新闻界外不会见各界云。济南原预定在省府招待，由各界致欢迎词，因此临时删去。三点五十分，调查团之专车到济。该团一行在军乐大作中下车，分乘汽车四十三辆，赴省府珍珠泉客厅西间。休息十分钟，即到东间进餐，并会见欢迎者。

省府招待

省府主席韩复榘，因在千佛山养病未回，特派省府秘书长张绍堂在府恭候。该团到省府后，由建设厅长张鸿烈介绍与顾维钧会面，顾又介绍张与调查团五委员见面握手寒暄。入席后，建设厅长张鸿烈代韩致欢迎词，略谓"今日省府及人民，均极荣幸与国联调查团诸公欢聚一堂。韩主席因病不克来，极为抱歉，命敝人代表说几句话。诸公从远道来，已在上海参观，所有情形，想均已明了。过京时，与中央政府会见，大约中央政府之希望，调查团诸公亦已明了。今日来到山东，山东为中国数千年和平公义之地，孔子生在此土。孔子一生学说、讲忠孝、信义、仁爱、和平，所以山东人最信服礼让和平。惟礼让和平，可使不和平礼让者消灭。世界所以有和平者，即在和平礼让一点。贵团诸公为和平之使者，负有解决中日纠纷之责。中国人民深相信贵团诸公，可以解决中日纠纷无疑。敝人代表主席欢迎，愿诸公前途顺利，并祝诸公完全成功"等语，旋举酒致敬。张鸿烈演说毕，调查团委员长李顿乃致答词，略谓"今日与各界欢聚，非常荣幸。所遗憾者，听说韩主席有病未获畅叙耳。敝团在沪参观，各处悲惨情形不必细说。将来报告国联，不是为报告所见惨状，是报告各处和平气象。敝团在纽约集中时，极多美国人对我们抱无限希望，到日本、中国各地，均有甚多欢迎者。处处是求和平气象，不像有冤仇的。敝团代表五十四国，很不愿任何两国有战事。我们见各处都希望和平，故希望以大多数和平心理，克服少数不和平的"云云。遂亦举酒致谢。宾主致词已毕，新闻记者即将所备意见书面交李顿，并提出数问题，请为答复。李顿对新闻界所提：（一）"对沪停战会议意见若何？"李顿答："适才已圆满答复。我见各地均希望和平，必很能帮助中日二国永久和平。"（二）"在沪各地战区调查经过,对中国之认识如何?"李顿答:"山东是孔子故乡。在数千年前,国联尚未成立,孔子学说已很有益于世界。现正应从孔子学说,研究维持世界和平办法"云。

游览名胜

五点二十分调查团出省府,乘汽车至司家码头,游览大明湖。湖内先备大小船二十四只,巡警亦乘小船到处警备,禁止游船往来,两岸观者如堵。先至历下亭,入内游览。顾维钧陪李顿,见内悬唐吴道子画孔子拓片,均肃然起敬。继赴图书馆,顾维钧即引该团参观阅书室内陈设之五三惨案时之日军炮击图书馆之弹壳及击毁之图书,李顿注视久之。嗣至藏宋元本书籍与古器室内参观,李顿采蝴蝶装宋本《范文正集》翻阅,不忍释手。顾维钧为讲解范氏事迹,李顿极赞刊本之精,谓此等文化与雕刻之术,系由中国流入西方。又见陈设之古瑟,摩弄良久。见室内陈设之古磁,均称赞不已。六点半出图书馆,乘船至北极阁。登阁南眺佛山,北顾黄河,山色湖光,顾而乐之。时已万家灯火矣。六点三刻,由北极阁登城头马路换乘汽车。七点五分,返津浦车站。

离济北上

七点五分到站时,各界欢送人员,均已齐集站台。顾维钧偕该团进站,欢送者脱帽致敬,李顿等均笑容可掬,颔首为礼即行上车。七点十分,复在军乐声中徐徐北去。

顾氏谈话

记者在图书馆询我方总代表顾维钧赴东北事,顾答:"当然要去东北伪政府。并无正式反对余前往电报,惟彼等不愿余前往,自是实情。调查团此次由京赴汉,由汉东返,转道津浦北上,对沿途招待极表满意"云。又我国政府对国联调查团拟提之备忘录,已于七日整理就绪。经各方详细研究文字后,遂于八日经我方代表顾维钧,在专车途中提交调查团委员长李顿之手。（八日晚）

（《申报》,1932 年 4 月 11 日,第九版）

217. 国联调查团过徐纪,顾维钧赴东北决无问题

徐州通信。国联调查团专车于七日午后四时十五分离浦北上,十点零四分到蚌,十点二十四分北开,八日晨三时三十分抵徐。徐埠各界代表本已到车站候迎,忽于十二时左右,接到津浦路随车招待主任钱宗渊由蚌发来急电一通,略谓奉顾代表谕,专车抵徐正在深夜,各代表业已安眠,祈即免除一切迎见,惟盛意殊感谢云。各界代表于是临时散去,惟仅有津、陇两路段站长张效纯、赵光斗、董耀堂、程华亭等并各报记者约二三十人相候而已。车入站时,肃静无声,车上电灯亦闭。调查团员李顿爵士等五人及顾少川代表,并顾问、秘书等,均已就寝。记者乃登车访晤钱宗渊,钱谈:"调查团各代表于由汉返抵浦后,在未登列车之前,曾在隆和轮中作一度会议,对日人拒顾代表赴东北事有所讨论。各代表以本团受国联之委托,对中日纠纷作一实地公开之调查,对中日均以平等之精神待遇,未容丝毫有所歧视。华日代表,均系本团邀请,拒顾即系拒绝本团,尤不啻反对国联。席间对我顾代表东北之行,一致认为无问题,日人亦莫能拒。惟日人刻又提出我方所备之列车,不能出关,倘或以我方列车出关,日军即不负保护责任,必须由日方另备列车云云。此层我方已认无理由,须俟到平时,再为决定。各代表登车后甚感舒适,谓较乘隆和轮为佳。过滁、蚌时,曾有各界代表晋谒。惟当各代表接见之际,日代表吉田与盐崎辄追随李顿爵士左右,不肯远离,颇有监视态度,以致各代表未能多有发言。对晋谒陈词之代表,简单答以国联决采和平方策,维持东北和平,或径以含笑报之。至本人此行,专任津浦线招待之责。至北宁路时,将由谭耀宗继任此职"云。车在徐站停一小时,再行北驶,预定下午四时到济。沿途车队长计分三段押车:浦至徐为唐庆钧,徐至济为王国珍,济至津为孙金华。徐以北警卫之责,由铁道炮队第一队孟宪德部派甲车两列,先后开行。(八日)

(《申报》,1932 年 4 月 11 日,第九版)

218. 国联调查团在平研究条约,昨开全体会议,中日代表列席,辩论异常紧张

〔北平〕 国联调查团十日下午三时半,在北京饭店开全体会议,中日代表均列席,讨论条约问题。双方辩论颇多,其紧张为从前所未有。(十一日专电)

〔北平〕 国联调查团今晨十时开会,至二时散,讨论着手调查东北事宜。下午二时至四时继续开会。该团代表定明日访张,详询东北一切情形。(十一日专电)

接见谙悉东北人员

〔北平〕 调查团今晨十一时接见英美烟公司驻沈经理康特。康于九一八事变适在沈,对一切陈述甚详。下午四时接见东北矿务督办王正黼[黼]。王系王正廷胞弟,服务东北有年,对东北情形,详细报告。五时北宁路车务处长司梯尔往谒,报告日人破坏北宁路经过,各代表垂询甚详。(十一日专电)

〔北平〕 调查团改明晨接见民众代表。今晨九时,美代表麦考益赴美使馆访问,十时返。余未外出。(十一日专电)

民众代表约期访谒

〔北平〕 平商会、北平民众救国联会及东北学生抗日联会均派代表接洽,定期访谒该团。(十一日专电)

政府愿派卫队保护

〔北平〕 顾维钧代表今晨以书面送达国联调查团,午后又往访问,声明中国代表之出关系根据国联议决案,为国联调查团充分履行义务,如关系方面不能担保其安全,则东省为中国领土,中政府愿负派卫队保护之责。(十一日专电)

昨晚赴怀仁堂宴会

〔北平〕 今晚八时张学良在怀仁堂宴调查团,到该团全体及日本吉田、澄

田、矢野代办与各要人，共中外来宾八十一人。（十一日专电）

张学良席上欢迎词

〔北平〕 今晚张学良在怀仁堂宴待国联调查委员团。张即席致词曰：

"李顿勋爵与调查委员团诸位先生：今日余以极大之欢欣，对诸君作恳挚之欢迎。余之欢迎诸君，因诸君代表根据国际合作与公道之原则所组成之世界团体。该团体十二年来，于增进和平与安宁大著成绩。吾国人民际此国难深戚之中，睹诸君之驾临，尤为欢忻。盖知友邦与国联必能竭力以和平方法，及启示中日恢复公允荣誉的邦交之途径，以解决两国间争端也。贵团事业之成功，即远东和平之恢复，此吾人皆知与世界和平大有关系者也。中国人民与世界文明各国相同，深信和平之切要与战争之无益，此固不必赘言者。职是之故，吾人对于日本在东北各省及沿海诸地，如上海等处所作之武力侵略及任意破坏，深致愤懑。自去年九月事变发生后，中国始终坚抱恪遵国联会章所定义务之政策。不幸日本不顾国联行政会屡次之决议，实行武力挑衅侵略中国之深谋的政策。中国为国际和平与好意及对国家安全之天然愿望所鼓动，仅以自卫是图，并一再告诫日本注意非战公约与国联会章之义务，盖以其为非战公约之签字国且为国联会员国也。余望我政府代表与诸君讨论关于中日争端之法律上与政治上各事，故余于此，不欲再作讨论。但拟请诸君注意根本数点，以作公允之考量：

（一）东三省在历史上、政治上、经济上，实为中国整个之部分。东北居民为有悠久历史各种种①民族之大集合体，彼等皆为中华民国之自由的公民。就经济而论，东北为中国国家经济上不可分裂之一部分。就政治而论，数世纪来在中国之发展中，曾占重要部分。故东北之在今日，全国四万【万】五千万人民实视为祖国重要之部分，正与山东、江苏、广东等省相同也。彼指满洲为中国域外之部分，或全藉武力在东北设立非法之傀儡政府，实图掩蔽土地侵略之野心，而志在违犯一九二二年华盛顿签定之九国公约中规定主权独立与夫土地行政完整诸原则也。

（二）吾国今正在一大变迁中，外国观察家随地可睹社会上、经济上、政治上显著而真正之变更。此项变更，实为重定结构以求新均势之必要的后果。

———————————

① 编者按：原文多一"种"字。

吾人觉中国之维新,将为二十世纪之重要事件。正如十九世纪睹德国、意国、日本之兴起,二十世纪将睹中国之兴起。但在任何社会政治大改革之际,必多少有俶扰紊乱,如工业革命后之欧洲,一七八九九①年后之法国,独立与内战后之美国,均有惨烈之骚乱,此皆斑斑[班班]可考者也。中国今日为变迁中之国家,自不能逃英、法、美所遭历史上之公律,且断不能期其信宿即告成完美之政治秩序也。况中国幅员广大,视欧洲全部与日本帝国并合之面积犹过之,则其事业必更艰巨。中国户口据最近估计,超过欧洲全部之总数,而国民党运动,拟同时进行政治革命与社会、工业、文学革命。吾人希望中国之友邦与列强政府,能体谅此种改革之伟大。吾人切信工作之活泼精神,实为新世界一种新动力,可更巩固世界之团结与世界之和平。日本政治家有公然指中国国家不统一者,亦有指中国为非新时代之国家者。在吾人观之,此种言论实含有政治作用,希图掩蔽世人之目,使不能睹中国经营之真正力量也。

(三)此次中日争端之真正原因,实在中国经济社会之进步与渐臻政治统一,而非在中国政府不良或社会停滞也。日本久抱宰割东三省之野心,一九一五年后尤为显著。日本恒以东三省之铁路发展为其宰割之工具,且竭力妨害吾人发展交通与天然利源,故铁路问题实为中日争端第一主要原因。闻贵团主任李顿勋爵曾在南京演说,述及中国如此大国而缺乏铁路与其他交通方法,自难免遭遇困难云云。吾人在东三省已早鉴及此点,故近三十年或三十五年来,力图扩张交通,以便联络全国、保护边陲并奠定国民之经济幸福。自民国成立以后,东三省在社会与经济建设上已大有进步,曾造成许多道路与铁路,曾开办许多学校与文化机关,曾设立许多工厂,曾开垦许多荒地。近年来由中国内地徙居东三省之人民,岁逾百万。日本虽图控制东北之经济事业,然该地经济与社会发展,多为中国自己努力之结果。在政治上,虽日本屡次告诫东北省当局勿与闻中国他部分之政治,然东北之参与中国政治之发展与统一,业已真确而完全。因此实业与文化之进步及政治之渐臻统一,尤其为余之与中央政府协力经营以求全国统一政策,及中央政府注重东北政治之政策而任余为中国陆海空军副司令,遂引起日本之仇视,卒乃以武力违法占据东三省。"

张学良嗣请调查团以明达之意见、公正之精神解决中日争端,盖唯公允之解决始能维持两国间之和平也。并允协助调查团搜集情报,抒诚讨论一切有关

---

① 编者按:原文多一"九"字。

系之问题。末乃举杯祝调查团团员健康并伟大使命之成功。（十一日路透社电）

李顿代全团致答词

〔北平〕　李顿答张词："国联为世界大战后新兴势力，对弱国强国均有保障。去年中日事件发生后，两国对国联皆甚信赖。相信中日纠纷，必有一公正解决。"（十一日专电）

顾维钧定明晚设宴

〔北平〕　顾维钧定十三日在铁狮子胡同本宅，宴调查团代表。（十一日专电）

〔北平〕　朱光沐、周大文、汤国桢定明晚在怀仁堂，宴调查团中国代表。（十一日专电）

（《申报》，1932 年 4 月 12 日，第五版）

219. 伪满洲国致外部电原文，引起国联各界恶劣印象

〔北平〕　满洲伪国致罗外长佳电，已由电局退回不受。兹以某方面接得该电原文如下，以见其措词之荒谬："中华民国外交部长罗文干阁下台鉴：近据报告，贵国将派顾维钧氏，偕同随员随同国联调查团委员来满等情。查我'满洲国'系依三千万民众之公意，驱逐军阀，建立崇高理想之新邦，对贵国极欲互修和好。如有代表或当道要人远来，自当以理欢迎。迩来贵国任意宣传，斥我为伪国家，诬我当局诸人为叛逆，以致我国民众对贵国感情，异常激刺。倘顾氏一行入境，难保毋与不逞之徒种种机会，为将来双方亲善之阻碍。应请贵部长妥为设法，勿使顾氏一行东来，免滋意外。特此辞谢，请烦查照。诸希亮察。'满洲国外交部长'谢介石。佳。"（十一日专电）

〔北平〕　调查团今接南京电，内容系伪国拒绝顾维钧赴东北。该团日内即将原文寄往日内瓦。（十一日专电）

〔北平〕　国联调查团即将出关，遵照国联议决，实地调查。乃伪满洲国外长谢介石，已于九日致电罗外长，以该处人民激昂，难保有不逞之徒乘机对中国代表等人员加以危害、酿成意外为词，拒绝中国代表同行出关。顾代表得讯

后,与调查团接洽适当应付办法,一面外部提向国联切实交涉。闻政府以满洲方面既有不逞之徒,意图滋事,则调查团及代表人员同行出关,其安全问题实有预先布置必要,拟挑选精锐卫队,护送前往,以免意外。(十一日专电)

〔日内瓦〕 满洲伪政府之拒绝顾维钧博士偕国联调查团入满,已引起国联各界极恶劣之印象,咸觉如固执此见,则又将造成一严重之局势。李顿勋爵已电达国联秘书处,谓若顾博士不能偕行,则渠不愿赴满。今料中国代表团将请国联大会之特委员召集会议此事,将于本星期秒提出于特委会。果尔,则特委会或将对满之态度取强硬之方针。众信满洲之态度实出于日本之授意。(十一日路透社电)

〔北平〕 国联调查团发言人今晚语外报访员,谓:报载满洲伪政府拒绝顾维钧博士入满一节,微有不确;盖满洲伪政府致南京之文,仅谓切愿阁下设法勿使顾维钧博士至满云云;调查团不以此言为拒绝顾博士入满,而仅视为一种申请,其意中固知不能有效也。(十一日路透社电)

(《申报》,1932年4月12日,第五版)

220. 国联调查团与张、万等会谈:顺承王府开会,详谈东北问题

〔北平〕 调查团与原任东北高级官吏,为交换意见,今日下午四时在顺承王府开第一次会。调查团全体出席,华方张学良、万福麟、荣臻、米春霖、顾维钧等出席,详谈东北问题,七时散会。定十三日开第二次谈话会,仍在顺承王府。日代表吉田亦参加。(十二日专电)

〔北平〕 张学良今供给调查团关于东北材料照片等甚多。(十二日专电)

〔北平〕 调查团各代表以国联并未承认伪满洲国,此次赴东北,当然不受伪国招待。此数日内,将作成具体报告,尽于五月一日前,向国联报告。定十天三接见东北大学教授及东北难民代表,询东北教育被摧毁经过及市民被难情形。(十二日专电)

昨晨接见刘尚清等

〔北平〕 调查团今晨接见刘尚清、翟文选、刘哲等,午接见中国国际联盟同

志会代表熊希龄、陈振先等,对东北情形及津变经过,询问甚详。(十二日专电)

商谈工作分配问题

〔北平〕 调查团今日上午在饭店开会,谈商分配工作问题。(十二日专电)

美代表乘飞机游览

〔北平〕 美代表麦考益今午一时赴南苑,登欧亚四号机,飞南口万里长城一带游览。意代表马考蒂今午一时,由唐在复伴游天坛。(十二日专电)

〔北平〕 当局备飞机两架,供各代表随时游览南口各地。(十二日专电)

各界宴会一律谢绝

〔北平〕 调查团工作忙,各团体宴会一律谢绝。此次赴东北,仅受关东军司令部之招待,因其为法律机关。绝不受伪国招待。(十一日专电)

李顿电国联行政会

〔日内瓦〕 法总理泰狄欧今日午后在国联行政会会议中宣读李顿勋爵来电,并追述去年十一月廿一日行政会集议时,意代表曾称,渠愿以意政府在当地所有之各种利便供给国联调查委员团,凡属意人皆将助之云云。李顿勋爵电文中声称,调查团敢信行政会其他会员国之有代表驻华者,必亦愿助调查团工作之成功,如有必要,各国定将以训令致其驻北平之公使及驻满洲之各领事,使照此办理云云。泰狄欧告行政会,谓法政府拟徇从此请。(十二日路透社电)

东省铁路并无密约

〔南京〕 据确息,关于东省铁路平行线问题,系一九零五年中日订约。仅正、副约本签字,余如会议录等,并未签字。除该约第三条载明双方应守秘密外,别无何种密约。国联调查团七日离京北上时,罗外长曾将该约全文面交李顿。闻李在平研究结果,对于日方屡向国际宣传,谓中日东省悬案曾订有种种密约者,已证明其不实。日代表吉田对此,亦无词可以掩饰。(十二日中央社电)

拟十六日离平出关

〔北平〕 调查团拟十六赴东北,在该处停留期间甚短,约住一周左右。(十二日专电)

下转第七版

北京饭店开跳舞会

〔北平〕 调查团今晚九时半,在北京饭店,开盛大跳舞会。张学良、于凤至、顾维钧夫人、沈能毅夫妇,及中外要人各均往参加。该团十三起每日上下午开会二次,讨论进行调查各事,并分组游览各名胜。(十二日专电)

〔北平〕 美游历团今晚参加北京饭店跳舞会。(十二日专电)

北宁专车着手改造

〔北平〕 北宁车已着手改造,预备送调查团出关长期使用。新添一特别车,内有浴室二间,洗衣室一间,养病室、冷藏室各一间,由唐山机厂改造,在该团出发前造成。因该团不受伪国招待,恐须在车上起居办公,故列车设备,努力充实。(十二日专电)

我国拟制说帖多件

〔北平〕 中国方面关于东省问题,拟制说帖多份,送该团参考。中关于东省铁道并行线问题,申述甚详。(十一日专电)

〔北平〕 我国送调查团备忘录内容,包括东北中日路矿交涉、万宝山及鲜民排华等百余悬案,附有详细说明,由顾分数部份交李顿。(十二日专电)

沈阳日人筹备欢迎

〔北平〕 沈讯,沈日人筹备欢迎调查团,迫各校筹办大规模运动会。定二十八日及二十九日,在日站国际运动场举行。(十二日专电)

东北各地调查日程

〔长春〕 国联调查团在东北之日程如次:十五日出发北平,十七日晚抵沈阳,逗留六天,二十三日由沈赴吉林留两天,二十五日由吉赴长春留三天,二十八日晨由长赴哈尔滨留六天,五月五日赴齐齐哈尔留三天,八日搭四洮铁路回沈阳留五天,十二日赴大连留五天,十九日由连搭船赴北平,二十一日到北平,六月五日由北平赴日本。(十二日日联社电)

榆各界筹备欢迎会

〔北平〕　秦皇岛电。调查团将出关过榆时,拟小留。榆各界派代表准备欢迎,并开茶会。会址设北宁路第二材料厂,门前搭彩牌楼,全市悬旗。(十二日专电)

(《申报》,1932 年 4 月 13 日,第六版转第七版)

221. 日本决通知调查团保障顾之安全,顾维钧接见日记者

〔东京〕　据今日消息,日本不能请满洲伪国收回拒绝国联调查团团员顾博士入境之决议。但日本既已暂时担任保持东三省和平与秩序之责,故日政府已决定通知调查团,如顾博士随同调查团前来东省,日本愿就其所可能之范围,竭力保障博士之安全。日政府发言人于宣布此项决定时,谓:日本为自己利益计,欲使调查团能以就地查各种状况;国联与日本现皆未承认"新国",故日本容许顾博士入东三省,并不发生蔑视满州〔洲〕伪国主权之问题云。(十二日路透电)

〔北平〕　日代表吉田今接日外务省训令,对谓顾维钧等赴东北事,在能可〔可能〕范围内尽力保护。(十二日专电)

〔北平〕　今午十二时,我国代表顾维钧博士接见日本记者于外交大楼。到者十数人,尚有美国记者一人及中国记者数人列席。兹将顾与日本记者谈话之问答,汇录如下。

日记者问:"对于长春来电,所谓'满洲国'者拒绝中国代表顾维钧博士入满之举,态度如何?"

顾答:"中国遵照上年十二月十日国联行政院决议案,任命代表为调查团之参加员,与日本政府之任命代表为参加员,其情事相同。两方参加员,均为国联调查团份子。故委员长李顿爵士前曾声明,对于任何参加员赴满之拒绝,

将视为对于调查团全体之拒绝。"

问："今日已有'满洲国'存在之事实，是否为调查团及顾代表所知悉？"

答："中国对于所谓'满洲国'之存在，未经正式承认。所称由长春发往南京之电报，业已退回发电地点。调查团亦不承认此种政治组织。调查团之目的，在调查满洲之整个情形，尤其关于上年九月十八日以后之举动。自九一八以后所发生之事变，连同所谓'满洲国'在内，均在调查范围之内。"

问："顾代表将不顾可以料见之危险，毅然赴满？"

答："在任何情势之下，代表有偕同赴满之必要。关于调查团全体之安全问题，据鄙人所知，委员团业已向国联报告。国联当然对于东方所派委员之安全，有适当之处置。"

问："执事既不承认'满洲国'之存在，然则关于调查团之安全，据执事见解，是否应由日本负责？"

答："中国并不准备令日本负责。对于安全问题，将为如何适当之处置，应听由国联决定执行之。但满洲既为中国领土之一部分，故国联如不能筹有适当之办法时，中国自必于全体调查团入满时，周密派队护送。"

问："谣传此次'满洲国'拒绝中国代表之举，系由日本之背景。执事之意见如何？"

答："此项之举动，背景如何，鄙人并不重视。因日本与满洲种种活动之关系，将为调查团澈底调查之一。"

【问：】"调查团将如何入满？"

答："调查团将乘车入满。至调查团愿于任何处下车调查，该团有此完全职权。"

（十二日专电）

（《申报》，1932 年 4 月 13 日，第七版）

222. 国难会议电国联调查团，请其主持公道

〔洛阳〕 国难会议致国联调查团电原文："（衔略）诸公因敝邦遭日本强暴之侵略，负联盟之重托，秉公正之意态，作翔实之调查，远道来华，备受跋涉之

劳,敝会同人,无任欢迎与敬佩。况当诸公驾临敝国之日,正值敝会集议御侮之时。敝会同人,对诸公于热烈欢迎之余,自更抱有迫切之期望。敝国数千年来,素以天下为公,世界大同,为政教之最高鹄的。对各友邦,无不力求亲睦。而日本近代以来,蔑视国际信义,扰乱人类和平,侵侮敝国,无所不用其极。事实昭然,想亦诸公及全世界人士所共悉。最近无端而强占我东北,暴兵所至,闾里为墟,奸淫掳掠之不足,又复长驱直入,蹂躏我淞沪,炮火连天,血流满地,所有学校、图书馆、印书局一切文化机关,尽受摧残。种种惨酷之状,已为诸公所目睹。敝国为自卫计,不得已而出于抵抗。初无丝毫好战之意,更无丝毫启衅之责。诸公行将亲临东北。东北自遭日本兵燹之后,近又发见日人所包办之满洲伪国。在日人野心,无非欲藉保护傀儡政府之名,而收侵略我国土地之实。此种阴谋,岂足掩尽天下耳目？敝会现已一致决议,共同御侮:(一)凡侵害国家政治独立及领土与行政完整之敌国,政府应兼用武力与外交,抵抗到底。有违上述原则之条约,概不得签订。(二)在政府努力实行上项原则之时期内,全国人民不分党派阶级,概应尽最大之力量,赞助政府,共同御侮。国际联盟为世界主持正义机关,诸公当为人类和平使者,伏望根据事实,为正确之报告。使日本强暴情形,得以明白昭著于世界,受正义与公理之裁判。非独敝国之幸,抑亦世界和平之福也。国难会议全体会员同叩。"(十一日中央社电)

（《申报》,1932 年 4 月 13 日,第七版）

223. 国联调查团过津记:与东北三元老谈话二小时,向民众询问溥仪被迫经过,河北大经路及日租界净街

天津通讯。国联调查团九日上午九时抵津,受民众热烈欢迎。十时在西湖饭店接见各界代表,午刻应省政府公宴,下午三时登车赴平。兹志详情如左。

欢迎之筹备

调查团抵沪后,此间即拟筹备欢迎。肆闻过津不下车,径赴北平。省市机关闻之大慰,因为不下车可以免去许多麻烦,乃拟在东、总两车站搭牌楼贴标

语,藉表欢迎之意而已。惟民众大不满意,当由张伯苓、卞白眉、黄宗法等,致电南京外交部转调查团,略谓自日军占据东三省后,天津发生两次事变,实与日军占据东北有连带关系,津市百万民众,渴望调查团在津下车视察。旋接覆电,允在津作一二日之勾留。于是省市政府乃觉着忙,召集党、政及各界领袖组织欢迎国联调查团筹备处。第一次筹备会议时,党、政的意见,大相径庭。党部谓不欢迎则已,如欲欢迎,不妨扩大范围,否则不足以表现民气。故依党部之计划,应集合十万民众,由总车站排列至东南城角(日租界旭街北口),推举总代表递请愿书,参加欢迎群众由各界、各团体自行负责,军警宪在暗中纠察,自然秩序不致紊乱。省市政府,则崑□以治安可虑,谓欢迎代表必须严格限制,人数不得过五百人。各界代表闻之哗然,谓经偌大之天津市,仅以四五百人到站欢迎,未免难看,于是改为一千人。第二次筹备会时改为二千人,民众团体仍嫌人数太省,改为四千人。且因接南京来电,谓调查团变更行程,仅允在津停留半日,遂议决是日午刻在省府公宴一次,并在西湖饭店接见代表一次,而将茶会取消。七日下午三时在市府礼堂开末次筹备会,又严格限制欢迎人数,分给欢迎证章,工界二百四十人,商界二百人,教育界二百人,妇女界三十人,律师界十二人,新闻界原限五十人,因不敷分配,经力争之结果,改为八十人,自治区八十人,党政界二百人,共计一千零四十二人。较之原定四千人,又减去三分之二。对于每一界推选总代表一二人,以便登车接洽。其实并非由各界自行推选,系由筹备处指派,故事前并不宣布姓名,但亦曾发生反响。又旗帜问题,亦发生争执。原来筹备处为节省经费起见,决定不用旗帜,多数对此,均不满意。因赴站欢迎之千余代表,党、政、军、警、绅、商、学各界人士均有,如不用旗帜作标志,岂非成为乌合之众?争论结果,由筹备处赶造中英文合璧之白布标帜,以便一律。此外供献于调查团之材料,已送往北平,现在仅余津变照片一本。有人提议绘一津变地图,标明便衣队以何处为根据地,向何进攻,向何处退却,则日租界当局援助便衣队之铁案,已跃然纸上,无从遁形。又有人提议请调查团视察日军炮轰中国地之残迹。但均未邀筹备会之采纳。其唯一差强人意之事,仅各界救国联合会致调查团书,对于津变之责任者,叙述甚详,各界知名之士签名者千五百余人。此外民众代表张伯苓、卞白眉等,则预备几项问题,向调查团当面提出。

到津后情形

省主席王树常，预于七日派黄宗法赴济南，迎候专车，并通令沿途各县及驻军，对专车过境，妥慎保护。北平绥靖公署除派铁甲车司令曹耀章乘铁甲车驶往德州迎候外，并派高纪毅、沈祖同、宁向南于八日午抵津欢迎。东、总两车站均粉刷清洁，各搭彩牌楼一座，高可数寻，异常美观。在站台上划定界线，俾各界代表不致紊乱。沿站台遍悬万国旗，并缀五彩电灯。横跨站台之天桥，上悬有白布标语，上书"欢迎和平使者国联调查团"。又有北宁路特别党部及北宁路工会之中英文标语，上书"中华人民宁为公理而死，不受强权屈辱""中华人民决不接受丧权辱国条件""中华人民宁为玉碎不为瓦全"。九日上午七时余，各界代表即络绎齐集总站。除弹压地面之警察宪兵外，并有童子军三百人，维持秩序。第二军参谋长刘家鸾、公安局长王一民为军政各机关总副指挥，市党部委员邵华为民众团体总指挥。八时三十分，调查团专车已过杨柳青，距津仅三十余里。市府遂派科长沈迪家赴西车站表示欢迎。九时专车在军乐悠扬声早进站。车停后，已故大总统黎元洪女公子绍芬，首先登车代表全市民众献鲜花。次为省主席王树常、市长周龙光，各界代表张伯苓、卞白眉、胡政之等，登车欢迎。立谈数语，即下车出站，由招待员伴登汽车而去。计分两组，一组送调查委员赴西湖饭店，一组送中国代表及随员赴利顺德饭店。英国代表李顿爵士由中国代表顾维钧招待，德国代表希尼博士由段茂澜招待，法国代表克劳德将军由沈迪家招待，义国代表史高蒂伯爵由陶坚招待，美国代表麦考益将军由张锐招待。十时，调查团首先接见东北旅津同乡会人士。中有东北三元老，陈述东北事变情形。各调查委员异常重视，谈话达二小时，由黄宗法翻译。次接见各国驻津领事及武官，约谈十分钟。再次接见民众代表张伯苓、卞白眉、胡政之、张品题、王文典、黎绍芬等，呈递意见书后，谈话约十分钟，对丁溥仪被迫赴辽及津变情形，有所询问。时已十二时半，不及接见新闻界，即赴省府公宴。王树常致欢迎辞，略谓："中华民族素爱和平。国际联盟会乃维持世界和平机关，今因中日事件，派遣各国代表远涉重洋，调查真相，俾公允制裁，和平解决。今日调查团光临天津，仅代表河北省三千万民众，竭忱欢迎，并祝世界永久和平。"英国代表李顿答辞，略谓："敝团受国联之使命，到远东调查中日纠纷，以期公理与和平，获得永久之保障。敝团到日本到中国，均受热烈欢迎。然余感觉并非欢迎敝团五人，是欢迎维持世界和平之国联。兹已由日本而到中国，所闻所见，获得材料甚多。不久即到最终目的地之东北，调查任务终了，即向国联作一总报告。相信国联必有公允和平方法，而将中日纠纷解决。"下午二时许宴毕，三时登车赴平。

欢迎中余闻

此外有数事附述于下。即八日下午东、总两车站所悬标语，今（九）晨完全撤去，金钢桥上悬有"抗日非排外"标语，今晨亦已不见，不解何故。原定调查团在东站登车赴平，临时因民众团体经过义租界，恐不方便，仍改在总站登车赴平。又自九时起至下午三时止，河北大经路、东马路，日租界旭街，一律净街，禁止行人。中国地商民①，均悬旗表示欢迎，日租界则毫无表示。据调查团随员某君谈称："调查团受国联之使命，只知有中国政府、日本政府，此外不知其他。此次赴北平之任务，系与原任东北长官接洽，询问东北情形。在北平所有一切宴会，均经谢绝，仅赴十日晚张学良之欢宴。在平约耽搁一星期，预计十八日专车出关，惟关外行车之保护责任问题，尚在研洽中。将来到沈阳后，拟分成小组，前往长春、哈尔滨、齐齐哈尔等处调查，俟调查完毕，即赴日本奈良，编报告书。编成后，再向日本及中国交换意见，然后将报书寄往国联行政院"云。（四月九日）

（《申报》，1932 年 4 月 13 日，第八版）

224. 马占山反正，发表佳、文两电，报告忍辱经过，搜集伪国证据，调查团到宣布

马占山九日自黑河来电云："探投朱将军子桥钧鉴：韩参议立如由沪返黑，详及我公关怀情殷，良深感荷。我军前由龙江战退海伦，矢穷力尽，不得已与日人虚与委蛇。回省四十余日，深悉日人阴谋欲于国联调查团来东北时伪造民意、欺骗世界。故事先暗将得力军队，分布□□□□□②，于月之七日急

---

① 编者按：原文如此，疑缺字。
② 编者按：原文如此，以"□"隐去文句。

来黑河。所有军政机关,即日成立,照常办公。并积极筹备统率军队,相机进行,收复失地。至于日人制造满洲伪政府种种阴谋,已整理清楚,公诸国联调查团,公诸世界,以揭穿其鬼蜮行为。占山受国家边疆重任,惟知以身报国,誓死抵抗,至于成败利钝,非所计也。谨先电陈,并盼转致沪上士绅均[钧]鉴。马占山叩。佳。印。"

············

(《申报》,1932 年 4 月 14 日,第三版)

225. 国联调查团昨续开谈话会,讨论编制报告书地点,与张学良等续谈一切,我方备忘录大体告成

〔北平〕 调查团今日下午三时开谈话会。三时半,中日代表开普通例会,均讨论赴东北实地调查事。下午四时调查团全体委员及正副秘书长、顾维钧等,赴顺承王府晤张,续谈一切。(十三日专电)

〔北平〕 张学良致调查团备忘录,共三种。(十三日专电)

〔北平〕 调查团与张学良今日下午四时,开第二次谈话会。张作相、万福麟、荣臻及原任东北高级官吏均出席,日代表亦参加,讨论东北问题,六时三刻散会。第三次会定十四下午四时举行。(十三日专电)

〔北平〕 调查团今日下午三时开会,讨论编制报告书地点。中国代表主在北戴河,日代表反对,主在青岛。(十三日专电)

〔北平〕 国联调查团今日下午三时半开会,请顾代表列席,商该团在华避暑问题。(十三日专电)

中日代表出关人数

〔北平〕 日随调查团赴东代表共十二人。该团望中国代表赴东北人数与相等。中国方面希望去三十人,尚未解决。(十三日专电)

〔北平〕 中国代表处因日方要求随调查团赴东北人数,不得过二十人,缘日方只十余人。该处正讨论前往人选。(十三日专电)

李顿与荣臻等晤谈

〔北平〕 李顿今晨十时,在北京饭店约晤荣臻、刘以哲①谈,询九一八事变真相甚详。李并请荣等作一简单备忘录,送调查团参考。荣等谈至十二时辞出。(十三日专电)

〔北平〕 荣臻对调查团表示,日人非法武力占据东省,我军为尊重国联非战精神及维持世界正义和平而撤防,并非不抵抗,此点应请国联注意。各团员颇然其说。(十三日专电)

关于平行线之密约

〔北平〕 中国代表处所制备忘录,除东省铁路平行线一问题外,已先后告成,交与李顿。查东省铁路平行线一问题,日人所持为口实者,为一九零五年与庆王所订密约之附件。调查团过日时,日方曾出以见示。据云,当时日方颇自矜秘,谓中国业已失去;费时极久,始从一铁匣中取出。调查团员颇为不耐。故该团由汉口回抵首都,曾邀请登岸示以该约原本。现双方皆以照像影本,送调查团。该团现托使馆审慎翻译。闻附件虽曾言及《中比条约》有此规定,铁路平行线苟建筑在百里以外,已属非常满意。今东三省铁路与南满路平行者,平均在二百里以外,并未违背。况此项附件未经正式签定,能否认为合法,尚属疑问。双方争辩颇烈,原因在此。(十三日专电)

定十六日离平赴沈

〔北平〕 调查团定十四晚接见中国记者,十六日赴沈。(十三日专电)

明午接见难民代表

〔北平〕 调查团改十五午接见东北难民代表及东北大学教授。难民代表制成一备忘录,将致调查团,题为《九一八后日人在东北之暴行》。(十三日专电)

东大教授草意见书

〔北平〕 东北大学教授等草就一意见书。内容除东北大学一切损害外,

---

① 编者按:原文误,应为"王以哲"。

关于东北地方被害情形，亦叙述其详。（十三日专电）

〔北平〕 平各文化机关及学术团体，今送调查团意见书数册，陈述东北问题。（十三日专电）

各方定期招宴团员

〔北平〕 荷使德伯克定十五日晚在使馆宴调查团代表及顾维钧、吉田等晚餐，并邀我方要人作陪。（十三日专电）

〔北平〕 周大文定十五午在颐和园宴请日代表伊田等午餐。（十三日专电）

〔北平〕 义使馆秘书安芳素夫人明晚茶会，招待义代表马考蒂。（十三日专电）

〔北平〕 德使陶德曼定明晚在德使馆宴请调查团德委员施利。（十三日专电）

顾维钧之安全问题

〔北平〕 日外交界讯。顾维钧出关，日方将在不能范围①内，予以保护。惟"满洲国"既有表示于前，危险十九难免。（十三日专电）

〔北平〕 日吉田代表密语中国代表处某参议，谓顾代表入满，正多危险。又日使馆某参赞访中国代表处，谈及对于顾代表之赴满，甚为担忧，恐凶多吉少。（十三日专电）

〔北平〕 吉田谈：如"满洲国"拒绝中国代表，在长春以南，中日代表均可参加；长春以北，中日代表均可退出。（十三日专电）

〔北平〕 日代表吉田、伊藤等今日下午一时游览三殿及故宫，四时返寓。意代表阿尔特，定十四日下午三时游故宫。（十三日专电）

制定方案大感困难

〔北平〕 调查团连日除与当局及各方正式交换意见外，各方领袖多以私人资格，由使馆介绍，与团员个人谈话，结果甚良好。调查团所得材料，已甚丰富。所困难者，即如何制定方案。此方案必须为华方所满意，而又日方所能接

---

① 编者按：应作"可能范围"。

受者。(十三日专电)

〔北平〕 调查团征询各界意见,注重在解决方法。惟我方此时颇难表示,不易轻重得宜,须视日方所提出之程度如何,方有考虑余地。(十三日专电)

北宁专车改造竣工

〔天津〕 北宁路已令唐山工厂将专车加以改造,计有浴室、理发室、更衣室、冷藏室已竣工,定十四日开赴北平备用,并派车机医等专员随车服务。(十三日专电)

〔北平〕 北宁路所备专车,特设沐浴、剪发、烫衣、医药等室。凡日常所需,应有尽有。并拟另装无线电,俾与平、京通声息。代表处且携中菜厨司及足供四周之粮食与罐头,开车开至榆关。机车及司机人由日方替换,但我方车务人员仍随车前进。(十三日专电)

派兵保护或有困难

〔天津〕 国联调查团乘车赴辽。刻因不受伪满洲国之招待,则专车出关后,日军不允负责保护。若由我方派兵沿途保护,事实上亦感困难。(十三日专电)

顾维钧宴待调查团

〔北平〕 顾维钧今晚在铁狮子胡同私邸,宴调查团。张及各界名流,被邀陪席。(十三日专电)

〔北平〕 北京饭店主人以美国游历团在平,特请梅兰芳今晚在该饭店演《红线盗盒》,票价分四元、八元两种。顾维钧购八元票四十张,请调查团观剧。(十三日专电)

辽义勇军上呼吁书

〔北平〕 辽宁义军十万人上调查团呼吁书,谓纵余一枪一卒,亦必奋斗到底,望诸委员维持正义,歼灭暴力。(十三专电)

团秘书长接见记者

〔北平〕 今晚调查团秘书长贝尔特接见记者。日记者问:"如'满洲国'宴请,调查团取何态度?"贝答:"如普通应酬性质请客,当然参加;否则或不出

席。"又问:"'满洲国'拒顾维钧入境,系因顾预有计谋,妨害'新国'?"贝尔摇头,一笑置之。(十三日专电)

调查团拟游览西陵

〔北平〕　调查团拟游西陵。平汉路局已接到通知,各站克日油刷一新。(十三日专电)

(《申报》,1932年4月14日,第七版)

226. 国际三大会议

....

李顿两电国联,行政会即转请有关系各国尽量协助辽案调查团工作

【国民十二日日内瓦电】　今日下午国联理事会开会时,宣读辽案调查团李顿勋爵来电两件。第一电,请各理事国训令其驻北平公使及驻东三省各地领事,尽量协助调查团,俾得实行此艰巨之工作。此次请求,业由国联立即分转达有关系各政府。第二电,述满洲伪政府拒绝顾维钧赴满事。李顿显极重视此种阻挠行动,坚决声称,调查团不能容许外界对于任何团员之地位提出问题;最后并谓,"满洲国"当道倘再有阻挠调查团工作之任何企图,渠将立即报告理事会云。

(《申报》,1932年4月14日,第八版)

227. 谈言:跳舞救国

"调查团今晚九时半,在北京饭店开盛大跳舞会,张学良、于凤至、顾维钧夫人、沈能毅夫妇及中外要人,均往参加。"

昨日本报北平专电有这样一段消息,当时我读完了这段新闻,不禁鼓掌狂喜。

张学良氏本来豁达大度,除了杀父之仇不报外,即亡国亡家之仇,亦恝然

置诸度外，并不计较。他又酷爱和平，始终抱定不抵抗主义，故日本得以安安全全，于数日之间便完全占领了东三省的全部。张学良"仇恩平视"的态度，无论何人，不能不深深地拜服。张学良氏更有一件拿手好戏为世人所共知的，便是"跳舞专家"。他现在是中央执行委员，又可说他是一位"跳舞委员"。这样的头衔加在他的头上，真可说受之无愧了。

曾忆去年东北九一八事变发生时，北平大闹寻觅张学良不着。后来于某贵族式之跳舞场中，方才找了出来。其时张氏正在浅红淡绿的电灯光中，拥着舞女，踏着"华尔兹"的步调，表演他的拿手好戏。于是一般不懂世故人情的激烈份子，便破口大骂他是"跳舞亡国"。我说不然，张学良便不跳舞，亦安能使其国不亡？跳舞毕竟有绝妙用处。

"跳舞救国"，原为现在最新鲜最时髦的一个名词。但我总不相信跳舞能够救国。岂知国联调查团前日道出日本，日本政府竭诚欢迎，今日开大宴会，明日开跳舞会，贵族女子，各执花圈，殷勤致送。这个"温柔式"的外交，实在令人望洋兴叹，得未曾有。因此调查团不便拂日政府的盛情，在日勾留约有二星期之久。我方笑自己头脑之冬烘：跳舞救国的意义，原有这样奇妙的效用！

现在调查团到了北平，张学良氏天然当尽其地主之谊，殷勤招待，自不必说，因为调查团之视察，关系东省问题异常重要也。此次调查团在北京饭店开盛大之跳舞会。这次大会，在名义上似以调查团为主体，张学良为客体。但张学良毕竟先有过这样的宴会，然后调查团亦开大会以答雅意，决无可疑。因此我想到我国的外交，其他手段比较日本大大不如，惟跳舞外交的确是张学良之拿手好戏。救国之道，或亦即在于此。故人谓张学良以跳舞亡国，我只能说张学良能跳舞救国。

（《申报本埠增刊》，1932 年 4 月 14 日，第一版）

228. 国联调查团第三次谈话会，商吉黑及中东路事，昨午接见满蒙王公

〔北平〕 今日下午四时，在顺承王府举行第三次谈话会，与东北各长官交换意见，商谈吉黑及中东路问题。万福麟制成一备忘录，张作相草就一报告书

说明吉黑两省损失，均已送致该团。（十四日电）

〔北平〕 调查团副秘书长皮尔特今晚语记者，第三次谈话会尚有未尽事宜，十五日续开四次会。（十四日专电）

昨午接见日方代表

〔北平〕 调查团今早十一时接见日代办矢野，平市日侨代表藤原、千野、小林三人，津日领桑岛，津日军代表竹内，平日使馆武官永津等。矢野报告平市排货问题，竹内报告津变经过，十二时始辞出。该团明晨十时起分别接见平各大学教授代表吴宓、邱昌渭等七人，东北大学教职员代表宁恩承等五人与东北难民关广誉等二人，及平津新闻记者数人。共分三组，谈话时间各为半小时。下四时赴顺承王府，开第四次谈话会。（十四日专电）

满蒙王公制备忘录

〔北平〕 在平满蒙王公昨开会，载涛亦出席。决制备忘录一种，详述日本在东北挑拨汉蒙实在情形，拟即送交调查团。（十四日专电）

〔北平〕 调查团今晨十时开谈话会，十时半接见蒙古王公并有逊清宗室，计为全绍文、那彦图、汉罗札布①、嘉尔喜业勒图、摩尔根、林丹桑布、阿勒台、瓦琪尔阿穆尔沁格、勒图各王公熟悉东北情形者，对蒙边及东北情形，陈述甚详。十一时半辞出。（十四日专电）

〔北平〕 蒙古王公今晨见调查团时，面交制就之《满洲与中国历史相沿之关系》一册。并报告溥仪此次被挟赴东，实不得已，更非满蒙民众之意。（十四日专电）

五委参观外交大楼

〔北平〕 调查团五委今日下三时，参观外交大楼，并借阅《东省铁路平行线条约》。四时在顺承王府，开第三次谈话会，原任东北军政要人均参加。六时三刻散会，李顿等返北京饭店。（十四日专电）

〔北平〕 义委员阿孟蒂今日下午二时游三殿故宫。（十四日专电）

---

① 编者按：原文如此，其名多作"汉罗扎布"。

离平期将暂缓数日

〔北平〕 调查团离平期,因各界谈话日程未竣,暂缓两三日启行。在东北调查后仍将来平,再转往日本。(十四日专电)

平各团体送意见书

〔北平〕 平市商会工联会及民众团体救国联会,前拟意见书欢迎词,拟招待该团时面致,因该团谢绝一切宴会,今先将文件送交。(十四日专电)

所备专车共十八辆

〔北平〕 北宁路为调查团所备专车,共十八辆,已在唐山修装完竣,定十五开平。该团准十六下午离平出关。(十四日电)

〔北平〕 外讯,伪国另为调查团在山海关预备专车。(十四日专电)

张学良宴团中随员

〔北平〕 张学良今晚八时,在顺承王府宴调查团全体随员,并约中国代表团全体随员作陪。(十四日专电)

顾维钧之安全问题

〔南京〕 调查团中国代表处人员,以调查团赴东北,日本不负保护责任,颇危险,请顾维钧电外交部,谓东北既系中国领土,为调查团赴东北安全计,请政府派兵保护。同时电日内瓦颜惠庆,提出国联。(十四日专电)

〔北平〕 沈阳来人谈:调查团将赴东北,日人唆使汉奸制假诬证据;各小学均聘日人一充日语教员,无异太上校长;该团到时,此日人将改着中国便服,或暂时离校。(十四日专电)

〔北平〕 调查团为伪国拒顾及安全问题,曾电日内瓦,向国联请示办法。回训尚未到平,故离平期未定。(十四日专电)

〔北平〕 调查团中国代表顾维钧及其随员等,今日下午二时在北京饭店开会,讨论出发前准备各事。三时散会,顾维钧即出席调查团谈话会。(十四日专电)

〔北平〕 据可恃消息,国联调查团日陪员吉田私人警告顾维钧,如顾游东省,或有危险。又闻日使署负责人曾往顾处,表示其对于顾游东省之忧虑,谓或不免于个人危险云。调查团员今日午后讨论在华过夏之计画。（十四日路透电）

伪国派定欢迎专使

〔北平〕 伪国派郑垂并阎传绂为欢迎调查团专使。（十四日专电）

（《申报》,1932 年 4 月 15 日,第七版）

229. 国联调查团续商铁路平行线案,材料征集完竣,开四次谈话会,接见各界代表

〔北平〕 调查团今日下午四时,在顺承王府续开谈话会,仍讨论铁路平行线问题。（十五日专电）

〔北平〕 李顿等五委今日下午四时赴顺承王府,与张学良开第四次谈话会。因征集资料已竣,今会只听取东北方面意见。六时许散。（十五日专电）

有二十一日首途讯

〔北平〕 调查团有定二十一日由平首途出关讯。（十五日专电）

调查团专车到车站

〔北平〕 调查团专车今午到东站。（十五日专电）

〔北平〕 现悉国联调查团仍拟取道山海关入满。专车现已候于车站,但在星期日或星期一日之前不致首途。各团员连日工作甚忙,每日下午辄与张学良及其顾问会谈三四小时,晨间则向各方面搜集证据。彼等曾与文武官员,蒙古王公,教育领袖,由满洲、天津来此之外人及由天津来此之日人接谈,明日将复研究与张学良会谈时所得之材料。如有必要,尚将访张觅取补充之证据。（十五日路透电）

次第接见各方代表

〔北平〕 今晨十时调查团接见东北民众代表赵雨时、王化一等,十一时接

见平文化机关及学术团体代表丁文江、傅斯年等,十二时接见各大学教授代表
邱昌渭等,下午一时接见平津记者代表罗隆基等,二时接见北平大学教授宁恩
承、刘百昭等。与东北难民代表、北平大学教授晤谈时,曾陈述日方又有派兵
七万五千到东北计划,国联能否制止。李顿答,凡武力所侵略之结果,国联均
不能承认,请勿过虑。又谓东北问题发生于一强一弱间,如不能公平处置,不
惟种东方祸根,且为世界和平障碍。李答,调查团深知此重大性,当努力为之。
(十五日专电)

报界代表陈述意见

〔北平〕 李顿及德、义两代表,同出接见新闻界代表。罗隆基致词,报告
日方压迫中国舆论情形;说明日人在东北压制当地舆论,禁各地新闻纸输入,
使东北人民耳目失其作用;要求该团赴东北调查时,加以注意。李等颇动容,
对新闻界意见表谢意。并交日军暴行证据照片多帧,附注中英文说明。(十五
日专电)

平商会投送意见书

〔北平〕 平商会以调查团工作忙,未能接见,特将致该团文件送上,表示
希望以公平之目光,撮确实之印象,作公平之报告,俾世界和平,得以实现。
(十五日专电)

日方提议取道大连

〔东京〕 政府今日以训令致国联调查团日陪员吉田,令其请李顿勋爵等取
道大连入满,先视察南满铁路区域,该处日军可予调查团及顾博士以充分之保
护;如由铁路取道山海关入满,则殊难担保团员之安全云。(十五日路透社电)

日方频传拒顾消息

〔北平〕 某外交家谈:"拒顾消息,频频传来,显见日方预定步骤,意存恫
吓。查日代表吉田此次偕调查团来华,经京、平、沪、汉各地,吾方住备旅社,行
备舟车,公家宴游,无一不与。即其随员,亦特派专员招待,与以种种便利,处
处以上宾礼相待,与调查团视为一体。今日方反其道而行之,竟阻挠顾代表履
行其职务,不特调查团视为有悖国际礼仪,窃恐此后中日往来,益无信义可言。

愿日方有识者加以反省"云云。(十五日专电)

〔东京〕 顾维钧其将偕国联调查团入满乎?日兵车为何人所炸乎?此为今日关于满洲事件最要之问题。据长春消息,"满洲国外交部长"已宣称,拟重行考虑容中国陪员入满,惟其人须非顾维钧。(十五日路透电)

东北行程分为三节

〔北平〕 调查团东省之行将分三节:北平至榆关为一节,榆关至沈阳为一节,南满路又为一节。代表处已汇去沈阳万金备用。东北大学教授改十六晨十时见调查团。(十五日专电)

记者向皮尔特抗议

〔北平〕 调查团定十六日下午四时,在顺承王府开第四次谈话会。副秘长皮尔特今晚七时在北京饭店公布消息时,日记者询关于马占山致调查团电报事,发言故意侮辱华人。当场中国记者向皮氏提出抗议,说明如再发生此类情事,中日记者因而冲突,应由皮氏负责云。(十五日专电)

日本侵略证据充足

〔北平〕 调查团某负责委员谈,本团历经沪、京、汉、平,接见中外各方代表谈话,并征集材料。关于日本侵占东北已有充分证据,并已构成世界舆论。本团决本公正态度,忠实报告国联,想国联定能得一公平正直解决。(十五日专电)

伪国欢迎委员遇险

〔东京〕 据锦州访员电称:满洲伪政府所派欢迎国联调查团之委员团,今日在赴锦州之途中险遭不测;闻路警曾查觉有人图在大凌河附近毁坏火车,现已拘获九人。(十五日路透社电)

我国出关人员名单

〔北平〕 中国代表处送与调查团之出关人员名单,计三十人。除顾维钧外,为刘崇杰、金问泗、萧继荣、颜德庆、严恩栖、朱鹤翔、王正黼、王时泽、游临[弥]坚、谢恩增、李毓华、杨承基、洪钫、刘景山、曹麟生、陈延炯、张伟斌、乌兆琦、徐箴、於[施]肇燮、李鸿拭[栻]、顾善昌、张善宝、陈立廷、戈公振、桂中枢,及陈置[宜]春女士与新闻记者二人。(十五日专电)

平外委会编小册子

〔北平〕 平外交委会对东北事变、天津事件等真相,已以中英文编就十余册。今送致调查团,作备忘参考。(十五日专电)

荷使昨晚宴调查团

〔北平〕 荷使今晚八时半宴调查团及张学良。(十五日专电)

周大文宴吉田、矢野

〔北平〕 周大文今午一时半,在颐和园宴日代表吉田、日代办矢野等,汤尔和作陪。晚七时半,吉田在日使馆宴周大文及中国代表顾维钧等全体,顾因赴荷使馆宴谢却。(十五日专电)

张学良陪外宾游园

〔北平〕 张学良偕于凤至,今晨十时与马考蒂及义代办齐亚诺夫妇,赴颐和园游览一小时。(十五日专电)

美国协会宴美代表

〔北平〕 美国协会今午宴美代表麦考易。(十五日专电)

王北一述日人暴行

〔北平〕 今晨王北一见李顿时,述日人在东北情形。最使调查团注意者,为日人在通辽金家屯活埋中国学生三十人。李问如何埋法,王答:挖地成坑,推人入内,覆以土。调查团均作[咋]舌不置。(十五日专电)

230. 国联调查团接马占山长电：虚与日人委蛇情形，日人操纵伪国经过

〔北平〕 昨调查团接到马占山来电一件。文长四五千字，历述其退守海伦以后，与日人虚与委蛇，并日人操纵伪国种种压迫经过。即将其退守海伦之日起，每日所记之日记，直至现在，完全叙入。首述退守海伦时，日军曾派员往谒，请马返省，谓如肯应允，则日军决不入黑垣，一切事宜均听马指挥等语。马乃毅然返省。讵抵省后，一切形似〔势〕遽大变化，日人步步监视，种种压迫，始知堕其计中。遂不得不虚与周旋，藉以刺取各种消息。现在将所有日本阴谋，详细报告于调查团，俾作参考。其中一节，叙日军操纵伪国，曾派人嘱溥仪，谓对所谓"满国执政"，须一辞而后就，否则必予以不利；严厉监视，不令溥之言语行动丝毫自由，至溥愤而服毒自杀者三次，均被日人觉察解救等语。闻调查团李顿诸委员阅悉大意后，已令秘书译成英文，俾作为调查重要参考。（十五日专电）

（《申报》，1932 年 4 月 16 日，第八版）

231. 国联调查团抵平记：预定留平七日或十日，专致力于搜集各资料

北平通信。国联调查团十九日上午到津，下午专车来平，六时十分抵车站，十日晨即访张学良。兹纪情形如次。

欢迎之布置

此间各界各团体于九日得调查团即晚到平之讯，当即纷纷悬旗，表示欢迎。各重要通衢，亦预悬各种标语。如西长安牌楼、天安门以及北京饭店门口，则有二丈长、二丈宽之白布标语，上端书以中文，下则辅以字体端整之英语。在北京饭店门口，高悬者为"欢迎公正严明的国联调查团"，余则为"中华

人民宁为公理而死,不为强权屈辱""中华人民绝不承认强权侮国之条约""中国人民为拥护公理而抗日"等等。东车站油饰一新,栅栏外高扎花牌楼,上书"欢迎",下配以"Welcome"之英文。站外白布标语为"欢迎和平使者国联调查团",亦中英合璧。车站在最北站台台门扎松枝牌楼,台外悬完全英文之白布欢迎标语一条。专车停后,小电灯齐明,红绿相映,鲜妍夺目。下午五时顷,西长安街一带,已渐能见到高帽大礼服或圆顶礼帽青马褂,而襟挂"入站证"之浅红圆章之各界人士,向前门一带奔驰。东单东安门一带小商贩,均以洁白洋布罩于桌外,整齐划一,为平市少见之情形。五时以后,站门即禁止闲人出入。军警约四五百名,军乐队三队。最东、最西两队均属公安局,中间一队约四十人,蓝衣黄帽章,则为来自青岛之海军乐队。专车入站,乐队先自在东端者演奏。欢迎人员,各有定位。最东为学界,次为民众团体,次为新闻界,次为各机关代表,次为招待员、各机关领袖,最西为各公使馆。地位大概愈西愈佳,亦愈重要。学界代表到者不多,因各大学校前日起已罢课罢教,景况凄凉。大部份学生等对调查团此来,保守沉默态度,无多表示。于是愈东愈显冷落,愈西而愈拥挤。女界代表共五人,一为身材高大之青年西妇,一为身体肥胖之熊小姐,余则不能辨认矣。西人无多,杂新闻界中者有一人。日人四五,亦立于新闻界中。

到车站情形

五时三十分许,南月台东面开进列车一列,状系专为遮蔽南面视线之用者。五时五十五分,压道车开入。六时一刻,军乐大起,而专车到矣。专车绿色,系新制。室内陈设精美,幔帷悉紫色。中山移灵而后,此车已极属罕见。专车停后,北平绥靖主任张学良首先登车,向五委员表示欢迎意。未及十分钟即下车。时群众脱帽,军警举手示礼,调查团乃相偕下车,均脱帽对群众还礼。时张学良已乘汽车返顺承王府。调查团出车站后,亦乘汽车赴北京饭店。李顿由顾维钧陪伴,麦克考易由刁作谦陪伴,克劳尔德①由陈任先陪伴,希尼由王荫泰陪伴,马列斯可特由唐心畬陪伴。沿途经过公安局街、东长安街等处,军警皆举枪为礼。

---

① 编者按:原文误,应为"克劳德尔"。其余国联委员名译名与后文不统一,原文如此。

顾维钧谈话

顾维钧于即晚七时一刻在北京饭店对记者谈称："调查团七日离浦北上，过滁州、明光、蚌埠、徐州、兖州、泰安。沿途皆有各界代表欢迎，一路平安，殊觉欣慰。调查团诸君对北宁之专车，设备舒适，极口称赞中国交通事业之发展。昨日过济南，应省政府宴，并游览大明湖。今晨抵津，先接见最活动之某三公，后接见各界代表张伯苓、胡政之、卞白眉、王文典四人。李顿氏颇满意，因所得材料，较在南方所得尤为详确也。旋赴王主席午宴，即于下午三时离津来平。在平留七日或十日，希望各界减少宴会，而予以搜集材料之时日。李顿诸氏因沿途劳顿，拟休息一两日后，分别延见各界。赴东北调查，仍遵化宁路出关。在北戴河编制报告书否，现尚未定。五月一日国联大会时，将先制成一简单报告。至伪国拒绝本人出关事，本人曾询之罗外长，据称尚未见伪国通知。设如通知到京，我方亦决不予接受"云云。

规定之酬应

调查团以来平期间须专致力于搜集各种资料，对平市各界之招待宴会，除张、顾、周三夫人之茶会与张主任之宴会外，余均谢绝。其游览名胜时间，亦随时规定。两次宴会之时间地点如次：四月十日下午六时至七时张主任夫人、顾代表夫人、周市长夫人在迎宾馆招待茶会；四月十一日下午八时半，张绥靖主任在居仁堂宴请。

访问张学良

国联调查团委员长李顿爵士、委员麦考益将军、克劳德尔将军、希尼博士、马考蒂伯爵五人，由顾维钧、唐心畲、王荫泰、刁作谦等陪伴，赴顺承王府拜会北平绥靖主任张学良。李顿与麦考益两汽车先行，十时一刻抵顺承王府。张氏亲出迎接，相偕入大客厅，略作寒暄。旋希尼偕马考蒂两氏亦到，即开始会谈，只由顾维钧氏一人陪座。克劳德尔氏因赴法使馆，于十时半后始到顺承王府，即加入谈话。李顿向张氏询问关于东北之各种情形颇多，张氏逐一答复，极为详尽。谈话历一小时，李顿等五人遂于十一时许，兴辞出府，同返北京饭店午餐。张主任并于下午五时，乘汽车至北京饭店答拜，晤谈四十分钟。五时三刻，张氏偕李顿等五委员及顾维钧等，分乘汽车赴迎宾馆，出席张、顾、周三夫人之招待茶会。又日本代表吉田伊三郎,于十日下午二时,赴顾承王府拜谒张主任,于二时半辞出。又据顾维钧谈称,该团以原任东北官吏现多在北平,为将来进行东北调查之参考,实有相互交换意见之必要,决定共同作一较长时间之会谈;参加人数较多,举行一谈话会,惟须视情势而定;举行日期已商定在今明两日内云云。

三夫人茶会

张学良夫人于凤至女士、顾维钧夫人黄葱兰女士、周大文夫人高月舟女士,于十日下午五时至七时,至外交大楼招待国联调查团,并约平市军政学界要人夫妇与会。下午四时即络绎到会,计有熊希龄、于学忠、荣臻、陈箓、王正黼、夏贻庭、张学铭、徐淑希、丁文江、曾广勷、罗家伦、梅贻琦、袁同礼、陈石泉、陈访先、曹泷、陈任先、戴春霖、刁作谦、王荫泰、江朝宗、沈能毅、宁向南、沈祖同等。各使馆被邀出席者,计到德国公使陶德曼、美参赞巴克新、比代办嘎瑞夫以及其他使馆全体职员,共达三百余人。三夫人皆着中式长袍,张夫人为黄色,顾夫人粉红色,周夫人白底黑花,往来招待、周旋颇忙碌。下午六时,李顿、克劳德尔、麦考益、希尼、马考蒂五氏,由顾维钧引导,先至大客厅,介绍与三夫人晤面。旋张主任亦偕朱光沐、周大文诸氏入客厅,与李顿等接谈。复相偕入另一大厅,而举行茶会。所备系香槟酒与各色糕点,布置极精洁,宾主畅谈甚欢。会中张氏并介绍荣臻氏与李顿谈话。荣氏当东北事变发生之初,即在沈阳,故李顿向荣氏询问关于事变情况极详。荣氏据实以答,李顿颇表满意。六时五十五分,李顿等五人兴辞。其他与会者,亦相继散去。(十一日)

(《申报》,1932年4月16日,第十版)

232. 国联调查团决乘专车出关,定十八或二十启程,我国代表取道大连

〔北平〕 调查团出关事,吉田今晚与李顿商洽结果,拟定分批出发,调查团单独乘一专车,由北宁路前往,日代表团第二批,由北宁路出发,中代表顾维钧等由大连北南满车前往。(十六日专电)

〔北平〕　调查团东行路程,日方仍坚持非经南满路线不负安全责任。调查团以为如经南满路,须绕海道,于铁路沿途搜集材料颇不便,仍主遵北宁路,正与日代表积极磋商。调查团前电日内瓦国联,请示出关事,覆训已到,令斟酌办理。各代表今日上下午在北京饭店,两度开会讨论东行日程及路线问题。暂拟巧起程,已通知各随员准备行装。(十六日专电)

〔北平〕　调查团拟十八日或二十日起行,与中日代表分路出发,在沈会齐。(十六日专电)

〔北平〕　国联调查团如何及何时入满,今仍为疑问。今晚据团中发言人宣称:"吾人将近解决。"据非正式而可靠之消息,调查团一部分连顾博士在内,大约将取道大连赴沈阳,余一部分则由山海关路线进发。(十六日路透社电)

接见东北大学教授

〔北平〕　调查团今晨十时半,接见东北大学教授宁恩承等及难民代表关广誉等。宁等交一备忘录供参考。(十六日电)

与张、万谈吉黑损失

〔北平〕　调查团十一时见张作相、万福麟,谈吉黑两省损失情形。万并报告马占山确抵黑河,转陈马电,述日人操纵伪国情形。十二时接见高纪毅。高报告北宁路损失及关外段日人破坏情况甚详,并留交损失表一份。(十六日专电)

在顾维钧私宅午餐

〔北平〕　今日下午二时半,顾维钧在铁狮子胡同私宅宴调查团。各代表连日工作劳顿,今日下午起略休息。德、美两代表,顾宅宴后赴颐和园游览。李顿等定明晨赴八大岭①游览,高纪毅等将陪往。(十六日专电)

所集材料分部整理

〔北平〕　调查团今日起将搜集材料分部整理。(十六日专电)

---

①　编者按:即"八达岭"原称。

昨午接见日方武官

〔北平〕 调查团今午十二时半,接见日使馆武官永津及津日驻军代表竹内,询津变经过。(十六日专电)

张夫妇拟陪游长城

〔北平〕 张学良、于凤至明晨招待调查团委员及重要职员十九人,中国代表顾维钧等十九人、日代表吉田等十人赴青龙桥游长城,并平市军政学各界名人二十人陪往。专车已备妥。明晨九时启行,下午五时返平。(十六日专电)

马占山电续到一段

〔北平〕 马占山致调查团长电今陆续到二千五百字,明后可到齐,正由吴秀峰翻成法文交李顿。(十六日专电)

顾维钧决偕同东行

〔北平〕 顾维钧谓日人虽百计恐吓,阻本人东行,但决不为暴力屈服,志在必行。(十六日专电)

伪国专车几遭不测

〔北平〕 伪欢迎调查团接待委员专车十五午后行至石山站,发现土匪,几遭不测。(十六日专电)

平行线案并无密约

〔北平〕 前日李顿暨四委员赴外交大楼,调阅卷宗,系为证明日本所谓并行线密约,有无其物。在宁时我方已提示新东三省条约原文及当时会议录,此外并无密约。乃日本外务省自称确有密约,并以拓影送致调查团为证。及前日对证之后,始知日本所谓密约者,即会议录也。会议录非条约,更非密约,于是此数个月以来日本所赖以抗争平行线问题之根据,完全消失矣。(十六日专电)

日人编印共产文献

〔北平〕 日人编印中国共产文献,备调查参考,谓日本出兵东北,系保障

东亚和平，防止"赤化"。现中代表处派谢寿康南下，搜集材料，以便反驳。（十六日专电）

我国代表人数将减

〔北平〕　调查团对中国代表处同赴东北人员二十人，尚觉其多，现将减为十五人。（十六日专电）

（《申报》，1932 年 4 月 17 日，第七版）

233. 行政院讨论应付外交方针，郭泰祺报告谈判经过，具体办法闻已有决定，致电颜惠庆指示机宜

〔南京〕　行政院十六日上、下午均开会，汪兆铭主席，讨论对日外交问题，由郭泰祺报告停战会议停顿经过，并陈述一切意见。关于今后应付方针，讨论至为详尽。惟关防严密，会议内容，未予发表。仅闻具体办法，已有决定。当即电令颜惠庆，向国联特委会补充报告，并指示机宜。关于伪国拒顾随调查团出关问题，亦议有对付办法。国联调查团之整个组织，不能因伪国之无理反对而稍受影响。调查团方面已有严切表示，我方外交当局因此事为日方主动，亦已提过抗议。将来安全问题，责任自有所属。且因东北为我国领土，必要时将以实力保护全体团员出关。（十六日专电）

〔南京〕　今日国务会议讨论应付上海停战会议方针，将颜惠庆最近来电六通研究，并由郭泰祺陈述十三次谈判经过。结果候日内瓦特委会讨论结果电到后，再定应付方法。又关于东北拒顾问题，日方虽有不反对调查团希望换顾之表示，但此事殊无理由。因顾氏使命，系国府所赋了。关于此点，中政府无考量之余地。政府仍本原定方针，不稍变更。有人主张再电李顿，对于顾到东北后之安全问题，须日本负责，由调查团主席重行向日声明。（十六日专电）

．．．．．．．．．．．

（《申报》，1932 年 4 月 17 日，第八版）

234. 顾维钧坚决反对分组出关,调查团尚在协商中,今晚明日或将启程,张学良夫妇陪调查团游长城,马占山致调查团电文已到齐

〔北平〕 吉田提议之分组赴东北办法,顾维钧坚决反对,仍主中代表亦由北宁路出关。调查团对此尚在协商中。(十七日专电)

〔北平〕 调查团因在平工作已竣,复因国联五月一日开大会,须赶作报告书,定明晚或后晚离平。路线或分道或由大连,截止[至]今晚,仍未决定。中代表人数,日人要求少,中国希望多,亦在斟酌中。(十七日专电)

〔北平〕 张学良夫妇今晨伴调查团游长城。除麦考易赴碧云寺、吉田因事被阻外,余均往,计二十余人。(十七日专电)

〔北平〕 马占山致调查团电,今晨到齐。计长三千余字,首叙抗日经过,继陈应付环境原委,最后揭穿日人侵略东省、伪造"满洲国"之阴谋。全文已由吴秀峰译成法文。(十七日专电)

〔南京〕 外部十七日电顾维钧,偕调查团出关,仍由北宁路前往。据顾来电,李顿须俟国联训令后,始定出关办法。(十七日中央社电)

〔北平〕 国联调查团何时入满及取何道,仍为现时待决之问题。据华人各界半官消息称,顾维钧博士现力促调查团乘火车取道山海关至打虎山,继北进通辽,然后由南满路线赴哈尔滨,卒乃南下至沈阳。日本陪员则力主由天津乘船至大连,继北上至沈阳。今非俟此问题解决后,调查团首途之期,不得不因以延缓。迄昨日止,调查团仍向旧日东三省要员如万福麟、张作相等询问一切。彼等并以所接马占山各电报致调查团,以为日本控制"满洲新政府"之信证。(十七日路透电)

(《申报》,1932 年 4 月 18 日,第六版)

235. 汤山昨有会议,颜惠庆电陈国联形势,中央各要人讨论对策

〔南京〕　颜惠庆十六晚有长电向中央报告国联特委会形势。汪、蒋十七日上下午,在汤山邀罗文干、陈铭枢、何应钦、顾孟余、李石曾、张人杰、郭泰祺等,继续商议对策,至三时余始散。闻讨论要点:(一)搜集材料,供献大会参考;(二)表明我国最低限度之让步;(三)伪国拒顾出关对付方法,及国联调查团途中安全问题;(四)报告最近日军挑衅行动。闻关于国内党政问题,席间亦有讨论。(十七日专电)

⋯⋯⋯⋯⋯

（《申报》,1932 年 4 月 18 日,第七版）

236. 外交当局谈国联特会前途

〔南京〕　外交当局谈:(一)英使蓝浦森此次以调停人资格,提出六个月日撤兵办法,原根据日方之意见。但我国为尊重上次国联大会决议案精神起见,爰请大会加以解释。不过蓝浦森公使虽有此项主张,然并不坚决,在我国亦无绝对接受之义务。总之,我国对于上海日兵撤退问题,当以国联决定案为原则,同时在不妨碍独立国家精神上,觅求解决之途径。(二)国联特别委员会组织之原因,即欲增加解决中日纠纷之力量。此次因我请求召集大会,前途利害,固难预测。国联方面处理此案,直接是中日利害问题,间接是世界和平问题。此次英美各国要人齐赴日内瓦,即足觇其重要。我人在大会未发示办法以前,雅不愿作任何空论。(三)顾代表出关问题,事关国联调查团整个行动,任何方面,不能公然反对。李顿最近告人曰:"顾的地位,系站在国联会方面的。假使他不能去,我们也不必去了。"可见该团对此事所抱之态度。我国派兵随调查员之说现尚未决定。(十七日专电)

（《申报》,1932 年 4 月 18 日,第七版）

237. 国联调查团在平调查工作，与张学良、荣臻等迭开会议，详细研究满铁平行线问题

北平通信。国联调查团连日在平进行调查各种工作，略述如次。

会晤荣臻、王以哲

国联调查团李顿爵士等，于抵平翌晚之招待茶会中，晤前东北边防公署参谋长荣臻。曾询荣氏在沈目击之九一八事变情况，因时间关系，仅谈其大概。十三日上午十时半，李顿等五委员在北京饭店正式接见荣与东北军第七旅旅长王以哲两氏，详谈当时情况。王氏于沈变之初驻防北大营，南满路日军开炮挑衅，该部正当其冲。王氏将实情逐一详告。荣氏复声明谓对日军在沈无故挑衅，所以不抵抗者，实相信国联对日本此种暴行必能加以制裁，如此可免使地方糜烂及各国侨民遭受损害等语。最后李顿请荣、王两氏将九一八事变经过，制成一种书面材料，交与该团，以备调查时参证，并报告国联。谈话约两小时，荣、王始告别。

讨论平行线问题

十三日下午三时，调查团与中国代表顾维钧及日本代表吉田开会。席间对出关问题、南满铁路平行线问题，均有详密讨论。吉田即席曾与顾有热烈争执。关于出关事，吉田谓调查团出关，日方极表欢迎。对顾维钧偕行问题，吉田则将日本外务省训令重述一番，不外于可能范围内允予保护。调查团各委员意见，以为如不能对顾负责完全保护，即不出关。关于南满平行线事，吉田表示，中国筑平行铁道，违反中日条约。顾维钧当提出中日某项条约附件中条文虽规定，在南满铁路一百华里以内不得敷筑铁路，但现在中国所筑之打通路距离满铁在二百华里以外，与条文规定并无违反，且该约亦未经华方正式签字云云。吉田语塞，辩论亦止。旋各委即偕顾及秘处长哈斯等，于四时许赴顺承王府，与张学良开第二次谈话会。张作相、万福麟、米春麟[霖]、荣臻等原任东北高级官吏皆出席，日代表未参加，会谈东北各项问题。关于南满铁路平行线

事,李顿有详细询问。至六时半散会。综合是日工作,调查团研究之要点,集中南满平行线问题。第三次会定十四日下午四时继续举行,出席者除十三日参加之诸人外,尚加入刘哲、王以哲二人。闻决于第三次会后,即不再开会,从事一切实际材料之整理。十四日上午,调查团内部亦举行例会,商决首途赴东省行程。

接见民众各代表

调查团由十二日起,接见各团体代表。是午接见中国国联同志会代表熊希龄、陈振先、叶叔衡、廖世功、王文显等。首由熊等提出书面之报告,计欢迎信一封,中日之冲突一册,备忘录一本。继谈话,提出各重要问题,请该团注意。李顿颇表满意。

我国送达备忘录

我国送致国联调查团之备忘录,内容包括东北中日路矿交涉、万宝山及鲜民排华等之百余件悬案,皆有详细说明。此种备忘录已制订完成,由我国代表顾维钧氏分为数大部份,交与李顿。截至十二日止,只差东省铁路平行线问题之一部份,尚未送达。大约一两日内,即由顾氏面致,供将来赴东北调查时之参证。

决定拒伪国招待

国联调查团决乘北宁专车出关。中国代表顾维钧之同行,不因伪国之电拒而有所变更。调查团抵东北后,即从事实际的调查工作。对所谓“满洲国”之招待,因世界各国皆未承认“满洲国”,故决予拒绝。但调查团对日本关东军方面之招待,则可以接受。北宁路专车,因该团不受伪国招待,已着手改造。专车包括浴室、养病室、冷藏室、洗衣室等,为前所未备,藉供该团出关长期使用。又调查团副秘书长贝尔特,十三日下午六时半在北京饭店接见各记者。谈话时,日记者当提出几个荒谬问题。谓“满洲国”宴请时调查团取何态度。贝尔特答称,譬如普通应酬,如一君子请客,当然参加;不是君子请客,或者也不出席。日记者又谓“满洲国”拒绝顾维钧入境,系因顾预有计谋妨害“新国家”。贝尔特则仅摇首一笑置之。(十四日)

238. 马占山表示决心抗日：中国人爱中国，不计成败利钝

马占山电

马占山昨电沪上各界云："黄金荣、徐季龙、杜月笙、王一亭、王晓籁、尚慕姜诸先生并吴山转诸同志均［钧］鉴：韩立如返省，备道诸先生殷殷导助，隆情盛意，感铭五内。山，一介武人，只知中国人爱中国，已于月之三日，统率文武将官，急来黑河。一面向国联调查团揭穿日人阴谋，一面作誓死之抵抗，救我民族。至于成败利钝，非所计也。仍希方策时赐，俾作指针。临电神驰，不尽欲言。马占山叩。"

郎官普电

黑河市政筹备处长郎官普，昨电沪朱子桥将军，为马占山证明决心抗日。原电云："朱子桥将军钧鉴：远睽仁转，时殷孺慕。官普备员呼伦，历有年所。近复黑河，突遭兵变，奉命接署黑河市政筹备处长，办理善后。甫于本月三日，驰抵任所。正在筹画进行中，马主席忽于七日藉阅防为名，轻车减从，莅黑河组织副司令官公署及省政府，表明抗日决心，并宣布被利用经过。略谓：省府自海伦迁省，中间屡次只身赴哈、赴辽、赴长，表面上与之合作，实系窥伺日人内容详情；兹者窥察已明，原拟春耕事竣，再图大举，惟以国联调查团行将东来，若不及时披露其阴谋，深恐一手掩尽天下耳目日之狡计得逞，因有文（十二）日之通电；刻正整军经武，缮修甲兵，拟亲率健儿，收复河山。其坚忍不拔之志，不惜牺牲一时之虚名，为人所不能为，洵是民族英雄救国明星。官普幸隶宇下，自当恪尽职志，以安后方。素认我公秉持正义，用敢略陈梗概，尚乞遥赐声援，以壮士气，不胜迫切待命之至。黑河市政府筹备处长郎官普叩。铣。印。"

············

（《申报》，1932 年 4 月 19 日，第一版）

239. 国联调查团今晚或将离平,专车作为借用性质,昨晨续商出关行程

〔北平〕 调查团今早九时半,在北京饭店开会,讨论出关行程问题。日代表坚持前提分组办法,中代表顾维钧已接外部覆电,嘱由北宁路陪调查团东行,仍无具体结果。李顿今日下午,由周大文及唐宝潮夫妇等陪游颐和园。同时德法两代表赴故宫参观。(十八日专电)

〔北平〕 调查团有明晚启程讯。关外安全问题,仍责由日方负全责。对伪国派来榆欢迎专车,因声明不受伪国招待,当不乘坐。以中国招待专车出关不便,遂决定仍乘北宁路所备专车,作为借用名义出关。(十八日专电)

中日代表或取海道

〔北平〕 调查团以在平工作告竣,拟十九晚乘北宁专车出关。惟为双方便利起见,中日代表或在秦皇岛下代换舰赴连,在沈集齐,同赴吉林及哈埠等地。(十八日专电)

出关专车由团租定

〔北平〕 国联调查团已租定入满之专车,即自该团抵平后候于车站者。既出于租,则此车乃"国联之火车",而非中国之火车。期望如是可销除调查团入满之一种困难。闻"满洲新政府"已派专车至山海关迎接调查团,故北平之专车大约不致开出关外。而调查团对于"满洲新政府"之专车及此后在中东铁路所乘之火车,或均将出以租用。闻调查团或将分道而行,中日陪员等由津取道大连入满,余员则取道山海关云。(十八日路透电)

我国代表出关人数

〔北平〕 中国代表处出关人员十五人,不敷支配,将为二十人左右。定十九下午四时,在外交大楼会议出发手续。(十八日专电)

〔北平〕 调查团中代表处出关人数,共二十三人。计前次发表之三十人

中,有金问泗、颜德庆、王时泽、李毓华、曹麟生、徐箴、张善宝、桂中枢八人不去,另加入邹恩元一名前往。中代表处总务主任张祥麟病腰,在平就医,不赴东北,职务由陈立廷代。(十八日专电)

义军指挥电平欢迎

〔天津〕 东北义勇军十七路总指挥刘建公、关铁城等十八通电欢迎国联调团,迅赴东北,并可供给日本操纵伪满洲国之证据。(十八日专电)

马占山电可作材料

〔北平〕 马占山致调查团电,内容意义,与十二日通电略同。此外尚有数要点,颇合该团调查材料。(十八日专电)

〔日内瓦〕 中代表团已接到马占山长电,详述日本在东三省之活动。马称,日军司令本庄繁曾谓日本决计以任何代价据有东三省,如有第三国干涉,日本定与之开战云。(十八日路透社电)

〔哈尔滨〕 据此间报纸载称,国民党已由穆棱派政治委员赴黑河加入旧吉军各司令之参谋处。(十八日路透社电)

我方坚持遵陆出关

〔北平〕 顾代表奉政府训令,今以正式公文致调查团,坚持遵由北宁路出关。闻将有一二国委员,陪同中日代表,由海道赴沈。(十八日专电)

赫赛私宅举行茶会

〔北平〕 顾维钧顾问赫赛,今晚六时在私宅举行茶会,招待五委员与张学良、顾维钧等四十余人。吉田因病未到。(十八日专电)

今日仍赴各处游览

〔北平〕 调查团明日仍赴各处游览。(十八日专电)

瑞典代办宴义代表

〔北平〕 瑞典代办今晚宴义代表。(十八日专电)

(《申报》,1932 年 4 月 19 日,第五版)

240. 当局会商沪案应付办法，罗文干、郭泰祺之谈话

··········

〔南京〕 外罗十八日语某社记者，顾出关问题事关国联调查团整个行动，任何方面不能拒绝。其安全问题，日方于东北现势下，更不能不负责任。中央已电令张学良与调查团商洽办法，日内当可决定。至调查团出关日期及所取途径，现正候国联覆训，约一二日可成行。现外部接我国代表团电告，调查团以时间短促，拟取道山海关至打虎山出通辽，再经南满路赴哈尔滨，折回沈阳，较省时间。调查团调查完毕后，休息及总报告起草地点，尚未决定。我方在国联特委开会时期，应信任国联，静待解决。一方应寻求种种方法，以促进国联对维护公约者增加一重保障。想国联必能运用其智慧，解决此久悬未决之中日纠纷，而予破坏一切公约者以相当之裁制，以消弭远东祸患，维持世界和平。但我方亦未可因有国联之保障，而放弃自身应有之努力。至停战会议最近能否再开，应候国联有表示后再定，惟友邦代表尚在努力斡旋中。关于东北与上海两问题，我方应权衡轻重，定解决之先后。譬如身患一疮，一大一小，同时医治，当然小的先愈，虽大的尚未痊愈，而痛苦却可减少。决不能因大的未愈，而小的即不准他先愈。惟政府与人民之意志，当然希望辽案与沪案同时解决也。（十八日专电）

（《申报》，1932年4月19日，第六版）

241. 沪各界电慰马占山

黄金荣等复马占山电云："黑河马占山先生鉴：铣电奉悉。前由朱子桥先生转布佳、文两电，备悉深入虎穴，探发伪国真相，揭穿日寇阴谋，苦心孤诣，海内共谅。兹复重整劲旅，号召义师，抱有我无敌之决心，竟抵抗到底之壮志，度必能收复失地，还我河山。全国民众，自仍一致援助。现上海已成立规复东北后援之组织，互为策应。用先电复，并候立如同志，余容续布。黄金荣、徐谦、杜月笙、王震、王晓籁、尚慕姜、项康原、裘汾龄、陈维新、吴山叩。皓。"

国民救国会昨致马占山电云:"黑河马主席占山钧鉴:拜读文日通电,足见将军抗日决心。中间虽或赴哈赴辽,乃属虚与周旋,实系窥伺日人奸计之内幕。往日之苦心孤诣,具见精诚。近又在国联调查团行将东来之时,将军即毅然揭破日寇阴谋,使天下人尽悉暴日横行之狡计,实令人钦仰无冀。故望将军速整军武,克日兴兵,收复山河,抵抗到底,拯我国家之垂危,洵是民族之救星。专此电复,敬祈努力为祷。中华国民救国会叩。皓。"

(《申报》,1932 年 4 月 20 日,第四版)

242. 国联调查团乘专车赴榆关,一组由铁路径赴沈阳,一组在秦岛换乘兵舰,预定在东省留四星期

〔北平〕 调查团今晚十时半离平,仍乘来时所用专车。车内座位次序如前,车内载食物二十八箱,足供一月用。(十九日专电)

〔北平〕 李顿与顾维钧同乘海圻舰,日代表与克劳德尔希尼乘日舰赴连。抵沈后即开始调查工作,决不受伪国招待。(十九日专电)

〔北平〕 代表团今晚十时离平,乘北宁专车赴东北。因日方反对中国专车出榆关,抵秦皇岛后,调查团委员及中日代表将均改乘海舰赴大连,转乘南满车赴沈。(十九日专电)

〔北平〕 调查团定今晚九时离平。一组由美、义两代表率同随员一部,由北宁路径由榆关,沿途视察锦州打虎山一带,以达沈阳。一组由李顿及法、德代表偕同顾维钧,率同随员一部,先由北宁路到榆关,再由秦皇岛分乘海圻军舰,赴大连转南满路赴沈会齐。李顿拟偕德、法代表,乘英舰。(十九日专电)

〔北平〕 国联调查团今晚十时离平赴满,但全体将至秦皇岛为止。维时两陪员与随员等将下火车,改由海道赴大连。顾博士与其随员乘中国巡洋舰海圻赴大连,日陪员等则乘日本驱逐舰。五调查员以拈阄决定所取之路程,故李顿勋爵将与顾博士同行,克劳特将军将与日陪员同行,希尼博士将另乘一日驱逐舰赴大连,麦考益将军及马柯迪伯爵将乘火车赴沈阳。火车沿途各站不停,预计明晚可直达沈阳。至大连之海程,须八小时至十小时,故遵海而行者大约须至二十一晨始可抵沈阳也。(十九日路透社电)

公布调查团之行程

〔北平〕 调查团公布该团行程称,抵东北后勾留四星期,从事调查工作。然后经朝鲜赴日。离日后仍返平,约在六月中旬,在平耽搁时日未定。将仍去日,再转来中国南京。最后于中国境内,择一地点,编制总报告。(十九日专电)

李顿接见热汤代表

〔北平〕 李顿今晨十时接见汤玉麟代表关菁保,咨询热河情况。十一时接见沈鸿烈,商谈东行乘舰事。(十九日专电)

最后决定出关路线

〔北平〕 顾代表接外部电,以根据上年十二月国联议决案,调查团有选择路线自由权,如该团意欲海行,吾方可不必坚持。同时该团因行政院定五月一日开会,期前须草一简报告,亦不欲以路线关系,致赴东北延期,有误工作。故最后决定,十九日下午十时,仍乘北宁路专车离平,次晨抵秦皇岛。时英、法、德三委员与中日代表,各换乘兵舰赴大连。意、美二委员则继续前进,在沈阳会齐。但尚有同走海道说,届时变更亦未可知。(十九日专电)

顾维钧临行之表示

〔北平〕 顾代表预定乘吾国海圻旗舰,同行者十九人,内有外国顾问二人。顾临行表示,以身许国,不计危难,外间恫吓,毫无容心。秘书长王广圻留平接洽,总务主任张祥麟,因腰病未行。(十九日专电)

张学良等到送行

〔北平〕 今晚张学良、于学忠、周大文等各要人均到站送调查团。(十九日专电)

我国代表定二十人

〔北平〕 中代表团人员最后决定二十人,顾代表外为刘崇杰、杨景斌、萧继荣、严恩樾、陈立廷、杨承基、谢恩增、施肇夔、顾善昌、李鸿拭〔栻〕、邹恩元、

张偕、戈公振、游弥坚及陈宜春女士,又外国顾问何士、端纳二人,新闻记者二人。(十九日专电)

〔北平〕 日代表今晚要求调查团中国赴东北代表,只限七人,因日本受中国招待代表亦只七人。调查团未理。但到秦皇岛或大连,日方是否再提此要求尚未可知。(十九日专电)

高纪毅随专车照料

〔北平〕 北宁路接到调查团今晚离平通知,准备甚忙。高纪毅拟随车照料,并分令沿途军警,注意保护。(十九日专电)

各国代表昨日行踪

〔北平〕 今晨美代表赴美使馆;义代表参观故宫,下午游西山八大处;德、法代表亦出游。调查团临行时,将电国联理事会报告。(十九日专电)

专车在津停半小时

〔天津〕 国联调查团专车,定十九晚十时十七分,由北平东站开,二十晨一时半抵津,在东站停车小憩。省、市各机关领袖,及各领事、各武官,均莅站把晤,停半小时即东去。(十九日专电)

日代表伊藤等赴津

〔北平〕 日代表处伊藤等三人及日使馆员三人,今日下午四时赴津,晤津日军司令中村、日领桑岛,接洽一切。午夜调查团抵津,即同行出关。(十九日专电)

顾维钧覆章太炎函

〔北平〕 顾维钧覆章太炎函云:"晚近解弛成风,士鲜节概,居尝耻之。读手教,具见贤者声应之求,不期然而然,所以策励之者甚,至可感也。闲常日省仆与调查委员职责,一在求使命之完成,一在保使节之尊严。出关尚为使命之一部,而尊严之保持系焉,必待调查团全部报告撰制缮送,而后使命始告完成。其报告必求有利于我国,则又仆所昕夕祝祷,黾勉以图维者也。出关之使命何在?讵非在求调查各委员之实地详查,而对方所为种种掩饰,尤应为之尽情揭破，毋使有丝毫朦浑。其嗾使叛徒拒绝，百端恫吓，本在意中。今日者仆一人固未尝有一言不去，即调查团各委，亦未尝有一人言不去者。良以受命之后，责无旁贷也。然危言未至，自无容其迟徊审顾；危言既至，则不得不容详用布置。何则？吾人试审思东省在今日究居何等地位。设由日人军事占据耶，则彼称有伪政府在；设由叛徒割据耶，则日军固得横行于南满沿线以外。日叛狼狈，桴鼓相应。仆一身之万一，国家之荣辱系之；调查委员之安全，国家之责任系之。问题复杂，牵联太巨，有不得不请示于政府者，有不得不责难于国联者。外间或有流言，更不足以动贤者之听。一俟准备就绪，仆等自然成行。《诗》不云乎：'迨天之【未】阴雨，彻彼桑土，绸缪牖户。'其此之谓软？兹遣某趋前抠衣，荩虑所及，其幸教之。诸维珍卫不一。"（十九日专电）

（《申报》，1932 年 4 月 20 日，第七版）

243. 国联调查团抵大连，昨晨到秦皇岛乘舰出发，美、意两代表在榆关候车

分组自秦皇岛下舰

〔北平〕 榆关电。义、美代表乘北宁专车，二十日下午三时抵榆关，各界欢迎甚盛。义、美代表游长城，由何柱国陪往。伪奉山路迎候美代表专车，今晚三时可到，定二十一晨八时东去。伪代表是否乘此车未定。（二十日专电）

〔北平〕 顾维钧、李顿离秦岛时曾［会］立船头，向送行人摇帽示别。海圻舰及凤号日舰在尾后启锭［碇］。（二十日专电）

〔北平〕 调查团二十晨十时抵秦皇岛。顾维钧偕李顿乘海圻舰，十一时四十分启程。日代表吉田及德、法代表，乘日栩颜、芙蓉驱逐舰，预定二十夜十时抵大连。顾谈，此次赴东北，决心不计任何牺牲；到东北后，行程未定。李顿谈，此次到平，各方盛意招待，实为愉快；预定五月前返回，在中国作报告书。意、美两代表二十午一时乘北宁专车赴山海关，候车出关调查。（二十日专电）

〔北平〕 秦皇岛电。调查团今晨十时抵秦岛，由当地军警在站担往［任］警备。专车抵站后，各团员相继下车，稍游览。午后一时，李顿、顾维钧等登海

圻军舰,法、德委员及日代表吉田等登日舰,相继启碇,开大连。义、美两委员仍回至专车。俟李顿等抵大连后,由电报接洽,再定行程。义、美两委刻乘专车赴榆关游览,晚间仍回秦皇岛。(二十日专电)

〔秦皇岛〕 李顿勋爵等今晨十时到此。团员及中日陪员现分路前往沈阳。李顿勋爵现乘中国巡舰海圻往大连,同行者有中国陪员顾维钧博士。法代表克劳特将军偕日陪员吉田乘日本驱逐舰而往。德代表希尼博士另乘一日舰赴大连。美、意代表则乘火车往沈阳。(二十日路透电)

〔青岛〕 海圻舰上午十一时半启碇,风平浪静。李顿与顾代表同在甲板上散步或小坐,状至从容。顾代表谈及,调查团来华后行程,由南而北,有引人入胜之妙;吾方推诚接待,亦恰[恰]尽地主之谊;诸委员今皆信耳闻不如一见,传说有时去事实甚远;海圻须深夜抵大连,登岸与否未定。(二十日专电)

日驱逐舰先到大连

〔大连〕 日驱逐舰两艘,今日载国联调查团中之日陪员等及克劳特将军、希尼博士,驶入港内。(二十日路透社电)

津市工界电调查团

〔天津〕 工会救国联合会率本市十万工人,二十电国联调查团,请注意东北真正民意,勿为日人所蒙蔽。(二十日专电)

伪国将举行运动会

〔北平〕 日人拟于调查团到沈时,在日站国际运动场,举办运动会,称"建国纪念运动会"。由日人包办,溥仪为名誉总裁。(二十日专电)

…………

(《申报》,1932 年 4 月 21 日,第五版)

244. 国联调查团出关之行程：日方主张分水陆两路前往，十五六两日接见代表甚多

北平通讯。国联调查团抵平以后，工作之紧张，以十五六两日为最。十五日从午前十时起，见客不绝。复与日本吉田代表为半小时之密谈。盖关系调查团出关问题，依中国代表之请，向日方商安全保障也。下午四时仍赴顺承王府开会，内容未宣布。惟查该团自三月十四日抵沪，次日即着手办事。在沪于上海闸北之战，调查甚详。到京则与中央当局，四次畅谈，于民四中日条约、一九零五年中日会议纪录之效力问题等等，多所商谈。我方颇重视政治关系，而该团则专着眼于法律问题耳。该团由汉返京，于本月七日，访问外交部。经罗外长示以一九零五年纪录原文，以证日人所谓中国遗失原文之流言。其时因日代表吉田未在座，故北上抵平之次日，李顿等于调查团开会时，以罗氏所示者告吉田，吉田略有解说。是为外间所传会议上争论平行线问题之由来。实则此种政治性质之事件，已在中央讨论，非地方官吏权限所及，故与东省长官从未加以讨论。其调查团本身开会，亦只吉田先未接洽，故举以相告。吉田仅泛论其签证之法律效力，初非有何重要争辩也。顺承王府连续之会，范围虽广，皆系地方性质。如奉票问题、中日三百件悬案问题以及九一八前后之外交军事种种问题，要皆与中央权限及条约效力无关。闻张学良之答覆，颇为坦白直率，殊予李顿等以良好印象。

十五日调查团接见之代表。上午十时一刻至十时三刻，接见东北各法团民众代表卢广绩、苏上达、金恩祺、王化一、赵雨时，咨询九一八情形。代表等除详为报告外，并正式代表东北民众否认东北现时之非法组织，及东北民众于事变后，在日人铁蹄下所受之痛苦。代表推王化一发言，陈立廷翻译。王陈述日人在东北各情形，要点甚多。而最使该团注意者，厥为日本在通辽金家屯活埋中国学生三十人。李顿问如何埋法，王等答谓系将土地挖成大坑，日人迫推学生入内，而以土覆之，使之窒息而死。该团闻之，舌咋[咋]不置。次又述明东北摧残东北教育，修改教科书，增加日文，没收学校机关，甚至私立学校亦行没收，谈话甚久。旋又将东北二十余团体具名之备

忘录数件,并附有确凿证据多份,遂兴辞而出。十时三刻至十一时一刻,接见北平各文化机关及学术团体代表丁文江、傅斯年、徐淑希三氏。代表所陈述者皆关于东北问题。徐淑希氏为对东北问题最富研究者,谈话后,并将其所著关于东北铁道条约各种著作,面致李顿,以备该团参考。十一时一刻至十二时三刻,接见北平各大学教授代表邱昌渭、宁恩承、张嘉森、刘百昭、王宝堂等五人,其谈话如次:

代表问:"在报告未成以前,日本又有增兵七万五千到东北之计划。调查团是否设法阻止?"

麦考易答:"日本在东北用武力,中国应诉之于国联。不论日本派兵八万或十万,凡用武力之取得,将来总归国联解决,不必顾虑。目前日本军事计划之进行,中国驻日内瓦代表已向国联提出报告。"

代表问:"中国系在过渡时期。贵团调查宗旨在搜集事实,然事实须全部事情会通观察,始能得到。"

李顿答:"只要有关于此种可以会通观察之材料,甚愿接受。本团中并有各专家,时备咨询也。"

代表问:"东北问题发生,基于一强一弱。中国虽无实力,宁与日本一战,然亦绝不屈服于日本武力之下。此问题不独为东方祸根,且为世界之障碍。"

李顿答:"本团深知此事之重大性。"

又代表刘百昭氏为东北大学文法院院长,事变初生,正在沈垣,并向调查团致词云:"贵团考察中日纠纷,应注意事实与历史的背景。日本欲占领满洲,为其五十年之传统政策。本人留英伦时,英国首相麦克唐纳请余为文论东方政治。当以中日关系与世界和平一文应之,载于一九二一年六月《社会报》社论。当日所言,现已成为事实。不幸中国至今军备仍未充实,而日本则为世界强国,横行武力侵略。斯时余正在沈阳,于一月前,即闻知此事之将发动。迄九月十八日下午二时,曾电询边署秘书长吴家象,是否已准备对付。不料是晚十时半,日军即以大炮猛轰北大营。约三小时许,当局有电嘱东北大学,保持镇静,勿得与日人冲突。翌日本校交通完全为日军断绝,其后遂致于不能继续上课。现在日强中弱,如国联能秉公正态度解决此次纠纷,然后始能保远东与世界之和平"等语。李顿对刘氏所言极注意,并请刘以书面详告该团。

十二时三刻至下午一时一刻,接见平津新闻记者代表陈博生、罗隆基、潘仲鲁、萨空了、尹述贤、孙瑞芹、胡政之等七人。代表首谓关于东省问题发生后之政治问题，各方向调查团所谈已多，兹顾就舆论方面一陈之。李顿爵士当询九一八以前东北报纸情形，代表答覆后，并说明自事变后，东北原有各报名目虽存在，而实际已由日人强行支配，举凡言论纪载，早经失却自由；平津报纸到达东北者，亦莫不被其扣留；东省民众，看中国报纸尚无自由，则其所受痛苦之深，盖非所能想象者矣云云。代表复面致天津事变日军暴行照片多种，一一加以解释，然后兴辞。下午四时，该团乃赴顺承王府与张主任开第四次谈话会。因征询之资料，业已完竣，是日会中只听取东北方面之意见。会谈至六时许始散。

十六日为调查团原定出关之期。嗣以东北叛徒拒绝顾维钧问题发生，日方对于安全保护，迄无负责之表示。日外务省致吉田训令，只允在可能范围内（即在南满铁路线内）负责保护，殊为含混虚空。故该团展期启程，并电国联请训。惟连日该团每晨九时开会，由李顿于会前通知中国代表或日本代表单独前往会谈。可见调查团对出关安全问题，尚在不断努力研究，初非专候国联覆电，始作一最后决定。日本希望调查团赴东北经过大连南满路，于调查团抵上海之后，即有此项主张向调查团提议。嗣因各方曾表示不赞成，日方遂亦暂时沉默不谈。最近伪国拒顾问题，因李顿有"顾不能去，调查团全体亦不去"之坚决表示，甫算终了。而日政府又旧话重提，请李顿等一行经南满入辽调查，所谓取道山海关不能担保安全之理由，已属勉强。其真正之意向何在，盖不难于想象中得之。又十六日上午九时该团曾有一度集议，日代表仍持须改由塘沽水路赴大连，取道南满线赴沈，可予负责保护；否则，如乘北宁车直达沈垣，则沿途殊难负责。调查团各委员以海道于调查上多有不便，仍以取道北宁为宜，迄未为具体之决定。下午五时后，该团又在饭店开会。各委员及中日代表均出席，继续讨论出关安全及路线问题。日代表吉田突提出一新办法，主张：（一）由日本代表陪伴一部调查委员乘北宁专车，经过山海关、锦州至沈；（二）中国代表顾维钧陪伴一部委员由塘沽乘轮赴大连，取道南满线，在沈与乘车之委员会齐，然后开始调查南满线一带情况，则日方可予保护其安全。侧闻调查团方面，对该项办法有接受趋势，已向顾维钧征求意见。顾如同意，然后启程。顾以兹事关系重大，已电中央请示。故出关期，须在南京覆电到平，及对该主张之态度而定。

十六日该团继续接见之代表。上午十时半，首先接见前吉林主席张作相与前黑龙江主席万福麟两氏，详谈吉黑两省情形。盖因顺承王府谈话会中，与张作相等所谈皆东北地方最重要问题,未暇及此也。谈话一小时许,张、万始辞出。闻谈话中李顿颇注意于马占山此次反正之事实,万福麟对此亦有详细之说明。十一时半至十二时半,接见东北大学教授代表宁恩承、赵明高、杨挚奇、赵鸿翥、曹国卿等,代表所述皆关于九一八事变及东北大学遭变之损害情形。宁恩承氏并将其所著之《东北沿革考》一书,与东北条约问题、东北铁路问题、东北形势各书,一并面致李顿氏,备作参考。谈话间,东北逃难民众代表关光裕亦到,陈述九一八事变后日军在东北种种之暴行,最后并交该团备忘录一种。要点如下:(一)满洲民族并未进行任何自决运动。民国成立以来,各民族享受同等权利,欲谋满族之平等自由,惟有拥护中华民国。(二)东北实际并无特殊的满洲民族,图谋自决。东北人民大半为冀鲁移民,满人语言风俗已与汉人无异。(三)东北人民不能自决,伪国为日顾问操纵,人民无发言余地。(四)吾人反对日人由津劫持溥仪,并反对其充任伪执政。(五)所谓赞成组织伪国之民众运动,系日人怂恿。(六)伪政府完全系日人造成。(七)满洲人民反对伪独立,义勇军勃兴即为人民真意表现。十二时半,接见北平日使馆武官永津及天津日本驻屯军代表竹内。十二时三刻,李顿等五委员赴铁狮子胡同顾维钧宅午餐,至下午三时始返北京饭店。美、德两代表原定赴颐和园游览,因阴雨临时中止。四时后,义代表等出饭店购买土物,至六时方回。又马占山致国联调查团长电,截至十六日陆续到达二千五百字,十七八日或可到齐。现正由吴秀峰译成法文,交李顿爵士。(十七日)

(《申报》,1932 年 4 月 21 日,第七版)

245. 国联调查团安抵沈阳,李顿等由大连乘南满车北上,美、意两代表乘伪国专车出关

昨午到南满站乘车

〔北平〕 大连电。德、法代表及吉田,今晨十一时登海圻舰访李顿、顾维钧,谈甚久下船。十一时日警署派汽车四辆,到大连码头稍停。李、顾中代表上岸,新闻记者照像片电影。李左手持鲜花,右手持杖雨伞,同顾并坐谈话。

十二时相继下舰,坐汽车赴南满站,乘日专车赴沈。海圻军舰全体官佐士兵武装,在船头奏乐欢送。李感谢招待意,今晚与意、美代表,均可到沈。调查团行程及调查范围,到沈后决定。(二十一日专电)

〔大连〕　满铁当局对国联调查团通知,谓调查团若不于今日下午零时半乘坐专车,则调排车辆之关系,只能请乘坐普通列车云云。但由中国军舰海圻来连之李顿卿与顾维钧,至上午十时半尚无上岸之准备,且对满铁之通知,亦无何项意思表示。满铁当局深惑不解。一方居住于大和旅馆之法代表克劳台将军与德代表希纳博士,不及久待。于上午十时半,克劳台将军与吉田大使及伍堂满铁理事,同赴满铁本社,督促李顿卿,务求及时乘坐专车。(二十一日电通社电)

李顿因疲劳未见客

〔北平〕　大连电。李顿因劳顿感冒,二十一晨稍愈。昨晚抵连时,日关东军部满铁及商会,均派代表至码头迎候。李因就寝,概未接见。一行暂住舰上。海圻昨夜进港,日记者数十人登摄影,并围顾维钧请谈话,皮鞋声、噪杂声震动全船。舰长姜鸿滋因李病,再三交涉,始忸怩而去。舰上警卫周至,码头上日方负责保护。(二十一日专电)

〔北平〕　大连电。海圻军舰载来之调查团,二十晚十一时抵大连。日人到埠欢迎者甚夥。李顿因途中劳顿,身体不爽,对往迎者均未接见。二十一午十一时李顿、顾维钧等登车赴沈。海圻舰定二十一晚离大连回青岛。(二十一日专电)

美、意代表乘车出关

〔北平〕　榆关电。美、意代表今晨九时,乘伪奉山路专车赴沈,当晚九时可到。何柱国等均到站欢送,日甲车一列在前压道。(二十一日专电)

〔北平〕　国联调查团美委员麦考益将军与意委员马可迪伯爵,昨未赴沈阳,但往山海关视察。闻现已返秦皇岛,俟接李顿勋爵等已抵沈阳之报告后,方拟乘车前进。(二十一日路透社电)

〔北平〕　榆关电。伪奉山路所备专车,二十晚七时到榆关。由该路车务处长律孟符,会同日军官小营,率同日兵百二十名押车。车前插日旗及伪国旗,驻津日副领藤田到榆照料。二十一晨六时半,美、义代表等登车出关东行。

日兵分住车内保护。北宁路专车已开回秦皇岛。（二十一日专电）

昨晚八时同抵沈阳

〔沈阳〕 国联调查团两股团员均于今晚八时安抵沈阳。（二十一日路透社电）

顾维钧决追随李顿

〔大连〕 顾维钧博士今日语新闻记者,谓渠对于日当局为其作种种入满布置,殊为感慰。又谓"满洲新政府"虽禁其前进,但渠在满决计追随国联调查团主任李顿勋爵左右云。今日午后一时十五分,李顿勋爵偕顾维钧乘专车赴沈阳。据沈阳消息,城中已贴有欢迎调查团之标语。日本铁路区域现已严加防卫。麦考益与马柯迪今晨在山海关与锦州间火车上接见新闻记者。彼等非至与其他调查员在沈阳会合后,不欲发表任何言论。此间接长春消息,谓"满洲新政府"现准备强迫顾博士离境,或将在蒲蓝店(译音)拘之云。又闻"满洲新政府"之"外交部长"谢介石因李顿勋爵"显然不顾'满洲国府'之权威"而偕顾博士入满,已向提出抗议。（二十一日路透社电）

〔北平〕 顾维钧今晨电沈鸿烈,谓:李顿等一行,昨晚抵连,沿途舟行甚稳,至感借舟之谊;定今日赴沈,此后如须乘坐军舰,再行电告云。李顿等定今晚到沈,与美、义委员会合。（二十一日专电）

伪政府仍对顾恫吓

〔南京〕 海圻舰无线电京云,长春伪政府仍要缉顾维钧。（二十一日专电）

李顿表示游华满意

海圻舰 国联调查团今晨十时行抵秦皇岛,受当地中国文武官员及代表数百人之欢迎。顾维钧博士与李顿勋爵于上午十一时二十五分登海圻舰,前赴大连。德希尼博士、法克劳特将军,亦于同时偕日陪员吉田登一日驱逐舰,亦开往大连。顾在舰中与客谈话,谓拟继续奋勇维护中国之权利,不畏一切障碍或本身之危险。李顿勋爵在舰谈话,表示游华之满意。海中风浪恬静,春气怡人。续电云,海圻于今晚十一时三十分驶抵大连。李顿勋爵因小有不适,在舰度夜。顾博士等亦驻舰中。载希尼博士与克劳特将军之日驱逐舰，于早两小时抵港。海圻到时，南满铁路与关东司令驻此之代表均登舰向李顿勋爵诸调查员致欢迎意。（二十日路透社电）

（《申报》，1932 年 4 月 22 日，第四版）

246. 马占山致调查团电：揭发日人阴谋，详述两月间实地之经历，望调查团作诚实之报告

马占山自抵黑河后，即通电全国，报告继续抗日。同时亦有电致国联调查团，原文如次：

"上海中国电报局转洛阳国民政府、北平张绥靖主任钧鉴：

兹拟通告国联调查团一电，谨恳译转。

查自满洲人民与我汉族混合，三百年来居处满洲，相安无事，政治、文化、习俗、语言、宗教，莫不相同。故一九一零年之政治革命，虽将清政府推倒，改制共和，而汉人与满人之间不特无丝毫仇恨之表现，抑且满人与汉人名辞上之分别，亦随之而消灭于无形。此固世界人士略明中国情势者所共见闻，当非占山一人之私见也。故所谓满人与满洲者，已成为历史上之名辞，决无引用于今日之价值。而日人必欲据为奇货，窃用此字典上之陈旧名辞，以分裂我民族、割据吾土地。不图于二十世纪之文明世界，尚有藐视国际正谊，惨无人道之行为，诚为破坏东亚和平之导火线也。

查国联盟约第十条，有联合会会员担任尊重并保持所有联合会各会员之领土完全之规定，又一九二二年华盛顿九国条约，有保证中国领土行政之完整及东三省门户开放与机会均等各规定，此皆不便于日本并吞东三省之企图。乃假借民族自决之名义，用绑匪手段强劫逊帝溥仪，自天津挟赴旅顺。又威迫利诱原有东三省之官吏，以演成其一幕滑稽剧。溥仪尝于途中屡次以药自杀，均为监视之日人所发觉而阻止。求死不得，其所处之境遇，亦云苦矣。

占山奉国民政府命令，充任黑龙江省政府主席，兼任东北边防军驻江副司令。凡黑龙江之省防，占山责无旁贷。乃自客岁九一八事起，日军先后占领辽吉两省，复蓄意图黑，以修复嫩江桥为名，偷袭吾军。占山当即身列前线，力图

自卫,互相以炮火周旋者,计阅二周。以器窳弹尽,退守海伦。而日本军司令部屡次遣人来,谓辽吉两省军政当局,现已议定组织两省'新政权'办法;俟'新政权'成立,日本即当退兵,决无干涉行政之意;今惟黑龙江一省为梗,致陷全部于杌隉不安;为重三省治安,即日回省,黑龙江政权无条件交还;至省后,日军实时撤退等语。同时并有辽吉两省伪长官,由日本授意派人来信,谓'新政权'确系独立性质。因即允予回省,藉以察看情形,再行定夺。讵进省后,日人以堂堂国家,罔顾信义,顿食前言,不但一兵未撤,转以利用三省一致为名,成立伪国家,以为实行侵吞梯阶。于是'政务委员'也、'黑龙江省长'也、'陆军总长'也,伪命稠迭而至。占山得藉此窥暴日之肺腑、伪国之真相,以供献于吾维持世界和平、主张国际公道唯一机关之贵会,是亦不幸中之大幸也。兹将一月以来,占山实地经验之日记,摘要披露于贵调查团之前,以资参考,幸垂览焉。

二月十六日,勉徇日人要求,乘飞机赴辽会议。

二月十七日,晤本庄繁。据称日军已占东三省大部,仅黑龙江及吉林之一小部份,绝难抵抗,请与日人合作。是晚,在赵欣伯宅开会,凡占山所提取消伪国家产生之方案,竟被日方板垣严词拒绝。是日会议,无结果而散。

二月十八日,托病乘车返海伦。旋据赵仲仁报告,十九日日军司令部令张景惠、赵仲仁牵同【辽】吉黑三省由日人贿买之伪代表十二人,同赴大连敦请溥仪为伪执政。并授意溥仪三次推辞,代表三次敦请,始定受命。

三月八日,日人复再三邀赴长春。占山正拟托故推诿,又恐转生猜疑,不得已赴长春迎接溥仪。九日,溥仪就伪执政职。一切仪节,均由日人主持。傀儡登场,此之谓也。最可恨者,是日本庄繁来长,监视溥仪就职,预令溥仪必须恭往东站迎迓。经一再恳请,稍留体面,当允由伪国务总理郑孝胥代表。足见本庄实以统监自居,其所谓共存共荣者,完全欺骗之技俩也。

三月十日,日方由驹井、板垣持日军部命令,开伪国务会议,同时并发表满洲伪国政府设总务厅长,由日人充任,掌管各部一切实权。凡不经该伪厅长签字盖章,一切政令不得执行。

三月十一日,大佐参谋板垣、伪总务厅长驹井,在伪国务会议席上声称,日政府原拟在'新政府'及各伪省府官员中参加半数,现极力减少,仅在长春'新政府'加入日人百数十名。又称日人住居东三省者,即属"新国家"国籍,凡一切公权,均与满人一律享受。至是否脱离日本国籍,自有权衡,他人不得过问。当派定辽吉两省应由日人充任之总务厅及警务厅厅长,掌管各该省一切实权。

凡不经其签字盖章,一切政令不得施行。并议定黑龙江省暂缓三月,再行派定。

三月十六日,本庄繁来齐齐哈尔,并视察大兴地方,于途次谈话:(一)日本全国已具决心,宁拼任何牺牲,决不放弃东三省;(二)无论何人有反对'新政府'者,当由日本军队负完全扫灭责任;(三)如有任何第三国出而干涉,已下与之宣战最后之决心;(四)关于一切政令,自可按步进行,惟须经过驻在地之日本军部及特务机关许可,方能执行。

又伪国务院议决:(一)凡东北之土地已经出放者,若地主为官吏或军阀,则全数没收;若民户亩数较多者,则以官价收买其半数,悉数收归伪国所有,以备日政府移民之用。(二)呼海铁路为黑龙江省粮运之枢纽。日人与张景惠订约,以十分之一代价三百万元强迫抵押,订期五十年,实不异于永久占领。恐占山不承认。

下转第九版

商补签字。虽经严词拒绝,近又向伪国交通部强迫进行矣。(三)筹设伪国家满洲银行。以朝鲜银行之办法,以为操纵金融、吸我脂膏之企图。(四)摧残我国学校,侵略我国文化。凡学校除驻兵外,将我原有部定各级启发爱国之教科书,悉加删改,参以亲日意旨,以尽其消灭我民族之能事。又驻哈特务机关长土肥原及铃木旅团长,曾声称日本既得东三省,一俟军费充足,即将凭之以为作战之策源地,始能北侵苏俄,东抗美国,渐及其他各国。

以上为占山所亲历事实之经过情形。现辽吉二省各县,均派有日人两名办理特务事宜。凡事不经其许可者,不可执行。所有东三省各报馆电报电话,均由日人背后主持。而报纸除顺从日本意旨外,实无真正之舆论。现因贵调查团行将东来,日人对于知识分子均予警告。凡有不利于日本之言论者,即予以断然之处置。凡有反对日本之人,均被日人在黑夜间闯入家中,逮捕杀戮,并警告其家,如将消息泄露,即同样对付。阎廷瑞、张奎恩等,悉遭杀戮。即所谓东三省庆贺伪国成立之民意,均系日人伪造。现又收买无赖奸民,宣传其德政。

以上为占山调查所得之事实。兹闻贵调查团业已惠临吾国,占山为救国计,遂决然冒最大之危险,设计自日军严密监视下之齐齐哈尔,潜来黑河,执行黑龙江省政府职权。一切政务秉承中央,照常进行。用将满洲伪国组织之实情颠末,供献于特奉使命来华之贵调查团及世界欲明此事真相人士之前。兹敢以十二万分之诚意,立誓告曰:吾东三省实无一人甘愿脱离本国自外生存者;即今从事于伪政府之官吏,均被日军严重之监视,已失却其自由。务请贵调查团对于此层特别注意,加以实际之调查,以作诚实之报告,则世界人类和平之前途,方得保障。贵调查团之有功全世界人道,亦得永垂不朽焉。再占山尤有进者,客岁秋间,吾华侨在朝鲜被杀死者数百人,财产损失数百万。吾国政府何尝藉口于保侨,遣一兵一将入朝鲜?近年以来,日侨在吾国境内并未发生若何危险,而该国政府竟藉口保护侨民生命财产,悍然出兵侵占我东省,攻击我淞沪。两相比较,世界主持公道者自有公论。且日本侨民,遍于五洲各国。倘该国政府有时亦藉口保护侨民利益,派兵遣将,侵略其侨民所在地,则吾实为世界和平危焉!尚祈贵调查团三思之。除径电日内瓦敝国颜代表外,特此通告,顺颂公祺。

黑龙江省政府主席马占山。文。发自黑河。"

(《申报》,1932 年 4 月 22 日,第八版转第九版)

247. 国联调查团今日开始调查,李顿访英总领,作三小时谈话

〔沈阳〕 调查团今日休息一天,自明日起开始调查。(二十二日电通社电)

〔沈阳〕 李顿卿于今日上午十一时至英总领署,访问依斯东总领事。亘三小时之久,询问满洲之情形。调查团一行将于二十三日起,开始调查沈阳城内外。"满洲政府"始终反对顾维钧与李顿卿一致行动,今日并由省府通知调查团。(二十二日电通社电)

两组团员先后到沈

〔沈阳〕 国联调查团美委员麦考益将军与意委员马可迪伯爵,今晚八时取道榆关抵沈阳。调查团领袖李顿勋爵,与我国代表顾维钧及其他团员取道大连,亦于今晚八时三十分安抵沈阳。日方及伪国虽有种种恫吓,顾维钧谈笑自若。(二十一日专电)

伪政府对顾之恫吓

〔北平〕　调查团两路昨晚到沈后,分住凌格饭店及大和饭店。伪国对拒顾问题仍不改强硬态度,谓如顾强行赴吉、哈,即执断然最后手段。李顿对人表示,顾如被拒入伪国,则全团立即离东北。(二十二日专电)

〔东京〕　据长春消息。满洲伪政府决议于顾维钧博士与其他中国随员离开南满铁路区域,即拟加以逮捕而重惩之,因彼等"侵犯'满洲国'主权,扰乱治安"故也。(二十二日路透社电)

正式拒受伪国招待

〔东京〕　据长春与沈阳消息,国联调查团正式拒绝受"满洲国"之招待,故"满洲国"当局殊为不怿。且因调查团来满之前,并未正式照会,故拟拒绝调查团邀与谈话。惟辽阳农工商团体之代表,今将上书于调查委员团,请其调查往日军阀之虐政,并希望调查团赞助为民求福之伪政府。(二十二日路透社电)

专车开回天津车厂

〔北平〕　调查团专车已开回天津车厂,随事服务人员及绥署卫士等今晨返平。(二十二日专电)

(《申报》,1932年4月23日,第六版)

248. 丁、李致国联调查团书:陈述东省日军之暴行,表示自卫军抗日决心

〔北平〕　东铁护路军总司令丁超、吉林自卫军总司令李杜,日前电致国联调查团报告书,陈述自九一八以来日军在东北之暴行,极为详尽。内分六点如左。

(一)吉林自卫军之组织

日军既占锦州,东北最后之壁垒已失。仅有吉林省政府统治下之宾县等

二十八县,为一块干净土。而哈尔滨一埠为三省北部重心,日欲取之。乃嗾使熙洽等出兵,于一月十六日攻榆树等县。张作舟、冯占海各部力与敌抗。同日土肥原赴哈,任日方特务机关长,秘谋北侵。时冯占海军因不敌,于二十五自阿城绕道至哈东,二十六晨攻入哈埠。杜部马团同时开到,二十七日与于深澂部在距哈十五里之上号交战,于军败溃阿城。同时日机二架飞哈,向二十六旅部投三弹,被骑兵击落一架。超等职责所在,必作正当之防卫。杜所率二十四旅、超所率二十八旅,与二十二旅旅长赵毅,二十五旅长穆宪章,二十六旅长宋文俊,二十九旅长王瑞华,暂编第一旅长冯占海、骑兵长宫长海成立吉林自卫军,推杜为自卫军总司令,超为东铁护路军总司令。同时合超、杜所部,组织联合军,设总部于宾县。遂于一月三十一日电告中外,说明护路抗日、卫国卫民之宗旨。

(二)日军破坏东铁与我军防卫之情形

日军为进占哈埠,谋假道东铁,为东铁所拒。日军取直接行动,于一月二十八日强占东铁宽城子站,枪杀路工,扣留车辆货物,强迫路员开车,输送军队。晚九时,日军铁甲车两列,载满日兵离长赴哈,占领窑门以南各站。我军为护路计,遂采取正当防卫。自一月二十六日起,至二月四日止,与敌激战于双城堡、三间堡一带。直至五日,日空军复来掩护陆军前进,投弹多至数百。我军遭受轰炸,损害重大。日军长谷旅团、多门师团,仍继续攻击。我军因虑中外侨民生命财产,退出哈埠。至四时四十分,日军入据哈埠车站,超等率部分退宾县、阿城、依兰等处,徐图规复失地。

(三)义军与自卫军协力抗日

超等撤退后,日方复于二月十八、十九等日,由长春派出日机六架,轰炸宾县。自卫军总部因移方正。时日军迫同熙洽军,四出攻击自卫军,民众愤激。义军王德林部首先加入我军,二十日与日军在延吉、敦化激战。超等率部收复东铁哈绥线。廿二日,克乌密河,进展至一面坡。廿四日,占苇沙河。二十六日,杜复率部向哈推进。时日方正酝酿伪组织,恐为击破,又派天野旅团开向一面坡一带。超等不得前进痛剿。三月一日,王德林部袭宁安、海林,击败日军。三月二十一日,超等率部击破熙洽日军,围攻下城子。时各地义军来投,声势大振。乃日军欲消灭我国实力,掩中外耳目,又由宾县、珠河两路猛进。

我军复作正当防卫,自三月二十六至四月三日止,以全力抵抗,将日军击退。日复以飞机二十架,掩护作战,并在方正、依兰各县各村镇轰炸,投掷重二百五十磅之炸弹多枚,炸毙多人,损失极重。本军总部因由方正移依兰。四月五、六、七等日,日机又飞依兰轰炸,我方损失尤重。

(四)暴力下之伪组织

日本铁骑纵横,其目的在树立新政权,与中国脱离关系,以实行其并吞之步骤。三月九日,日人摆布就绪,代溥仪发表荒谬宣言。关于伪国之组织及人员之指定,均系日人之伪造与强制。溥仪乃前清皇帝,中国革命时已自行退位。日本因愿藉溥仪以掩世界之耳目,为其完全吞并东三省之准备行为,绝对不能以民族自决,欺骗国际。当溥仪在长春就职之日,各地民众,皆有反对表示。三月十日,吉林各法团即通电否认伪国。又本庄于返沈途中,复遭便衣队三百人之袭击。此种日本人之所谓"匪",实即愤日本侵略,拼其生命以为中国民族表现正义之志士也。此中真相,尤望贵团诸公,有切实之认识。至于伪政府一切伪政,均由日兵指挥,各省"政府"之各机关亦然。县之权在地方自治指导部,而指导部之权在日人。所有军警行政各权,均直接为日本所操。三千万人民之生杀,属于关东军之自由。此诚可痛心也。

(五)东北民众之痛苦

自日军占东北之后,强收各交通机关,施行严厉之检查。稍涉嫌疑,即遭捕杀,更时有所闻。其不幸而居战地者,则妻子离散,转辗沟壑,血殷原野。年来世界经济已极臻恐慌,其能维持远东之经济而不至破产者,实惟东三省是赖。乃自九一八以还,东北各地困日暴力之扰乱,农村经济,已实行破产,商业为之凋敝,财源因之枯竭。经济为社会之动力,经济告窘,社会愈呈不安,此皆日本使之然也。况今春耕期至,而暴力之压迫未除,农者不得耕其田,贾者不得营其业,一切停顿,危机立至。则此危机,必由东北而波及远东,以至全世界。故此尚不仅为东北民众之痛苦与不幸也。

(六)自卫军之决心

东三省为我汉族胼手胝足所开发,人口三千万,纯粹汉人占其十分之九五。又为中国过剩人口之消纳地,并为华北物质建设一切原料之取材地。超等为保存中华领土之完整与夫中华民族之生命财产计,日本以强力夺去,如不遵国联决议,即予退还,我必以强力取回之,不拘年限,不得不止。此应向贵团诸公声明者也。东北三千万人民,未入日本势力范围,尚得自由者,现只依兰、勃利、方正、桦川、富锦、穆棱、密山、宝清、同江、抚远、饶河、虎林等十二县,仍悬中华民国国旗。其余各县,遍插伪旗,人民已丧失意志之自由。倘贵团尚欲于其搜求民意,藉资研稽,则直成一滑稽的悲剧矣。现可断言,贵团一旦出关,必所至欢迎。而欢迎队中,必有我丧失保护之同胞,持日本所领发之标语。傥问其人曰:"君等愿独立乎?脱离中国为本心乎?"则其人者必将嗫嚅以答,曰:"愿在日军组织之下。"凡在公式机会上晤见之中国人,将一致的答覆曰:"愿脱离中国。"何则?苟一语违犯,灭家亡身之祸立至矣,乌能窥得真正之民意?今日本包办伪国,盐税关税,均已宣言独立。归并各路,接收邮电,举凡一切,均入其掌握。侵略事实,已大暴露。诸公出关之后,即见九一八事变真相陈列于前。就此真实之情形,为研究之对象,于促进实行国联决议上,必有最大之补益,则东北三千万人民之所切望,而诸公将告使命之成功矣。超等率部对日作正当之防卫,军事紧急,未能抵谒诸公,详陈壹是。谨电陈述我军自卫经过,兼致欢迎之意也。(二十三日专电)

(《申报》,1932年4月24日,第五版)

249. 国联调查团日程尚未决定

连日商洽调查资料

〔北平〕 外讯。调查团日程因拒顾问题,与伪国要人晤面问题,仍未决定。该团不欲与多数人晤面,如在平、沪情形。且于五月一日前,应向国联提出报告。各委连日在李顿室内,商洽调查资料。(二十三日专电)

伪国令臧式毅会见

〔北平〕 外讯。伪国向伪沈省府训令,谓调查团如来访,由臧式毅会见,说明伪国现状;若未在事前通知,突然前来,则不招待;对拒顾入境,仍持强硬

态度，或将加以拘捕。（二十三日专电）

中日案件调查详尽

〔北平〕　某要人谈，调查团此次来平，关于日明治维新后所有中日关系发生案件，调查极详尽，俾研求此次中日事件之远因。据调查团方面表示，对中国之尊重国联、维持和平，极同情。（二十三日专电）

摩斯充调查团顾问

〔威海卫〕　此间英领事摩斯奉英使署之训令，今日取道烟台，前往大连，加入李顿调查团充顾问。查摩斯系去年十一月间，由南京调威海。但在未到威海以前，曾被遣往锦州视察，直至一月中旬始抵此。（二十三日路透社电）

于冲汉等诉日罪状

〔北平〕　于冲汉、张景惠、袁金铠前以调查团抵平，曾托某君代向该团表白心迹，略谓，冲汉等久受日人威胁，不得不暂为屈服，今贵团行将莅沈，是冲汉等可死之期已至，兹谨泣诉各项如次：（一）凡东北官绅商民，承认伪国家成立者，均非诚意；（二）日人雇用韩人多名，冒称华人，预备包围及制止贵团之行动，以掩饰其惨杀商民之真迹；（三）日人惨杀华商共十万以上，并活埋四洮路员工二百人；（四）降日各军民均系威胁，待贵团到沈，立即反正；（五）冲汉等现如囚犯，一切均失自由；（六）日军派警三千，搜索各乡农产物，声言将向世界备战，所定官价，不及市价二十分之一，故华商多团结为救国军；（七）日移韩人三十万，分占各县民田。（二十三日中央社电）

过连时汽车不敷用

〔北平〕　大连来客谈：调查团到连时，日人前强迫各商号悬挂之伪国旗，一律撤去；又日人对调查团只备汽车四辆，供各员及顾维钧乘坐，中国代表均手提行李步行。（二十三日专电）

（《申报》，1932 年 4 月 24 日，第五版）

250. 国联调查团离平赴东北，绕道大连争执之经过，将租南满车出发调查，约六月中旬仍返北平，顾维钧表示为国牺牲

北平通讯。日来为国联调查团出关事，各方消息，极为纷歧。所以然者，调查团本身即是随机因应，并无坚决确定之主张，而中国代表系居于协助调查团之地位，自亦未便有绝对的意见，致碍调查团出关工作之行。日本隐身于所谓"满洲国"之后，以反对中国顾代表者，为阻挠调查团赴满之计，实为万变而不离其宗。至昨（十九）日始决定由海道赴大连，盖完全徇日本之意也。我国政府原本坚执由北宁路出发之议，至十八夜间始来电表示不反对走海道。故顾维钧即刻通知调查团，而行期于以大定。日本原派有两驱逐舰在大沽等候乘用，因闻中国系派海圻舰送往，乃亦另调一较大之巡洋舰备用。该团预定乘北宁路原备专车至秦皇岛，然后分两批乘中日两国特备军舰去大连，由大连再乘南满车至沈阳。抵沈后，如赴各地调查，亦向南满路租用车辆。盖调查团认中日两国政府为其对手方，所谓满蒙伪国，固无招待该团之资格。因是该团宁绕道大连至沈，再租南满车乘往锦州一带调查，而不愿由山海关换用伪奉山路之专车也。海圻舰业于昨（十九）日开至秦皇岛，预定乘该舰者为吾代表顾维钧及其随员，并李顿爵士、马考蒂伯爵、麦考易将军、哈斯诸氏。日代表吉田，则偕法委员克劳德尔将军、希尼博士乘日舰某号，同时由秦皇岛开行，预定于二十日下午七时前到大连。调查团全体人员由秦皇岛下车后，北宁路之专车即行开回天津。兹将该团离平过津情形，分纪如次。

离平光景

国联调查团全体共四十余人，计调查团五委员及随员十余人，中国代表及随员二十一人，日本方面十人，于十九晚十时二十五分，乘北宁专车离平。车站欢送情况极盛。事前绥靖署派卫队一连，与海圻乐队、卫戍部乐队，在站布置欢送及警卫。站内电炬通明，送行者佩带证章入站，依次排列，计到北平市长周大文、卫戍司令于学忠、绥靖署参谋长荣臻、总参议万福麟、总务处长朱光

沐、副官处长汤国桢，以及各机关团体代表、各使馆职员等，约五六百人。专车停于第二站台，布置精洁。绥署并派卫队一连登车，随行护卫。九时五十分，顾维钧夫妇偕李顿等五委员到站，入 B 字车会客室。顾与李顿立谈，状极愉快。顾夫人则面容戚戚，不胜惜别之意。时顾氏对人表示，"本人此次东行，抱定为国牺牲，决不顾惜一切，务使所负之使命，克获完成"云云。旋张学良到，即入车内，与李顿等相继握手为礼，即落坐［座］谈话。约二十分钟，张下车，李顿等则下车与致送者周旋致谢。十时二十五分，各委员皆登车，张学良一一与之握别。专车即于乐声悠扬里蠕蠕开动。张与顾夫人在站挥巾送行，于学忠、荣臻、万福麟等亦举手致礼。李顿等五委员频频点首答谢，迄出站为止。

今后行程

调查团十九晚公布该团今后行程，略称：抵东北后勾留四星期，从事调查工作，然后经朝鲜赴日本；离日后，仍返北平，其时约在六月中旬，在平耽搁时日未定；将来仍去日本，再转来中国南京；最后则于中国境内，择一地点编制总报告云。

电告国联

调查团出关行程，经十八晚会议决定后，十九晨即拟就致日内瓦国联理事会电文一件，报告在平事毕，即日出关调查。该电系于调查团启程前一小时拍出。又李顿爵士等，于十九日上午十时半接见热河主席汤玉麟之代表关菁保，谘询热河之情况；十一时接见东北海军司令沈鸿烈，对东行乘舰事，有所商谈。

我国代表

参与调查团之我国代表顾维钧及各随员，十八晚开会，商议出关行程，至十九晨四时始散。决定随往人数为二十一人，预定到秦皇岛后，即乘海圻军舰赴大连。随员中如颜德庆、陈延炯等，因不能取道北宁路出关视察，决留平不往。海圻舰十八晚开抵塘沽，因行程变更，复于十九日下午三时开抵秦皇岛备用。兹将中国代表及随员名单志下：代表顾维钧，随员刘崇杰、杨景斌、严恩槱、萧继荣、端那、何士、邹恩元、陈立廷、顾执中、戈公振、鲍静安、张伟斌、刘庆沛、杨承基、施肇夔、李鸿栻、游弥坚、顾昌言、陈宜春、谢恩增及差役七人。

顾氏谈话

顾维钧于十九日下午二时语记者云:"调查团赴东北之途程,经过交涉,曲折甚多。在上海濒行时,已讨论及之。日方希望走大连,谓关外铁路有毁坏;中国则认为山海关为入沈之门户,自应经过大门,方可深入,且沿路如锦州等处,皆为有关系之地点,不可不看。调查团亦以为然。及到北平,我方力主经由铁路,日方则以不便保护为言。中间曾有由我派兵保卫之拟议,而中央认为不必要,调查团亦认为不妥,因有迁就日方意见之趋势。盖调查团亟于出关,进行调查,以便赶五月一日前,向国联报告日本之已否遵议撤兵也。中国代表系协助调查团工作,自未便以途径问题牵动调查团行程,致碍万急之工作,转非协助该团办事之本旨。故政府卒徇该团之意,不再反对走海道赴满,惟仍声明中国代表保留出关后自由行动之权利。此点调查团方面,已表了解。至中国代表系根据国联决议案任命,任何反对均所不顾,决以坚决意志,协赞调查团完成使命"云云。

深夜过津

津讯。国联调查团专车离平后,津市当局接得报告,即于东总两车站布置一切,各于月台上遍悬万国旗,并缀以电灯,辉煌闪烁。迨至二十日晨一时,两站附近即施行戒严,并由公安局特务队分布两车站附近戒备,即持有欢迎证者,亦不准走过天桥。旋压道车抵津,一时半离津东驶。一时五十分专车抵新站,略停,即驶老站。经改换车头,加添煤水,至二时四十分,车遂开驶东行。时该团一行,均已就寝,故于任何人均未晤见。(二十日)

(《申报》,1932年4月24日,第七版)

251. 国联调查团会见驻沈日领

〔沈阳〕 国联调查团本日会见日总领事森岛,询问满案内容。会场在总领事馆大客厅,调查团方面李顿、麦考益、希尼、克劳代、马柯迪及随员一人,日方森岛、吉田及关系人物出席,中国代表未出席。会见时李顿一人发言质问,森岛对此回答。质问内容及至共产党问题,李顿非常注意,质问颇详细。会见既毕,森岛对记者曰:会见内容因委员作成报告,现在未便发表。(二十四日日联社电)

顾维钧之安全问题

〔长春〕 闻"满洲政府"虽未经各国承认,已致文国联及英美政府。其中所涉及者,为容许顾维钧博士入满问题,及李顿调查团入满之前,不致文照会事。(二十四日路透社电)

〔沈阳〕 顾维钧入"满洲国"内问题,日本正在斡旋。顾氏将不同往长春以北,日陪员亦中止同行。(二十四日电通社电)

大和旅馆之跳舞会

〔沈阳〕 廿三日为英国陆军纪念日,李顿卿与调查团一行,于下午九时半出席大和旅馆意思泰英总领事所主催①之跳舞会。顾维钧与中国随员,皆穿礼服,加入跳舞之群中。(二十三日电通社电)

李顿作首次报告书

〔沈阳〕 李顿爵士于今日下午起,闭居一室,从事著作第一次报告书,俾提出于国际联盟。(二十四日电通社电)

(《申报》,1932 年 4 月 25 日,第五版)

252. 外部顾问路义思谈话:国联调查团态度

外交部顾问美人路义思,前奉外交部命令任国联调查团中国代表处顾问。最近调查团业经出关赴东北,实地调查,路氏因事返沪。昨日上午十一时,路氏赴外部驻沪办事处访邓中莹秘书,国闻社记者亦适在座,由邓君之介绍,与记者作下列之谈话。

---

① 编者按:"主催",意即"主办"。

记者问:"先生何日返沪?"

博士答:"昨日乘轮由平返沪。"

问:"返沪有否任务?"

答:"并无特别任务。本人但愿协助中国。"

问:"先生对国联调查团感想如何?"

答:"余在平时,目睹调查团态度非常公平,对于中国人民所贴之欢迎公正标语十分满意。言论方面,不特官场,虽平民亦极注意。在平除赴大宴会及茶会各一次外,余均谢拒。各界所送之说帖,均译成英、法文,以便各团员传阅,并作成与各方所谈言论之纪录。该团各国代表均带有政治法律顾问,凡有研究之点,均以历史条约为根据,作长时间之讨论"云。

问:"满洲伪国拒绝顾维钧氏出关,对法律上之关系如何?"

答:"伪国拒绝顾代表毫无法律之可言。满洲伪国,现在各国均未承认。最令人不解者,即日本代表在华时,曾受中国各方优待,而伪国拒顾,实为万分惊异之事。"

问:"国联调查团对伪国,将是否发生关系?"

答:"调查团出关时,并未通知伪国。"

问:"国联调查团在东北约有几时之勾留? 其任务何日可了?"

答:"日军自侵入东三省,各处交通均被破坏,致该团行旌,颇感不便。勾留几天,该团目下尚未决定。大约在九月一日以前,须完成报告书。事前觅一清静地方,拟撰报告书。闻颇有意于青岛。"

问:"国联调查团在东北已失自由,该团在平时是否拟有应付办法?"

答:"该团在平时,日方代表曾再三声明,予该团以种种便利,并完成任务。中国方面,当亦希望如此。余意该团旅沈,当能自由行动也。"

博士又谓,在平时闻本年三月间,沈阳城内外附近发生抢劫案达四百余次,而去年同月,则仅四十余次。博士又云:"有人谈国联调查团所乘花车花费太巨,余知并不花巨额款项。实则此项花车,实为旧身。"

按博士现年六十二岁,三十四年前即来华,旋又返美。至一九二九年再来中国后,即分赴山西、河南、江西及东三省等处考察政治,后又赴埃及与毗连俄国各国,研究政治、法律。旋应出席国联大会之吴凯声氏之召,往日内瓦协助吴氏。后接南京外交部电令,返华任顾问之职。时适日军进攻沈阳,奉命前往调查,将调查所得报告外部,转电国联大会。博士曾赴锦州调查。当时日机正

在轰炸锦城,此时博士亦在车上,旋即返京。而一·二八沪案发生,又参与吴
铁城市长关于上海事件机宜。最近国联调查团来华,任中国代表处顾问。

(《申报》,1932 年 4 月 26 日,第一版)

253. 国联调查团续与本庄会谈,对事变经过征询甚详

〔北平〕 外讯。调查团昨晨九时访本庄繁于军司令部,日方参谋长桥本、
吉田等均出席,会谈二小时。该团定今晨二时与本庄作第二次会见,关于事变
以来经过,征询颇详。(二十五日专电)

〔沈阳〕 国联调查团今晨十时,正式访问关东军司令本庄繁。调查团李
顿、克劳代、哈斯,日方本庄、吉田、稻本参谋长及关系人物出席。李顿询问现
下军事状态,本庄对此说明颇详。经二小时半后,会见始毕。调查团原定二十
五日离沈北行,顷决展期两日,以便搜集材料。(二十四日日联社电)

有致照会于伪国讯

〔东京〕 据长春访电称,国联调查团已以该团入满正式照会“满洲政府”;
此举甚关重要,盖或与承认“新政府”问题有关也。按国联调查团向未与“新政
府”正式通文,盖不承认其存在也。(二十五日路透社电)

〔东京〕 据长春消息,“满洲政府”当局因国联调查团未先正式照会入境,
故决议以寻常旅客视之,彼等足迹如所涉较远,万一发生意外,“满洲政府”不
负任何责任云。(二十五日路透社电)

戈公振被捕即释出

〔北平〕 外讯。戈公振昨晚在小西边门外某华人宅,被伪公安局拘捕,诬
以扰乱满洲嫌疑。昨深夜已开释。(二十五日专电)

〔沈阳〕 昨夜小西边门外之华人住宅中,有数华人集合密议,被公安局探
知,即加以逮捕。内有一人为顾维钧之随员戈公振。(二十五日电通社电)

〔沈阳〕 在小西边门外被捕之调查员陪员、顾维钧之随员戈公振,昨日深
夜即被释放。(二十五日电通社电)

顾维钧之安全问题

〔北平〕 顾维钧昨晚电平中代表办事处,报告抵沈行程。本人是否将同调查团赴吉、哈,尚未定。(二十五日专电)

〔东京〕 据某要津消息,陆军省已促驻满日军总司令本庄将军商劝"满洲政府"当局更变排拒国联调查团中国陪员顾维钧博士之态度。惟前驻莫斯科日本大使田中刻在沈阳,其意以为"满洲政府"拒绝顾维钧入"满洲国"所辖境界之决议,不能撤回,日本现不宜干涉此事。(二十五日路透社电)

国民代表递报告书

〔北平〕 东北国民代表吴家兴等,昨在沈秘密呈递报告书于调查团,请求主持公道,历述日人在东省暴行。并谓调查团此次来辽以前,日方谕各机关所驻日人管理员,均撤回日站;城内所驻日军及警察派出所,亦迁至日站;奉天名称仍易辽宁;兵工各厂内原已完全损坏,刻假装封锁,以免调查。(二十五日专电)

哈领团将供给资料

〔哈尔滨〕 哈尔滨各国领事馆,制成详叙满洲事件以来黑龙江省及吉林省内一般状况之参考书,备调查团来哈时提出。某国领事馆所提出之资料,闻于"满洲国"甚不利,其结果颇堪注意。(二十五日电通社电)

颜德庆昨自平返京

〔北平〕 前随调查团来平之颜德庆,今日下午返京。(二十五日专电)

(《申报》,1932 年 4 月 26 日,第五版)

254. 国联调查团过秦岛,李顿及中日委员即乘舰赴连, 美、意两委员漫游天下第一关,日军临时在榆关高树伪国旗

秦皇岛通信。国联调查团专车,于二十日晨二时许,由天津东开后,全体人员大半就寝。车过塘沽、唐山各地,均在梦中,毫不知觉。及抵古冶后,红日已上三竿。各委员及随员旋进早茶,咸集于饭车内。李顿与我国代表顾维钧,同坐小桌,时询车站站名。九时四十分,专车抵秦王〔皇〕岛车站。站内扎有松枝牌坊,上嵌电灯数百枚。欢迎之扶轮学校学生奏古乐,音韵悠扬,服装亦整齐。驻军第九旅长何柱国及范公安局长,事前乘车来岛。车停后,何旅长登车谒李顿,并由宁向南君绍介。李顿在车中见南方一片汪洋,当询车站与海滨之距离,及开滦煤矿每日运出吨数。专车在站停约十五分,即用开滦之电力机车拖往海滨码头。车行甚缓,因路基为木造成,约二十分钟抵码头。我国海圻军舰停泊于码头旁,日驱逐舰第十六队两艘,一名"朝颜",一名"芙蓉"。专车甫停,我国军舰首先鸣号致敬,各委员下车。是时海风习习,浪击石上,飞起水花甚高。在海圻军舰远眺,则一望无际,心神顿爽。李顿下车后,即同顾维钧持手杖步行,登海圻舰视察,由舰长引导。参观毕,登岸,由北宁路谭处长指挥撤运行李。李顿所携铁箱四,内中多为调查重要文件。海圻军舰预先预备三十七人座位,临时不敷,当向北宁路借用卧具十二件。舰内布置极为整齐,船头并置藤椅数具,以备眺望。约一小时,行李运毕。李顿复偕顾登舰,与顾问端纳立于舰头。中国代表随员,亦陆续登舰,送行人员集岛边。至十一时四十分,始鸣汽笛启碇。李顿立于舰中,频向送行人颔首致谢。时我国秘书吴秀峰君与陈立廷君,同立瞭望台上。送行人咸以"平安"相祝,陈答以"托福",其一种滑稽面孔,令人忍俊不住。海圻舰拔锚后,舰行甚稳,海面毫无风浪。未及半句钟,则舰身已没,仅见无线电杆及黑烟一缕而已。该舰预定十小时到达大连。记者在码头上晤顾维钧代表,顾谈云:"本人此次经大连前往东北,完全根据调查团主张。预定过大连时,并不多耽搁,直赴沈阳。至将来行程,当然由调查团决定。关于伪国拒绝我个人前往,并用种种恫吓手段,我此次前往,已

下十万分决心，不计及任何牺牲。且为国家前途，不能畏难苟安。"记者复请吴秀峰秘书向李顿征询意见，李氏答覆云："调查团到东北去行程，目前尚难决定。调查范围，并不限定在南满路线。此次调查团过平，承各方优予款待，极为感激，并甚愉快。到东北勾留日期，预定四周，将来仍转回北平。向日内瓦所拟发之简单报告书，五月前即可寄往国际联盟会。将来作总报告书地点，仍决定在中国之北戴河或青岛之崂山"云。日代表吉田及随员林出、日本新闻记者四人，与克劳德、希尼下车后，即入日驱逐舰朝颜号。海圻军舰启碇后，日舰未十分钟，尾随出发。其芙蓉号驱逐舰，至下午一时始启碇东去。

美代表麦考益、意代表马考迪①因欲调查山海关外情形，未下车。十二时半在岛滨午餐，一时专车开回车站，定二时到山海关，游历万里长城及天下第一关。一时三十分，何柱国旅长乘第四号铁甲车先行。二时十分，调查团专车东开。三时抵山海关，各界到车站欢迎者千余人。麦考益、马柯迪下车，对欢迎代表拍照一影，复向何柱国旅长询问关外情形，是否有大批土匪。马柯迪与何谈话时，有数日兵武装巡行。马问日军在山海关数目，对日兵巡行街市中，极为重视。当由站步行到天下第一关，游览甚久，方返车站。当马柯迪、麦考益游览时，日兵暗派便衣西装侦探尾随，意存监视，五时许，专车开回秦皇岛。山海关车站最引人注意之事，即调查团专车到站后，忽站外东闸楼东，在铁路中插一黄色旗。记者亲往视之，则为伪满洲国旗，长约二尺，红、蓝、白、黑道在旗之上角，余则黄色。据当地人云，系日本兵四名今早插旗该地，声称此地为两国界限。见者莫不惊怪异常。关于意、美两代表出关问题，日本曾派驻津副领事藤田随时接洽。意、美代表本定借北宁路专车出关，伪奉山路局长阚泽忽电山海关车站，谓不准北宁车出关，已另派专车由锦县开出，晚七时可到。日本铁甲车一列，首先于二十日开到。上有日兵一百二十名，由小菅忠一率领。日铁甲车停于车站南端，日兵禁止华人在五十步以内行走，直视山海关为其领土，欺我过甚。意、美两代表返抵秦皇岛后，旋赴开滦经理宴会。晚间，秦皇岛车站附近戒备甚严，均由第九旅及北宁铁路警察担任。伪奉山路所备专车于二十日晚七时二十分到山海关，车上插有伪满洲国旗及日本国旗。伪奉山路车务处长律梦符，亲在车上招待。美、意代表及秘书长哈斯，已定二十一日早出关东去，过绥中、锦州、打虎山各地，拟作短时间视察，日本藤田领事随行招

---

① 编者按：下文又作"马柯迪"，原文译名不统一。

待。意、美代表在沈阳与李顿会合后,再定实地调查工作办法。

调查团由平东行之专车,预备极为讲究。车中侍役,均谙英语,并备有极贵重之雪茄、点心,以飨委员及随员,同时由路局发给圆形银质乘车徽章,悬之襟上,颇为美观。我国代表团中,仅女性陈宜春一人,虽在车中,仍不停其打字工作,与欧美记者打字之搭搭[嗒嗒]声,相继不止。专车抵秦皇岛码头时,正值运煤工人休息午餐之际。见专车至,工人咸注目车上,而外宾见此一身黑色,仅露白牙,手执金黄色窝头,张口大嚼。有某代表询之陈立廷,陈据情以告,以劳苦工人,对此专车上之享受,诚有天堂地狱之别也。意代表马柯迪,由秦皇岛到山海关,首先往游天下第一关。舌人告以名称,意代表好奇心胜[盛],归途口中喃喃,仍默念"天下第一关"不止。晚间归岛后,各代表随员在饭车内晚餐,敬以香槟。餐后,每人送鲜黄色花一朵,或斜插衣上,或置于领带下。有某随员忽一时兴起,引吭高歌,参与者和之。一时萧索之秦王[皇]岛畔,顿成歌舞之场。记者于登车西归时,尚闻歌声未止,与关外呼号之我国同胞相较,实不啻霄壤。因有感于怀,特于途中纪之。(二十日夜)

(《申报》,1932年4月26日,第七版)

255. 国联调查团商议首次报告,顾维钧将同赴黑垣

〔北平〕 外讯。调查团昨夜在大和饭店开会,商作报告书事。(二十六日专电)

〔北平〕 顾维钧抵沈,声明一切活动均按调查团规定,个人无何意见表示。伪国及日方均欲知顾之表示及行动,不得要领。(二十六日专电)

〔沈阳〕 调查团各委员于昨夜十一时至今晨二时半,在大和旅馆开委员会,讨论迄五月一日止第一次调查报告书之制作,且于李顿致"满洲国外交总长"谢介石之通告,即与顾维钧氏有关者,亦加讨论。谢氏态度依然强硬,始终排斥第三国之调解;对顾氏离满铁附属地即加以逮捕之最初主张,不肯放弃。故顾氏之问题,依然不容乐观。(二十六日电通社电)

意委员对报界谈话

〔沈阳〕 国关调查团之意委员马柯迪今日告知报界,谓中国陪员顾维钧

博士将由李顿保护,偕调查团至齐齐哈尔。又谓调查团对本庄司令所予之情报,殊为满意云。(二十六日路透社电)

第三次与本庄会见

〔北平〕 调查团今晨访本庄,作第三次晤谈。本庄今晨赴大和饭店回访调查团。(二十六日专电)

〔沈阳〕 调查团今日上午十时,赴关东军司令部,第三次与本庄会见,详询满洲事变发生当时之情形。今后或尚有一二次之会见,但今日之会见,调查团之调查,实已完毕。本庄司令于调查团来访前,于今日上午九时赴大和旅社,正式答礼。(二十六日电通社电)

留沈期间酬酢程序

〔北平〕 调查团在沈程序:二十三各国侨民欢宴,二十五各国领事宴请,二十六伪市长拟设宴欢迎,该团已谢绝,二十七关东军司令部宴请。该团随时视察炸车处、北大营、兵工厂、张学良私邸、东北大学等处。(二十六日专电)

调查团公布之行程

〔北平〕 调查团公布行程云:二十六赴长春,二十七赴吉林,二十八赴哈,五月四日由哈赴卜奎,六日由黑经洮昂、四洮赴沈,留四日,十三日赴大连。(二十六日专电)

便衣侦探到处密布

〔北平〕 日令伪国加派便衣侦探监视调查团,数达千三百名。此外日方派军警宪及高等刑事四十名,便衣探二百,监视调查员及随员行动及当地人士与调查团接触。日人为证明不能撤兵,密派朝鲜浪人六百,着中国服充作土匪,预定日内暴动,借为口实。(二十六日专电)

伪国方面欢迎情形

〔北平〕 沈阳来人谈,伪国拒顾实日人所指示。欢迎调查团专车,系向南满借用。随车迎接,计郑垂(郑孝胥任)及沈警局督察长郑子东等。调查团到沈前,特别戒严,抽调日警及保安队警察为便衣侦探,并由旅顺调日军一师团增防。臧式毅平时被日人监视甚严,调查团来东北,事前毫不知。教厅令各校派学生持旗欢迎调查团,令女生六人献花。（二十六日专电）

李顿拒见伪国代表

〔哈尔滨〕　国联调查团到辽后,犹未工作。李顿爵士拒见伪国代表阎传绂、郑垂,并不赴伪团体民众代表之欢迎宴。调查团北来无确期,预定日程不适用。（二十五日专电）

调查团正处于窘境

〔天津〕　路透特派员由东省抵此,谓"满洲国"对顾维钧之态度,使国联调查团处于窘境。现调查团仍在奋斗中,尚未有何决定。但其所将决定者,殆不外下述数点:（一）全体北行,顾博士不离李顿勋爵左右;（二）调查团员单独前进,而将中日陪员留于沈阳;（三）团员一部份出发,一部份偕陪员留于沈阳;（四）调查团屈服阻挠政策,而抛弃其程序。调查团在沈阳之办公处,为日人旅馆。其客厅与走廊中,尽是日人侦探。闻有数华人拟入该旅馆者,已为日警拘去。所有街道遍列日本宪兵,并有许多日人穿着华警制服。山海关至沈阳之铁路一段,日人极多。特派员乘车经过时,数遇满铁日兵前往沈阳之兵车。殆因沈阳日军在过去数日内,继续开赴哈尔滨,故此日兵赴沈阳填防也。闻有日军一师团,刻在哈尔滨,准备沿中东路东段,大举进剿反"满洲国"之军队。特派员车过沟帮子时,日兵排列月台上,为日军某长官送行。有日本艺妓〔伎〕一群,及骑马挥"满洲国"与日本旗之"满洲国"骑兵数人,亦在其列。车抵绥中县,车客悉由日兵持枪检查,虽外人亦不能免。（二十六日路透社电）

（《申报》,1932 年 4 月 27 日,第五版）

256. 国联调查团参观慈幼事业——武汉水灾孤儿教养所状况

武汉水灾孤儿教养所,为中华慈幼协会联络国府救济水灾委员会、湖北水灾善后委员会、华洋义振〔赈〕救灾会、武昌青年会、武昌宣道会等五团体所共同设立者。内分事务、保姆、教育、卫生四部,分别进行,颇称顺利。教养儿童三百十九名,男女兼收,限期为五个月。倘有必要,尚可延长。该所现由慈幼会王贯一干事主持,朱子桥将军、李祖绅先生等实力襄助,辅导进行。国联调查团李顿爵士、麦考益将军、顾维钧、辛博生、王晓籁等,曾先后至该所参观,多所指导,表示甚为满意。又武汉人士现因感慈幼事业之重要,拟成立武汉慈幼院,正在计划中。

(《申报》,1932 年 4 月 27 日,第八版)

257. 国联调查团离沈期尚未定,在沈工作大致完成

〔北平〕 调查团在沈工作大致完成,北行日期未定。(二十七日专电)

〔沈阳〕 调查团各委员为制作报告,前开数次会议。今早九时仍继续商议。(二十七日电通社电)

〔长春〕 调查团之往长春,至早约在二十八日。"满政府"主脑部正忙于欢迎。(二十七日电通社电)

昨日复与本庄会谈

〔沈阳〕 李顿勋爵今已病愈。调查团今日复与本庄司令会谈。调查团赴北满之日期今尚未定。(二十七日路透社电)

李顿接谢介石覆电

〔长春〕 伪满洲国政府外长谢介石,今日覆李顿勋爵正式照会调查团入满电报,谓"满洲国政府"欢迎调查团,愿予以各种便利。(二十七日路透社电)

日人百端蒙蔽团员

〔北平〕 沈阳来人谈,调查团未到沈前,日宪逐户通告,若调查团到,设言"满洲国"非民意者,除枪决外,并收没财产。令各机关日顾问咨议,均备华服,图朦混。日本朝鲜平壤招鲜警七百,大连募日警三百,满铁沿线招华巡捕百名,俟调查团离沈后,开沈镇压。(二十七日专电)

顾维钧电张报平安

〔北平〕 张学良昨晚接顾维钧电,报告本人在沈平安,北行与否将以调查团意思而定。(二十七日专电)

代表团诉日人暴行

〔北平〕 辽西民众代表团向调查团请命,印成传单,述日人暴行各节,不忍卒读。内分:把持财政、摧残教育、流毒地方、残害学生、枪毙行旅、禁止言论、屠杀民众、强占民房、霸占民田、诈取民财、夺取民物、擅入民室、污辱民妇、巧使民夫、强奸民意。(二十七日专电)

(《申报》,1932 年 4 月 28 日,第四版)

258. 国联调查团由秦岛到大连,海圻进大连时日警大举戒严,东北同胞渴望该团主持公道,二十一午该团乘南满车赴沈

北平通信。国联调查团一行于二十日晨十时抵秦皇岛后,即分三路转赴东北。记者亦搭乘海圻舰,随我代表团转往大连,在大连耽搁一昼夜,昨日返抵北平。兹记目睹实况如后。

调查团原拟乘北宁路专车同行出关,实地调查,嗣因日本拒绝,始将行程分为二路:一路为美、义二代表与秘书长哈斯,由山海关乘伪奉山路专车东去;一路为调查团委员长李顿、我国代表顾维钧暨法、德二代表,分乘海圻及日驱逐舰,由秦皇岛转赴大连。

当二十日上午九时四十分专车到秦皇岛后,遵海道者即下车,分乘中日兵舰。我海圻舰于十时二十五分首先离港,日本两驱逐舰亦相继开行。舟行稍远,李顿即登舱面之瞭望台,与顾维钧并坐畅谈。斯时海圻舰长姜雨生与鲍宜民等,率全体人员布置房间及准备午餐,计李顿住一号房,顾维钧住二号房。一时许,舰长导各团员入餐厅午餐。餐毕,李顿登甲板散步。斯日天气清和,舟行极稳。李顿至三时半始入室,略感身体不适,周身发热。当由我代表团随

行医士谢恩增诊视，体温为三十六度，服药片少许即就寝。当时并亲拟电报一件，致大连日本民政署长，交由海圻舰拍发。大意谓途中微感不适，夜抵大连，仍宿舰上，请勿烦招待；如有下舰必要时，请覆电斟酌等语。下午七时，过老铁山晚餐，李顿未起床。十一时进大连港，当停靠第二码头。日本警察大举戒严，我海圻之水兵亦武装登舱面戒备。时本庄繁及内田康哉之代表暨大连民政署长等数十人，事先均至码头欢迎。此外尚有汉奸、流氓等十余人，均尾随登舰，要求李顿晤面。李顿因已就寝，由其舌人挡驾。斯时日记者十余人，均佩白布臂章，上书"新闻记者"数字，围绕顾维钧谈话。当夜除我代表团中之陈立廷、严恩榇及调查团秘书吴秀峰、皮尔特下榻大和旅馆外，余均住舰上。

二十一晨七时，记者与代表团数人登岸游览。甫下舰，我东北同胞数十人前来探询调查团是否能主张公道，并缕述东北民众所受之痛苦。出码头不数武，忽有着西装之日人一名，问我等何往，当告以随便游览。该日人复谓："此地距热闹街市甚远，你们恐不识路程，请随你们去作向导。"余等察其意，系拟随同监视，不便与之争辩，遂雇车由彼指导而行，经过山县通至浪速町一带绕行一周。该日人向余等谈称大连各大街市之名称，均取日俄战争阵亡日军官佐之名而名之。余等问其何处卖报，彼遂导余等至满洲报馆，乃购报数份返舰。是日该报用大字登载：伪国拟以武力拒绝顾维钧入境，至必要时或将顾扣留于普南店。有以该报示顾者，顾置之毫未介意。九时许，日代表吉田导克劳德尔、希尼至海圻舰，访李顿与顾维钧晤谈。此时李顿身体稍愈，谈少顷，吉田等即去。十一时，南满路专车已备妥，即由脚行将一行人员之行李运往车站。十一时二十分，李顿与顾维钧出船舱，海圻舰长并以鲜花一束赠李顿。十二时半，吉田与德、法代表均到站，李顿乃与顾维钧及我代表团等随员相继下舰，乘日警署所备汽车赴车站，搭车北上。调查团离舰后，码头乃解严。（二十四日）

（《申报》，1932 年 4 月 28 日，第六版）

259. 谈言:闸北景象

闸北自经严重的炮火后,善良居民俱已逃亡,房屋庐舍都成瓦砾。凄凉万状,鬼哭神嚎,几为无人烟区域。

于是有闸北的赵欣伯、闸北的郑孝胥等,狐假虎威,虎凭狐势,组织什么伪地方维持会等名目。这种乱徒,自有国家法律来制裁,我且不管。

现在日本又利用韩人,殖民闸北。一方在大连、青岛的朝鲜人,经日当局授意,纷组商业考察团来沪视察闸北;一方从青岛移来高丽妓女三班,供日兵的淫乐。

照这样看来,闸北的世界,既呈什么现象? 万一有志气的我国人民,决不愿意到闸北去居住,并且不愿意去看这样的状况。现在停战会议虽有转机之说,昨日正开起草委员会,但我总不信有任何结果。因为停战会议已开多时,今朝听听如此,明日看看又如此。试问这样会议,有怎样价值呢?

总之,在日兵未曾撤尽以前,非但闸北不能去,即邻近闸北、凡在日军势力范围之内,任何地方多不能去,免受一般[班]汉奸的威逼和侮辱。

前日沈阳电,顾维钧随员戈公振等六七人,为入沈阳城内调查各方面情势,【不】意被伪国军警包围,加以逮捕。在名义上虽为伪国军警,而其实一般伪国军警为何人所指挥,自可不言而喻。故华人不能到东北去,犹之我善良的人民不能到闸北去。

国联派调查团前往东北视察,本来是滑稽而敷衍的举动。张学良素抱不抵抗主义,东北原无战事痕迹可言,伪满洲国一幕傀儡戏,谁也不知为金蝉脱壳之计? 试问调查团前往调查些什么?

(《申报本埠增刊》,1932 年 4 月 28 日,第一版)

260. 国联调查团报告书将脱稿,伪政府拟准顾入境

〔沈阳〕 调查团今日上午七时半在英总领事馆会议室开全体委员会议,协商对国联之报告书。今日该报告书当可完成。明日作最后之决定后,即电达国联。(二十八日专电)

与本庄第四次会谈

〔北平〕 调查团昨日下午与本庄四次会晤,对九一八事变详加质问。日方掩蔽事实,强词巧辩。(二十八日专电)

〔沈阳〕 本庄昨日下午二时,在关东军司令部又与调查团会见。满铁技师曾为专门的说明,调查团方面之铁路顾问哈阿门氏,曾为技术的检查。攻击北大营之平田联队长及岛元大队长,则说明事变时城内之状态。(二十八日电通社电)

伪国声明准顾入境

〔东京〕 闻"满洲国"当局已声明,拟准顾维钧博士处国联调查团管辖下入"满洲国"境,但须受严格监视。(二十八日路透社电)

马占山劝溥仪出国

〔北平〕 马占山电溥仪,切劝勿为傀儡,俟调查团到长春,将日人压迫情形详告,请该团保护出国。并电郑孝胥,责以溥仪为孤注一掷。(二十八日专电)

赵欣伯昨访调查团

〔沈阳〕 伪市长赵欣伯接"外交总长"谢介石之训令,昨日下午二时往大和旅馆,访问李顿以下之调查员,述正式欢迎之辞。(二十八日电通社电)

．．．．．．．．．．．

专员刘华瑞昨抵京

〔南京〕　国联代表处专员刘华瑞今晨抵京,明日赴沪。闻为整理报告,故未出关。(二十八日专电)

颜德庆昨返京谒汪

〔南京〕　颜惠庆二十八返京谒汪,报告调查团最近在关外调查情形。(二十八日专电)

(《申报》,1932年4月29日,第五版)

261. 国联调查团抵沈阳,调查程序亦已拟定

沈阳通信。国联调查团二十一日上午既抵大连。是日午刻十二时五十分,李顿爵士及顾维钧代表等一行,又住大和旅馆之克劳德将军、希尼博士及刘崇杰等一行,乃先后齐集南满车站,就道北上。沈阳沿途持旗欢迎者甚众。专车旋即缓缓开行。

专车凡十一节,颇似吾国津浦专车之组织。最后为展望车,次英、法、德三委员及其随员占一辆,次日本代表处占二辆,又次中国代表处占一辆,序列第七。因在日间行驶,故非卧车。李顿爵士、克劳德将军、希尼博士、顾维钧代表及吉田代表,均每人占二室,余则每人一室。惟中国代表处人员,则二人一室。问之日本代表处,谓闻中国代表处人员只有九人,不知有二十余人云。第四辆为关东厅代表及日本各报记者,第三辆为南满铁道会社人员,余为餐车及行李车。沿途有军队及警察,布置其严密。

下午二时许,车过普兰店,即外传为伪满洲国将逮捕顾代表处,但毫无动静。三十里堡、瓦房店、大石桥、鞍山、辽阳诸站,均曾稍停,或加煤水,或让南下车。沿路贴有伪满洲国英文标语,一绘鸽上书"欢迎和平使者",一云"合力建立'满洲国'——东方之日内瓦"也。辽阳站上有军乐及持五色旗者。列队欢迎时,适在晚餐,调查团中人并未下车。

八时半,车抵沈阳,欢迎者尚众。出站时日本新闻记者乘机摄影,放镁光

轰轰如连珠炮。抵大和旅馆后,有少女五人向调查团献花。惟李顿爵士体未复原,由其私人秘书艾斯东氏代受。大和旅馆之二零一号至二零八号房,均留与中国代表处者。顾代表居二零一号,余则分寓远东旅馆。

由陆行之马柯迪伯爵、麦考益少将及哈斯博士等一行,抵沈之后,据谈由秦皇岛出发。后于二十日上午十一时抵山海关,曾登关游览。日方所备之专车,至下午七时开到。因定于白日开行,故均宿车中。二十一日午后五时五十分抵锦州,曾下车视察。二十二日经大凌河稍停,但先李顿爵士等半小时到沈。因李顿爵士以微恙,途中稽延故也。

调查程序:预定沈阳留四日,二十五晚由沈阳出发,经长春;二十六日上午抵吉林,午后回长春,留二日;二十八日下午十时赴哈尔滨,二十九日清晨到,住五日;五月四日赴齐齐哈尔,住二日;六日经四平街回沈阳,再住六日,参观抚顺煤矿;十三日参观鞍山铁矿而回大连,住五日;至十八日即告竣。长春以北中国代表是否同行,现尚未知。此一行人员,均由南满铁道会社每人赠金属襟章一枚,上刊"国际联盟"四字及东塔缩影。又乘车证一纸,有效期为四月二十日至五月十九日。(四月二十二日)

(《申报》,1932 年 4 月 29 日,第七版)

262. 市商会致国联调查团函

上海市商会致国联调查团函云:

"吾人在此种局面之下,与日本斤斤论是非,诚何补于事?然日人一面继续其残暴凶恶之举,一面犹满口仁义道德,吾人岂能默无一言?世不乏轻信之人,每易为日人之伪宣传所蒙蔽。而自命为'中国通'之外人,久居中国,对于一切横行无忌之事,久已司空见惯。比年以来,其傲慢态度亦稍稍受抑制,愤无所泄,乃藉此机会推波助澜,向世界作毁谤中国之语。故事实之真相,乃无由大白于天下矣。夫日本施诸中国之暴行,与日本所指为中国之挑衅行为,孰多孰寡,孰轻孰重?但中国不能若日本之动辄炮轰城市,屠杀人民,以为要挟之具。故历来所受于日本者,不能引起世人之注意。甚至公正无私之人,严斥日本在满洲之行动者,亦不免误会,以为中国必有贻人口舌之处也。日本所宣传满洲事变之历史背景,皆属颠倒是非。兹逐点纠正,敬祈诸君加以注意。另附一文,题为《驳复日本宣传之中日纠纷原因》。文中所述较为详尽,并附有真凭实据,可作本函所论各节之佐证。所引用之材料,根据日人自述或西人之报告。虽寥寥数页,不足概括一切,然读者苟对于中日关系之材料加以研究,必可了然于本函中所述,一字一句皆有来历。至于去年九一八满洲事变及今年一·二八沪变以来之事实,则有目共知,有耳共闻,兹不复赘。

满洲与列强关系较浅,每不为世人所注意。日本检查新闻又极严厉,是以由满洲传来之消息,除日本之宣传外,绝尠记载。但果一留意上海之浩劫,则满洲人民所身受者,便可推想而知。上海西文报纸深恐开罪日本,不敢多加评论。然苟一披阅其新闻栏,则西人所目睹日荼毒华人、虐杀妇孺之记载,触目皆是也。

挑衅问题

今有人于此侵入人室,主人不能挥诸门外,忍气吞声与之周旋。但对于侵入者之命令,苟不踊跃奉行,便拳足交加,甚至变本加厉,将主人屏诸户外,公然对众宣言,谓主人属有挑衅之行为,为自卫计,不得不加以驱逐。旁观者慑其淫威,又见主人之不能报复,因亦气馁,对于强徒不特不加声斥,甚且随声附和,谓主人对于横逆之来,只应顺受,何得稍有违拗,此次之祸,咎由自取。呜呼! 此即沪变以前中日问题之现象也。

日本属为西方人士不习中日关系之历史背景,致不明此次事变之真相。夫五十年来,中日间之历史无他,日本明吞暗侵之纪载而已。虽不谙东方历史者,当亦能忆及日本如何夺我台湾,吞我琉球,背约灭朝鲜;如何乘欧战方殷之日,迫我接受'廿一条'要求;当日俄战争及围攻青岛之际,如何侵犯我中立;如何以金钱、军械资助叛离中央地方军队;如何侵占山东,阻我国民军之北伐,炮轰济南,惨杀我交涉员蔡公时;如何炸杀张作霖;如何纵容朝鲜人惨杀华侨(死者一四三人,伤者三四五人,失踪者七二人,暴乱经十日始止)。至于满洲方面,日本违法侵犯我国权利之举,更不可胜数。持此以与日本所谓中国之违法行为相比,直不可同日而语。如俄国撤退护路军后,日本违约不撤,满洲内地各处遍设警察,越出铁路区域捕杀华人。凡此种种,至今依然存在,是果根据何项残酷无理之条约耶?

日人每谓中国违反条约,侵犯日本权利。此类权利,此类藉暴力压迫条约,与劫夺而得之物何异?即使劫夺而得之权利,不必归还原主,仍属神圣不可侵犯,然日人亦已自越其自定之范围。今试退百步,言中国纵如日人所云,偶有足以令日本指摘之处,亦惟对于被迫而承认之条约,不能踊跃奉行而已,岂得与日本之积极的侵略相比?日本侵犯中国权利之事,任举一端,即可将日本所称之中国挑衅行为,完全抵消。日本每藉口细故,派遣军舰来华,据我土地,轰我城邑,结果仍须中国道歉赔偿。至于中国受尽种种横暴,只能提出抗议,日本均置不理,事件终至无形消灭。

请以去年朝鲜惨案为证。日军防范鲜民之严密,世所共知。惨案发生时,中国领事即声请保护。然惨酷之事演至十日之久,未闻日警加以切实制裁。中国要求赔偿道歉,而日本之答复,谓:此乃民众举动,政府不能负责。此案至今仍悬不解决。今以鲜案与上海事件相比。上海华【洋】租界交界处,日僧五人为华人所殴击,一僧因伤致死。日浪人大举报复纵火,焚三友实业社,杀害华捕一人。事后日领事竟向上海市政府提出哀的美敦书,要求道歉,并禁止民众反日活动,对日浪人杀人放火之事,则绝口不提。通牒中有云'苟无满意答复,则日军将取自由行动'。市政府为保全上海起见,完全接受其条件。当时市政府又何尝不可仿日本对于鲜案之口吻,答以:此乃人民行动,中国政府不能负责耶?日领对中国之答覆,有'目前可认为满意'之言。众料此事件已结束,或暂告一段落矣。孰知是晚日军进攻闸北。厥后发生之事,越时未久,不劳吾人之重述也。

夫中村大尉之遇害,与张作霖之遇害,孰轻孰重,奚待烦言?日本对于张氏之被炸,绝不谋解决。即调查报告,亦迄未公布。东京警察署禁止报章登载日本与炸案有关之消息及评论,其政府并请求议会放弃对于此案之质问权。中村事件,胡大异于是耶?中国当局深信中村之往蒙古也,乃作军事上之侦察,然仍拘捕嫌疑犯,谋公正之解决。去年十月十七日,《密勒报》有 Harry Parker Howard 君一文云,中村大尉之护照,自称为一学者,往蒙古研究地理学上之问题。而沈阳日领事 Morishima 则称中村仍在军队服役,并非在假。日本陆军省小题大做,利用此事件,竭力煽动军队及民众对华之恶感,以为侵略之张本。嗣见中国委曲求全,将嫌疑犯加以逮捕,深恐此事和平了结,乃先发制人,自毁南满路轨二米突。而早已布置之军事侵略,遂于九月十八夜发轫矣。日本往往藉口此类事件道歉赔偿之不足,侵我城市,杀我人民。中国受诸日本之横暴,较此类事件严重百倍。而我方之抗议,均未能邀日本之一顾。日人持[恃]蛮逞强,干涉中国在本国领土内自建铁路,谓为侵犯权利、违反条约(日本称打通路与南满路为平行路线,违反所谓一九〇五之密约;然华盛顿会议中所谓密约者,日本并未照章提出)。苟中国自建铁道,而可自为日本侵占全满之口实,则日本之不断的侵我权利,如在南满铁路驻兵、满洲内地设警、侵夺中国矿权等,又将如何? 依事件之轻重多寡为比例,中国苟以日本所施于我之积极的侵犯加诸日本,则易地以处,彼方报复之酷,虽占领我全国,扫灭我全部人民,恐亦不足以平其忿矣。

保侨问题

日本以保护侨民为词,派遣海陆军,挟种种杀人之利器,长驱直入。其结果则除中国人之生命财产受损失外,和平与秩序悉遭破坏,商业完全停顿,各国侨民均处危境,即日侨亦不能独免,上海、满洲、济南皆其例也。日本每称侨民将受危险,作大规模之军事侵略。夫藉以侨民将受危险,而可侵我土地、杀我人民,则已遭荼毒者又将何如? 朝鲜惨案发生时,日本曾否许中国遣兵保护,拯我侨民于已发生之危害(非将发生之危险)否? 日本政府不肯负责,即赔偿道歉亦完全拒绝也。满案以来,日侨生命财产事实上本无若何危险,日本之派遣军队来华,不过欲造成此项危险耳。九月十八日以来,日人对我百端挑衅,实为任何国民所不能忍,但在中国管辖下,遇害者除上述之日僧一人外,仅福州日侨夫妇二人,且其死因亦尚未征实,殆系自杀,而我省政府已为此接受极屈辱之条件。凡此种种,皆为我国政府保护外侨能力之证。试问此事如在他国发生,日侨能否如是安全? 中国人民之自制力与日人之横暴,皆属举世无匹。上海日侨自事变后,一月以内由二万五千降至一万四千,日政府所谓保侨之结果如是。

剿匪问题

剿除土匪亦为日人出师之口实。凡不受日人指挥之军队,日人可随意以盗匪目之。日本侵略之结果,造成满洲亘古未有之大混乱。日本军队破坏中国行政,解散中国军队,盗匪乌得而不增? 日本后藤新平伯①所著之《日本在满之军事行动》及日本一九三〇年举行之'拥护满蒙权利'会议之纪录,均足证

---

① 编者按:后藤新平,1927 年晋为伯爵,故称"后藤新平伯"。

明日本之政策,为养成盗匪、资助盗匪,使之造成侵略之机会。

抵制日货问题

抵货乃人民自由意志之表现,为弱国对外侮一种极温和之表示愤慨之具,其举动纵有不尽合法之处,亦与罢工时之行为相等,纯为本国内之法律问题。中国人民因抵制日货,偶有逾越轨范之举措,亦完全施于本国人之身。一国人民愤他国人之夺其土地、杀其人民,以抵货为消极的自卫,此岂得谓为挑衅行为?岂将为武力干涉之口实?今有一家庭,受商肆之欺凌,相约不购此肆之货,以示愤慨,即使对家人之不遵约者临之以威,亦无与外人之事,而谓肆主人可破扉而入,以暴力相凌乎?日本之对中国也,何以异是?且以经济抵制对待侵略者,乃国联盟约第十六条所规定,中国人民不过实施各国所早应执行之义务而已。

中国不统一问题

日本动谓中国不能统一,即使退百步言,此说果确,亦为中国之内部问题。中国所经之过境时代,需若干年,不劳日本过问。各友邦所能尽力者,只有协助中国趋于统一耳,日本又安得利用中国人之不能联合一致,而乘机掠夺,恣意破坏?九国公约早见及此,是以明白规定订约各国不得利用中国之现状,取得特别利权。世界各国谋商业之发展,故渴望中国统一得早日实现,惟日本别具肺肠,深恐中国一旦统一,不得施其狡计,逞其阴谋,是以中国每有统一之机会,日本必设法破坏之。如轰击济南城,截断津浦线,阻国民军北进;谋毙张作霖,期引起东三省内部之分裂;胁迫张学良,阻其归附中央:皆其例也。

民族自决问题

日人宣传'满洲独立政府'乃'满洲民族之自决',与日本无涉,且谓日政府不许日人参与其事。事实上满洲之独立,皆日人一手所经营者。日本驻满军队以武力铲除辽宁、吉林、黑龙江原有省政府,对叛逆之徒公然加以援助,日本军队与叛逆军队联合向中国军队进攻,日有所闻,近更益无忌惮,事实具在,不容说辨①。所谓"满洲政府"之人员,不过一般[班]甘作傀儡之无赖。清废帝

---

① 编者按:原文如此,今规范作"事实俱在,不容说辩"。

溥仪之至满洲,乃为日人所强挟以去,于冲汉、熙洽、袁金凯［铠］、臧式毅之流,或为日人所利诱,或为日人所威胁。《大美报》云,'臧式毅被日军禁锢三个月',然后'坐诸图圉而置诸省长之座','自决'云乎哉? 满族也者,历史上名称而已。东三省大部份人民,均为中国本部移居之民及其后裔,其少数满人,久已为汉族所同化,无从辨别。在今日之满洲,欲求真正之满人,殊非易事,故满洲问题而援用民族自决之词,徒见其谬。所谓民族自决,日人之遁辞耳,果何尝有见信于人之价值? 日人从前背约弃信,吞并朝鲜,亦曾经过'独立'、'保护'、吞并之阶级。以彼例此,其谁欺乎? 且日军在满明目张胆,驱逐中国地方政府,攻击中国军队,夺取盐税、银行存款、实业及军备材料,侵略中国铁路、电报、电话及邮政之管理权,封闭中美合办之无线电话,凡此种种,皆为日本军队之直接行动,未尝假手于其所主持之傀儡政府。其为［违］反九国公约所担保之中国行政独立及领土完整,尚复何疑?

日本之人口过剩问题

日人每以人口过剩,持满洲为尾闾,为其侵略之藉口。听者不察,每为所惑。田中首相手定之移民政策,乃先驱鲜民于满洲,然后移植日人于朝鲜,一面嗾使在满洲之鲜人与华人冲突,又可借题以肆其侵略。夫日本之殖民地,除朝鲜外,均属人口稀少,即其本土之北海道,亦多未垦殖。如日本果人口过剩,则应先充分利用其领土及殖民地,然后再作他图也。据一九二九年时事年鉴,日本每年每人米消费量如下:一八九六至一九○○,○九三○日石;一九○六至一九一○,一·○二二日石;一九二三至一九二七,一·一二三日石。米为日本最主要之食品,即此可见日本人民生计之日裕。又据日人千叶丰治之著作,南满中国农家生活费每人为六二·四五元,而日本本土农家每人生活费为一五四·五一[①]元。二者相较,丰啬悬殊,乃必欲以生计较优之日人与满洲农民争啖饭地耶? 日本之粮食出产,几可完全自给。一九二三至一九二七年,日本本部每年来消费量为六六·七四五·○○○日石,其中从外国输入者,不及百分之五(一九二九年时事年鉴)。此在工业化已深之国(日本一九一○年之

农民减至全国人口百分之四十八），可谓甚微。试以英国麦之净输额入①占消费总数百分之八十，德国之占百分之四十四，意大利之占百分之三十，法国之占百分之二十二，持与日本相较，直不可同日而语矣。日本本部人口密度为每方【英】里三九六人，朝鲜二三〇人。据一九二六年中国之邮政统计，江苏每方英里八九六人；满洲中国移民大部份来自山东、河北，山东人口每方英里为六一四人，河北为三三五人。日本在满之移民仅百分之十五来自日本本部，其余均为朝鲜人。朝鲜之面积等于山东、河北之和，而其人口只及山东一省之半也。夫满洲之利源，中国至少应有对于一切机会尽先享受之权利。中国如肯以其所余分惠他国侨民，俾卜居于兹土，亦只能在中国法律上、中国管理之下行之也。日本因近年人移居满洲之盛，每自夸为南满铁道之功，实则中国移民大部份趋赴完全中国管理之下之北满。据美国人华尔托·杨氏之估计，一九二七年上半年中国移民往南满者，为二〇〇·〇〇〇人，占彼处人口百分之三十二；往北满者四三二·〇〇〇人，占全数百分之六十八。即在南满移民区域，亦在中国管理之下，盖日本势力所及之铁路区域，不过一狭窄地带，断不能容如许人也。且即令南满我国移民实边之众，果系铁路有以致之，亦当知南满铁路非日人所筑，不过以武力夺诸俄人之手耳。日人在满多方生事，对中国自建铁路开发满洲又横干加涉②，阻碍满洲发达则有之，更有何功足以自矜哉？总之，满洲为中国整个领土之一部份，中国为满洲合法之主人翁，中国如何利用满洲，于他无与焉。国于大地，苟得以人口过剩为词，侵占他国土地，则人口少之美国、人口更稀之澳洲，将有一日被迫开放，以容纳他国之人民矣。

自满洲事变以至上海战事，日本军队疯狂行动，迄未稍受遏止。中国既不采取不抵抗主义，日政府慑于军人之淫威，唯军人之马首是瞻，而于事后，皇皇然为之掩饰，为之辩解。国联因日本不受劝告，一意孤行，不敢公然加以伸斥，世界各国则深恐牵入漩涡，且不欲失欢于强国，竟不顾国联盟约之义务，袖手旁观，保持其沉默态度。且世界一部份舆论崇拜权力，又中日本宣传之毒，竟有为日本声援者，谓中国屡对日本挑衅，致激成此变，一若日人蓄意侵略，非中国予以机会，竟无可藉口者。迨至日本扩展其军事行动，侵及上海，危害各国

---

① 编者按：应为"净输入额"。
② 编者按：原文误，应为"横加干涉"。

利益,乃始瞿然而觉,对日人之凶焰,谋稍稍加以抑制,租界之危机一过,便依然不过问矣。设在事变爆发之初,国联尽其职务,对日本之行动明白声斥,不稍假借,日本虽未必完全服从国联之命令,亦将因道德上之裁制稍稍敛迹,断不至如今日之得步进步,无所顾忌也。若国联恐实力不足以执行其决议,亦应以无畏之精神,以法官之身分,对满案下一黑白分明之判语。如是则国联可云已努力尽其职责,维持其尊严,告无罪于天下也。今引日本近对国联之答复书之语曰:'事实较空言更为响亮。'夫事势至此,犹斤斤置辩于战争与不宣而战之分别,无乃大迂? 日人行动之为违反国联盟约,尚有几微之疑问耶? 日人侵占满洲,已六阅月矣。此种情势,岂容一刻容忍? 日军应之遵守日本已同意之决议,立即撤退满洲土地。当地夺自何人之手,即应归还何人。满洲恢复原状,然后将中日间之争执,交国际法庭公断。中国欢迎有此机会,将中日关系之真相,公诸世界,俾得正当之解决。"

(《申报》,1932 年 4 月 30 日,第七版)

263. 国联调查团定期由沈北上,顾维钧决同行

〔沈阳〕 调查团定五月二日北上,顾维钧决同行。拟留长春、吉林各一日,哈埠七日,齐齐哈尔二日。顾主张须往黑河。约二旬回沈,再留三日,大连亦三日,即回平。以二月为期,整理材料并研究,然后赴日接洽,再回华作报告书。中代表处人员因北满交通及设备关系,除六七人可随去,余均同时赴连回平。(二十九日专电)

〔沈阳〕 国联调查团于五月二日晨由汉阳出发,视察公主岭后,将在长春停留三四日。俟与溥仪会晤后,五日早赴吉林视察,六日赴哈尔滨。在该地将停留相当时日,俾着手调查。(二十九日电通社电)

(《申报》,1932 年 4 月 30 日,第九版)

264. 外交当局谈话,沈觐鼎代罗接见记者

〔南京〕 外部亚洲司长沈觐鼎,二十九日午十一时,代罗部长接见本京新闻记者,谈话如左。

(一)上海停战会议

昨日已续开非正式会议,通过英国公使所提之折衷办法,并整理协定草案。预料不久当有结束。但我方意见,须俟国联十九委员会三十日大会通过议决案后,方能开正式会议。

(二)傀儡政府对于国联调查团之招待

傀儡政府一向运动招待国联调查团。而调查团方面,因调查上之便利上,对于傀儡政府已有一种表示。但此系李顿爵士个人对于谢介石个人一种来往周旋而已,绝非承认所谓"满洲国"之存在及其地位。

(三)中俄关系

闻苏联将有认傀儡政府为事务接洽对方之意。果有此举,则是违反其所称中立政策。我国外交政策,系联络世界上以平等待我之民族。设使苏联对于此点,果有一种诚意,见诸事实,则我对于复交问题,必与以善意之考量。但复交并非承认共产主义,此不待言也。

(四)日军之侵扰行为

旬日以来,迭据各方报,告日机屡向苏杭一带飞翔。业由本部迭次提向驻华日本公使抗议。又据海关方面报告,日军干涉京沪路税关执行职务,虽经海关当局向日方抗议,而日军当局依然在彼妨害。本部正筹应付,俾使日军觉悟,不至再有如上之侵扰行为云。(二十九日中央社电)

(《申报》,1932 年 4 月 30 日,第九版)

索 引

---

① 　编者按:本册所编文献,原文未出其人全名者,全名以"[　]"附于索引词条后。

图书在版编目(CIP)数据

《申报》报道与评论. 上 / 宋书强，殷昭鲁，赵飞飞
编. — 南京：南京大学出版社，2019.12
（李顿调查团档案文献集 / 张生主编）
ISBN 978 - 7 - 305 - 07923 - 8

Ⅰ. ①申… Ⅱ. ①宋… ②殷… ③赵… Ⅲ. ①中国历
史—史料—民国 Ⅳ. ①K258.06

中国版本图书馆 CIP 数据核字(2019)第 208182 号

项目统筹	杨金荣
装帧设计	清　早
印制监督	郭　欣

出版发行	南京大学出版社
社　　址	南京市汉口路 22 号　　　　邮　编　210093
出 版 人	金鑫荣
丛 书 名	李顿调查团档案文献集
丛书主编	张　生
书　　名	《申报》报道与评论(上)
编　者	宋书强　殷昭鲁　赵飞飞
责任编辑	黄隽翀
助理编辑	郑晓宾
照　　排	南京南琳图文制作有限公司
印　　刷	南京爱德印刷有限公司
开　　本	718×1000　1/16　印张 25.5　字数 417 千
版　　次	2019 年 12 月第 1 版　2019 年 12 月第 1 次印刷
ISBN	978 - 7 - 305 - 07923 - 8
定　　价	150.00 元

网址：http://www.njupco.com
官方微博：http://weibo.com/njupco
官方微信号：njupress
销售咨询热线：(025) 83594756

ISBN 978-7-305-07923-8

9 787305 079238 >

定价:150.00元